Peter Birle / Sandra Carreras (Hrsg.)
Argentinien nach zehn Jahren Menem

BIBLIOTHECA IBERO-AMERICANA

Veröffentlichungen des Ibero-Amerikanischen Instituts
Preußischer Kulturbesitz

Band 86

BIBLIOTHECA IBERO-AMERICANA

Peter Birle / Sandra Carreras (Hrsg.)

Argentinien nach zehn Jahren Menem

Wandel und Kontinuität

VERVUERT · FRANKFURT/MAIN · 2002

Die Deutsche Bibliothek - CIP-Einheitsaufnahme

Argentinien nach zehn Jahren Menem : Wandel und Kontinuität /
Peter Birle / Sandra Carreras (Hrsg.). -
Frankfurt am Main : Vervuert, 2002
  (Bibliotheca Ibero-Americana ; Bd. 86)
  ISSN 0067-8015
  ISBN 3-89354-586-7

© Vervuert Verlag, Frankfurt am Main 2002
Alle Rechte vorbehalten
Umschlaggestaltung: Michael Ackermann
Gedruckt auf säure- und chlorfreiem, alterungsbeständigem Papier.
Printed in Germany

INHALTSVERZEICHNIS

Einleitung 7

Sandra Carreras
Instabilität als Konstante? Entwicklungslinien Argentiniens im
20. Jahrhundert 19

Mariana Llanos
Über Gesetze und Dekrete: Eine Neuinterpretation der
Beziehungen zwischen Präsident und Kongress im
Argentinien der 90er Jahre 53

Katja Hujo
Die Wirtschaftspolitik der Regierung Menem: Stabilisierung
und Strukturreformen im Kontext des Konvertibilitätsplans 85

Susana Sottoli
Sozialpolitische Reformen und soziale Entwicklung 125

Cecilia Braslavsky
Transformation und Reform des Bildungswesens
(1989-1999) 153

Klaus Bodemer
Auf dem Weg zur Normalität. Die Außenpolitik der Regierung
Menem zwischen pragmatischem Bilateralismus, neuen Integrationsimperativen und sicherheitspolitischen Arrangements 183

Peter Birle
Parteien und Parteiensystem in der Ära Menem –
Krisensymptome und Anpassungsprozesse 213

Héctor Palomino
Die Beziehungen zwischen Gewerkschaften, Unternehmern und
Staat: Akteure und Spielregeln im Wandel.. 243

Frank Priess
Medien und Politik.. 279

Rut Diamint
Streitkräfte und Demokratie.. 313

Peter Thiery
Demokratie und Rechtsstaatlichkeit – auf dem Weg zur
Konsolidierung?.. 341

Abkürzungsverzeichnis 371

Autorinnen und Autoren.. 373

Peter Birle / Sandra Carreras

Einleitung

Argentinien geriet zum Jahresende 2001 in die Schlagzeilen der Weltpresse. Am 20. Dezember trat der seit Dezember 1999 regierende Staatspräsident Fernando de la Rúa von der „Radikalen Bürgerunion" (*Unión Cívica Radical*, UCR) inmitten einer desolaten wirtschaftlichen, sozialen und politischen Situation zurück. Eine Welle von Protesten und Gewaltausbrüchen, der zahlreiche Menschen zum Opfer fielen, erschütterte das Land bis in seine Grundfesten. Nicht weniger als drei Übergangspräsidenten lösten sich innerhalb von zwei Wochen ab, bevor mit der Ernennung eines weiteren Interimspräsidenten – des Peronisten Eduardo Duhalde – Anfang Januar 2002 zunächst eine Beruhigung der aufgeheizten sozialen Situation gelang.[1]

Wo liegen die Ursachen für die Probleme des südamerikanischen Landes, dessen Bevölkerung sich zum großen Teil aus den Nachfahren von europäischen Einwanderern zusammensetzt und dessen Bruttosozialprodukt pro Kopf noch in den 30er Jahren des 20. Jahrhunderts über dem Österreichs, Italiens und Japans lag (Waisman 1987: 6)? Wie konnte es dazu kommen, dass in einem einstmals reichen Land im Jahr 2001 vier Millionen Menschen vom Hunger bedroht waren, dass die Kinder in einigen Provinzen aufgrund von Mangelernährung nicht die ihrem Alter entsprechende Körpergröße erreichten und dass ein erheblicher Teil der mittleren und unteren Mittelschicht immer mehr verarmte?

Um Antworten auf diese Fragen zu finden reicht es nicht aus, den Blick auf die Ursachen für das Scheitern der Regierung De la Rúa zu richten.[2] Der Amtsantritt De la Rúas markierte das Ende der Präsidentschaft von Carlos Menem, der Argentinien über ein Jahrzehnt lang, von Juli 1989 bis Dezember 1999, regiert hatte. Menem, der wie Duhalde der peronistischen „Gerechtigkeitspartei" (*Partido Justicialista*, PJ) angehört, initiierte und implementierte grundlegende Reformen in zahlreichen Politikfeldern. Dies galt allem voran für die Wirtschaftspolitik, die sich

---

1 Zur jüngsten Krise des Landes siehe Fritz/Llanos (2002) u. Garzón Valdés (2002).
2 Zu den Entwicklungen seit dem Amtsantritt der Regierung De la Rúa siehe Ferraro/ Llanos (2001), Nolte (1999) und Novaro (2001).

durch die entschiedene Abkehr von einer binnenmarktzentrierten, importsubstituierenden Industrialisierungsstrategie auszeichnete. Stattdessen setzte die Regierung Menem auf eine marktorientierte Wirtschaftspolitik, auf die Privatisierung von Staatsunternehmen, Deregulierung und Öffnung gegenüber dem Weltmarkt. Die Reformen beschränkten sich aber nicht auf den wirtschaftlichen Bereich. Auch die Sozial-, Bildungs-, Arbeitsmarkt- und Außenpolitik, um nur einige der wichtigsten Bereiche zu nennen, erfuhren grundlegende Veränderungen. Die Beurteilung dieser Reformen durch politische und akademische Beobachter fällt sehr unterschiedlich aus. Tatsache ist jedoch, dass die überkommenen Beziehungen zwischen den staatlichen Institutionen einerseits und den politischen und sozialen Akteuren andererseits im Verlauf des vergangenen Jahrzehnts eine tiefgreifende Transformation erfuhren. Die soziale und politische Struktur des Landes zu Beginn des 21. Jahrhunderts unterschied sich grundlegend von der früherer Jahrzehnte.

Das vorliegende Buch – Ergebnis einer Zusammenarbeit von Wissenschaftlerinnen und Wissenschaftlern aus Argentinien und Deutschland – bietet eine Bilanz und Interpretation der unter Menem erfolgten Reformen. Wir knüpfen damit an zwei von Nolte/Werz (1996) bzw. von Sevilla/Zimmerling (1997) herausgegebene deutschsprachige Sammelbände an, die ebenso wie grundlegende argentinische Arbeiten weitgehend auf die erste Amtszeit Menems beschränkt sind (Acuña 1995; Palermo/Novaro 1996).

Im Eingangsbeitrag zeichnet *Sandra Carreras* die Grundlinien der argentinischen Entwicklung im 20. Jahrhundert bis zum Amtsantritt von Carlos Menem als Staatspräsident nach. Ihre besondere Aufmerksamkeit gilt der für den größten Teil des Jahrhunderts charakteristischen politischen Instabilität des Landes. Eine zentrale Ursache dafür macht sie darin aus, dass die Akteure der argentinischen Politik über weite Phasen des vergangenen Jahrhunderts in einem anomischen Kontext handelten, d.h. es bestand keine längerfristige, von allen Akteuren akzeptierte, Übereinkunft über allgemein verbindliche Spielregeln. Im Hinblick auf den Peronismus als politischem Phänomen, das die unterschiedlichsten Interpretationen erfuhr und in dessen Traditionen sich Carlos Menem trotz aller Reformen stets selbst verortete, kommt die Autorin zu dem Ergebnis, dass die Vielzahl von oft widersprüchlichen Interpretationen der peronistischen Identität nicht zufällig ist. Letztendlich kann sie damit erklärt werden, dass es sich um eine politische Bewegung handelt, die von Anfang an eine Vielfalt von Anschauungen in sich vereinigte.

Vor dem Hintergrund der lang anhaltenden institutionellen Instabilität wurde in Argentinien seit Mitte der 80er Jahre darüber diskutiert, ob das präsidentielle Regierungssystem auf der Grundlage der Verfassung von 1853 optimal dazu geeignet sei, die Stabilität und Konsolidierung der 1983 wiedergewonnenen Demokratie zu garantieren. Der damalige Präsident Alfonsín schuf eine Expertenkommission, die Vorschläge für eine Verfassungsreform erarbeitete. Dazu gehörte vor allem die Idee, das präsidentielle System durch Elemente einer parlamentarischen Demokratie zu modifizieren. Die politischen Machtverhältnisse in der zweiten Hälfte der 80er Jahre ließen die Reformpläne Alfonsíns jedoch scheitern. Dass es schließlich unter Präsident Menem 1994 doch zu einer Verfassungsänderung kam, hing vor allem mit dessen Ambitionen auf eine Wiederwahl zusammen. Die alte Verfassung sah eine einmalige präsidentielle Amtsperiode von sechs Jahren und ein Verbot der Wiederwahl vor. Im November 1993 machten Menem und Alfonsín mit der Unterzeichnung des „Pakt von Olivos" den Weg für eine Reform frei, die dann 1994 realisiert wurde. Die reformierte Verfassung reduzierte die Amtszeit des Präsidenten von sechs auf vier Jahre und eröffnete die Möglichkeit einer einmaligen unmittelbaren Wiederwahl. Präsident und Vizepräsident werden nach der neuen Verfassung nicht mehr von Wahlmännern gewählt, sondern direkt, wobei eine Stichwahl notwendig werden kann. Weitere wichtige Änderungen betrafen die Einführung der Direktwahl der Senatoren (erstmals 2001) sowie die Schaffung des Amtes eines Kabinettschefs. Letzteres war von der UCR zur Bedingung für eine Unterstützung der Reform gemacht worden. Die Machtposition des Kabinettschefs ist jedoch sehr schwach, er bleibt den Weisungen des Präsidenten unterworfen (Jackisch 1996; Nolte 1997).

Auch das in der Vergangenheit oft problematische Verhältnis zwischen Präsident und Kongress erfuhr durch die Verfassungsreform keine einschneidende Veränderung. *Mariana Llanos* analysiert in ihrem Beitrag, wie sich dieses Verhältnis in den 90er Jahren entwickelte und schlägt eine Neuinterpretation vor. Ihre Analyse bestätigt zwar einmal mehr die vom *mainstream* der Forschung wiederholt belegten zentralisierenden und unilateralen Tendenzen unter Menem, die auch mit dem Begriff „delegative Demokratie" (O'Donnell 1994) charakterisiert wurden. Eine solche Interpretation der Funktionsweise der politischen Institutionen unter der Regierung Menem spiegelt die Realität jedoch nur teilweise wider. Als problematisch erweist sich unter anderem der Anspruch, die Funktionsweise der Institutionen in einer Krisensituation als dauerhafte Merkmale des politischen Regimes zu betrachten. Dem hervorgehobenen Status der Exekutive entsprach jedoch nicht durchgehend eine schwache Legislative. Vielmehr erfuhr die Rolle des Kongresses insbesondere im Verlauf der zweiten Amtsperiode Menems eine gewisse Stärkung.

Die von Menem vollzogene grundlegende wirtschaftspolitische Wende kam für die meisten Beobachter überraschend, denn sie wurde von einer Regierung implementiert, von der man aufgrund der peronistischen Traditionen eine populistisch-etatistische Wirtschaftspolitik erwartet hatte, wie sie für die importsubstituierende Industrialisierungsphase bis Mitte der 70er Jahre charakteristisch war. *Katja Hujo* beschreibt in ihrem Beitrag, wie es mit dem im April 1991 verabschiedeten „Konvertibilitätsplan" gelang, dem Land bis Ende 1994 eine beispiellose Stabilität mit hohen Wachstumsraten zu garantieren. Kernstück der neuen Wirtschaftspolitik war ein fixer Wechselkurs mit einer 1:1 Parität zum US-Dollar. Daneben standen die bereits angesprochenen marktorientierten Reformen auf der Tagesordnung. Trotz der anfänglichen Erfolge fällt Hujos Beurteilung der Menemschen Wirtschaftspolitik insgesamt negativ aus. Das Konvertibilitätsschema war zwar einer kurz- und mittelfristigen Stabilisierung dienlich, langfristig erwies es sich jedoch als Entwicklungsblockade. Extreme Deindustrialisierungsprozesse sowie eine Schrumpfung technologie- und arbeitsintensiver Branchen mit negativen Konsequenzen für Wachstum und Beschäftigung waren die Schattenseiten einer Politik, aufgrund derer Argentinien in den 90er Jahren phasenweise zum „Musterschüler" der internationalen Finanzorganisationen avancierte.

Auch im Bereich der Sozialpolitik strebte die Regierung eine grundlegende Wende an, die Parallelen zur ökonomischen Reformpolitik erkennen ließ. Ziel war eine Neudefinition der sozialpolitischen Rolle des Staates, vor allem die Einschaltung privater und lokaler Träger sowie die Einführung marktwirtschaftlicher Elemente bei der Bereitstellung und Durchführung sozialer Dienstleistungen. Wie *Susana Sottoli* in ihrem Beitrag darlegt, dienten dazu Maßnahmen wie die Einrichtung armutsorientierter Sozialprogramme, die Teilprivatisierung der Rentenversicherung sowie Deregulierungs- und Dezentralisierungsmaßnahmen im Gesundheitswesen. Insgesamt fehlte der Regierung Menem jedoch ein mittel- bis langfristig orientiertes sozial- und entwicklungspolitisches Konzept, das über die Stabilisierungs- und Wachstumserfolge der ersten Jahre hinausgewiesen hätte. Zudem zeichnete sich die „Ära Menem" durch gravierende Defizite im Hinblick auf die Verteilungsgerechtigkeit sowie eine v.a. in der zweiten Hälfte des Jahrzehntes immer weiter wachsende Marginalisierung breiter Teile der Bevölkerung aus.

Kernpunkt der bildungspolitischen Reformen war die Erarbeitung, Verabschiedung und Implementierung des föderalen Bildungsgesetzes von 1993. *Cecilia Braslavsky* widerspricht in ihrem Beitrag der häufig geäußerten Ansicht, das öffentliche Bildungswesen Argentiniens sei in den 90er Jahren zerstört worden. Vielmehr habe nicht nur ein starker quantitativer Ausbau der Schul- und Universitätsausbildung stattgefunden, sondern darüber hinaus seien auch umfassende Veränderungen der noch aus dem 19. Jahrhundert stammenden Strukturen des Bildungswesens angestoßen worden. Fortschritte gab es u.a. hinsichtlich der Integration der Kinder und Jugendlichen aus ärmeren Bevölkerungsschichten in das Schulsystem, hinsichtlich der Modernisierung und Renovierung von Schulgebäuden, einer verbesserten Ausstattung vieler Bildungseinrichtungen sowie hinsichtlich einer Neugestaltung der Lehrpläne. Auch am Ende des Jahrzehnts bestanden jedoch noch große Hindernisse auf dem Weg zur Verwirklichung eines angemessenen pädagogischen Konzeptes. Das Land war weit davon entfernt, allen Schülerinnen und Schülern geeignete Bildungsleistungen zu garantieren, um so den Herausforderungen des XXI. Jahrhunderts erfolgreich begegnen zu können.

Die Außenpolitik der Regierung Menem gilt gemeinhin als ein Bereich, in dem ein besonders starker Wandel stattgefunden habe. Wie der Beitrag von *Klaus Bodemer* zeigt, trifft dies aber nur bedingt zu. Die außenpolitischen Prioritäten der 90er Jahre lauteten: Verbesserung und Vertiefung der Beziehungen mit den USA, Ausbau der Beziehungen mit den lateinamerikanischen Nachbarn sowie Überwindung der Verhandlungsblockade gegenüber Großbritannien in der Falkland/Malvinas-Frage. Bodemer widerspricht der wiederholt vorgetragenen Etikettierung der Außenpolitik Alfonsíns als „idealistisch" gegenüber einer „realistischen" Außenpolitik Menems. Trotz gewisser Akzentverschiebungen von Alfonsín zu Menem sei die ethische Unterfütterung der Außenpolitik in den ersten Jahren der UCR-Regierung angesichts der traumatischen Jahre der zurückliegenden Militärdiktatur nicht weniger realistisch gewesen als die Fokussierung der Menemschen Außenpolitik auf Fragen des wirtschaftlichen Wachstums und des Außenhandels. Zudem habe auch die optimistische Erwartung Menems und seines Außenministers Guido di Tella, dass eine weitgehende Unterordnung unter die Interessen der USA zu handfesten ökonomischen Vorteilen für Argentinien führen werde, durchaus idealistische Züge enthalten.

Im Anschluss an die Analyse der Reformen in den wichtigsten Politikfeldern widmet sich der Band der Frage, wie sich das Verhalten der relevanten soziopolitischen Akteure angesichts der neuen Herausforderungen entwickelte. *Peter Birle* untersucht die grundlegenden Tendenzen im Bereich der politischen Parteien und des Parteiensystems und gelangt zu der Schlussfolgerung, dass das Parteiensystem seit der Rückkehr zur Demokratie im Jahr 1983 in mancherlei Hinsicht positive Entwicklungen verzeichnete und gegen Ende der 90er Jahre im Hinblick auf einige der von der Politikwissenschaft als relevant erachteten Kriterien zur Konsolidierung eines demokratischen Parteiensystems durchaus zufriedenstellende Werte aufwies. Dies betraf vor allem das im Vergleich zu früheren Jahrzehnten geringere Ausmaß an Polarisierung, Extremismus und Fragmentierung. Trotzdem trug das Parteiensystem dazu bei, dass die gravierenden Probleme des Landes nicht in angemessener Art und Weise angegangen wurden. Die größten Defizite des Parteiensystems bestanden in Form des innerparteilichen Personalismus, Faktionalismus und Klientelismus sowie in der – in mancherlei Hinsicht damit zusammenhängenden – Unfähigkeit zur Bildung regierungsfähiger Koalitionen.

Die Auswirkungen der wirtschafts- und sozialpolitischen Reformen führten auch für Gewerkschaften und Unternehmerverbände zu fundamental geänderten Rahmenbedingungen. Wie *Héctor Palomino* aufzeigt, stieß die traditionelle Strategie der Druckausübung auf den Staat zur Durchsetzung sektoraler Vorteile angesichts des neuen Umfeldes auf enge Grenzen. Besonders gravierend für die Gewerkschaften erwies sich die starke Zunahme der Arbeitslosigkeit. In einem Land, das traditionell unter Arbeitskräftemangel litt und das selbst in den krisenhaften 80er Jahren nicht mehr als 6% Arbeitslose verzeichnete, stieg die offizielle Arbeitslosenrate Mitte der 90er Jahre auf 18%. Hinzu kam ein wachsender Anteil von Unterbeschäftigten und in prekären Beschäftigungsverhältnissen Tätigen. Die für lateinamerikanische Verhältnisse mächtigen argentinischen Gewerkschaften erfuhren durch diese Entwicklungen eine gravierende Schwächung. Sie spalteten sich zudem in rivalisierende Dachverbände. Auch auf die Privatwirtschaft hatte die marktorientierte Wirtschaftspolitik keine einheitlichen Auswirkungen. Vor allem Agrarproduzenten sowie kleine und mittlere Industrie- und Handelsunternehmen gerieten unter Druck. Die Unternehmerverbände waren kaum dazu in der Lage, die Regierungspolitik zu beeinflussen, zum bevorzugten Gesprächspartner des Staates avancierte das Finanzestablishment.

Die Massenmedien genossen trotz mancher Defizite hohe Akzeptanz von Seiten der Bevölkerung und übernahmen in den 90er Jahren in mancherlei Hinsicht Funktionen, die eher Polizisten, Staatsanwälten und Richtern zukommen. Grundsätzlich, so konstatiert *Frank Priess* in seinem Beitrag, setzten sich auch im Medienbereich Marktkriterien mehr oder weniger durch, allerdings ohne dass eine wirksame Konzentrationskontrolle stattgefunden hätte. Die Qualität der Berichterstattung wies problematische Tendenzen auf. Eine Qualitätskontrolle, sei es durch öffentliche Instanzen oder durch eine freiwillige Selbstkontrolle der Medien, fand nicht statt, so dass die Einschaltquote zum nahezu ausschließlichen Maßstab der Programmgestaltung wurde. Die Beziehungen zwischen Medien und Politik zeichneten sich dadurch aus, dass die Medien, v.a. das Fernsehen, der politischen Auseinandersetzung immer mehr ihre Produktionslogik aufzwangen. Andererseits versuchten viele Politiker, sich die Produktionslogik der Medien – und nicht zuletzt die Unerfahrenheit vieler Journalisten – zunutze zu machen. Die Wahlkämpfe wurden spätestens in der zweiten Hälfte der 90er Jahre auch in Argentinien immer mehr zu reinen Medienwahlkämpfen.

Die Streitkräfte avancierten im Verlauf des 20. Jahrhunderts zu einem zentralen Akteur der argentinischen Politik. Seit dem ersten Putsch im Jahr 1930 wurden Phasen der zivilen Herrschaft immer wieder durch Militärregierungen unterbrochen, zuletzt durch die Diktatur der Jahre 1976 bis 1983. Auch nach ihrem Rückzug in die Kasernen sorgten die Militärs in den 80er Jahren durch mehrere Aufstandsversuche für Unruhe. Erst nach der Begnadigung der wegen Menschenrechtsverletzungen verurteilten Militärs und der konsequenten Niederschlagung eines erneuten Aufstandes im Jahr 1990 kehrte mehr Ruhe ein. *Rut Diamint* zeichnet die Militärpolitik der Regierung Menem nach und zeigt auf, dass es trotz einiger Modifikationen diesbezüglich auch zahlreiche Kontinuitätslinien gegenüber den 80er Jahren gab. Die Streitkräfte waren zwar in den 90er Jahren nicht mehr dazu in der Lage, die allgemeine politische Tagesordnung gemäß ihren Interessen zu gestalten und übten auch in sicherheitspolitischen Fragen keinen dominierenden Einfluss aus, gleichwohl versuchten sie wiederholt, sich in die nationale Politik einzumischen. Die Militärs akzeptierten die Spielregeln der Demokratie, sie hielten sich selbst als politischen Akteur jedoch nach wie vor nicht für völlig unentbehrlich. Auch wenn zu keinem Zeitpunkt die Gefahr eines erneuten Staatsstreiches bestand, waren autoritäre Konzeptionen auch am Ende des 20. Jahrhunderts nicht vollständig aus den militärischen Institutionen verschwunden. Trotz eindeutiger Fortschritte im Hinblick auf eine Demilitarisierung der Gesellschaft wies Argentinien somit auch am Ende der Regierungszeit von Präsident Menem bedeutende Schwächen im Hinblick auf das Idealmodell ziviler Suprematie auf.

Im abschließenden Beitrag setzt sich *Peter Thiery* mit der Frage auseinander, inwiefern in Argentinien in den 90er Jahren von einer funktionierenden rechtsstaatlichen Demokratie die Rede sein konnte. Ausgangspunkt seiner Überlegungen sind skeptische Haltungen, wie sie beispielsweise in Guillermo O'Donnells These einer delegativen Demokratie oder im Begriff „Hyperpräsidentialismus" zum Ausdruck kamen. Argentinien unter Menem konnte demnach als Paradebeispiel für ein politisches System gelten, in dem sich zwar Wahlen als alleiniger Modus zur Besetzung der zentralen Herrschaftspositionen in Exekutive und Legislative durchgesetzt hatten, wo sich jedoch die einmal gewählte Regierung gezielt von rechtsstaatlichen Kontrollmechanismen abgekoppelt habe. Obwohl derartige Befürchtungen nach der reibungslosen Amtsübergabe von Menem an seinen Nachfolger De la Rúa zum Teil als überholt bzw. überakzentuiert galten, warnt Thiery vor voreiligen positiven Schlussfolgerungen. Wesentliche Funktionselemente einer Demokratie haben sich gefestigt und wurden nicht mehr in Frage gestellt, aber die rechtsstaatlichen Strukturen erwiesen sich als schwach und prekär. Die Kontrolle der Exekutive konnte nicht in ausreichendem Maße gewährleistet werden, ein hybrides Rechts- und Justizsystem begünstigte die Herausbildung undurchsichtiger, parallel zu den demokratischen Institutionen operierender, Machtgeflechte. All dies äußerte sich in der Ausbreitung von Korruption, Straflosigkeit, Rechtsunsicherheit und legislativer Anmaßung von Seiten der Exekutive. Thiery weist darauf hin, dass Argentinien laut *Transparency International* Ende der 90er Jahre weltweit zu denjenigen Ländern gehörte, in denen die Korruption ein äußerst gravierendes Problem darstellte. Von einer gelungenen Institutionalisierung der Demokratie oder gar von deren Konsolidierung konnte infolgedessen auch Ende der 90er Jahre nicht die Rede sein, auch wenn starke demokratische Gegenkräfte ein Überhandnehmen negativer Tendenzen verhinderten.

Ein Buch über die Regierung Menem wäre unvollständig ohne einige Anmerkungen über jenen Mann, der sein Land wahrscheinlich mehr verändert hat als irgendein anderer Politiker seit Juan Domingo Perón (1946-1955) und der aufgrund seines Charismas, seines von der argentinischen Öffentlichkeit mit großem Interesse verfolgten Privatlebens[3] und seines politischen Stils auch immer wieder den Weg in die internationalen Medien fand.[4] Carlos Saúl Menem Akil, so sein vollständiger

---

3   Siehe zum Beispiel Wornat (1999 u. 2000), Vázquez (2000) und Walger (1994).
4   Bilder wie die des mit dem Fußballer Diego Armando Maradona oder mit der Rockgruppe *Rolling Stones* posierenden Menems gingen genauso um die Welt wie die Menems vor einem knallroten Ferrari, der ihm geschenkt worden war und den er – nach langen Querelen – letztendlich doch nicht behielt. Zum Folgenden siehe Leuco/Díaz (1988); Menem (1989) u. Cerutti (1996).

Name, wurde 1930 als Sohn syrischer Einwanderer in La Rioja, einer der ärmsten und rückständigsten Provinzen Argentiniens, geboren. Im Jahr 1950 war er einer von vielen Jugendlichen, die einen Preis im Rahmen der zu Propagandazwecken von Eva Perón ins Leben gerufenen Sportwettkämpfe erhielten. Von diesem Zeitpunkt an wurde die von Perón ins Leben gerufene Bewegung, die sowohl in der argentinischen Parteienlandschaft als auch in den Gewerkschaften fest verankert war, zu seiner politischen Heimat.

Nach dem Abschluss eines Jurastudiums an der Universität von Córdoba im Jahr 1955 war Menem als Rechtsanwalt in La Rioja tätig. 1957 verbrachte er einige Zeit im Gefängnis, nachdem er seine Sympathie für einen Aufstandsversuch gegen die Militärregierung, welche 1955 Perón gewaltsam von der Macht vertrieben hatte, äußerte. Kurz danach wurde er Vorsitzender der verbotenen peronistischen Jugendorganisation *Juventud Peronista* in La Rioja. Ende der 60er bis Anfang der 70er Jahre arbeitete er mit der linksgerichteten peronistischen Organisation *Montoneros* zusammen und erhielt die Unterstützung des sozial engagierten und deshalb später ermordeten Bischofs Angelelli. Gleichzeitig kooperierte er mit den konservativen Kräften der Provinz. Bei den Wahlen am 11. März 1973, an denen erstmals seit 1955 wieder die peronistische PJ teilnehmen durfte, wurde Menem mit 67% der Stimmen zum Gouverneur von La Rioja gewählt. Nach dem Tod Juan Peróns und dem deutlichen Rechtsruck der Regierung von María Estela Martínez de Perón distanzierte er sich zunehmend von der peronistischen Linken.

Nach dem Putsch am 24. März 1976 setzten die Militärmachthaber ihn ab. Die nächsten zwei Jahre verbrachte Menem im Gefängnis. 1978 wurde er auf Bewährung frei gelassen, er durfte jedoch nicht in seine Heimatprovinz zurückkehren. Seitdem zeichnete sich sein Leben durch eine Mischung aus politischer Betätigung und Jet-Set-Dasein aus. Bei den ersten freien Wahlen nach dem Ende der Diktatur wurde Menem am 30. Oktober 1983 erneut zum Gouverneur von La Rioja gewählt, 1987 gelang ihm mit 63% der Stimmen die Wiederwahl. Innerhalb der peronistischen Partei engagierte sich Menem in den 80er Jahren in der „Erneuerungsbewegung", er bemühte sich dabei aber stets um ein eigenständiges Profil und distanzierte sich gegen Ende des Jahrzehnts immer stärker von der – diskreditierten – „politischen Klasse" des Landes. Als politischer *outsider*, der das Auftreten eines Provinzcaudillos des 19. Jahrhunderts nachahmte, konnte er sich 1988 bei den ersten direkten Vorwahlen in der Geschichte der PJ überraschend als deren Präsidentschaftskandidat gegen den Anführer der Erneuerer und damaligen Parteivorsitzenden Antonio Cafiero durchsetzen.

Im Mai 1989 gewann Menem als Kandidat der *Frente Justicialista Popular*, eines Wahlbündnisses der PJ mit mehreren kleinen Parteien, die zweiten Präsidentschaftswahlen seit dem Ende der Diktatur gegen Eduardo Angeloz, den Kandidaten der regierenden UCR. Nach dem vorzeitigen Rücktritt des seit Dezember 1983 regierenden Präsidenten Raúl Alfonsín inmitten einer aufgewühlten wirtschaftlichen und sozialen Situation übernahm Menem am 9. Juli 1989 vorzeitig das Amt des Staatspräsidenten. Am 14. Mai 1995 wurde er für weitere vier Jahre im Amt bestätigt, nachdem die Verfassungsreform von 1994 eine einmalige Wiederwahl ermöglicht hatte. Menems Mandat endete am 10. Dezember 1999.

Auch nach dem Ende seiner Amtszeit sorgte Menem in mehrfacher Hinsicht weiterhin für Aufregung. Bereits frühzeitig hatte er sich den Parteivorsitz der PJ bis 2003 gesichert und seine Ambitionen auf eine erneute Präsidentschaftskandidatur im Jahr 2003 zum Ausdruck gebracht. Sein politischer Stern, der bereits im Verlauf seiner zweiten Amtsperiode stark verblasst war, sank jedoch weiter, und in Umfragen avancierte der einstmals so populäre Menem zu einem der unbeliebtesten Politiker des Landes.

Schlagzeilen über das Privatleben Menems gab es schon seit den 70er Jahren. Eine wichtige Episode mit politischen Konsequenzen war seine 1990 erfolgte Scheidung und die damit verbundene Schwächung des Einflusses der aufständischen Militärs *Carapintadas*, die enge Verbindungen mit seiner damaligen Ehefrau Zulema Yoma aufgebaut hatten. Als Menem im Mai 2001 die fast 40 Jahre jüngere Chilenin Cecilia Bolocco, eine bekannte Fernsehmoderatorin und ehemalige Miss Universum, heiratete, versuchte er möglicherweise, den Medienerfolg seiner politischen Ahnen Juan und Eva Perón zu wiederholen.

Nur wenige Tage später eröffnete die argentinische Justiz ein formales Ermittlungsverfahren gegen Menem und stellte den knapp 71jährigen am 7. Juni 2001 unter Hausarrest. Die am 4. Juli erhobene Anklage lautete unter anderem auf „Bereicherung im Amt" und „Gründung einer kriminellen Vereinigung". Dem ehemaligen Präsidenten wurde, genauso wie vielen seiner politischen Weggefährten, vorgeworfen, 1993 in illegale Waffenverkäufe nach Kroatien und Ecuador verwickelt gewesen zu sein. Das Gericht ordnete Untersuchungshaft an, die Menem wegen seines Alters jedoch nicht im Gefängnis verbringen musste. Stattdessen wurde er auf dem Anwesen eines befreundeten Unternehmers unter Arrest gestellt, bis der Oberste Gerichtshof ihn nach einem äußerst umstrittenen

Urteil im November 2001 wieder auf freien Fuß setzte. Ob die politische Karriere Menems noch einmal eine Fortsetzung findet, bleibt abzuwarten. Tatsache ist, dass seine zehnjährige Regierungszeit, die von Anfang an von Skandalen und Korruptionsvorwürfen begleitet war, die argentinische Gesellschaft, Wirtschaft und Politik grundlegend verändert hat.

Die Reformen der Regierung Menem wurden von Anfang an sehr kontrovers diskutiert, auch wenn die Wiedererlangung wirtschaftlicher Stabilität nach Jahrzehnten der Hoch- und Hyperinflation viele Kritiker lange Zeit vorsichtig agieren ließ. Spätestens die Ende des Jahres 2001 offen ausgebrochene wirtschaftliche und politische Krise zwang dazu, sich erneut mit den Argumenten der Reformbefürworter und -kritiker auseinander zu setzen. Ganz offensichtlich war Argentinien weit davon entfernt, seine wirtschaftlichen und sozialen Probleme überwunden und politische Stabilität erreicht zu haben, wie dies viele offizielle Stellungnahmen im Verlauf der 90er Jahre suggerierten. Vielmehr traten mit aller Deutlichkeit die Ergebnisse einer langen Geschichte der Illusionen und des Scheiterns zu Tage. Der argentinische Rechtsphilosoph Ernesto Garzón Valdés sprach mit Blick auf die zehnjährige Regierungszeit unter Carlos Menem von einer „neoliberalen Illusion" (Garzón Valdés 2000: 323ff.). Wenn es Argentinien gelingen soll, zukünftige Illusionen zu vermeiden, aus Fehlern zu lernen und einen tragfähigen Entwicklungspfad einzuschlagen, so setzt dies zunächst eine gründliche und nüchterne Analyse der im Verlauf des vergangenen Jahrzehnts gemachten Erfahrungen voraus – ohne die Reformen zu dämonisieren, aber auch ohne sie zu mythifizieren. Dies ist das Ziel des vorliegenden Buches.

Literaturverzeichnis

Acuña, Carlos H. (Hrsg.) (1995): *La nueva matriz política argentina*, Buenos Aires: Ediciones Nueva Visión.

Cerutti, Gabriela (1996): *El Jefe. Vida y obra de Carlos Saúl Menem*. Buenos Aires: Planeta.

Ferraro, Agustín/Llanos, Mariana (2001): „Wahlen in Argentinien. Niederlage, Rezession und Politikverdrossenheit: Kann Präsident De La Rúa weiter regieren?", in: *Brennpunkt Lateinamerika* 20, 209-215.

Fritz, Barbara/Llanos, Mariana (2002): „Reasons to cry, Argentina! Das Land steht vor einem ökonomischen Scherbenhaufen. Schadensbesichtigung, Ursachenforschung und erste Analyse der Rettungsversuche", in: *Brennpunkt Lateinamerika* 3, 25-32.

Garzón Valdés, Ernesto (2000): *El velo de la ilusión. Apuntes sobre una vida argentina y su realidad política*, Buenos Aires: Editorial Sudamericana.

Garzón Valdés, Ernesto (2002): *Fünf Thesen zur politischen Lage in Argentinien*, Vortrag am Ibero-Amerikanischen Institut Preußischer Kulturbesitz, 20.2.2002 (mimeo).

Jackisch, Carlota (1996): „Die Verfassungsreform von 1994 und die Wahlen vom 14. Mai 1995", in: Nolte/Werz, 125-132.

Kern, Alejandra/Nolte, Detlef (2001): „Argentinien nach dem ersten Jahr der Präsidentschaft von Fernando de la Rúa: zwischen der Melancholie des Tango und dem Prinzip Hoffnung", in: *Brennpunkt Lateinamerika* 3, 25-38.

Leuco, Alfredo/Díaz, José Antonio (1988): *El heredero de Perón. Menem entre Dios y el diablo*. Buenos Aires: Planeta.

Menem, Carlos (1989): *Yo, Carlos Menem. Compilación y testimonios*. Prof. Enrique Pavón Pereyra. Buenos Aires: CEYNE.

Menem, Carlos (^{3}1999): *Universos de mi tiempo: un testimonio personal*, Buenos Aires: Editorial Sudamericana.

Nolte, Detlef (1997): „Die argentinische Verfassungsreform von 1994: Vorgeschichte und Ergebnisse", in: Betz, Joachim (Hrsg.): *Verfassungsgebung in der Dritten Welt*, Hamburg: Deutsches Übersee Institut, 76-100.

Nolte, Detlef (1999): „Was kommt nach Menem? Die argentinischen Präsidentschaftswahlen vom 24. Oktober 1999", in: *Brennpunkt Lateinamerika* 20, 173-182.

Nolte, Detlef (2001): „Trendwende in Argentinien? Ist Domingo Cavallo erneut Retter?", in: *Brennpunkt Lateinamerika* 6, 61-68.

Nolte, Detlef/Werz, Nikolaus (Hrsg.) (1996): *Argentinien. Politik, Wirtschaft, Kultur und Außenbeziehungen*, Frankfurt am Main: Vervuert.

O'Donnell (1994): „Delegative Democracy", in: *Journal of Democracy* 5, 55-69.

Palermo, Vicente/Novaro, Marcos (1996): *Política y poder en el gobierno de Menem*, Buenos Aires: Grupo Editorial Norma.

Sevilla, Rafael/Zimmerling, Ruth (Hrsg.) (1997): *Argentinien. Land der Peripherie?*, Bad Honnef: Horlemann.

Vázquez, Luciana (2000): *La novela de Menem. Ensayo sobre la década incorregible*, Buenos Aires: Editorial Sudamericana.

Verbitsky, Horacio (1992): *Robo para la corona. Los frutos prohibidos del árbol de la corrupción*, Buenos Aires: Planeta.

Verbitsky, Horacio (1993): *Hacer la corte. La construcción de un poder absoluto sin justicia ni control*, Buenos Aires: Planeta.

Verbitsky, Horacio (1997): *Un mundo sin periodistas: las tortuosas relaciones de Menem con la ley, la justicia y la verdad*, Buenos Aires: Planeta.

Waisman, Carlos H. (1987): *Reversal of Development in Argentina. Postwar Counterrevolutionary Policies and their Structural Consequences*, Princeton: Princeton University Press.

Walger, Sylvina (1994): *Pizza con champán. Crónica de la fiesta menemista*, Buenos Aires: Espasa Calpe.

Wornat, Olga (1999): *Menem. La vida privada*, Buenos Aires: Planeta.

Wornat, Olga (2001): *Menem-Bolocco S.A.*, Buenos Aires: Ediciones B.

Sandra Carreras

Instabilität als Konstante? Entwicklungslinien Argentiniens im 20. Jahrhundert

> Lasst uns [...] in jedem Schulkind einen frenetischen abgöttischen Verehrer der Argentinischen Republik ausbilden, indem wir ihm beibringen – weil dies der Wahrheit entspricht –, dass kein anderes Land auf der Erde rühmlichere Taten in seiner Geschichte, altruistischeren Eifer, liberalere Institutionen, gesündere Bräuche, großzügigeres Verhalten und eine glanzvollere Zukunft vorweisen kann (Zit. nach Escudé 1990: 46).

Mit diesen Worten drückte Enrique de Vedia, der damalige Rektor des *Colegio Nacional de Buenos Aires* – jener wichtigen Bildungseinrichtung, die darauf spezialisiert war, die jungen Mitglieder der argentinischen Elite auf das Universitätsstudium vorzubereiten – den ungetrübten Optimismus aus, mit dem das Land im Jahre 1910 sein hundertjähriges Bestehen als unabhängige Republik feierte und in die Zukunft schaute.

Im Gegensatz zu diesen Erwartungen nahm jedoch die Geschichte des Landes im 20. Jahrhunderts einen ganz anderen Verlauf: Von kurzen Phasen dynamischer Entwicklung abgesehen, wurden vielmehr politische Instabilität und verzögertes bzw. fehlendes Wachstum zu einer Konstante, die dazu führte, dass Argentinien im internationalen und lateinamerikanischen Vergleich zurückfiel und zu einem „Schwellenland auf Dauer" (Waldmann 1985a) wurde.

Im Folgenden werden die Grundlinien der argentinischen Entwicklung im 20. Jahrhundert bis zum Amtsantritt von Carlos Menem als Staatspräsident nachgezeichnet. Nach einer knappen Darstellung der politischen Geschichte mit Schwerpunkt auf den Wechselwirkungen zwischen der politischen und der sozioökonomischen Dimension folgt der Versuch, die wesentlichen Merkmale der politischen Tradition Argentiniens aufzuarbeiten. Besondere Aufmerksamkeit verdient dabei die für den größten Teil des Jahrhunderts charakteristische Instabilität. Die konfliktive historische Entwicklung wirkte prägend auf die Besonderheiten der politischen Institutionen und den Charakter der beteiligten Akteure. Dementsprechend wird auch das Beziehungsgeflecht analysiert, das sich im Laufe der Zeit unter den verschiedenartigen soziopolitischen Akteuren des Landes – vor allem den politischen Parteien, den Militärs, den Gewerkschaften und den Unternehmerverbänden – herausbildete. Abschließend richtet sich die Aufmerksamkeit auf den Peronismus, und zwar weniger auf angebliche Konstanten als auf das historisch feststellbare Spannungsverhältnis zwischen Wandel und Kontinuität, die die Geschichte dieser Bewegung über fünf Jahrzehnte hinweg kennzeichnet. Nur vor dem Hintergrund dieses historischen Bezugsrahmens können die Regierungsjahre unter Carlos Menem angemessen analysiert und bewertet werden.

Die oligarchische Republik (1880-1916)

Mit der Mai-Revolution (1810) wurde die Herausbildung des argentinischen Nationalstaats eingeleitet, dessen erste Phase durch lang andauernde Bürgerkriege geprägt war. Auch die Verabschiedung der liberalen Verfassung von 1853 brachte noch keine Ende der gewalttätigen Auseinandersetzungen. Erst nachdem 1880 mit einem blutigen Feldzug die letzten indigenen Bevölkerungsgruppen aus dem fruchtbaren Gebiet der *Pampa Húmeda* vertrieben worden waren und der politische Konflikt zwischen der Provinz Buenos Aires und der Nationalregierung definitiv beigelegt wurde, begann für Argentinien eine Periode wirtschaftlicher und politischer Stabilität. Durch die Integration in den Weltmarkt sowie die massive Einwanderung wandelte sich die soziale und wirtschaftliche Struktur des Landes mit atemberaubender Geschwindigkeit. Zwischen 1870 und 1914 kamen rund sechs Millionen Ausländer ins Land. Die meisten stammten aus Italien und Spanien. Etwa die Hälfte der Immigranten blieb in Argentinien und trug als wesentlicher Faktor zum Bevölkerungswachstum bei. Die demographische Expansion führte zu einer raschen Urbanisierung, die sich allerdings auf die Hafenstädte Buenos Aires und – mit großen Abstand – Rosario konzentrierte. Die Hauptstadt wurde innerhalb von wenigen Jahren zu einer modernen und äußerst dynamischen Metropole (Scobie 1974; Rock 1985: 141-144).

In diesem Zeitraum verzeichnete das Land ein überdurchschnittliches wirtschaftliches Wachstum. Am Vorabend des Ersten Weltkriegs gehörte Argentinien zu den weltweit führenden Exporteuren landwirtschaftlicher Produkte, vor allem von Getreide, Wolle und Rindfleisch. Das Land unterhielt eine enge wirtschaftliche Komplementärbeziehung zu Großbritannien: Von dort kamen die meisten Industriegüter sowie die Kredite und Direktinvestitionen, die zunächst das Wachstum finanzierten (Ford 1975; Gallo/Cortés Conde 1984: 97-128; Cortés Conde 1979).

Tabelle 1: Das argentinische Bruttoinlandsprodukt im internationalen Vergleich, 1877-1910

Jahr	Argentinien	Mexiko	Brasilien	Großbritannien	USA.
1877	594	613	1.115	16.690	21.269
1910	4.693	2.006	2.129	36.556	95.201
Quelle: Rocchi 1998: 536					

Tabelle 2: Pro Kopf-Bruttoinlandsprodukt im Vergleich, 1877-1910 (in USD 1950)

Jahr	Argentinien	Mexiko	Brasilien	Großbritannien	USA.
1877	264	62	83	497	430
1910	683	132	94	807	1.035
Quelle: Rocchi 1998: 536					

In politischer Hinsicht konsolidierte sich ab 1880 ein von der argentinischen Geschichtsschreibung als „Konservative Ordnung" bezeichnetes System, das sich zwar formal auf die liberale Verfassung von 1853 gründete, in der Praxis jedoch eine oligarchische Republik darstellte. Die herrschende Elite übte in diesen Jahren eine rigorose Kontrolle über sämtliche Bereiche des politischen Lebens aus. Durch institutionelle Mechanismen sicherte sie sich die Kontrolle über die Präsidentschaftsnachfolge, über den Senat, dessen Zusammensetzung vom Willen der Provinzgouverneure abhängig war, und über die Provinzregierungen, deren Kompetenzen durch Interventionen der Zentralregierung stark eingegrenzt wurden. Ein probates Mittel stellten dabei Wahlmanipulationen bzw. -betrug dar (Botana 1985a).

Die fehlende Repräsentativität der Regierung blieb nicht auf Dauer unangefochten. Die aufstrebenden Mittelschichten schenkten ihre Unterstützung der 1891 gegründeten Oppositionspartei *Unión Cívica Radical* (UCR; Radikale Bürgerunion), die jeden Kompromiss mit dem Regime ablehnte und freie Wahlen forderte. Eine kleine aber aktive Sozialistische Partei versuchte, eine Brücke zwischen den Mittelschichten und der Arbeiterbewegung zu schlagen, allerdings ohne großen Erfolg. Die städtischen Arbeiter organisierten sich vorwiegend in kämpferischen Gewerkschaften unter starkem Einfluss anarchistischer Strömungen, die die Legitimität des Staates grundsätzlich in Frage stellten (Gallo 1986: 385-388; Bilsky 1985).

1912 gelang es der fortschrittlichen Fraktion der Elite unter Führung des damaligen Staatspräsidenten Roque Sáenz Peña eine Wahlreform durchzuführen, die auf eine Stärkung der Machtbasis der Bourgeoisie zielte. Per Gesetz (*Ley Sáenz Peña*) wurde das allgemeine Wahlrecht für argentinische Staatsbürger eingeführt. Damit schien die Legitimitätskrise des politischen Systems zunächst überwunden. In der Praxis bedeutete jedoch die neue Wahlgesetzgebung die Erlangung des Wahlrechts für lediglich 40% bis 45% der erwachsenen männlichen Bevölkerung. Frauen und Ausländer blieben nach wie vor vom Genuss politischer Rechte ausgeschlossen (De Riz/Smulovitz 1991: 127).

Politische Öffnung und Krise des liberalen Konsenses (1916-1930)

Der Weg zur Beilegung der Krise bestand in den Augen der Initiatoren der *Ley Sáenz Peña* darin, die durch die *Unión Cívica Radical* gestellte Opposition als Juniorpartner in das System zu integrieren. Die Auswirkungen der Reform übertrafen diese Erwartungen jedoch bei weitem: Die ersten nationalen Wahlen, die 1916 auf der Grundlage des neuen Gesetzes abgehalten wurden, brachten Hipólito Yrigoyen, den Führer der Radikalen Bürgerunion, ins Präsidentenamt. Die aufeinanderfolgenden Wahlsiege des Radikalismus in den Jahren 1922 und 1928 machten dann deutlich, dass die zuvor regierenden oligarchischen Gruppen nicht in der Lage waren, die Präsidentschaft durch freie Wahlen wiederzuerlangen. Allerdings hatten die konservativen Kräfte sich wichtige Machtenklaven in den Provinzregierungen und im Senat bewahrt, was zu ständigen Konflikten zwischen diesen Institutionen und der nationalen Exekutive führte. Präsident Yrigoyen versuchte, diese Konflikte durch Interventionen in den Provinzen unter Kontrolle zu halten (Potter 1981; Mustapic 1984).

Der politische Wechsel hatte keine nennenswerten Konsequenzen für die ökonomische Entwicklung. Nach Überwindung der durch den Ersten Weltkrieg ausgelösten Handelsstörungen wuchs die argentinische Wirtschaft weiter bis 1929, wenn auch langsamer als zuvor. Zu diesem Zeitpunkt waren die Expansionsmöglichkeiten der Landwirtschaft durch Erschließung neuer Anbauflächen ausgeschöpft. Die besondere Beziehung zu Großbritannien hielt zwar an, zugleich machte sich die Präsenz US-amerikanischer Investitionen und Importe jedoch zunehmend bemerkbar. Im Gegenzug gelang es Argentinien nicht, seine eigenen Produkte auf dem nordamerikanischen Markt abzusetzen (Cantón/Moreno/Ciria 1986: 21-46; Rock 1986: 419-426).

Unter solchen Bedingungen traf die Weltwirtschaftskrise (1929) die argentinische Volkswirtschaft besonders hart. Nach fast fünfzehn Jahren radikaler Regierungen kündigte der wachsende Ansehensverlust Yrigoyens eine Niederlage seiner Partei bei den nächsten Wahlen an. Dennoch entschied sich die konservative Opposition genau in jenem Augenblick, als sie der Machtübernahme auf legalem Weg am nächsten war, für einen Bruch der demokratischen Verfahrensregeln. Mitten in der Wirtschaftskrise von 1930 setzte ein von der wirtschaftlichen und sozialen Elite sowie nationalistischen Kreisen unterstützter Militärputsch unter General Uriburu die verfassungsmäßige Ordnung außer Kraft (Cantón/Moreno/Ciria 1986: 159-164; Rouquié 1981: 181-222).

Reformstau und Wahlbetrug: die Década Infame (1930-1943)

Im Laufe der folgenden Jahre, die als die „Infame Dekade bezeichnet werden, wurde der Versuch unternommen, die Formel des „goldenen Zeitalters" der Oligarchie neu zu beleben: Um die Einfuhr von Devisen zu sichern, suchte man zunächst durch den umstrittenen Roca-Runciman Vertrag (1933) privilegierte Handelsbeziehungen zu Großbritannien zu sichern. Es gab auch Kräfte, die auf eine (importsubstituierende) Industrialisierung, eine Diversifizierung der Exporte und Absatzmärkte sowie auf eine Annäherung an die USA setzten. Entsprechende Reformpläne von Wirtschaftsminister Pinedo scheiterten jedoch 1941 an den innenpolitischen Machtverhältnissen. Die Beziehungen zu den Vereinigten Staaten blieben aufgrund der unterschiedlichen Positionen beider Länder bezüglich des Zweiten Weltkrieges sowie des Konkurrenzverhältnisses auf dem internationalen Markt für Agrarprodukte schwer belastet (Rock 1975: 220-249; Cramer 1999: 87-144).

Die Suche nach neuen Wirtschaftsstrategien war begleitet von politischen Veränderungen. Der unter dem Namen *fraude patriótico* von den konservativen Regierungen mehrfach angewandte Wahlbetrug bewirkte eine systematische Benachteiligung der Opposition (Cantón/Moreno/Ciria 1986: 164-173). Hinzu kam eine Ausbreitung nationalistischer Strömungen mit zunehmend korporatistischen Tendenzen. Die Streitkräfte traten nun immer stärker als Wächter des politischen Spiels auf (Rock 1995: 87-138; Spektorowsky 1994). Breite Bevölkerungsschichten blieben von politischen Entscheidungen ausgeschlossen und verloren das Vertrauen zu den politischen Parteien. Nach einer zunächst harten Oppositionshaltung waren die UCR und die Sozialistische Partei ab Mitte des Jahrzehnts teilweise dazu übergegangen, Kompromisse mit den konservativen Machthabern auszuhandeln. Dabei verzichteten sie auf eine Vermittlerrolle zwischen gesellschaftlichen Forderungen und der politischen Arena bzw. blieben – sobald sie dies versuchten – erfolglos (Ciria 1985; Cantón/Moreno/Ciria 1986: 180-189).

Unter diesen Umständen war eine entschiedene Absage an das konservative Regime und die Hinwendung zu einer liberalen Demokratie nicht zu erwarten. Ab 1943 setzte vielmehr eine erneute politische Transformation ein, die unter dem Vorzeichen einer neuen politischen Kraft stattfand: dem Peronismus.

Im Zeichen des Peronismus (1943-1955)

„Peronismus" und „Justizialismus" sind zwei Ausdrücke, die vor mehr als fünfzig Jahren als Selbst- und Fremdbezeichnung der Bewegung eingeführt wurden, die sich um Juan Domingo Perón gebildet hatte. Beide Bezeichnungen werden bis heute synonym verwandt. Als Geburtsdatum der Bewegung gilt in der peronistischen Tradition der Massenprotest, der am 17. Oktober 1945 die Freilassung Peróns aus der durch die Militärführung des Landes angeordneten Haft erzwang. Seine politische Karriere hatte Perón als Mitglied der „Gruppe der Vereinigten Offiziere" (*Grupo de Oficiales Unidos*; GOU) begonnen, einer Loge, der große Verantwortung bei den Vorbereitungen des Putsches vom 4. Juni 1943 zukam, welcher der konservativen Restauration ein Ende setzte und eine neue Militärregierung an die Macht brachte.

Durch den wachsenden Einfluss Oberst Peróns praktizierte dieselbe Administration, die Zeitungen schloss, unfügsame Funktionäre entließ, in Universitäten intervenierte, des Kommunismus verdächtigte Gewerkschaftsführer verhaftete und in den Schulen den obligatorischen Religionsunterricht einführte, im Zeitraffertempo eine Sozialpolitik, die für das Alltagsleben der unteren Mittelschicht und der Unterschicht erhebliche Verbesserungen brachte. Die erstgenannten Maßnahmen provozierten den Widerstand eines großen Teils der Öffentlichkeit, die darin das Signal eines aufkommenden Faschismus sah. Dagegen sicherten die sozialpolitischen Reformen ihrem Initiator Perón, jedoch nicht dem Regime insgesamt, das Vertrauen und die Unterstützung zahlreicher Begünstigter, während weite Teile der Unternehmerschaft ihm mit Misstrauen begegneten (Halperin Donghi 1986: 28-50; Cramer 1999: 301-349).

Zu den wichtigsten sozialpolitischen Maßnahmen gehörten die Organisation eines Rentensystems, die Schaffung von Arbeitsgerichten, ein Arbeitsstatut für die Landarbeiter, die Einführung der Berufsbildung für Jugendliche, Vorschriften zum Schutz vor Arbeitsunfällen, Verbesserungen bezüglich der Arbeitsbedingungen von Hauspersonal, die Garantie bezahlten Urlaubs, Lohnerhöhungen, die Festlegung eines gesetzlichen Rahmens für Kollektivverhandlungen sowie gewisse Arbeitsplatzgarantien. Ende 1945, als der Wahlkampf für die nächsten Nationalwahlen bereits begonnen hatte und Perón selbst als Kandidat auftrat, wurde per Dekret die Zahlung von Weihnachtsgeld verfügt. (Rouquié 1982: 46-54 u. 73; Matsushita 1986: 275-282).

Der größte Teil dieser sozialpolitischen Maßnahmen datiert auf das Jahr 1944, als Perón das Staatssekretariat für Arbeit leitete. Dabei hatte die „Ära Perón" (Waldmann 1996b: 925) erst angefangen. Als Sieger in einwandfrei durchgeführten Wahlen übernahm er 1946 die Präsidentschaft des Landes. Charismatische Herrschaftsausübung und Personalismus waren die herausragendsten Merkmale seines politischen Führungsstils. Die neue Regierung konnte zunächst mit der Unterstützung der Militärs, der Kirche und der Gewerkschaften rechnen, musste sich aber auch um die Kontrolle der eigenen Reihen bemühen. Hierbei kam dem Präsidenten seine Ehefrau Eva zur Hilfe. Sie übernahm eine dreifache Rolle bei der Konsolidierung des neuen politischen Gefüges. Erstens agierte sie als Vermittlungsinstanz zwischen dem Präsidenten und den Gewerkschaften und übte *de facto* die Funktion einer Arbeitsministerin aus. Zweitens organisierte und führte sie die Frauensektion der Peronistischen Partei, wodurch – nach der Verabschiedung des Gesetzes zum Frauenwahlrecht – die Unterstützung dieser Wahlklientel für das Regime gewonnen werden sollte. Drittens leitete sie ein breit angelegtes Sozialwerk, das die Bedürfnisse jener gesellschaftlichen Gruppen zu decken suchte, die nicht durch die Sozialversicherung der organisierten Arbeiterschaft versorgt wurden, d.h. vor allem von Kindern, Frauen, älteren Menschen und Marginalisierten (Waldmann 1985b: 108-178; Navarro 1997: 201-265; Plotkin 1993: 215-296).

Die Finanzierung der peronistischen Sozialpolitik war auf der Grundlage der damals besonders günstigen Situation der argentinischen Staatsfinanzen möglich. Zu diesem Zeitpunkt zählte das Land zu den Gläubigernationen. Der Rückgang der Einfuhren während des Zweiten Weltkrieges hatte u.a. respektable Zahlungsbilanzüberschüssen und verstärkte Industrialisierungsbemühungen zur Folge, die wiederum zu einer Auslastung der industriellen Kapazitäten sowie zu Vollbeschäftigung führten. Zudem sicherte die wiederbelebte europäische Nachfrage nach Agrarerzeugnissen während der ersten Nachkriegsjahre ein hohes Preisniveau für argentinische Exportprodukte. Eine expansive Geld- und Kreditvergabepolitik sowie steigende Löhne kurbelten zusätzlich die Nachfrage nach Konsumgütern an (Waldmann 1996b: 925).

Ab 1949 veränderte sich jedoch die Konjunktur: Die Goldreserven schrumpften, die Inkonvertibilität des britischen Pfundes versperrte Argentinien die Möglichkeit zur Verwertung seiner angehäuften Devisen. Der US-Handelsboykott verhinderte den Import von Kapitalgütern und somit die weitere Ausdehnung der industriellen Produktion. Der Druck, den die Vereinigten Staaten auf die europäischen Agrarimporteure ausübten, brachte diese dazu, von argentinischen Agrarerzeugnissen zu Gunsten kanadischer, australischer und nicht zuletzt US-amerikanischer Exporte abzusehen. Die konstante Abschöpfung der ohnehin sinkenden Rendite der Agrarproduzenten durch den Staat führte zu einer Verringerung der Anbauflächen. 1952 kam es sogar zu Engpässen bei der Lebensmittelversorgung für den Binnenmark (Escudé 1983: 347-374; Fodor 1989; Gerchunoff 1989: 61-71).

Dementsprechend war die zweite Phase der peronistischen Wirtschaftspolitik anderen Zielen gewidmet: Im Vordergrund standen nunmehr die Förderung der Landwirtschaft, die Liberalisierung der Bedingungen für ausländische Investoren, eine restriktivere Lohnpolitik und ein haushaltspolitischer Sparkurs. Diese Korrekturen zeigten insofern Erfolg, als es der Regierung gelang, ab 1953 eine Stabilisierung herbeizuführen, ohne allerdings die strukturellen Defizite beseitigen zu können (Gerchunoff 1989: 71-81; Waldmann 1996b: 928).

Auf die wachsenden wirtschaftlichen Schwierigkeiten reagierte der Präsident mit politischer Unnachgiebigkeit. Sein Versuch, ein korporatistisches Staatsmodell unter Einbeziehung aller gesellschaftlichen Kräfte zu etablieren, wobei die nationale Exekutive (konkret: Perón) die Rolle des höchsten Schiedsrichters einnehmen sollte, stieß allerdings nicht nur auf Zustimmung. Der hegemoniale Anspruch der Regierung, die stark populistische Rhetorik, die straffe politische Zensur und die Verfolgung oppositioneller Kräfte bewirkte eine zunehmende Polarisierung der politischen Auseinandersetzung und schließlich eine tiefe Spaltung der argentinischen Gesellschaft in zwei verfeindete Lager. Die politische Eskalation mündete 1955 in einen erneuten, von einer breiten Oppositionsfront getragenen Militärputsch (Halperin Donghi 1986: 58-67).

Das „unmögliche Spiel": Zwischen Militärdiktatur und begrenzter Demokratie (1955-1983)

Die soziopolitischen Kräfte, die sich auf eine konzertierte Aktion gegen den Peronismus einigen konnten, hatten ansonsten wenig gemeinsam. Zwischen 1955 und 1973, als der Justizialismus wiederum die Regierung übernahm, kreiste die zentrale Frage der argentinischen Politik um die Integration bzw. den Ausschluss des Peronismus und seines Führers.

Die wiederholte Präferenz des Militärs und eines nicht gering zu schätzenden Teils des politischen Spektrums für letztere Option führten zu einem „unmöglichen Spiel" (O'Donnell): Alle Versuche, eine Wiederherstellung der Institutionen bei gleichzeitigem Verbot des Peronismus zu erreichen, erwiesen sich nicht nur als illegitim, sondern auch als undurchführbar (O'Donnell 1972: 181-213). Die Fixierung auf dieses Dilemma versperrte den Akteuren und der Öffentlichkeit insgesamt jedoch den Blick für weitere tief greifende Konflikte, die die argentinische Gesellschaft spalteten und die ungelöst bzw. unvermittelt blieben.

Entgegen den Erwartungen der Militärregierung der sogenannten „Befreiungsrevolution" (*Revolución Libertadora*), die die „Entperonisierung" des Landes mit allen Mitteln vorantreiben wollte, führten das Verbot der Peronistischen Partei, das erzwungene Exil Peróns und die Verfolgung seiner Anhänger zu einem Zusammenrücken der peronistischen Gewerkschaften, die geschlossen in den Widerstand gingen (James 1993: 72-100; McGuire 1997: 81-93). Die zivilen Regierungen Frondizi (1958-1962) und Illia (1963-1966) mussten sich einerseits mit den Forderungen einer Opposition auseinandersetzen, die zwar nicht legal agieren durfte, gelegentlich jedoch die Mehrheit der Bevölkerung hinter sich wusste. Andererseits waren sie dem Druck der Militärs unterworfen, die sich zwar immer weniger einig waren, wie mit den Problemen des Landes umzugehen sei, jedoch immer mehr in den politischen Vordergrund traten (O'Donnell 1972: 167-179; Cavarozzi 1987:13-35; Torre/De Riz 1991: 101-144).

Erst in den siebziger Jahren, nach der Rückkehr Peróns nach Argentinien, kam es zu einem ersten Versuch, die politischen Parteien als wichtige Achse der Interessenartikulation aufzuwerten und gleichzeitig durch einen Sozialpakt die Wirtschaft zu stabilisieren. Aber auch dieser Versuch scheiterte: Die innerhalb wie außerhalb der Justizialistischen Bewegung entfesselte linke und rechte Gewalt brachte einmal mehr die Demokratie zu Fall. (Cavarozzi 1984: 147-148); Maceyra 1983; Di Tella 1985).

Das als *Proceso de Reorganización Nacional* (Prozess der Nationalen Reorganisation) bekannte autoritäre Regime der Jahre 1976 bis 1983 unterschied sich qualitativ in mehrfacher Hinsicht von den vorhergehenden Diktaturen. Zum einem war es jenes Militärregime, das seine Institutionalisierung am weitesten vorantrieb. Zweitens kam in den Jahren seines Bestehens eine Wirtschaftspolitik zur Anwendung, die eine nicht umkehrbare Wende in der sozioökonomischen Entwicklung des Landes einleitete. Schließlich erreichte der Staatsterrorismus ein bis dahin in Argentinien unbekanntes Ausmaß. Im Gegensatz zu den vorhergehenden Militärregierungen beschränkte sich der *Proceso* nicht darauf, die Spitze des Staatsapparates zu kontrollieren. Alle Verwaltungsebenen wurden mit Militärpersonal besetzt, wobei eine besondere Form der Militärbürokratie entstand (Castiglione 1992: 52-83).

Das Wirtschaftsministerium gehörte zu den Bereichen mit der geringsten Militärpräsenz. Dieses Ressort wurde nach dem Staatsstreich einem Zivilisten, José A. Martínez de Hoz, anvertraut. Die von dem neuen Minister verkündeten wirtschaftspolitischen Ziele waren die Bekämpfung der Inflation, die Förderung des Wirtschaftswachstums, die Beseitigung des Staatsdefizits sowie eine uneingeschränkte Außenöffnung für Handel und Investitionen. Die von ihm ergriffenen Maßnahmen brachten allerdings auch andere Ergebnisse: einen drastischen Rückgang der Arbeitnehmereinkünfte nicht nur in absoluten Zahlen, sondern auch bezüglich ihres Anteils am Bruttosozialprodukt. In einem inflationären Kontext provozierte die Freigabe der Preise bei gleichzeitigem Einfrieren von Löhnen und Gehältern Reallohnverluste von etwa 40% im ersten Amtsjahr, ohne dass später eine Erholung zu verzeichnen gewesen wäre. Dies bedeutete eine beträchtliche Umverteilung der Einkommen zugunsten der Oberschichten und der nicht-lohnabhängigen Sektoren (Schvarzer 1986: 395; Beccaria 1991).

In der Praxis wurden die antiinflationären Maßnahmen und die Reduzierung des Haushaltsdefizits anderen Interessen geopfert. Entgegen der offiziellen anti-staatlichen Rhetorik kam es zwischen 1976 und 1981 nicht zu einer Verkleinerung des öffentlichen Sektors, sondern im Gegenteil zu dessen Ausweitung. Die Staatsausgaben stiegen sogar an. Ursache dafür waren unter anderem die erhöhten Ausgaben für Verteidigung und Sicherheit, für die Infrastruktur in den Grenzgebieten und für die Energiepolitik. Gleichzeitig wurde eine eigenartige Privatisierungspolitik durchgeführt. Einige große Betriebe wurden zergliedert und in Teilen verkauft; andere wurden samt und sonders aufgelöst. Dieser Mechanismus ermöglichte die stufenweise Teilprivatisierung bestimmter Bereiche, in denen sich unmittelbar danach ein schnelles Wachstum der beteiligten Unternehmensgruppen abzeichnete. Die realen Einnahmen des Staates waren bei diesen Transaktionen sehr gering, wenn nicht sogar negativ. Außerdem übernahm der Staat in vielen Fällen die Schulden der transferierten Unternehmen (Schvarzer 1986: 237-247; 254-277).

Die Politik von Martínez de Hoz führte neben einer Deindustrialisierung des Landes zur Entstehung eines aufgeheizten und hochgradig spekulativen Finanzmarktes sowie zur Abschaffung aller Beschränkungen für grenzüberschreitende Kapitalbewegungen (Schvarzer 1983: 23-26). Die hohen Zinssätze, die Überbewertung der Landeswährung gegenüber dem Dollar, umfangreiche Spekulationsgeschäfte sowie eine radikale Außenöffnung der Volkswirtschaft wirkten zusammen und lösten einen Rezessions- und Verschuldungsprozess aus. (Azpiazu/Basualdo/Khavisse 1987: 194-198; Birle 1995: 157-162).

Eine solche Wirtschaftspolitik konnte nur in einem Kontext brutaler Repression durchgeführt werden. Bereits am 24. März 1976 definierte die Militärjunta als eines ihrer Ziele die „Gewährleistung der nationalen Sicherheit". Dafür wandte das autoritäre Regime harte repressive Methoden an, die sich nicht auf die Bekämpfung von terroristischen Gruppierungen beschränkten. Der „schmutzige Krieg" spannte sich vielmehr wie ein Spinnennetz um die gesamte Gesellschaft. Der Sicherheitsapparat des autoritären Staates deckte die letzten Ecken des Landes ab. Er war theoretisch als pyramidale Struktur organisiert, deren Spitze durch die Militärjunta besetzt war. In der Praxis hatten jedoch die Brigadeführer breitere Befugnisse. Die Repression zielte vor allem auf militante Gewerkschaftler, kritische Journalisten, Studenten, widerspenstige Intellektuelle und einige Priester sowie christliche Laien, die sich – im krassen Gegensatz zu der von der Mehrheit der kirchlichen Hierarchie an den Tag gelegten Haltung – sozial engagierten (CONADEP 1994; Andersen 1993).

Obwohl es schon 1980 zu Divergenzen unter den militärischen Machthabern und Anfang 1982 zu Protestaktionen von Parteien und Gewerkschaften kam, wurde der Übergang zur Demokratie erst durch die militärische Niederlage im Südatlantik-Krieg mit Großbritannien ausgelöst (Fontana 1984; Munck 1998: 105-146). Im Juni dieses Jahres, als sich das Militärregime schon im Auflösungsprozess befand, beschloss der damalige Präsident der Zentralbank, Domingo Cavallo, eine Ausweitung des geltenden Systems der Wechselkursgarantien. Dadurch übernahm die nationale Regierung die Garantie für die Zahlung aller Schulden an ausländische Gläubiger. Auf diese Art und Weise wurden aus vielen privaten Schulden staatliche Verpflichtungen, deren Rückzahlung der nachfolgenden demokratischen Regierung ebenso wie der gesamten Nation aufgebürdet wurde. Die Schuldenlast, die 1977 14,7% des BIP betrug, war 1983 auf 41,1% angestiegen (Calcagno 1985: 62; Minsburg 1991: 125 u.132).

Neues Zusammenleben: Radikale Regierung versus peronistische Opposition

1983 übernahm Raúl Alfonsín die Regierung des Landes. Die Tatsache, dass zum ersten Mal der Peronismus in freien Wahlen von der UCR besiegt werden konnte, wurde als eine Veränderung der politischen Kultur bewertet. In Wirklichkeit waren die traumatischen Ereignisse der vorhergehenden Jahre, die fehlende Selbstkritik der peronistischen Führer sowie ihre geringe Sensibilität für die neuen Bedürfnisse der Wählerschaft dafür verantwortlich, dass die neue Demokratie unter einer radikalen Regierung starten sollte. Diese gab sich jedoch bald als Begründer einer „dritten historischen Bewegung" aus, die eine Synthese zwischen Yrigoyenismus und Peronismus unter der Führung von Alfonsín sein sollte. Dabei überschätzte der neue Präsident seine eigene Stärke, denn der Peronismus konnte mehrere Provinzregierungen für sich gewinnen, eine einfache Mehrheit im Senat stellen und seine unangefochtene Position in den Gewerkschaften bewahren. Für eine erfolgreiche Bewältigung der schwerwiegenden Probleme, die auf dem Land lasteten, war eine enge parlamentarische Kooperation nahezu unabdingbar. Dazu kam es jedoch nicht.

Auf zwei Politikfeldern wurde die Leistungsfähigkeit der Regierung – und mit ihr die des neuen demokratischen Regimes insgesamt – auf die Probe gestellt: dem Umgang mit den Streitkräften und der Wirtschaftspolitik. Was den ersten Bereich betrifft, zeigte sich bald, dass die Streitkräfte nicht dazu bereit waren, die Klärung bzw. die Ahndung der begangenen Menschenrechtsverletzungen zuzulassen. Die zunächst damit befasste Militärgerichtsbarkeit spielte auf Zeit und erklärte dann, dass die von den Angeklagten erlassenen Befehle und Dekrete nicht zu beanstanden seien. Vor diesem Hintergrund zog das Bundesgericht das Verfahren an sich. Am Ende des Prozesses wurden die Mitglieder der ersten zwei *Juntas* wegen ihrer Verbrechen zu Gefängnisstrafen verurteilt, zwei von ihnen lebenslänglich (Camarasa/Felice/González 1985).

Als sich abzeichnete, dass weit mehr als Tausend Offiziere angeklagt werden konnten, setzten die Uniformierten die Regierung unter Druck. In Windeseile verabschiedete das Parlament das „Schlusspunktgesetz", das den Bundesgerichten einen Zeitraum von nur noch 60 Tagen gewährte, um die angeklagten Militärs vorzuladen. Daraufhin hoben die Kammern die Gerichtsferien auf und schafften es, bis zum festgelegten Termin über 400 Offiziere vorzuladen. Viele von ihnen weigerten sich, vor Gericht zu erscheinen. In der Osterwoche 1987 kam es zu einer Rebellion, die mit der kurz danach erfolgten Verabschiedung des „Befehlsnotstandsgesetzes" ihre Ziele erreichte: Alle in Straftaten verwickelten Militärs mit dem Dienstgrad eines Oberleutnants oder niedriger wurden von der Strafverfolgung ausgenommen (Carreras 1999: 259-265).

Die Umstrukturierungsversuche, die von der Heeresleitung in Einklang mit den Zielen der Regierung zu Lasten der aufständischen Mittelränge unternommen wurden, hatten zwei weitere Erhebungen zur Folge. Bezeichnenderweise wurde die letzte von ihnen durch eine militärinterne Übereinkunft beendet. Ohne Hinzuziehung der Regierung wurde beschlossen, dass alle Offiziere, die an den Erhebungen teilgenommen hatten – bis auf den Anführer Seineldín – begnadigt und eine neue Heeresleitung ernannt werden sollte. Darüber hinaus wurde erklärt, dass das Vorgehen der Streitkräfte im Krieg gegen Großbritannien wie auch im Rahmen des „schmutzigen Krieges" verteidigt werden sollte. Ergänzend wurde eine Solderhöhung durchgesetzt (Morales Solá 1992: 151 u. 162-168).

Noch weniger erfolgreich war die Regierung Alfonsín mit ihrer Wirtschaftspolitik. Dabei testete sie verschiedene Handlungsstrategien. Nach einer kurzen Phase neokeynesianischer Politik unter Wirtschaftsminister Grinspun, die zwei Generalstreiks des peronistischen Gewerkschaftsdachverbandes (CGT) provozierte und in eine Inflationskrise mündete, entschied sich der zweite Wirtschaftsminister, Juan Sourrouille, für einen heterodoxen Stabilisierungskurs. Der im Juni 1985 gestartete *Plan Austral* sah einen Lohn- und Preisstopp für Produkte, die keinen Saisonschwankungen unterlagen, die Einführung einer neuen Währung und die Festlegung ihres Kurses vor. Aber schon im März 1986 musste die Regierung durch eine Lockerung ihrer Preispolitik den wirtschaftlichen Fakten Rechnung tragen. Im Juli 1987 war die Inflationsrate bereits wieder zweistellig (Schröder 1990: 71-90; Bodemer 1991: 231-235).

Nach dem herben Verlust, den die UCR bei den Parlamentswahlen 1987 erlitt, wurde ein neues Wirtschaftskonzept für die zwei verbleibenden Amtsjahre Alfonsíns verkündet. Kernelement der neuen Strategie war eine Steuerreform, die darauf abzielte, die öffentlichen Finanzen weitgehend durch Einnahmenerhöhungen und weniger durch Ausgabensenkungen zu sanieren. Aber schon Anfang des Jahres 1988 kam es zu finanziellen Krisen in mehreren Provinzen, deren Regierungen ihren Verpflichtungen ohne Hilfe aus dem Bundeshaushalt nicht nachkommen konnten. In dieser Situation hing die Möglichkeit zur Aufrechterhaltung der Wirtschaftspolitik hauptsächlich von den Deviseneinkünften ab (Schwarzer 1990; Bodemer 1991: 235-240).

Angesichts der bevorstehenden Präsidentschafts- und Parlamentswahlen verschärften die Peronisten im Parlament ihre unkooperative Haltung, in den Provinzregierungen und den von ihnen beherrschten Gewerkschaften ihren Oppositionskurs, wenn auch nicht immer einstimmig. Je schlechter die wirtschaftliche Situation wurde, desto weniger war die Opposition dazu bereit, der Regierung bei der Umsetzung ihrer Politik behilflich zu sein. Das Parlament verabschiedete kein einziges der nach Juli 1988 eingereichten Wirtschaftsreformkonzepte der Regierung. Vor allem bei den Privatisierungsplänen der Exekutive stellten sich die peronistischen Senatoren quer (Carreras 1999: 245-248 u. 279-284).

Anfang 1989 geriet das Land in eine Hyperinflationskrise, die sich nach dem Sieg Menems bei den Präsidentschaftswahlen noch verschärfte. Sobald die Zusammensetzung der zukünftigen peronistischen Regierung bekannt wurde, büßte die amtierende Administration endgültig jegliche Autorität ein. Ende Juni sah Alfonsín sich veranlasst, sein Amt vorzeitig an Carlos Menem zu übergeben. Alle Beobachter waren sich darin einig, dass dieses nicht verfassungskonforme Verfahren die einzige Möglichkeit war, Argentinien aus der Regierbarkeitskrise zu retten.

Verfassungsbruch und Instabilität als politische Konstante

Selbst in dieser knappen Darstellung zeichnet sich die Instabilität als wesentliches Merkmal des politischen Lebens Argentiniens im 20. Jahrhundert ab. Sie bezog sich nicht allein auf die verschiedenen Regierungen, sondern übertrug sich auch auf die Ebene des politischen Systems. Weder die kompetitive oligarchische Regierungsform der „Konservativen Ordnung" noch die restriktive Demokratie – sei es mit *fraude patriótico*, sei es unter Ausschluss des Peronismus – konnten sich dauerhaft behaupten. Dasselbe gilt für die verschiedenen autoritären Versuche und in besonderem Maß für die liberaldemokratischen Intervalle – zumindest bis in die achtziger Jahre. Tabelle 3 verdeutlicht die Fülle von Mechanismen, durch die in Argentinien Regierungswechsel herbeigeführt wurde.

Vor diesem Hintergrund lässt sich behaupten, dass die Akteure der argentinischen Politik weitgehend in einem anomischen Kontext handelten (Nino 1992: 53-87; Waldmann 1996a: 69-73). Eine längerfristige Übereinkunft über allgemein verbindliche Spielregeln ist für den größten Teil des 20. Jahrhunderts nicht auszumachen. So akzeptierten die meisten der beteiligten Akteure eine einzige Norm: „Ich glaube an das Wahlverfahren, solange ich sicher sein kann, dass meine Gegner nicht gewinnen können." (Dahl 1978: 140)

Tabelle 3: Argentinische Präsidenten im 20. Jahrhundert

Amtszeit	Name	Ernennungsmodalität
1898-1904	Julio A. Roca	Wahlbetrug
1904-1906	Manuel Quintana	Wahlbetrug
1906-1910	José Figueroa Alcorta	Rechtmäßige Nachfolge nach Tod des Vorgängers
1910-1914	Roque Sáenz Peña	Wahlbetrug
1914-1916	Victorino de la Plaza	Rechtmäßige Nachfolge nach Tod des Vorgängers
1916-1922	Hipólito Yrigoyen	Freie Wahlen (für Männer)
1922-1928	Marcelo T. de Alvear	Freie Wahlen (für Männer)
1928-1930	Hipólito Yrigoyen	Freie Wahlen (für Männer)
1930-1932	José F. Uriburu	Staatsstreich
1932-1938	Agustín P. Justo	Wahlen ohne Beteiligung der UCR
1938-1942	Roberto Ortiz	Wahlbetrug
1942-1943	Ramón S. Castillo	Rechtmäßige Nachfolge nach Tod des Vorgängers
1943-1944	Pedro P. Ramírez	Palastputsch der Streitkräfte
1944-1946	Edelmiro Farrell	Palastputsch der Streitkräfte
1946-1952	Juan D. Perón	Freie Wahlen (für Männer)
1952-1955	Juan D. Perón	Freie Wahlen
1955	Eduardo Leonardi	Staatsstreich
1955-1958	Pedro E. Aramburu	Palastputsch der Streitkräfte
1958-1962	Arturo Frondizi	Wahlen unter Ausschluss des Peronismus
1962-1963	José M. Guido	Staatsstreich
1963-1966	Arturo H. Illia	Wahlen unter Ausschluss des Peronismus
1966-1970	Juan C. Onganía	Staatsstreich
1970-1971	Roberto Levingston	Palastputsch der Streitkräfte
1971-1973	Alejandro Lannusse	Palastputsch der Streitkräfte
1973	Héctor Cámpora	Freie Wahlen
1973	Raúl Lastiri	Rechtmäßige Nachfolge nach Rücktritt der Regierung Cámpora
1973-1974	Juan D. Perón	Freie Wahlen
1974-1976	María E. M. de Perón	Rechtmäßige Nachfolge nach Tod des Vorgängers
1976-1981	Jorge Videla	Staatsstreich
1981	Roberto Viola	Ernannt durch die Militärjunta
1981-1982	Leopoldo Galtieri	Palastputsch der Streitkräfte
1982-1983	Reynaldo Bignone	Palastputsch der Armee
1983-1989	Raúl Alfonsín	Freie Wahlen
1989-1995	Carlos Menem	Freie Wahlen
1995-1999	Carlos Menem	Freie Wahlen

Quelle: Carreras 1999: 5

Bemerkenswert war dabei die Tatsache, dass über viele Jahrzehnte hinweg der Verfassungstext aus dem Jahre 1853 – mit kleineren Modifikationen von 1860, 1866 und 1898 – formal gültig blieb. Dabei wurde die Verfassung immer wieder in Wort und Sinn verletzt. Die bürgerlichen und zivilen Rechte ganzer Bevölkerungsteile wurden wiederholt stark eingeschränkt oder ganz aufgehoben, ohne dass dadurch – entgegen der Behauptungen der beteiligten Regierungen – eine Lösung für die politischen Konflikte des Landes gefunden worden wäre. Dies wiederum führte dazu, dass die alte Verfassung für viele den Charakter eines noch einzulösenden politischen Programms behielt.

Während bereits der Verfassungstext eine präsidiale Regierungsform vorsah, war die politische Praxis noch weitaus mehr auf die Exekutive ausgerichtet, die nach und nach Funktionen des Kongresses, der Judikative und der Provinzregierungen absorbierte. Die Verfassung verlieh dem Präsidenten die Befugnis, Vorschriften und Verordnungen zu erlassen, „die notwendig sind für die Ausführung der nationalen Gesetze, wobei Sorge zu tragen ist, dass der Sinn der Gesetze nicht durch die Ausnahmeregelungen verändert wird" (Constitución de la Nación Argentina [1853] 1987: Art. 86 § 2).

Aus diesem Paragraphen leiteten die Militärregierungen für sich das Recht ab, Gesetzesdekrete in Phasen zu erlassen, in denen der Kongress aufgelöst war. Auch verschiedene zivile Regierungen griffen in vermeintlich außergewöhnlichen Situationen zu Dekreten, zum Beispiel um in den Provinzen zu intervenieren oder um den Ausnahmezustand zu verhängen. Die Öffentlichkeit gewöhnte sich nach und nach an die Vorstellung, dass es möglich, ja sogar wünschenswert sei, ohne den Kongress zu regieren (Nino 1992: 73-87).

Diese weit verbreitete Einstellung begünstigte die wiederholten militärischen Interventionen. Die Auflösung des Kongresses durch verschiedene Militärregierungen geschah stets mit der Absicht, alle politischen Entscheidungskompetenzen auf die Regierungsspitze zu übertragen. Nachdem 1930 die Militärs zum ersten Mal durch einen Staatsstreich an die Macht gelangten, nahm sowohl die Dauer ihrer Interventionen als auch die Reichweite ihrer Eingriffe in das Institutionengefüge des Landes zu, wie Tabelle 4 verdeutlicht.

Auch zivile Regierungen zeigten wiederholt die Neigung, die Gewaltenbalance zu ihren Gunsten zu verschieben. Die Kombination von Präsidentschaftswahlen – die gemäß der Verfassung von 1853 alle sechs Jahre durchgeführt werden mussten – und Parlamentswahlen – die teilweise Erneuerung des Abgeordnetenhauses musste alle zwei, die des Senats alle drei Jahre stattfinden – unterwarf das Regime einem permanenten Wahldruck. Daraus ergaben sich wiederholt Situationen, in denen sich die Exekutive und die Legislative gegenseitig blockierten. Um solche Pattsituationen überwinden zu können, neigten die Präsidenten dazu, ihre verfassungsmäßigen Befugnisse zu missbrauchen (Botana 1985b: 19-24). Selbstverständlich ergibt sich die Wahl solcher Methoden nicht aus dem Wortlaut der Verfassung. Sie entspricht vielmehr den Präferenzen der Akteure und ihrer Fähigkeit, trotz Verstößen gegen die Verfassung gesellschaftliche Unterstützung zu erlangen. Dieser Sachverhalt lenkt den Blick auf das Beziehungsgeflecht zwischen den soziopolitischen Akteuren.

Tabelle 4: Von Militärregierungen durchgeführte institutionelle Veränderungen

	1930	1943	1955	1962	1966	1976
Auflösung des Parlaments	*	*	*	*	*	*
Intervention in den Provinzen	*	*	*	*	*	*
Verbot politischer Aktivitäten	*		*		*	*
Intervention der Gewerkschaften	*	*	*			*
Mehrheitlich von Militärs gestellte Regierungen		*				*
Intervention der Unternehmerverbände				*		*
Auflösung des Obersten Gerichtshofes				*	*	*
Regierungen ohne Interimscharakter					*	*
Änderung der Eidesformel					*	*
Erlass von Verordnungen mit Verfassungscharakter					*	*
Intervention der Universitäten					*	*
Auflösung der Provinzgerichte						*

Quelle: Castiglione 1992: 30.

Mit- und Nebeneinander divergierender soziopolitischer Akteure

Die Streitkräfte gehörten seit den Unabhängigkeits- und Bürgerkriegen der ersten Hälfte des 19. Jahrhunderts zu den wichtigsten politischen Akteuren des Landes (Rouquié 1981 u. 1982; Potash 1986a u. 1986b). Wenn die „konservative Ordnung" und die ersten radikalen Regierungen in der kollektiven Erinnerung als zivile Epochen *par excellence* lebendig sind, verdankt sich dies nicht dem Fehlen jeglicher politischer Aktivität der Uniformierten, sondern deren Unfähigkeit, sich allein mittels der Waffen durchzusetzen. 1930 jedoch gelangten die Militärs durch einen Staatsstreich an die Macht, der der erste einer langen Serie sein sollte.

Während bei den ersten militärischen Interventionen noch zivile Kräfte maßgeblich beteiligt waren, wurde das Militär ab 1955 zum entscheidenden Akteur, der das Modell einer „vormundschaftlichen Intervention" einführte, dessen Ergebnis vor allem der Ausschluss des Peronismus und ein massiver Druck auf die Zivilregierungen war. Im Verlauf dieser Entwicklung wurden die Streitkräfte immer unabhängiger von der zivilen Macht. Diese Verselbstständigung reichte so weit, dass die Militärs sogar dazu übergingen, ihre Ziele, Aufgaben und Organisation eigenständig zu definieren. Mitte der sechziger Jahre erhoben die Streitkräfte einen hegemonialen Anspruch und behaupteten, dass ihnen die alleinige Verantwortung für die öffentlichen Angelegenheiten zukomme, was zum Ausschluss der politischen Parteien und zur völligen Abschaffung von Wahlen und parlamentarischen Mechanismen führte (Fleitas Ortiz de Rozas 1983; Sidicaro 1985: 281-282; Cavarozzi 1987: 31-32; López 1994: 52-62).

Diese Entwicklung wurde von Alain Rouquié als „prätorianische Umkehrung" bezeichnet: In einem Kontext, in dem die Militärs das Zentrum der Macht bildeten, definierten auch die Parteien und die gesellschaftlichen Akteure ihre Rollen neu. Sie verwandelten sich *quasi* in Interessengruppen und versuchten, Druck auf die „Militärgesellschaft" auszuüben. Dadurch wurde die politische Rolle der Streitkräfte akzeptiert, ihre Legitimität zuweilen sogar anerkannt (Rouquié 1983: 67-72).

In allen Fällen fanden die Militärputsche jedoch mit Zustimmung und/oder Unterstützung wichtiger Sektoren, wenn nicht sogar großer Teile der Gesellschaft statt. Dementsprechend konnten die Militärregierungen sich in der Anfangsphase auf einen gewissen Konsens stützen, dessen allmählicher Zerfall immer wieder zu einer Rückgabe der Macht an die zivilen politischen Kräfte im Rahmen von Verhandlungslösungen führte. Dabei bemühten sich die Militärs, auf einen ihnen genehmen

Verlauf der nächsten Wahlen hinzuarbeiten, womit sie gleichzeitig die Legitimität der zukünftigen Regierung untergruben. Dass ihnen dies 1983 nicht gelang, war darauf zurückzuführen, dass damals ein breiter Elitenkonsens darüber herrschte, das Militär für sämtliche Probleme des Landes verantwortlich zu machen. Kein politischer oder sozialer Sektor war dazu bereit, für das politische, wirtschaftliche und militärische Desaster aufzukommen, das das scheidende Regime hinterlassen hatte.

Als in jenem Jahr die Demokratisierung des Landes einsetzte, richtete sich die Aufmerksamkeit der sozialwissenschaftlichen Forschung einerseits auf die Institutionen und andererseits auf die Rolle der politischen Parteien, die jetzt als neue Hoffnungsträger galten. Vor allem wurde das Parteiensystem in seiner Struktur und Funktionsweise in den Blick genommen (Mainwaring 1988; Cavarozzi 1989; Bodemer/Carreras 1997). Dabei erhoben sich zugleich kritische Stimmen, die auf die Mitverantwortung der Parteien für das wiederholte Scheitern früherer Demokratisierungsversuche aufmerksam machten und dafür folgende Argumente vorbrachten:

- Im Besitz der Regierungsverantwortung zeigten die Parteien wiederholt die Neigung, sich als hegemoniale Kraft auf Dauer zu etablieren. Mit diesem Ziel vollzogen sie eine systematische Beschneidung des der Opposition zur Verfügung stehenden Spielraumes, was wiederum eine illoyale Haltung seitens der Oppositionsparteien provozierte und sie zur Duldung, wenn nicht sogar zur Mittäterschaft am institutionellen Bruch veranlasste.
- Der in der Gesellschaft verankerte „Prätorianismus" veranlasste die Parteien mitunter dazu, zur Durchsetzung ihrer eigenen politischen Ziele die Militärs zu Hilfe zu rufen statt eine gemeinsame politische Front gegen die Interventionen der Streitkräfte zu bilden (Rouquié 1983: 67).
- Das Nichtvorhandensein einer erfolgreichen rechten Partei, welche die Interessen der konservativen Kreise bzw. der wirtschaftlich mächtigen Gruppen kanalisieren konnte, verleitete diese Kräfte zu extrainstitutionellen Auswegen (Sábato/Schvarzer 1985; Gibson 1990).
- Der Radikalismus als Partei von Bürgern und der Peronismus als Bewegung mit korporatistischen Tendenzen waren als Repräsentanten zweier völlig verschiedener Demokratieauffassungen entstanden. Demzufolge war das von ihnen gebildete Parteiensystem durch strukturelle Heterogenität gekennzeichnet und litt an konstitutiver Schwäche (Grossi/Gritti 1989: 47-48; Cavarozzi 1989).

- Der ideologisch begründete Polarisierungsgrad des Parteiensystems war zwar relativ gering, in machtpolitischer Hinsicht herrschte jedoch eine ausgesprochen starke Polarisierung (Thibaut 1997: 143.) Diese war vor allem darauf zurückzuführen, dass beide großen Parteien sich eher als umfassende politische Bewegungen verstanden. Jede von ihnen erhob den Anspruch, eine umfassende Legitimität zu besitzen, weigerte sich aber gleichzeitig, die Legitimität des Gegners anzuerkennen (De Riz 1986: 672-674).

- Obwohl die Parteien über ein großes Mobilisierungspotenzial verfügten, war ihre organisatorische Struktur ausgesprochen schwach; sie waren auch durch ausgeprägten Personalismus und Faktionalismus gekennzeichnet (Grossi/Gritti 1989: 47-48).

- Die Parteien bildeten zwar Subkulturen mit starker Identifikationskraft, erwiesen sich aber gleichzeitig als schwache Vermittlungsagenturen im Vergleich zu den Korporationen, denen es immer wieder gelang, direkten Druck auf die jeweilige Regierung auszuüben (Snow/Manzetti 1993: 83-87).

Zu den wichtigen „Korporationen" gehörten neben der Kirche und dem Militär vor allem die Gewerkschaften und die Unternehmerverbände. Die Arbeitnehmervertretungen waren im 19. Jahrhundert als autonome Organisationen unter zunächst stark anarchistischen, dann sozialistischen, syndikalistischen und kommunistischen Vorzeichen entstanden (Bittner 1982: 87-160; Bilsky 1985; Godio 1989). Mit dem Machtantritt Peróns änderte sich die politische Orientierung der Arbeiterbewegung radikal. Die Identifikation mit dem Peronismus wurde sogar in die Statuten des Gewerkschaftsdachverbandes *Confederación General del Trabajo* (CGT) aufgenommen, der sich in der Folgezeit als „Rückgrat" des Justizialismus verstand.

In diesem Prozess spielte die Tatsache eine wichtige Rolle, dass Perón den Gewerkschaften einen legalen Status einräumte. Es kam zu einem enormen Wachstum der Gewerkschaften, gleichzeitig wurde jedoch in Form der *personería gremial* ein Mechanismus zur staatlichen Kontrolle der Arbeiterbewegung geschaffen.[1] Sowohl die Finanzierung

---

1 Die *personería gremial* wurde jenen Vereinigungen zugestanden, die als repräsentativ für den entsprechenden Industriezweig galten. Auf diese Weise erlangten bestimmte Organisationen ein Vertretungs- und Verhandlungsmonopol und konnten mit den Unternehmerverbänden über Arbeitsbedingungen und Löhne verhandeln. Die Unternehmen wurden dazu verpflichtet, automatisch einen bestimmten Prozentsatz der Gehälter ihrer Beschäftigten an die Gewerkschaften abzuführen.

als auch die juristische Identitätsberechtigung der Gewerkschaften hingen von nun an vor allem von den Entscheidungen der Regierung ab. Da die peronistische Ideologie einen Kompromiss zwischen Arbeitern und Unternehmern und eine Integration beider Gruppen in die übergeordnete Instanz der „nationalen Gemeinschaft" propagierte, hörten die Gewerkschaften weitgehend auf, die Unternehmer als Klassenfeinde anzusehen, und richteten ihre Forderungen an den Staat (Borner/Mármora 1985: 27-35; Cordone 1993).

Nach dem Sturz des Peronismus (1955) übernahm die CGT, die zu einem wichtigen politischen Akteur geworden war, die Oppositionsrolle und stellte sich an die Spitze des peronistischen „Widerstandes". Dabei erprobte sie bis in die 90er Jahre praktisch alle möglichen Aktionsformen: den offenen Widerstand, verschiedene Konzertierungsstrategien (jeweils von kurzer Dauer), opportunistisches Verhalten, den Streik, die großen Mobilisierungen und Fabrikbesetzungen, den Straßenkampf und die Aushandlungen mit anderen Korporationen. Abgesehen von diesen unterschiedlichen Aktionsformen gibt es einige Konstanten, die sich wie folgt zusammenfassen lassen:

- Trotz aller Versuche der „Entperonisierung" behielt die Gewerkschaftsbewegung über viele Jahrzehnte hinweg ihre Identifikation mit der justizialistischen Bewegung bei. Bis in die 80er Jahre hinein waren die Zugehörigkeit zu und die Treue gegenüber dem Peronismus das wichtigste Legitimationskriterium der Gewerkschaftsführer gegenüber den Arbeitnehmern (Borner/Mármora 1985).
- Ungeachtet der Existenz der verschiedenen Strömungen in der CGT, war diese immer bereit, eine „politische" Haltung in dem Sinne einzunehmen, dass sie Positionen vertrat, die weit über die Forderungen der Arbeitnehmer hinausgingen. Zunächst wurde sie aufgrund ihrer Identifikation mit dem Peronismus zu diesem Verhalten getrieben, da das Verbot der Justizialistischen Partei ihren Anhängern keine andere Ausdrucksmöglichkeit ließ. Später orientierte sich die Strategie der Gewerkschaftsbosse auch an einem anderen Ziel: dem Ausbau ihrer Machtbasis und der Bewahrung ihrer Privilegien (James 1993).
- Die Gewerkschaftsbewegung sah sich häufig dazu berufen, sehr weitreichende Forderungen zu formulieren und auf jegliches Mittel zurückzugreifen, das ihr das Erreichen ihrer Ziele zu ermöglichen

versprach.[2] Dabei konnten ihre Handlungsstrategien je nach Situation mit den Bestrebungen anderer Akteure (Parteien, Streitkräfte, Unternehmerverbände, Kirche) konvergieren, was zum Beispiel unter der Regierung Alfonsín noch in erheblichem Umfang geschah (Carreras 1999: 203-218).

- Die Aktionsstrategien der Gewerkschaften orientierten sich über Jahrzehnte hinweg am justizialistischen Modell der *Comunidad Organizada* (Organisierte Gemeinschaft). Die jeweiligen Gewerkschaftsführungen strebten immer danach, die ihnen in diesem Modell zuerkannte Position zu bewahren, ohne der Tatsache Rechnung zu tragen, dass diese „Gemeinschaft" schon 1955 definitiv aufgelöst worden war. Wenn der Ausschluss des Peronismus von der Macht die Gewerkschafter nicht dazu veranlasste, eine andere Integrationsstrategie zu formulieren, dann lag das daran, dass das korporative Modell am ehesten ihren Absichten entgegenkam.
- Die Beziehungen zwischen Gewerkschaften und Staat waren immer mit Widersprüchen behaftet. Dadurch, dass die *personería gremial* - und somit die Berechtigung zu Verhandlungen und zur Erhebung von Beiträgen - nur einer Organisation pro Wirtschaftszweig zuerkannt wurde, hingen der Repräsentationsanspruch und die Finanzkraft der Gewerkschaften vom Staat ab. Bei dieser Konstellation vermischten sich bei jeder Gelegenheit die Forderungen der Arbeiterbewegung mit den unmittelbaren Interessen der Gewerkschaftsfunktionäre.

Auch den Unternehmern und ihren Verbänden wird ein erheblicher Teil der Verantwortung für die lang anhaltende politische und ökonomische Instabilität Argentiniens zugewiesen. Zweifelsohne gehören sie zu den Akteuren, die wiederholt zur Destabilisierung ziviler Regierungen beitrugen. Die Gründe dafür sind vor allem in den politischen Perzeptionen der Unternehmer zu suchen, die aus unterschiedlichen Motiven verschiedene demokratische Regime als „Bedrohung" ihrer Interessen wahrnahmen. Vor allem nach 1955 verbanden viele Unternehmer Demokratie mit „populistischer" Wirtschaftspolitik sowie „unverantwortlich handelnden Parteien", an erster Stelle jedoch mit der „Bedrohung" durch eine gewerkschaftlich organisierte gesellschaftliche Gegenmacht (Birle 1996: 216). Im Gegensatz dazu boten die Militärregierungen

---

2 Siehe zum Beispiel das „Minimalprogramm" von 1963 (Godio 1991: 136) sowie die CGT-Dokumente für den Zeitraum 1985-1987 (Gambarotta/Lamadrid/Orsatti 1985).

den (Groß)Unternehmern in der Regel mehr Möglichkeiten zur Mitgestaltung der Wirtschaftspolitik, versprachen die Hegemonie des Peronismus innerhalb der Gewerkschaften zu brechen und die Arbeiterbewegung insgesamt zu disziplinieren (Birle 1997: 245).

Diese Feststellungen sollten allerdings nicht über die Tatsache hinweg täuschen, dass die unternehmerischen Interessen große Heterogenität aufweisen. Dies zeigt sich u.a in der Repräsentationsstruktur der Unternehmer sowie in den konfliktiven Beziehungen der Verbände untereinander. Im Verlauf des 20. Jahrhunderts kam es zur Gründung konkurrierender Organisationen sowohl in der Landwirtschaft als auch in der Industrie. Nach 1955 entstanden zwei verfeindete Lager: Dem binnenmarktorientierten und am Modell der *Comunidad Organizada* ausgerichteten Unternehmerdachverband *Confederación General Económica* (CGE) standen verschiedene wirtschaftsliberal und antiperonistisch gesinnte Unternehmervertretungen feindselig gegenüber (Birle 1995: 199-227).

Nach den Erfahrungen mit der letzten Militärdiktatur, deren Wirtschaftspolitik je nach Branche und Unternehmensgröße unterschiedliche Wirkungen hatte, war eine Distanzierung der Unternehmerverbände von autoritären Lösungen feststellbar. (Birle 1995: 175-179). Dieser Trend wurde dadurch gestärkt, dass die Gewerkschaften als gesellschaftliche Gegenmacht, die in früheren Jahrzehnten von den Großunternehmern als Bedrohung aufgefasst wurde, durch die Diktatur in einer Weise geschwächt wurde, dass die folgenden zivilen Regierungen vom „populistischen" Entwicklungsmodell Abschied nehmen konnten und mussten.

Bei unserer Betrachtung des politischen Systems Argentiniens und seiner wichtigsten soziopolitischen Akteure war der stetige Bezug auf den Peronismus unausweichlich. Schon deshalb, aber auch angesichts der Tatsache, dass Carlos Menem seine politische Karriere im Rahmen dieser Tradition begann, ist es angebracht, abschließend das Spezifische des „Phänomens" Peronismus näher zu betrachten.

Der Peronismus: Ein vielschichtiger politischer Akteur mit wandelndem Selbstverständnis

Für die Wahlen 1946 präsentierte sich Perón als Kandidat der kurz zuvor gegründeten Arbeiterpartei (*Partido Laborista*), die sich vor allem auf gewerkschaftliche Kader stützte. Eine der ersten Maßnahmen Peróns nach der Regierungsübernahme war die Auflösung der *Partido Laborista*, die nicht so gefügig war wie erwartet. Stattdessen wurde mit staatlicher Unterstützung die Peronistische Partei (*Partido Peronista*) gegründet und institutionalisiert. 1949 entstand zudem die Peronistische Frauenpartei (*Partido Peronista Femenino*) unter dem Vorsitz von Eva Perón.

Die Beziehungen zwischen „Partei" und „Bewegung" wurden niemals klar definiert. Letztere bestand theoretisch aus der „politischen", der „weiblichen" und der „gewerkschaftlichen" Säule. *Rama* (Zweig) war die diffuse spanische Bezeichnung dafür. Dieses immer wieder zitierte Organisationsprinzip kam jedoch nie zur effektiven Anwendung. Die unbestrittenen de facto-Autoritäten waren Perón und seine Frau Eva. Die verschiedenen Parteibezirke wurden von Interventoren und der weibliche Sektor durch eine von oben eingesetzte Delegierte geleitet. Die angeblich gleichmäßige Verteilung der zur Wahl stehenden Posten zwischen den einzelnen Säulen wurde weder in die Satzungen aufgenommen noch kam sie als ungeschriebenes Gesetz zur Geltung. Wenn bei der Aufstellung von Kandidaten das Schwergewicht häufig bei den Gewerkschaften lag, so vor allem deshalb, weil es kaum peronistische Politiker gab. Zu erwähnen ist auch, dass niemand jemals auch nur im Traum damit rechnete, dass tatsächlich ein Drittel der zur Wahl stehenden Posten an die Frauenvertreterinnen vergeben würde (Luna 1984: 55-62; Chumbita 1989: 92-96; Navarro 1997: 217-235).

Auf dieser wenig soliden institutionellen Grundlage wurde ein neues politisches Experiment gestartet, wobei der damalige Oberst Perón zur Schlüsselfigur avancierte und in vierfacher Hinsicht eine Führungsrolle übernahm: als politischer Anführer der Arbeiterklasse, als Staatschef, als Führer der Streitkräfte und als Chef einer neuen Partei (Horowicz 1985: 102). Vor diesem Hintergrund kann nicht überraschen, dass die Definition der peronistischen Identität von Anfang an ein sehr umstrittenes Thema sowohl im eigenen als auch im fremden Lager war und immer wieder Anlass zu kontroversen Interpretationen gab und zum Teil noch gibt (Chumbita 1989; De Ipola 1989; Jorrat 1990; De Ipola 1990). So wurde der Peronismus als faschistisches Regime, als bürgerlicher Nationalismus, als eine Form des Bonapartismus, als Entwicklungsdiktatur und als Inbegriff des lateinamerikanischen Populismus interpretiert. Andere Autoren betonen dagegen die Originalität des Justizialismus als einer Bewegung *sui generis*. Die Peronisten selbst verstanden sich ihrerseits stets und übereinstimmend als eine „nationale Volksbewegung", wobei die Operationalisierung dieses Konzeptes jedoch zu endlosen Auseinandersetzungen führte.

Die Vielzahl von Interpretationen der peronistischen Identität ist keineswegs zufällig. Jede einzelne kann sich auf Verlautbarungen stützen, die der Anführer der Bewegung zu den unterschiedlichsten Gelegenheiten geäußert hat, dabei all jene Äußerungen weglassend, die sich in das jeweils vordefinierte Bild nicht einordnen lassen. Demgegenüber besteht die einzige vernünftige Lösung des „peronistischen Rätsels" darin, den Widersprüchen Rechnung zu tragen und den Justizialismus als eine Bewegung zu charakterisieren, die von Anfang an eine Vielfalt von Anschauungen in sich vereinigte. Dabei liegt die plausibelste Erklärung der justizialistischen Vielfalt in der politischen Praxis begründet, vor allem in der Taktik, die zuerst Perón selbst, später seine Anhänger und Nachfolger einsetzten, um die Unterstützung unterschiedlicher gesellschaftlicher und politischer Gruppen zu gewinnen.

Peróns Wahlsieg 1946 machte ihn zu einem verfassungsmäßigen Präsidenten militärischer Herkunft, der zunächst über keine strukturierte politische Partei verfügte, die ihm als Unterstützungs- und Vermittlungsinstanz gedient hätte. Er sah sich deshalb dazu genötigt, seine heterogene Gefolgschaft zu disziplinieren, breite soziale Unterstützung zu suchen und soweit wie möglich zu vermeiden, dass die Aufmerksamkeit, die er einem Teil seiner Klientel zuteil werden ließ, ihn die Geneigtheit der anderen kostete. Unter diesen Umständen waren dem Peronismus all jene hoch willkommen, die dem neuen Machthaber bereitwillig folgten. Wie der Historiker Félix Luna treffend beobachtete:

> Wenn etwas Perón während seines gesamten politischen Werdegangs charakterisierte, war es der Pragmatismus, der sein Handeln prägte, der Realismus, der seine Züge lenkte, die Ungezwungenheit, mit der er die eine Sache verfolgte, die andere verwarf, wie es ihm gerade zupass kam. Diese Handlungsweise ist der Schlüssel zum Verständnis der Natur jenes Staates, den er in der ersten Phase seiner Herrschaft aufbaute: 'weder Yanqui, noch marxistisch', weder faschistisch, noch populistisch, weder bonapartistisch noch eine Massendemokratie. Eine Mischung all dessen, was ihm dienlich war, ein reichhaltiges Allerlei, dem er stets seine persönliche Gewürzmischung beigab, ohne sich um frühere Ideologien oder um Widersprüche zwischen dem, was er sagte und dem, was er tat, zu kümmern (Luna 1984: 407-408).

Perón selbst war noch deutlicher:

> Die Doktrin ist für niemanden eine festgelegte Regel. Sie gibt vielmehr eine grobe Orientierung vor, mit Grundsätzen, die stets in unterschiedlicher Form eingehalten werden. Man ist an nichts Festes gebunden, verfügt vielmehr über eine geistige Orientierung, um in jeder Situation innerhalb einer bestimmten Richtung, jedoch mit überaus großem Spielraum bezüglich der jeweiligen konkreten Handlungen, zu entscheiden (Zitiert nach Ciria 1971: 147).

Konkret bedeutete dies zum Beispiel, dass während der zweiten Präsidentschaft Peróns zur gleichen Zeit, als sich einerseits der offizielle nationalistische Diskurs herauskristallisierte, die industriepolitischen Postulate wiederholt und die Vorrechte der Arbeiter bestätigt wurden, andererseits die reale Wirtschafts- und Sozialpolitik eine Kehrtwende zugunsten der Agrarexporteure vollzog, flankiert von einer Anpassungspolitik und dem Zugeständnis beachtlicher Rechte bezüglich der Erdölexploration an nordamerikanische Unternehmen.

Der Sturz Peróns 1955 führte zu einem Einschnitt in der Entwicklung der peronistischen Identität. Das Verbot und die Verfolgung, die die Peronisten und ein Großteil ihrer Sympathisanten erleiden mussten, mündete in eine Kultur des Widerstands, die um so stärker wurde, je mehr das Militärregime zu repressiven Maßnahmen griff mit dem Ziel, das Land und vor allem die Gewerkschaften zu „entperonisieren".

Während der Proskriptionsjahre flossen in den peronistischen Diskurs aufrührerische, teilweise revolutionäre Töne ein. Gegen Ende der sechziger Jahre nahm er teilweise linke Positionen an und näherte sich rhetorisch der kubanischen Revolution. Von da an trat eine neue Generation von Aktivisten dem Justizialismus bei, die die „Peronistische Jugend" (*Juventud Peronista*; JP) bildeten. Sie nahmen wesentlich radikalere Positionen als die Gründergeneration ein. Vielen von ihnen diente Eva Perón in ihrer kämpferischsten Version als Leitfigur, wie sie in der Parole zum Ausdruck kam: „Das Leben für Perón". Einige von ihnen gründeten revolutionäre „Sonderorganisationen" und gingen zum bewaffneten Kampf über. Treu seiner Gewohnheit, sich um Unterstützung um jeden Preis zu bemühen, fachte Perón von seinem spanischen Exil aus diese widersprüchlichen Parolen ebenso an wie die Hoffnung seiner Gefolgschaft, dass er, einmal an der Macht, alle ihre Wünsche erfüllen würde (Verón/Sigal 1986: 91-129; Halperín Donghi 1994: 57-64).

Innerhalb der Bewegung kam es Anfang der 70er Jahre zur Konfrontation zwischen den linken Gruppen, der alten gewerkschaftlichen Garde und den rechtsnationalistischen Sektoren. Der Streit zwischen den peronistischen Strömungen beschränkte sich nicht auf die rhetorische Ebene, sondern nahm bald die Züge einer gewalttätigen Auseinandersetzung an. Die inneren Widersprüche des Peronismus verlagerten sich ab 1973 auf die neue justizialistische Regierung und somit auf das Land insgesamt. Zum Zeitpunkt von Peróns Tod (1974) war die sogenannte „nationale Bewegung" lediglich noch eine Ansammlung von Faktionen, die sich gegenseitig bekämpften. Jede von ihnen beanspruchte für sich allein die genuine Repräsentation des „peronistischen Wesens" und der Interessen der Nation und konnte sich dabei auf Passagen aus den unzähligen Reden des Generals berufen.

Auch nach 1983 gingen diese Auseinandersetzungen weiter, wenngleich diesmal ohne Gewaltanwendung. Im Streit um das Erbe versuchten die „Waisen Peróns", die Legitimität ihrer jeweiligen Fraktion durch Treueschwüre auf die „Peronistische Doktrin" zu belegen. Orthodoxe wie Erneuerer beanspruchten jeweils für sich, den „echten Peronismus" zu repräsentieren, wobei ganz verschiedene Einstellungen vor allem bezüglich des Demokratieverständnisses und der konkreten Wirtschaftspolitik in die „neuen" Diskurse der 80er Jahre Eingang fanden (Carreras 1999: 161-168).

Als Ergebnis bleibt festzuhalten, dass die Mannigfaltigkeit der peronistischen Kräfte die Aufrechterhaltung eines Diskurses bestimmte, der umfassend genug war, um den unterschiedlichsten ideologischen Richtungen einen Platz zu bieten. So gesehen war die vor allem in peronistischen Kreisen geäußerte Überraschung bzw. Empörung über die angebliche „kopernikanische Wende" der Regierung Menem kaum berechtigt.

In den 80er Jahren vollzog sich jedoch eine andere, vielleicht viel entscheidendere Veränderung des Peronismus. Dieser vielschichtige Akteur, der fünfzig Jahre lang allen Versuchen seiner Gegner, ihn zu zerstören, widerstanden hatte, zerfiel, sobald er frei handeln durfte und sich mit der Oppositionsrolle begnügen musste, in verschiedene Komponenten. Die Konflikte innerhalb des Peronismus in den Jahren der Regierung Alfonsín waren somit sowohl Resultat einer komplizierten historischen Entwicklung als auch Anzeichen eines teils bewussten, teils intuitiven Anpassungsprozesses an die neuen Umstände.

Die Übernahme der Oppositionsrolle gegen die UCR-Regierung durch die peronistischen Gewerkschaften wurde in den 80er Jahren als eine Fortsetzung der Macht der Korporationen interpretiert. Aus heutiger Sicht stellt sie sich jedoch eher als ein letzter Akt einer spezifischen Form der politischen Auseinandersetzung dar, die lange Zeit auf der Basis des Druckpotentials der heute im Rückzug befindlichen Industriearbeiterschaft funktioniert hatte. Die Veränderungen der sozioökonomischen Struktur des Landes sind also alles andere als irrelevant für die Erklärung des politischen Transformationprozesses. Erst vor diesem Hintergrund wird verständlich, dass ab 1987 erst die Erneuerer und dann Carlos Menem die Führung des Peronismus übernehmen konnten, und dass im Laufe der 90er Jahre die „politische Säule" des Justizialismus der „gewerkschaftlichen" den Rang ablief. Dadurch wurde – wohl endgültig

– die Trennung zwischen der politischen und der funktionalen Interessenrepräsentation vollzogen.

Die gängige Behauptung, der Peronismus *in toto* hätte sich in eine moderne politische Partei gewandelt, wird allerdings den Tatsachen nicht gerecht. Der „Altperonismus" als solcher ist gestorben. Weder seine alte Beschaffenheit noch seine übermächtige Rolle im gesellschaftspolitischen Kontext Argentiniens sind wiederzubeleben. Kein anderer Akteur wird seine alte Funktion innerhalb des politischen Systems jemals übernehmen können, weil das System selbst sich neu konfiguriert hat und keinen Raum mehr für ein derart vielschichtiges Phänomen offen lässt. Die Justizialistische Partei ist nicht der Alleinerbe der alten peronistischen Bewegung, sondern lediglich eine Abwandlung einer seiner ursprünglich zahlreichen Komponenten.

Literaturverzeichnis

Andersen, Martin (1993): *Dossier secreto. El mito de la guerra sucia*, Buenos Aires: Planeta.

Azpiazu, Daniel/Basualdo, Eduardo/Khavisse, Miguel (1987): *El nuevo poder económico en la Argentina de los años 80*, Buenos Aires: Editorial Legasa.

Beccaria, Luis (1991): „Distribución del ingreso en la Argentina: explorando lo sucedido desde mediados de los setenta", in: Barsky, Osvaldo/Bocco, Arnaldo (Hrsg.): *Respuesta a Martínez de Hoz*, Buenos Aires: Imago Mundi, 253-275.

Bilsky, Edgardo (1985): *La F.O.R.A. y el movimiento obrero 1900-1910*, (2 Bände), Buenos Aires: Centro Editor de América Latina.

Birle, Peter (1995): *Argentinien: Unternehmer, Staat und Demokratie*, Frankfurt am Main: Vervuert.

Birle, Peter (1996): „Die Unternehmerverbände. Neue „Columna Vertebral" des Peronismus?", in: Nolte, Detlef/Werz, Nikolaus (Hrsg.): *Argentinien. Politik, Wirtschaft, Kultur und Außenbeziehungen*, Frankfurt am Main: Vervuert, 205-224.

Birle, Peter (1997): „Keine Angst mehr vor der Demokratie? Die argentinischen Unternehmerverbände nach dem Ende alter Bedrohungsperzeptionen", in: Sevilla, Rafael/Zimmerling, Ruth (Hrsg.): *Argentinien: Land der Peripherie?*, Unkel/Rhein, Bad Honnef: Horlemann, 238-250.

Bittner, Walter (1982): *Gewerkschaften in Argentinien. Vom Anarchismus zum Peronismus*, Berlin: Schelzky & Jeep.

Bodemer, Klaus (1991): „Von Alfonsín zu Menem – Argentinische Wirtschaftspolitik im Wechselbad kontroverser Strategien", in: Nolte, Detlef (Hrsg.): *Lateinamerika im Umbruch? Wirtschaftliche und politische Wandlungsprozesse an der Wende von den 80er zu den 90er Jahren*, Hamburg: Institut für Iberoamerika-Kunde, 231-263.

Bodemer, Klaus/Carreras, Sandra (1997): „Die politischen Parteien im demokratischen Transitions- und Konsolidierungsprozess in Südamerika: Argentinien, Chile und Uruguay im Vergleich", in: Merkel, Wolfgang/Sandschneider, Eberhard (Hrsg.): *Systemwechsel 3. Partein im Transformationsprozess*, Opladen: Leske + Budrich, 171-213.

Borner, Jutta/Mármora, Leopoldo (1985): „Argentinien: Die Gewerkschaften in der neuen Demokratie. Neue Demokratie in den Gewerkschaften?", in: Ramalho, Luis (Hrsg.): *Lateinamerikanische Gewerkschaften zwischen staatlicher Gängelung und Autonomie*, Saarbrücken, Fort Lauderdale: Verlag Breitenbach Publishers, 25-54.

Botana, Natalio (1985a): *El orden conservador. La política argentina entre 1880 y 1916*, Buenos Aires: Hyspamérica.

Botana, Natalio (1985b): „El marco histórico institucional: leyes electorales, alternancia y competencia entre partidos", in: Botana, Natalio et al. (Hrsg.): *La Argentina electoral*, Buenos Aires: Editorial Sudamericana, 13-24.

Calcagno, Alfredo (1985): *La perversa deuda argentina*, Buenos Aires: Editorial Legasa.

Camarasa, Jorge/Felice, Rubén/González, Daniel (1985): *El juicio. Proceso al horror. De la recuperación democrática a la sentencia*, Buenos Aires: Sudamericana/Planeta.

Cantón, Darío/Moreno, José Luis/Ciria, Alberto (1986): *La democracia constitucional y su crisis*, Buenos Aires: Hyspamérica.

Carreras, Sandra (1999): *Die Rolle der Opposition im Demokratisierungsprozeß Argentiniens. Der Peronismus 1983-1989*, Frankfurt am Main: Vervuert.

Castiglione, Marta (1992): *La militarización del Estado en la Argentina (1976/1981)*, Buenos Aires: Centro Editor de América Latina.

Cavarozzi, Marcelo (1984): „Los partidos y el parlamento en la Argentina: un pasado de fracasos y un futuro cargado de desafíos", in: Cavarozzi, Marcelo/Sábato, Hilda (Hrsg.): *Democracia, orden político y parlamento fuerte*, Buenos Aires: Centro Editor de América Latina, 136-160.

Cavarozzi, Marcelo (1987): *Autoritarismo y democracia (1955-1983)*, Buenos Aires: Centro Editor de América Latina.

Cavarozzi, Marcelo (1989): „El esquema partidario argentino: partidos viejos, sistema débil", in: Cavarozzi, Marcelo/Garretón, Mario (Hrsg.): *Muerte y resurreción. Los partidos políticos en el autoritarismo y las transiciones del Cono Sur*, Santiago de Chile: FLACSO, 297-334.

Chumbita, Hugo (1989): *El enigma peronista*, Buenos Aires: Puntosur editores.

Ciria, Alberto (1971): *Perón y el justicialismo*, Buenos Aires: Siglo XXI.

Ciria, Alberto (1985): *Partidos y poder en la Argentina Moderna (1930-1946)*, Buenos Aires: Hyspamérica.

CONADEP (1994): *Nunca más. Informe de la Comisión Nacional sobre la Desaparición de Personas*, Buenos Aires: Eudeba.

Constitución de la Nación Argentina (1853) (1987): Edición al cuidado del Dr. Gregorio Badeni, Buenos Aires: Editorial Plus Ultra.

Cordone, Héctor (1993): „El sindicalismo bajo la hegemonía peronista: emergencia, consolidación y evolución histórica (1943-1973)", in: Moreno, Omar (Hrsg.): *Desafíos para el sindicalismo en la Argentina*, Buenos Aires: Editorial Legasa, 49-80.

Cortés Conde, Roberto (1979): *El progreso argentino 1880-1914*, Buenos Aires: Editorial Sudamericana.

Cramer, Gisela (1999): *Argentinien im Schatten des Zweiten Weltkriegs. Probleme der Wirtschaftspolitik und der Übergang zur Ära Perón*, Stuttgart: Franz Steiner Verlag.

Dahl, Robert (1978): *Polyarchy. Participation and Opposition*, New Haven, London: Yale University Press.

De Ipola, Emilio (1989): „Ruptura y continuidad; claves parciales para un balance de las interpretaciones del peronismo", in: *Desarrollo Económico* 115, 331-359.

De Ipola, Emilio (1990): „Respuesta al comentario 'Reflexiones sobre un balance de las interpretaciones del peronismo'", in: *Desarrollo Económico* 118, 284-189.

De Riz, Liliana (1986): „Política y partidos. Ejercicio de análisis comparado: Argentina, Chile, Brasil y Uruguay", in: *Desarrollo Económico* 100, 659-681.

De Riz, Liliana/Smulovitz, Catalina (1991): „Instituciones y dinámica política. El presidencialismo argentino", in: Nohlen, Dieter/De Riz, Liliana (Hrsg.): *Reforma institucional y cambio político*, Buenos Aires: Legasa, 121-176.

Di Tella, Guido (1985): *Perón-Perón. 1973-1976*, Buenos Aires: Hyspamérica.

Escudé, Carlos (1983): *Gran Bretaña, Estados Unidos y la declinación argentina. 1942-1949*, Buenos Aires: Editorial de Belgrano.

Escudé, Carlos (1990): *El fracaso del proyecto argentino. Educación e ideología*, Buenos Aires: Editorial Tesis.

Fleitas Ortiz de Rozas, Abel (1983): „El Peronismo y las Fuerzas Armadas (2° parte)", in: *Unidos* 2, 33-50.

Fodor, Jorge (1989): „Argentina's Nationalism: Myth or Reality?", in: Di Tella, Guido/Dornbusch, Rudiger (Hrsg.): *The Political Economy of Argentina, 1946-83*, Pittsburgh: University of Pittsburgh Press, 31-55.

Fontana, Andrés (1984): *Fuerzas Armadas, Partidos Políticos y Transición a la Democracia en Argentina*, Buenos Aires: Centro de Estudios de Estado y Sociedad (CEDES).

Ford, A. G. (1975): „British Investment and Argentine Economic Development, 1880-1914", in: Rock, David (Hrsg.): *Argentina in the Twentieth Century*, Pittsburgh: University of Pittsburgh Press, 12-40.

Gallo, Ezequiel (1986): „Argentina: Society and Politics, 1880-1916", in: Bethell, Leslie (Hrsg.): *The Cambridge History of Latin America. Vol. V c. 1870-1930*, Cambridge, New York, Melbourne: Cambridge University Press, 359-391.

Gallo, Ezequiel/Cortés Conde, Roberto (1984): *La república conservadora*, Buenos Aires: Paidós.

Gambarotta, Héctor/Lamadrid, Alejandro/Orsatti, Alvaro (Hrsg.) (1985): *Propuestas económicas del sindicalismo argentino, 1985-1987. Guía temática y recopilación*, Buenos Aires: Centro de Estudios Laborales (CEDEL).

Gerchunoff, Pablo (1989): „Peronist Economic Policies, 1946-55", in: Di Tella, Guido/Dornbusch, Rudiger (Hrsg.): *The Political Economy of Argentina, 1946-83*, Pittsburgh: University of Pittsburgh Press, 59-85.

Gibson, Edward (1990): „Democracy and the New Electoral Right in Argentina", in: *Journal of Interamerican Studies and World Affairs* 32, 177-228.

Godio, Luis (1989): *Historia del movimiento obrero argentino (1930-1943). Socialismo, comunismo y nacionalismo obrero*, Buenos Aires: Editorial Legasa.

Godio, Luis (1991): *Historia del movimiento obrero argentino (1955-1990). De la resistencia a la encrucijada menemista*, Buenos Aires: Editorial Legasa.

Grossi, María/Gritti, Roberto (1989): „Los partidos frente a una democracia difícil: la evolución del sistema partidario en la Argentina", in: *Crítica y Utopía* 18, 27-62.

Halperin Donghi, Tulio (1986): *La democracia de masas*, Buenos Aires: Paidós.

Halperín Donghi, Tulio (1994): *La larga agonía de la Argentina peronista*, Buenos Aires: Ariel.

Horowicz, Alejandro (1985): *Los cuatro peronismos*, Buenos Aires: Editorial Legasa.

James, Daniel (1993): *Resistance and Integration. Peronism and the Argentine Working Class, 1946-1976*, Cambridge, New York, Melbourne: Cambridge University Press.

Jorrat, Jorge (1990): „Reflexiones sobre un balance de las interpretaciones del Peronismo", in: *Desarrollo Económico* 118, 277-283.

López, Ernesto (1994): *Ni la ceniza ni la gloria. Actores, sistema político y cuestión militar en los años de Alfonsín*, Bernal (Argentina): Universidad Nacional de Quilmes.

Luna, Félix (1984): *Perón y su tiempo. I. La Argentina era una fiesta. 1946-1949*, Buenos Aires: Editorial Sudamericana.

Maceyra, Horacio (1983): *Las presidencias peronistas. Cámpora/Perón/Isabel*, Buenos Aires: Centro Editor de América Latina.

Mainwaring, Scott (1988): *Los partidos políticos y la democratización en Brasil y el Cono Sur. Reseña Crítica*, Buenos Aires: CLACSO.

Matsushita, Hiroshi (1986): *Movimiento obrero argentino 1930-1945. Sus proyecciones en los orígenes del peronismo*, Buenos Aires: Hyspamérica.

McGuire, James (1997): *Peronism Without Perón. Union, Parties, and Democracy in Argentina*, Stanford: Stanford University Press.

Minsburg, Naúm (1991): „La deuda externa, factor fundamental en la reestructuración de la economía argentina", in: Barsky, Osvaldo/Bocco, Arnaldo (Hrsg.): *Respuesta a Martínez de Hoz*, Buenos Aires, 117-133.

Morales Solá, Joaquín (1992): *Asalto a la ilusión. Historia secreta del poder en la Argentina desde 1983*, Buenos Aires: Planeta.

Munck, Gerardo (1998): *Authoritarianism and Democratization. Soldiers and Workers in Argentina, 1976-1983*, Pennsylvania: The Pennsylvania State University Press.

Mustapic, Ana María (1984): „Conflictos institucionales durante el primer gobierno radical: 1916-1922", in: *Desarrollo Económico* 93, 85-108.

Navarro, Marysa (1997): *Evita*, Buenos Aires: Planeta.

Nino, Carlos (1992): *Un país al margen de la ley. Estudio de la anomia como componente del subdesarrollo argentino*, Buenos Aires: Emecé Editores.

O'Donnell, Guillermo (1972): *Modernización y autoritarismo*, Buenos Aires: Paidós.

Plotkin, Mariano (1993): *Mañana es San Perón. Propaganda, rituales políticos y educación en el régimen peronista (1946-1955)*, Buenos Aires: Ariel.

Potash, Robert (1986a): *El ejército y la política en la Argentina. 1928-1945. De Yrigoyen a Perón*, Buenos Aires: Hyspamérica.

Potash, Robert (1986b): *El ejército y la política en la Argentina. 1945-1962. De Perón a Frondizi*, Buenos Aires: Hyspamérica.

Potter, Anne (1981): "The Failure of Democracy in Argentina 1916-1930: An Institutional Perspective", in: *Journal of Latin American Studies* 13, 83-109.

Rocchi, Fernando (1998): "Consumir es un placer: la industria y la expansión de la demanda en Buenos Aires a la vuelta del siglo pasado", in: *Desarrollo Económico* 148, 533-558.

Rock, David (Hrsg.) (1975): *Argentina in the Twentieth Century*, Pittsburgh: University of Pittsburgh Press.

Rock, David (1985): *Argentina 1516-1982. From Spanish Colonization to the Falklands War*, Berkeley: University of California Press.

Rock, David (1986): "Argentina from the First World War to the Revolution of 1930", in: Bethell, Leslie (Hrsg.): *The Cambridge History of Latin America. Vol. V c. 1870-1930*, Cambridge, New York, Melbourne: Cambridge University Press, 419-452.

Rock, David (1995): *Authoritarian Argentina. The Nationalist Movement, Its History and Its Impact*, Berkeley, Los Angeles, Oxford: University of California Press.

Rouquié, Alain (1981): *Poder militar y sociedad política en la Argentina. I. - hasta 1943*, Buenos Aires: Emecé Editores.

Rouquié, Alain (1982): *Poder militar y sociedad política en la Argentina. II. 1943-1973*, Buenos Aires: Emecé Editores.

Rouquié, Alain (1983): "El poder militar en la Argentina de hoy. Cambio y continuidad", in: Waldmann, Peter/Garzón Valdés, Ernesto (Hrsg.): *El poder militar en la Argentina 1976-1981*, Buenos Aires: Editorial Galerna, 65-76.

Sábato, Jorge/Schvarzer, Jorge (1985): "Funcionamiento de la economía y poder político en la Argentina: trabas para la democracia", in: Rouquié, Alain/Schvarzer, Jorge (Hrsg.): *¿Cómo renacen las democracias?*, Buenos Aires: Emecé Editores, 175-212.

Schröder, Susanne (1990): *Die Anpassungspolitik in Argentinien seit 1985 vor dem Hintergrund der Auslandsverschuldung und des Demokratisierungsprozesses*, Berlin: Duncker & Humblot.

Schvarzer, Jorge (1983): *Martínez de Hoz: La lógica política de la política económica*, Buenos Aires: Centro de Investigaciones Sociales sobre el Estado y la Administración (CISEA).

Schvarzer, Jorge (1986): *La política económica de Martínez de Hoz*, Buenos Aires: Hyspamérica.

Schvarzer, Jorge (1990): "De l'apogée du Plan Austral au chaos hyperinflationniste", in: *Problèmes d'Amérique Latine* 93, 33-49.

Scobie, James (1974): *Buenos Aires. Plaza to Suburb, 1870-1910*, New York: Oxford University Press.

Sidicaro, Ricardo (1985): "¿Es posible la democracia en la Argentina?", in: Rouquié, Alain/Schvarzer, Jorge (Hrsg.): *¿Cómo renacen las democracias?*, Buenos Aires: Emecé Editores, 271-302.

Snow, Peter/Manzetti, Luigi (1993): *Political Forces in Argentina*, Westport, London: Praeger.

Spektorowsky, Alberto (1994): "The Ideological Origins of Right and Left Nationalism in Argentina, 1930-43", in: *Journal of Contemporary History* 29, 155-184.

Thibaut, Bernhard (1997): „Parteiensystem und Regierbarkeit im argentinischen Präsidentialismus", in: Sevilla, Rafael/Zimmerling, Ruth (Hrsg.): *Argentinien: Land der Peripherie?*, Unkel/Rhein, Bad Honnef: Horlemann, 137-156.

Torre, Juan Carlos/De Riz, Liliana (1991): „Argentina since 1946", in: Bethell, Leslie (Hrsg.): *The Cambridge History of Latin America. Vol. VIII. Latin America since 1930. Spanish South America*, Cambridge, New York, Melbourne: University of Cambridge Press, 73-193.

Verón, Eliseo/Sigal, Silvia (1986): *Perón o muerte. Los fundamentos discursivos del fenómeno peronista*, Buenos Aires: Editorial Legasa.

Waldmann, Peter (1985a): „Argentinien: Schwellenland auf Dauer?", in: Nuscheler, Franz (Hrsg.): *Dritte Welt-Forschung. Entwicklungstheorie und Enwicklungspolitik*, Opladen: Westdeutscher Verlag, 113-134.

Waldmann, Peter (1985b): *El Peronismo 1943-1955*, Buenos Aires: Hyspamérica (Deutsche Originalausgabe bei Hoffman und Campe Verlag: Hamburg 1974).

Waldmann, Peter (1996a): „Anomie in Argentinien", in: Nolte, Detlef/Werz, Nikolaus (Hrsg.): *Argentinien. Politik, Wirtschaft, Kultur und Außenbeziehungen*, Frankfurt am Main: Vervuert, 58-80.

Waldmann, Peter (1996b): „Argentinien", in: Tobler, Hans Werner/Bernecker, Walther (Hrsg.): *Handbuch der Geschichte Lateinamerikas. Band 3. Lateinamerika im 20. Jahrhundert*, Stuttgart: Klett-Cotta, 889-972.

Mariana Llanos

Über Gesetze und Dekrete: Eine Neuinterpretation der Beziehungen zwischen Präsident und Kongress im Argentinien der 90er Jahre*

Die Konzentration der politischen Macht im Bereich der Exekutive gilt als eines der entscheidenden Merkmale des politischen Systems Argentiniens während der neunziger Jahre. Begriffe wie Unilateralismus, Dezisionismus, Dekretismus, präsidentieller Cäsarismus, hobbesianischer Stil, personalistischer Stil und andere sollen die deutliche Tendenz von Präsident Carlos Menem ausdrücken, Entscheidungen in seinem eigenen Wirkungsbereich zu zentralisieren.[1] Gleichzeitig hat man einen Mangel an Kompetenzen und einen Autonomieverlust von Legislative und Judikative beklagt. Die Verlagerung der Machtbalance hin zur Exekutive habe zu einer Unterordnung der anderen Verfassungsorgane sowie zu einer Reduzierung ihrer Kompetenzen auf ein Minimum geführt.

Einige Autoren betrachten die Regierung von Carlos Menem als symptomatisch für einen großen Teil der im argentinischen *Hyperpräsidentialismus* (Nino 1996: 165-170) auftretenden Fehlfunktionen. Dabei handelt es sich um ein bereits aufgrund der Verfassungsbestimmungen mit großer Machtfülle ausgestattetes Präsidentenamt, dessen Macht noch zusätzlich durch die dem demokratischen Prozess innewohnende Dynamik verstärkt wird. Tatsächlich verweist das Argument des Hyperpräsidentialismus darauf, dass der Kongress sich aufgrund der starken Parteidisziplin eher durch Unterordnung als durch konstruktive Dialogbereitschaft auszeichnet. Gleichzeitig sei auch die Justiz (die Ernennung der Richter ist von der Zustimmung des Senats abhängig) kaum gewillt, die Macht des Präsidenten herauszufordern. Aus diesem Grund geht man von einer Allmacht der Exekutive auf Kosten der anderen staatlichen Gewalten aus, die formal und auch in der Praxis irrelevant seien. Diese Schlussfolgerung stimmt mit der Diagnose einer *delegativen Demokratie*

---

* Die Autorin dankt Ana María Mustapic für Kommentare zu einer früheren Version dieser Arbeit.
1 Siehe zum Beispiel Acuña (1994); Bresser Pereira/Maravall/Przeworski (1990); Haggard/Kaufman (1995); O'Donnell (1994a); Roberts (1995); Torre (1994).

(O'Donnell 1994: 60) überein, die sowohl auf Argentinien unter Menem als auch auf andere lateinamerikanische Fälle angewandt wurde. Zu den grundlegenden Merkmalen eines solchen Regimes gehört ein Präsident, der den Anspruch erhebt, die Nation als solche zu verkörpern, der wichtigste Hüter ihrer Interessen zu sein, und der sich selbst als über den Parteien und organisierten Interessen stehend präsentiert. Mehr noch, dieser Präsident betrachtet die übrigen Verfassungsorgane (das Parlament und die Judikative) als eine Belästigung der ihm übertragenen Autorität, weshalb er sich ihnen gegenüber bei seinen Regierungsgeschäften nicht verantwortlich fühlt. All dies sei größtenteils eine Folge des Wiederauflebens plebiszitärer und populistischer Traditionen. Sie erklärten die Neiung des Präsidenten zu Willkürakten und zur Kultivierung eines personalistischen Stils – neopopulistischen Verhaltensweisen, die mit den Erfahrungen der Vergangenheit mehr Gemeinsamkeiten als Unterschiede aufwiesen (Knight 1998; O'Donnell 1994; Roberts 1995; Weyland 1996).

Der folgende Beitrag konzentriert sich auf das Verhältnis zwischen Exekutive und Legislative und schlägt eine Neuinterpretation dieser Beziehungen unter Berücksichtigung der Ergebnisse neuer empirischer Studien vor. Einerseits bestätigt unsere Analyse einmal mehr die vom *mainstream* der Forschung bereits hinreichend belegten zentralisierenden Tendenzen. Andererseits gelangen wir nicht zu der Schlussfolgerung, dass der hervorgehobene Status der Exekutive durchgehend mit einer proportionalen Schwäche der Legislative einherging. Unsere Argumentation betont vielmehr, dass diese Konstellation lediglich einer bestimmten Phase der Beziehungen zwischen beiden Institutionen entsprach und nicht der gesamten Regierungsperiode. So zeichneten sich die Beziehungen zwischen den politischen Institutionen im Verlauf des vergangenen Jahrzehnts durch ein komplexes und wechselndes Muster aus, wobei der Präsident überwiegend zu unilateralen Handlungsmodalitäten tendierte. Die Rolle des Kongresses erfuhr dagegen im Laufe der Jahre eine gewisse Stärkung. Sie schwankte zwischen der Ausübung reiner Kontrollfunktionen und dem aktiven Gebrauch der parlamentarischen Interventionsmöglichkeiten im Rahmen des Gesetzgebungsprozesses.

Unsere Studie analysiert die Beziehung zwischen beiden Gewalten anhand ihrer Interaktion im Rahmen jener Entscheidungsprozesse, die im Zusammenhang mit den strukturellen Reformen anstanden. Die grundlegende Fragestellung lautet, welcher institutionellen Instrumente und Mechanismen sich Präsident Menem bediente, um die angestrebten Wirtschaftsreformen zu verwirklichen. Im Mittelpunkt der Analyse steht die Exekutive. Sie dominierte die wirtschaftspolitischen Entscheidungsprozesse, bemühte sich um eine vollständige Implementierung ihrer Politiken und konnte dazu auf eine Vielzahl von Mitteln zurückgreifen, über die sie aufgrund ihrer institutionellen Verankerung verfügte (Dekrete, Gesetzesinitiativen, Vetos). Unter diesen Umständen konnte die Rolle des Kongresses nicht anders als reaktiv sein, auch wenn er nach wie vor von entscheidender Bedeutung war, verfügte er doch über das verfassungsmäßige Recht, Vorhaben der Exekutive zu stoppen, zu verabschieden, zu modifizieren und hinauszuzögern. Der erste Teil der Studie beschäftigt sich mit den institutionellen Ressourcen, die von der Regierung zur Durchsetzung ihrer wirtschaftspolitischen Entscheidungen eingesetzt wurden. Ausgehend von diesen Daten erfolgt eine Neuinterpretation der Beziehungen zwischen Exekutive und Legislative. Der zweite Teil befasst sich mit den politischen und institutionellen Rahmenbedingungen, welche die Regierung zum Einsatz bestimmter Ressourcen auf Kosten anderer veranlassten. Im abschließenden Teil erfolgt neben einer Zusammenfassung der wichtigsten Ergebnisse eine kritische Auseinandersetzung mit dem *mainstream* der Forschung.

Die institutionellen Ressourcen der Präsidentschaft Menems

Das politische Regime Argentiniens ist gekennzeichnet durch die in der Verfassung von 1853 verankerten Prinzipien des präsidialen Regierungssystems. Es basiert auf einer Gewaltenteilung zwischen Exekutive, Legislative und Judikative, deren Beziehungen durch ein System von gegenseitigen *checks and balances* reguliert werden (Linz 1994). Innerhalb dieses gewaltenteiligen Rahmens gewährt die Verfassung dem Präsidenten auch bedeutende legislative Ressourcen, so dass dieser zum Motor des Regierungssystems werden konnte. Erstens verfügt der Präsident über das Recht, eigene Gesetzesinitiativen in den Kongress einzubringen, wodurch er zur zentralen Figur im Rahmen des Gesetzgebungsverfahrens wurde. Zweitens kann der Präsident durch seine Vetomacht auch nach der Zustimmung durch den Kongress in den Gesetzgebungsprozess eingreifen. Drittens kann er durch die Erklärung des Belagerungszustandes sowie durch föderale Intervention Kontrolle über die Regierungen der Provinzen ausüben. Zu diesen verfassungsmäßigen Rechten kamen weitere Ressourcen hinzu, die sich in der politischen Praxis herausbildeten: der Gebrauch des partiellen Vetos sowie die Notstands- und Dringlichkeitsdekrete. Die Verfassung von 1853 sah die Möglichkeit vor, ein vollständiges oder partielles Veto gegenüber einem durch den Kongress verabschiedeten Gesetz auszusprechen, wobei sich aus dem Gebrauch des partiellen Vetos stets Konflikte über dessen Verfassungsmäßigkeit ergaben. Durch eine Entscheidung des Obersten Gerichtshofes in den 60er Jahren wurde es als verfassungsgemäß akzeptiert. Zwar gewährte die Verfassung dem Präsidenten nicht das Recht, durch Dekrete zu regieren, aber dieses Instrument wurde in der politischen Praxis eingesetzt, und zwar vor allem von den seit der erneuten Etablierung eines demokratischen Regimes im Jahr 1983 amtierenden Präsidenten.

Die Ressourcen des Präsidenten gegenüber der Legislative werden fast einmütig als sehr weit gefasst betrachtet und seine von der Verfassung gewährte Gesetzgebungskompetenz gilt als „potenziell dominant" (Mainwaring 1997: 49). Nichtsdestotrotz sprechen einige Autoren lieber von einem „limitierten Zentralismus", da trotz der zentralen Rolle des Präsidenten nach wie vor gewaltenteilige Elemente existieren (Mustapic 2000). In einem System der *checks and balances*, wie es die Verfassung vorsieht, darf die Rolle des Kongresses im Gesetzgebungsprozess nicht unterschätzt werden. Er verfügt über Möglichkeiten, um Gesetzesinitiativen einzubringen, zu verabschieden, zu verzögern, zu ergänzen oder zurückzuweisen. Er kann die von der Exekutive ausgesprochenen Vetos überstimmen, wenn die dafür notwendigen Mehrheiten zustande kommen. Konflikte zwischen Präsident und Kongress sind im Rahmen eines derartigen institutionellen Rahmens stets möglich. Ein Dilemma liegt in der Wahl des angemessenes Models zur Lösung politischer Konflikte: entweder wird unter Anwendung der Mehrheitsregel regiert oder es wird ein Konsens gesucht mittels Verhandlungen, Übereinkünften und Kompromissen. Insgesamt haben wir es mit einem institutionellen Rahmen zu tun, der sowohl kooperatives als auch unilaterales Handeln ermöglicht.

Ausgangspunkt für ein Verständnis der Beziehungen zwischen verschiedenen Institutionen ist die Verteilung der jeweiligen Machtressourcen. Im Hinblick auf den von uns untersuchten Fall verschafften die Wahlergebnisse Carlos Menem deutliche Vorteile. Das galt besonders für den Senat, wo die peronistische Partei (*Partido Justicialista*; PJ) stets über eine absolute Mehrheit verfügte. Im Abgeordnetenhaus besaß sie während Menems erster sechsjähriger Amtszeit nur eine einfache Mehrheit, die allerdings nie sehr weit von der *Quorums*grenze entfernt war.[2] Nach Menems Wiederwahl 1995 verfügten die Peronisten über eine größere Anzahl von Sitzen im Unterhaus, so dass der Präsident sein zweites

---

2 Das *Quorum*, d.h. die Hälfte der Stimmen plus einer Stimme im Abgeordnetenhaus, ist die notwendige Mindestzahl an Abgeordneten sowohl für die Beratung eines Gesetzes und als auch für die jeweilige Abstimmung am Ende der Debatte.

Mandat vor dem Hintergrund einer absoluten Mehrheit in beiden Kammern antreten konnte. Diese Konstellation blieb über zwei Jahre hinweg konstant. Erst 1997 konnten die oppositionellen Parteien, die gemeinsam die Allianz bildeten, bei den Wahlen zur teilweisen Neubesetzung des Abgeordnetenhauses Gewinne verzeichnen, so dass sich die absolute Mehrheit der Peronisten wieder auf eine einfache reduzierte. Nur zu Beginn der ersten Amtszeit Menems verfügte die PJ über keine Mehrheit im Unterhaus. Dies war, wie später noch ausgeführt wird, eine direkte Folge der besonderen Bedingungen, die für die vorzeitige Amtsübergabe von Alfonsín zu Menem festgelegt worden waren. Diese Phase währte nur von Juli bis Dezember 1989.

Tabelle 1: Zusammensetzung des Abgeordnetenhauses (1987-1999)

Parteien	1987-89		1989-91		1991-93		1993-95		1995-97		1997-99	
	Sitze	%	Sitze	%	Sitze	%	Sitze	%	Sitze	%	Sitze	%
PJ	96	37,8	120	47,2	117	45,5	128	49,8	131	51,0	119	46,3
UCR	114	44,9	90	35,4	84	32,7	83	32,3	68	26,4	66	25,7
Frepaso	-	-	-	-	-	-	-	-	22	8,6	38	14,8
UceDé	7	2,7	11	4,3	10	3,9	4	1,5	2	0,8	-	-
PI	5	2,0	2	0,9	2	0,8	1	0,4	1	0,4	-	-
Andere	32	12,6	31	12,2	44	17,1	41	16,0	33	12,8	34	13,2
Insg.	254	100	254	100	257	100	257	100	257	100	257	100

Quelle: Die Tabelle wurde auf Basis der Daten des Abgeordnetenhauses erstellt. Es ist zu beachten, dass die Zahl der Abgeordneten aufgrund der Etablierung Feuerlands als eigenständige Provinz von 254 auf 257 anstieg.

Die Tatsache, dass Menem während seiner Präsidentschaft fast immer auf eine sehr günstige Verteilung der politischen Macht bauen konnte, stellte ein beachtliches Potenzial dar. Die einem System der Gewaltenteilung innewohnenden Risiken wurden dadurch jedoch nicht beseitigt. Es könnte argumentiert werden, dass stets latente Konflikte vorhanden waren, insofern der Präsident immer noch die eigene Partei disziplinieren musste und auf die Unterstützung oppositioneller Kräfte angewiesen war, um das Quorum zu erreichen. Auf welche Weise setzte also Präsident Menem angesichts der ihm zur Verfügung stehenden institutionellen und politischen Ressourcen seine Entscheidungen durch? Im folgenden werden die wichtigsten von ihm im Verlauf der Gesetzgebungsprozesse zur Wirtschaftreform und deren Implementierung eingesetzten institutionellen Instrumente analysiert. Dabei wird deutlich, dass Carlos Menem die dem Präsidenten laut Verfassung zur Verfügung stehenden legislativen Ressourcen umfassend ausschöpfte. Hinzu kam der Rückgriff auf weitere Ressourcen, deren Verfassungsmäßigkeit umstritten war. Die Delegation von Macht, Änderungen in der Zusammensetzung des Obersten Gerichtshofes sowie die Notstands- und Dringlichkeitsdekrete sind normalerweise als Indikatoren für Menems Tendenz angesehen worden, einen autokratischen Regierungsstil zu pflegen. Zu berücksichtigen sind aber auch die zahlreichen normalen legislativen Verfahren sowie der Gebrauch des Vetorechts. Die Art und Weise, wie die letztgenannten Ressourcen eingesetzt wurden, liefert Hinweise für eine Neuinterpretation der Beziehungen zwischen den verschiedenen politischen Institutionen während Menems Amtszeit.

Tabelle 2: Die Zusammensetzung des Senats (1983-1998)

	1989-1992		1992-1995		1995-1998	
Parteien	Sitze	%	Sitze	%	Sitze	%
PJ	26	56,5	30	62,5	37	57,8
UCR	14	30,4	11	22,9	15	23,4
Provinzparteien	6	13,1	7	14,6	10	15,6
Frepaso	-	-	-	-	2	3,2
Insgesamt	46	100	48	100	64	100

Anmerkung: Die Zahl der Senatoren stieg aufgrund der Etablierung Feuerlands als eigenständige Provinz von 46 auf 48. Der Zeitraum von 1995-98 schließt in Übereinstimmung mit der Verfassungsreform von 1994 neue Senatoren ein.

Die Delegation von Macht

In den ersten beiden Monaten von Menems erster Amtszeit fand, inmitten des Ausbruchs der Hyperinflationskrise von 1989, ein erster Schritt zu einer Machtkonzentration hin statt. Zu diesem Zeitpunkt forderte die Exekutive vom Parlament die Zustimmung zu zwei wichtigen Gesetzen: dem Wirtschaftsnotstandsgesetz (*Ley de Emergencia Económica*) und dem Staatsreformgesetz (*Ley de Reforma del Estado*). Diese Gesetzesvorlagen lieferten einen umfassenden Rahmen für zukünftige politische Handlungen. Sie beschränkten sich jedoch nicht auf den Entwurf eines Regierungsprogramms, sondern trugen gleichzeitig der Tatsache Rechnung, dass für eine rasche Umsetzung des Wirtschaftsprogramms eine solide politische Machtbasis notwendig war.

Die Gesetzesvorlage zum Wirtschaftsnotstandsgesetz sah eine Sanierung der öffentlichen Finanzen vor. Die Maßnahmen zielten auf eine sofortige und zeitweise Reduzierung der öffentlichen Ausgaben. Beihilfen und Subventionen sowie Zuwendungen im Rahmen der Industrieförderung sollten gestrichen werden, Einstellungen, die eine Steigerung der staatlichen Verwaltungsausgaben implizieren könnten, entfallen. Weitere Punkte betreffen die Zurückstellung von Schulden und den Verkauf von staatlichem Eigentum. Die Zentralbank sollte mit Autonomie ausgestattet werden, um Währungsstabilität zu gewährleisten und um eine direkte oder indirekte Finanzierungen der nationalen Regierung oder der Provinzen mit Hilfe der Notenpresse zu verhindern. Gleichzeitig zielten andere Maßnahmen auf eine Modifizierung der Marktbedingungen ab. Dazu gehörte die Gleichbehandlung von nationalem und ausländischem Produktionskapital sowie eine Aufhebung der Vorzugsbehandlung nationaler Produkte. Die Erteilung von Importgenehmigungen sollte liberalisiert werden, um teuer produzierte einheimische Produkte unter Konkurrenzdruck zu setzen und Angebotsengpässe zu überwinden.

Die im Entwurf des Wirtschaftsnotstandsgesetzes vorgesehenen Maßnahmen wurden durch die Bestimmungen des Gesetzes zur Privatisierung und Restrukturierung öffentlicher Unternehmen vervollständigt. Die entsprechende Vorlage war von Roberto Dromi, dem Minister für Öffentliche Arbeiten und Dienste, entworfen worden und bildete den Ausgangspunkt für die Privatisierungspolitik der Regierung Menem. Trotz der mit dieser Gesetzesinitiative angestrebten langfristigen strukturellen Veränderungen wurde bei den meisten Bestimmungen die große Eile deutlich, mit der die Reform auf den Weg gebracht werden sollte. Der Gesetzesentwurf sah den Ausnahmezustand für alle staatlichen Rechtspersonen, Unternehmen und Gesellschaften vor. Als ersten Schritt zu deren Reorganisation sah das Gesetz die Übernahme durch einen Treuhänder (*interventor*) für einen Zeitraum von sechs Monaten vor. Diese Phase konnte um weitere sechs Monate verlängert werden. Wichtigste Aufgabe der Treuhänder in dieser Zeit würde es sein, das entsprechende Unternehmen gemäß den Instruktionen durch die Exekutive oder den zuständigen Minister auf eine Privatisierung vorzubereiten. Der Gesetzesentwurf stellte nicht nur die Regeln für zukünftige Privatisierungen auf, er gab auch den Startschuss für die Staatsreform, indem er in einem Anhang zahlreiche staatliche Unternehmen aufführte, die zu „Privatisierungsobjekten" erklärt wurden. Die Liste umfasste öffentliche Unternehmen aus den unterschiedlichsten Wirtschaftsbereichen, insbesondere öffentliche Dienstleistungen und Grundstoffindustrien. Festgelegt wurde auch, ob lediglich eine Teilprivatisierung oder ein vollständiger Verkauf anzustreben sei.

Sowohl das Wirtschaftsnotstandsgesetz als auch das Staatsreformgesetz schufen breiten Raum für zukünftige politische Aktivitäten und enthielten darüber hinaus eine Reihe von Vorschriften, die der Exekutive eine Implementierung der Maßnahmen ohne größere Einmischung von Seiten anderer Institutionen ermöglichen sollten. Das Gesetz zur Staatsreform machte deutlich, dass in erster Linie die Exekutive und das Kabinett, und nicht etwa der Kongress, den Restrukturierungsprozess des öffentlichen Sektors kontrollieren würden, und zwar aus dem einfachen Grund, dass aufgrund der Dringlichkeit dieser Aufgabe keine Zeit für die Diskussion jeder einzelnen Privatisierungen sei. Insofern würde die Privatisierungspolitik vor allem mittels Dekreten und nicht durch Gesetze implementiert werden. Während man sich auf die Krisensituation berief, um diese Delegation von Macht zu rechtfertigen, blieb die Kontrolle der durchzuführenden Reformen dem Kongress vorbehalten. Zu diesem Zweck ordnete das Gesetz die Einrichtung einer aus sechs Senatoren und sechs Abgeordneten bestehenden Kommission (*comisión bicameral*) an, die alle Informationen bezüglich des Gesetzes erhielt und über das Recht verfügte, weitere Informationen einzufordern sowie Vorschläge, Ratschläge und Berichte zu formulieren. In ähnlicher Weise übertrug auch das Wirtschaftsnotstandsgesetz der Exekutive legislative Rechte, allerdings in geringerem Umfang, da wesentliche Bestimmungen bereits durch das Gesetz selbst formuliert wurden. Auch in diesem Fall behielt der Kongress das Kontrollvorrecht, denn Artikel 88 sah die Einrichtung einer Zweikammerkommission zur Kontrolle der Exekutive bei der Ausübung der ihr zugewiesenen Funktionen vor.

Der Oberste Gerichtshof

Kurz nach Verabschiedung der Notstandsgesetze nahm die Regierung zur Kenntnis, dass die Justiz ein weiterer Bereich war, in dem Widerstand gegenüber den Wirtschaftsreformen geäußert werden könnte. Als verheerend für die zukünftige Wirtschaftspolitik galt die Aussicht, dass die entsprechenden Gesetze für nicht verfassungskonform erklärt würden. Auch die Verfassungsmäßigkeit der Notstands- und Dringlichkeitsdekrete war ein für die Regierung wichtiges Thema. Um jedes Risiko für die Reformen zu vermeiden, war eine Kontrolle des Obersten Gerichtshofes notwendig.[3] Mit dem Argument, dass der Wille des Volkes, wie er

---

3 Verbitsky (1993: 33-46) hat behauptet, dass die Reform des Obersten Gerichtshofes nicht nur aus Sorge um die Verfassungsmäßigkeit der Notstandsregelungen vorgenommen worden sei, sondern auch dafür sorgen sollte, dass das Gericht die Maßnahmen der Regierung zur Lösung der Probleme mit dem Militär billigen würde. Der

durch dessen gewählte Repräsentanten ausgedrückt werde, durch keinerlei Hindernisse gestört werden sollte (der Gerichtshof war kein gewähltes Gremium), legte die Exekutive einen Gesetzentwurf vor, der darauf abzielte, sich im Obersten Gerichtshof durch die Anhebung der Mitgliederzahl von fünf auf neun eine regierungsfreundliche Mehrheit zu schaffen. Der Gesetzentwurf wurde im September 1989 eingereicht und im April 1990 verabschiedet, nach einem recht einfachen Durchlauf im Senat (wo die komfortable peronistische Mehrheit ihn innerhalb von elf Tagen annahm) und einem komplizierteren Durchgang im Unterhaus.[4] Wie weiter oben angemerkt, war das Ergebnis eine Vergrößerung der Mitgliederzahl des Obersten Gerichtshofes und die Ernennung von regierungstreuen Kandidaten. Bereits im Mai 1990 ernannte Menem mit Zustimmung des Senats sechs neue Richter am Obersten Gerichtshof: vier auf den neu geschaffenen Stellen und die übrigen zwei als Nachfolger für diejenigen, die zurückgetreten waren.[5]

Die durchgeführten Veränderungen erwiesen innerhalb kurzer Zeit ihre Effektivität. Der vielsagendste Fall war der des dissidenten peronistischen Abgeordneten Moisés Fontela, der mit Hilfe der Justiz die Privatisierung von *Aerolíneas Argentinas* in Frage stellen wollte. Der Abgeordnete versuchte, eine Unterbrechung der endgültigen Verkaufsverhandlungen zu erreichen, indem er eine Beschwerde (*acción de amparo*)

---

von Menem während seines ersten Amtsjahres verkündete Gnadenakt (*indulto*) betraf mehr als zweihundert Militärangehörige, die an dem „schmutzigen Krieg" in den 70er Jahren, am Malvinas-Krieg und an den Aufständen von 1987 und 1988 beteiligt gewesen waren.

4   Der Gesetzgebungsprozess im Abgeordnetenhaus wurde wegen Unregelmäßigkeiten kritisiert. Erstens wurde angemerkt, dass mittels eines irregulären Prozedere die Debatte über das Gesetz um viele Stunden bis tief in die Nacht verlängert wurde. Obwohl eine Abstimmung über die Unterbrechung der Debatte bis zum folgenden Tag veranlasst worden war, entschied sich eine „unklare" Mehrheit für die Fortsetzung der Sitzung. In der Tat wurde angeprangert, dass die Mehrheit durch Strohmänner erzielt worden sei. Zweitens wurde der Gesetzesentwurf „im allgemeinen", jedoch nie „im einzelnen" (Artikel für Artikel) angenommen – was nur den ersten Schritt im Zustimmungsprozess darstellt –, und zwar schlicht und einfach deswegen, weil die Sitzung nach der allgemeinen Annahme des Gesetzes als beendet betrachtet wurde (Vidal 1995: 73-104; Verbitsky 1993: 47-51).

5   Menem wirkte auch auf die Besetzung anderer Bereiche der Justiz ein. Er ernannte den mit der Aufsicht über die Ermittlungs- und Prozessfunktionen der richterlichen Gewalt beauftragten *Procurador General de la Corte* ohne die notwendige Zustimmung durch den Senat. Außerdem sorgte er für den Rücktritt von vier der fünf Mitglieder des Rechnungshofes (*Tribunal de Cuentas*), dessen Aufgabe die Überwachung der Gesetzmäßigkeit von Regierungsausgaben ist (Larkins 1998: 430-431).

einreichte, in der Bedenken gegen die Rechtmäßigkeit des Verfahrens präsentiert wurden. Der Richter gab dem Antrag statt und veranlasste eine Unterbrechung des Angebotsverfahrens, bis die angezeigten Unregelmäßigkeiten geklärt wären. Kurz darauf richtete sich der Minister für Öffentliche Arbeit und Dienste, Roberto Dromi, direkt an den Obersten Gerichtshof und erreichte dort innerhalb kurzer Zeit die Aufhebung der richterlichen Entscheidung. Dieser Fall war nicht nur deswegen interessant, weil sich die Regierung in ihrer Annahme bestätigt sah, dass die Justiz ohne die Reform des Obersten Gerichtshof ein Hindernis für ihre Politik gewesen wäre, sondern auch, weil das umstrittene Mittel des *per saltum* zum ersten Mal in der argentinischen Geschichte Anwendung fand. Das Überspringen von Zwischenstufen eines gerichtlichen Verfahrens war vom Gesetzgeber nicht eindeutig geregelt, weshalb die Akzeptanz dieser Vorgehensweise durch den Obersten Gerichtshof etwas legitimierte, was in der Vergangenheit zu Kontroversen und Debatten geführt hatte.

Die Reaktion des Obersten Gerichtshofes auf den Erlass von Notstands- und Dringlichkeitsdekreten durch die Regierung Menem zeigte ein weiteres Mal, wie effektiv die Veränderungen in seiner Besetzung gewesen waren. In einer Entscheidung von 1990 (Fall Peralta) wurde die diesbezügliche Position des Gerichtshofes festgelegt: obwohl diese Dekrete in der Verfassung nicht erwähnt würden, könne in „sehr ernsten Situationen" auf sie zurückgegriffen werden. Von da an musste sich das Gericht verschiedene Male mit Rechtsbegehren auseinandersetzen, durch die von der Regierung erlassene Notstands- und Dringlichkeitsdekrete in Frage gestellt wurden. In den meisten Fällen stellte es sich auf die Seite der Regierung und unterstützte deren Recht zum Erlass von Dekreten. Eine Ausnahme stellten lediglich jene Fälle dar, die Vorrechte des Obersten Gerichts selbst betrafen (Ferreira Rubio und Goretti 1996: 466-469).

Die Notstands- und Dringlichkeitsdekrete

Wie bereits ausgeführt, wurde ein Großteil der wirtschaftlichen Strukturreformen unter Präsident Menem mit Hilfe von Dekreten umgesetzt. Dies galt auch für einige weitere Reformen, etwa die Rationalisierung der öffentlichen Verwaltung mittels Dekreten, deren Legitimität sich aus den verfassungsmäßigen Rechten des Präsidenten ergab. Daneben griff Menem auch auf die Möglichkeit der „Gesetzgebung" durch Dekrete zurück. Durch den Einsatz von Notstands- und Dringlichkeitsdekreten nahm der Präsident legislative Vorrechte in Anspruch, die allein dem Kongress zustehen – und zwar ohne jegliche Rechtsgrundlage.

Die Notstands- und Dringlichkeitsverordnungen können als eine der großen Neuerungen des 1983 wiederbegründeten demokratischen Regimes angesehen werden.[6] Zuvor waren solche Maßnahmen sehr selten angewendet worden, in extremen wirtschaftlichen und institutionellen Krisensituationen, welche außerordentliche Lösungen erforderten. Eingriffe des Präsidenten in die Sphäre der legislativen Entscheidungen ohne nachfolgende Zustimmung durch den Kongress waren insofern ein Vorrecht, das Präsident Raúl Alfonsín erstmals für sich in Anspruch genommen hatte. Präsident Carlos Menem trieb diese Vorgehensweise dann auf die Spitze. Menem war nicht der erste Regierungschef, der von diesem Mittel Gebrauch machte, aber bemerkenswert war die gewaltige Menge der von ihm in einer einzigen Amtsperiode erlassenen Dekrete. Ferreira Rubio und Goretti (1996: 451) haben gezeigt, dass Präsident Menem zwischen Juli 1989 und August 1994 336 Notstands- und Dringlichkeitsdekrete unterzeichnete, während zwischen 1853 und Juli 1989 nur 35 Dekrete erlassen worden waren.[7]

Wenn auf Notstands- und Dringlichkeitsdekrete nur in außerordentlichen Situation zurückgegriffen werden soll, ist der durch Menem erfolgte Gebrauch dieses Machtinstrumentes kaum zu rechtfertigen. Die von ihm erlassenen Dekrete bezogen sich vor allem auf Wirtschaftsfragen. Menem machte von dieser Möglichkeit während seiner gesamten ersten Amtsperiode Gebrauch, sowohl in Zeiten der Hyperinflation als auch in Situationen makroökonomischer Stabilität.[8] Warum sollte es ein

---

6   Molinelli (1996: 75) konstatiert, dass man „vor 1983 ein Buch über Verfassungsrecht schreiben konnte, ohne das Thema zu erwähnen, und wenn es erwähnt wurde, dann nur im Zusammenhang mit ‚politischen' Entscheidungen, Ausnahmeerscheinungen, welche darüber hinaus im allgemeinen als irregulär betrachtet wurden."

7   Ferreira Rubio/Goretti (1994: 2-4) haben ausgeführt, dass sich, da der Verfassungstext von 1853 keine Notstands- und Dringlichkeitsdekrete vorsah, eine Kontroverse hinsichtlich ihrer verfassungsmäßigen Gültigkeit ergab. Einige Fachleute waren der Meinung, dass sie den Verfassungsnormen widersprächen, da kein Ausnahmezustand eine Unterbrechung des Prinzips der Gewaltenteilung rechtfertigen könne, auf dem das politische System basiere. Andere hielten dagegen, dass Dekrete erlassen werden könnten, wenn der Kongress nicht zusammentrete und schwierige und außerordentliche Situationen das Überleben des Staates und der Zivilgesellschaft bedrohten. Ungeachtet dieser Differenzen bestand eine Übereinstimmung in bezug auf die Notwendigkeit, die erlassenen Dekrete innerhalb eines angemessenen Zeitraums der Zustimmung oder Ablehnung durch den Kongress zu unterwerfen.

8   Von insgesamt 336 zwischen 1989 und 1994 erlassenen Dekreten wurden 30 zwischen Juli und Dezember 1989, 63 im Jahr 1990, 85 im Jahr 1991, 69 im Jahr 1992,

Präsident mit einer solchen Mehrheit im Parlament nötig haben, per Dekret zu regieren? Wenn Menems Dekrete nicht notwendigerweise mit Ausnahmesituationen in Zusammenhang stehen, eignen sie sich sehr gut als Beleg für einen besonders autokratischen Entscheidungsstil. Die Regierung verließ sich auf ihre eigene Risikoanalyse, wenn sie dem Kongress Wirtschaftsgesetze vorlegte. Insofern ist der extreme Einsatz von Dekreten vielleicht nicht unbedingt ein Indikator für Fügsamkeit und Schwäche des Kongresses.

Die Rolle des Kongresses

Angesichts der Zentralisierung von Entscheidungen und des autokratischen Regierungsstils der Exekutive stellte sich die Frage, ob der Kongress überhaupt keinen Einfluss auf die Wirtschaftsreformen nehmen konnte oder ob es ihm trotz der widrigen Umstände gelang, eine gewisse Rolle zu spielen. In diesem Sinne gilt es zunächst zu berücksichtigen (und dies hat der *mainstream* der Fachliteratur bislang nicht getan), dass trotz des Einsatzes von außergewöhnlichen Ressourcen autokratischen Typs (Dekrete und Delegation legislativer Funktionen) auch normale Gesetzgebungsverfahren stattfanden. Mit anderen Worten: Menem regierte nicht nur per Dekret, sondern auch durch Gesetze. Neben 336 Notstands- und Dringlichkeitsdekreten[9] wurden während seiner ersten Amtsperiode 835 Gesetze verabschiedet, die zu 46% auf Vorlagen der Exekutive und zu 54% auf Initiativen des Kongresses zurückgingen (Mustapic 2000: 591). Diese Angaben zeigen zum einen, dass der Kongress die von der Exekutive eingereichten Vorlagen verabschiedete, und zum anderen, dass er selbst seine verfassungsmäßigen Rechte hinsichtlich der Initiierung und Verabschiedung von Gesetzen nutzte. Wie die Daten zeigen, nutzten beide Gewalten ihre Initiativfunktion etwa in gleichem Ausmaß. Mustapic weist darauf hin, dass der Kongress zwar den

---

62 im Jahr 1993 und 27 zwischen Januar und August 1994 verkündet (Ferreira Rubio/Goretti 1996:454).

9   Es sollte vielleicht klargestellt werden, dass die Regierung von den insgesamt 336 Notstands- und Dringlichkeitsdekreten nur 166 anerkannte. Die übrigen 170 wurden von Ferreira Rubio und Goretti nach einer sorgfältigen Analyse der gleichen Kategorie zugeordnet. Die Regierung dagegen vermied es, diese als Notstands- und Dringlichkeitsdekrete zu bezeichnen, obwohl es sich um solche handelte. Einige Autoren ziehen es vor, nur die von der Exekutive selbst anerkannten Dekrete zu berücksichtigen, deren Anzahl freilich auch so noch signifikant genug ist.

Eingaben der Exekutive Priorität einräumte, aber darüber nicht die aus seinen eigenen Reihen hervorgegangenen Entwürfe vernachlässigte.

Insgesamt scheinen die Zahlen die große gesetzgeberische Revolution zu bestätigen, die während der Amtszeit Menems stattfand und mit einem neuen Entwicklungsmodell sowie einer neuen Rolle des Staates in Verbindung steht. Umgesetzt wurde sie sowohl durch normale als auch durch außergewöhnliche Gesetzgebungsverfahren. Verglichen mit anderen Präsidentschaften lag die Anzahl der während der ersten Amtsperiode Carlos Menems verabschiedeten Gesetze auf einem vorderen Platz. Laut Mustapic (2000: 591) erließ der Kongress während der Präsidentschaft von Raul Alfonsín 645 Gesetze, hinzu kamen etwa zehn Notstands- und Dringlichkeitsdekrete. Für frühere Präsidentschaften liegen folgende Daten vor: unter Illia 441 Gesetze, unter Cámpora 10, unter Lastiri 27, während der dritten Präsidentschaft Peróns 142 und unter Martínez de Perón 569 Gesetze (Molinelli/Palanza/Sin 1999:416). Es gab zwar im Verlauf des 20. Jahrhunderts Präsidentschaften, während denen eine größere Anzahl von Gesetzen verabschiedet wurde (zum Beispiel unter Yrigoyen 1114 und während der ersten Amtszeit Peróns 1292 Gesetze), allerdings hängt dies auch damit zusammen, dass bis 1964 sehr viele Renten- und Pensionsgesetze erlassen wurden. Deren Anteil an den gesamten Gesetzen lag zwischen 21% und 57% (Molinelli/Palanza/Sin 1999: 415).

Die große Anzahl der unter Menem verabschiedeten Gesetze führt uns zu einem zweiten wichtigen Aspekt, und zwar zu den Inhalten der Gesetze. Dabei ist darauf hinzuweisen, dass grundlegende wirtschaftspolitische Reformgesetze vom Kongress debattiert und verabschiedet wurden. An erster Stelle ist die Verabschiedung des Konvertibilitätsgesetzes (*Ley de Convertibilidad*) zu nennen. Mehr als zehn vom Parlament verabschiedete Privatisierungsgesetze (zusätzlich zu den durch das Staatsreformgesetz von 1989 autorisierten Privatisierungen) und wichtige Gesetze wie die zur Steuer- und Arbeitsrechtsreform zeigen, dass das Parlament durchaus an wirtschaftspolitischen Entscheidungsprozessen beteiligt war. Mehrere Studien haben aufgezeigt, dass der Kongress an der inhaltlichen Ausgestaltung der betreffenden Gesetze in substanzieller Art und Weise beteiligt war.[10] Etchemendi/Palermo (1998: 581-582) un-

---

10 Zur Privatisierungspolitik siehe Llanos (1998); zur Reform des Arbeitsrechts Etchemendi/Palermo (1998); zur Reform des Pensionssystems: Alonso (1998); zur Steuergesetzgebung: Eaton (1998); zur Wirtschaftsliberalisierung: Torre/Gerchunoff (1996). Für eine allgemeinere Interpretation siehe auch Palermo (1995) und (1998).

terstreichen bei ihrer Analyse der arbeitsmarktrelevanten Strukturreformen, dass die entsprechenden Gesetzesvorlagen der Regierung im Parlament auf erhebliche Widerstände stießen und dass die Exekutive in diesem Politikbereich lediglich Teilerfolge erzielen konnte. Die Autoren weisen insbesondere darauf hin, dass der Kongress eine bedeutende Rolle beim Abblocken der anfänglichen Versuche der Exekutive spielte, ihre Politik mit unilateralen Ressourcen durchzusetzen. Mit dieser Haltung sei es gelungen, der Exekutive mehr Verhandlungsbereitschaft abzuringen. Auch Alonso (1998: 620-624) stellt in seiner Studie zur Reform des Sozialversicherungssystems fest, dass die Exekutive ihren unilateralen Führungsstil modifizieren und sich auf Verhandlungen einlassen musste. Infolgedessen wurde das Kapitaldeckungsverfahren nur mit bedeutsamen inhaltlichen Korrekturen gegenüber der ursprünglichen Regierungsvorlage verabschiedet. Eine Studie zur Steuerreform (Eaton: 1998) weist auf ähnliche Tendenzen hin: die peronistischen Abgeordneten billigten die entsprechenden Vorlagen erst, nachdem sie Modifikationen durchgesetzt hatten, die insbesondere den Interessen der von ihnen vertretenen Provinzen entsprachen.

Insofern gingen die Gesetze zur Wirtschaftsreform zwar auf Initiativen der Exekutive (sei es des Präsidenten selbst oder ihm nahestehender Abgeordneter) zurück, ihre endgültige Fassung erhielten sie jedoch erst im Verlauf von Verhandlungen in den Kommissionen bzw. im Plenum beider Häuser des Kongresses. Dabei wurden zahlreiche Meinungen berücksichtigt, die sich in den Regierungsvorlagen nicht wiederfanden und die in vielen Fällen den ursprünglichen Zielsetzungen widersprachen. Die kritische Einstellung des Kongresses gegenüber den Initiativen der Exekutive beschränkte sich im übrigen nicht auf die Wirtschaftsreformen. Die Hälfte der zwischen 1989 und 1995 von der Exekutive vorgelegten Initiativen wurde mit Modifikationen des Kongresses verabschiedet (87 von insgesamt 165 Gesetzen, wobei hier nicht die internationalen Verträge hinzugerechnet werden, da bei diesen laut Verfassung keine Modifikationen erlaubt sind). 40% der Regierungsvorlagen wurden vom Parlament nicht gebilligt (Mustapic 1999). Hinzu kam, dass der Kongress die Exekutive wiederholt dazu brachte, bereits eingereichte Initiativen wieder zurückzuziehen und durch Vorlagen zu ersetzen, die eher den Forderungen der Abgeordneten entsprachen (wie im Fall der Sozialversicherungsreform und der Privatisierung des staatlichen Erdölunternehmens). In anderen Fällen verzichtete die Exekutive ganz auf bestimmte Vorhaben, da der Kongress bereits im Vorfeld signalisiert hatte, dass er seine Zustimmung verweigern würde. Beispielsweise verzichtete Menem auf die ins Auge gefasste Privatisierung der Nationalbank und wagte es auch nicht, dies per Dekret auf den Weg zu bringen.

Der Kongress machte im Laufe der Amtszeit Menems in unterschiedlicher Art und Weise von seinen Gesetzgebungskompetenzen Gebrauch. In einer früheren Arbeit habe ich drei Phasen des Verhältnisses zwischen Exekutive und Legislative unterschieden (Llanos 1998). Die erste Phase entspricht den ersten Monaten der ersten Präsidentschaft Menems, als der Kongress dem Präsidenten inmitten der Hyperinflationskrise gesetzgeberische Befugnisse übertrug. Damit verzichtete der Kongress auf die Beteiligung an einer Vielzahl von Gesetzgebungsverfahren im Zusammenhang mit der Wirtschaftsreform. Die entsprechenden Entscheidungen wurden in der Folgezeit einseitig von der Exekutive getroffen. Während dieser „delegativen Phase" beschränkte sich das Parlament darauf, durch die zu diesem Zweck geschaffenen Kommissionen eine Kontrollfunktion auszuüben. Die Gesetze zur Staatsreform und zur Wirtschaftsreform markierten insofern den Zeitpunkt des größten institutionellen Ungleichgewichts zugunsten der Exekutive. Danach änderte sich die Konstellation und bis zum Ende der ersten Präsidentschaft Menems kann von einer „kooperativen Phase" gesprochen werden. Jetzt war der Kongress nicht mehr zur Übertragung von gesetzgeberischen Kompetenzen an die Exekutive bereit, vielmehr bemühte er sich darum, einige seiner Kompetenzen wiederherzustellen. Die Exekutive entfaltete immer noch ein enormes politisches Führungspotenzial und es gelang ihr, die Zustimmung des Parlaments zu zentralen Reformen zu erhalten. Dies war jedoch nur durch Zugeständnisse der Exekutive hinsichtlich der Gesetzesinhalte möglich. Die dritte Phase entfällt auf die zweite Amtszeit Menems und kann als „konfliktive Phase" bezeichnet werden. Das Kräfteverhältnis zwischen beiden Gewalten war jetzt ausgeglichener als zuvor. Der Kongress modifizierte und verzögerte jetzt nicht nur Vorschläge der Exekutive, er nutzte auch entschlossen seine Präventivrechte und weigerte sich, einige der von der Regierung vorgelegten Gesetzesinitiativen zu verabschieden.

Sicherlich konnte der Präsident letztendlich immer noch auf sein partielles Vetorecht zurückgreifen, das er auch auf recht umstrittene Weise nutzte.[11] Mustapic (1995) weist darauf hin, dass der Gebrauch des

---

11 Partielles Veto bedeutet, dass der Präsident gegen Teile eines vom Kongress verabschiedeten Gesetzes sein Veto einlegt und die restlichen Bestimmungen in Kraft treten lässt. Von dieser Möglichkeit machte Menem ausführlich Gebrauch. Durch die

partiellen Vetos derart effektiv war, dass die Exekutive dadurch einen Großteil ihrer Initiativmacht bewahren konnte. Jedoch gelang es ihr nie, eine Beteiligung des Kongresses ganz zu verhindern. Daher behielten wichtige, mit einem partiellen Veto belegte Gesetze, wie etwa das zur Sozialversicherungsreform, einen großen Teil des im Kongress ausgehandelten Wortlauts. Die Erfahrungen mit dem partiellen Veto verweisen somit nicht nur auf die institutionelle Macht des Präsidenten, sie sind gleichzeitig ein weiterer Beleg dafür, in welchem Umfang die Abgeordneten eigenständig handeln und Modifikationen von Gesetzen gegen den Willen der Exekutive durchsetzen konnten. Wäre für die Notstands- und Dringlichkeitsdekrete eine ähnliche Interpretation denkbar?

Zweifellos waren diese Dekrete eine mächtige institutionelle Waffe in den Händen Menems und ein unumstößlicher Indikator für seine autokratischen Regierungstendenzen. Aber zahlreiche konkrete Dekrete (in der Mehrzahl solche, die im Zusammenhang mit den Wirtschaftsreformen standen) sollten besser als mächtige Waffen in den Händen eines schwachen Präsidenten charakterisiert werden. Ein Präsident, der mittels Dekreten regieren kann, ist in einem institutionellen Sinne immer mächtig, aber dies bedeutet nicht, dass er auch politisch stark wäre. Paradoxerweise reicht der Einfluss eines Präsidenten, der durch Dekrete regiert nur so weit, wie es ihm gelingt, dass seine Dekrete nicht durch ein Gesetz des Kongresses außer Kraft gesetzt werden. Er ist gleichzeitig aber auch so schwach, dass er auf Dekrete zurückgreift und es nicht wagt, sich bei der Verabschiedung eines Gesetzes mit dem Kongress auseinander zu setzen.

> The rate at which the administration issues NUDs has declined by more than 50 percent relative to the period before the (1994 constitutional) reform. In the first twenty-seven months under the new 1994 Constitution, the administration issued sixty-two NUDs – less than its yearly average over the 1989-94 period (Ferreira Rubio/Goretti 1998: 59).[12]

Der zahlenmäßige Rückgang von Notstands- und Dringlichkeitsdekreten, den die Autoren beobachten, findet zur gleichen Zeit statt, in der die größten Konflikte zwischen Präsident und Kongress auftreten, nach der Wiederwahl Menems 1995. Diese Daten legen die Annahme nahe, dass ein Präsident, dem es an politischer Durchsetzungsfähigkeit zur Verab-

---

Verfassungsreform von 1994 wurde diese Vorgehensweise legitimiert (wie im übrigen auch die Notstands- und Dringlichkeitsdekrete).

12 NUDs = *Necessity and Urgency Degrees* (Notstands- und Dringlichkeitsdekrete).

schiedung von Gesetzen fehlt, auch zu schwach ist, um mit Hilfe von Dekreten zu regieren. In jedem Fall darf die Rolle des Kongresses, und insbesondere die der in ihm vertretenen Parteien, nicht vernachlässigt werden, gleichgültig, ob der Präsident allein oder mit dem Kongress regiert.

Das Verhältnis zwischen Exekutive und Kongress: Einige erklärende Faktoren

Es wurde bereits darauf hingewiesen, dass die Präsidialverfassung Argentiniens unterschiedliche Modalitäten der Machtausübung durch den Präsidenten ermöglicht. Diese bewegen sich zwischen den Extremen eines unilateralen Handlungsstils einerseits und der Suche nach Konsens andererseits (Rockman 1997). Normalerweise schwanken Präsidenten zwischen beiden Entscheidungsalternativen hin- und her. Die politische Geschichte Argentiniens zeichnet sich durch große Instabilität, personalistische Führungsstile und hegemoniale Entwürfe aus. In der politischen Praxis herrschte stets eine Neigung vor, sich eher der ersteren der beiden genannten Alternativen zu bedienen. Angesichts dieses historischen Legats sorgte der autokratische Regierungsstil Menems kaum für Überraschung (O'Donnell 1994b). Trotzdem soll im Folgenden deutlich gemacht werden, dass die Neigung eines Präsidenten, sich für die eine oder die andere Strategie zu entscheiden, auch mit konjunkturellen Faktoren zusammenhängt. Präsidenten handeln nicht isoliert, sondern interagieren mit anderen sozialen, politischen und institutionellen Akteuren. Auch wenn sie eigene politische Präferenzen haben und zu einem bestimmten Führungsstil neigen, so müssen sie doch die Existenz anderer Akteure mit eigenen politischen Präferenzen im Auge behalten. Dies gilt insbesondere für das Verhältnis zwischen Exekutive und Legislative.

In den folgenden Abschnitten werden zwei Faktoren herausgestellt, die ausschlaggebend für das Verhältnis zwischen Präsident und Kongress während der Amtszeit Menems waren. Erstens der sozioökonomische Kontext, vor dessen Hintergrund sich dieses Verhältnis entwickelte, und zweitens die Beziehungen zwischen dem Präsidenten und den anderen wichtigen politischen Akteuren: seiner eigenen Partei, den Oppositionsparteien und schließlich den für den Entwurf der Wirtschaftsreform verantwortlichen Technokraten.

Die hyperinflationären Umstände

Verschiedene Autoren haben darauf hingewiesen, dass eine durch eine tiefgreifende Wirtschaftskrise gekennzeichnete Situation einen positiven Einfluss auf die Implementierung erfolgreicher Wirtschaftsreformen haben kann.[13] Dies wird damit erklärt, dass eine solche Situation nicht nur die Initiierung eines Reformprogramms durch die Regierung erleichtert, sonder dass auch eher Regierungskapazitäten geschaffen werden können, um die Reformen langfristig aufrecht zu erhalten.[14] Wie im Folgenden gezeigt wird, veranlassten die hyperinflationären Umstände Menem bei seinem Amtsantritt zu einer Wirtschaftspolitik, für die er nie Präferenzen gezeigt hatte. Die Exekutive verfügte infolge der Krise über große politische und institutionelle Handlungsspielräume, was für die Durchsetzung der ersten Wirtschaftsreformmaßnahmen entscheidend war.

Die Hyperinflationskrise war eine Folge struktureller Probleme. Sie machte den Kollaps des Staates auf dramatische Weise deutlich, eines Staates, der nach und nach seine Autonomie gegenüber dem sozialen, externen und privaten Druck verloren hatte (Palermo/Novaro 1996: 85-94; O'Donnell 1993). Die Hyperinflation wurde durch wirtschaftliche und politische Faktoren ausgelöst, die sich während der letzten Monate der Präsidentschaft Alfonsíns ereigneten. Dies setzte einer Reihe von gescheiterten Stabilisierungsversuchen im Laufe der zweiten Hälfte der 80er Jahre ein dramatisches Ende (Canitrot 1994).

Bereits vor Ausbruch der Krise hatten die Mittel der Regierung zur Finanzierung des öffentlichen Sektors einen Tiefstand erreicht. Aber auch die Unsicherheit angesichts der bevorstehenden Präsidentschaftswahlen trug zur Verschlechterung der Situation bei (Gerchunoff/Torre (1996: 735). Die Aussicht, dass der Peronismus wieder an die Macht kommen könnte, beunruhigte insbesondere die Privatwirtschaft. Der populistische Wahlkampfstil des peronistischen Kandidaten wurde durch das Image verstärkt, das er als Gouverneur von La Rioja gewonnen hatte. Während Menem von einem Schuldenmoratorium, von *salariazo* und einer „produktiven Revolution" sprach, glich sein Wirken als Gouverneur dem eines typischen *caudillo*, der Verteilungspolitiken mit einem feudalen Regierungsstil verband, bei dem der Mangel an Verantwortlich-

---

13 Zu dieser These siehe: Haggard/Kaufman (1995); Nelson (1994); O'Donnell (1994b); Przeworski (1995); Smith/Acuña/Gamarra (1994); Williamson (1993).
14 Der Erklärungswert der Variable „Wirtschaftskrise" ist von Corrales (1999) in Frage gestellt worden.

keit die Regel war. Vor diesem Hintergrund bestand eine große Unsicherheit dahingehend, was wohl von einem Präsidenten Menem zu erwarten sein würde. Menems Wahlkampf trug dazu bei, die Ängste hinsichtlich zukünftiger finanzieller Unwägbarkeiten und damit die Inflation weiter anzuheizen.

Nachdem Menem die Präsidentschaftswahlen gewonnen hatte, wurde die Inflation, die in den Monaten zuvor dem steigenden Dollarkurs gefolgt war, zur Hyperinflation (Smith 1991: 40). Das ganze Land wurde durch den Verlust der Kontrolle über die Wirtschaft erschüttert, in den Vororten der Großstädte kam es zu Krawallen. Unter diesen Umständen stellte sich die Frage nach dem Zeitpunkt der Amtsübergabe von Alfonsín zu Menem. Alfonsín trat schließlich fünf Monate vor Ablauf seiner Amtszeit zurück und Menem übernahm bereits im Juli 1989 die Regierungsgeschäfte.

Die Situation ließ im Hinblick auf die Wirtschaftspolitik nicht viele Möglichkeiten offen. Da der Staat fast alle ihm zur Verfügung stehenden Ressourcen und Regierungskapazitäten eingebüßt hatte, würde nur die Einleitung stabilitätsorientierter Reformen wirkungsvoll zur Beruhigung der Finanzmärkte beitragen und die Bewilligung dringend benötigter externer Kredite ermöglichen. Menem verstand dies und wechselte von seiner im Wahlkampf präsentierten unklaren Haltung zu einer klaren Position. Seine neue Haltung war weit entfernt von dem, was seine politische Laufbahn und die Zugehörigkeit zum Peronismus hätten vermuten lassen. Sie umfasste – gleichermaßen zur Überraschung von Menems Gegnern und Anhängern – die Prinzipien eines neoliberalen Programms: die Aufgabe des Staatsinterventionismus und des geschützten Kapitalismus, die Privatisierung von staatlichen Unternehmen, einen finanzpolitischen Sparkurs sowie die Öffnung der Wirtschaft.

Die Entscheidung für ein innovatives Wirtschaftsprogramm scheint eine direkte Folge der ökonomischen und institutionellen Krise gewesen zu sein, mit der sich Menem nach seiner Wahl konfrontiert sah. Er musste erkennen, dass die objektive wirtschaftliche Situation keine großen Spielräume für andere staatliche Politiken als die in Richtung marktwirtschaftlicher Reformen ließ. Indem er einen marktwirtschaftlichen Reformkurs einschlug, konnte Menem die Unterstützung der nationalen Privatwirtschaft sowie der internationalen Banken und Kreditgeber erlangen. Torre/Palermo (1992) sind zu der Schlussfolgerung gelangt, dass Menems Kehrtwende direkt nach seiner Wahl „das Ergebnis einer strategischen Kalkulation war; genauer gesagt, die Entscheidung für marktwirtschaftliche Politiken war ein Mittel zur Neutralisierung seiner politischen Schwäche, zur Etablierung einer bis dahin unbekannten sozialen Koalition und zum Erhalt seiner eigenen Macht." In der Tat sah sich Menem durch den plötzlichen Wandel des „politischen Opportunismus" beschuldigt (Canitrot: 1994) und es wurde die „Frage der politischen Glaubwürdigkeit" aufgeworfen, worauf er in der Folge stets mit einem Hinweis auf den raschen Fortschritt der Reformen antwortete (Gerchunoff/Torre 1996; Palermo/Novaro 1996; Torre/Palermo 1992).

Das Verhältnis zwischen Präsident und Opposition

Die schwierigen Umstände, unter denen der Machtwechsel zwischen Alfonsín und Menem stattfand, führten sowohl zu einer Übereinkunft zur Übergabe der Präsidentschaft als auch zur Etablierung von Regeln für einen bestimmten Zeitraum der Kohabitation zwischen den Parteien. Auf dem Höhepunkt der Krise war die zu diesem Zeitpunkt regierende Radikale Partei dazu bereit, mit den designierten peronistischen Amtsträgern zusammenzuarbeiten. Es kam zu einer Übereinkunft zwischen den beiden großen Parteien, die aus zwei Teilen bestand. Die erste Absprache betraf die Dauer der Übergangsphase zwischen den Wahlen und der Amtsübergabe. Normalerweise hätte Menem erst am 10. Dezember die Regierungsgeschäfte übernommen. Eine sechsmonatige Übergangsphase erschien jedoch gefährlich lang, weshalb sich beide Parteien darauf einigten, die Amtsübergabe auf Juli vorzuziehen.

Die Verkürzung der Amtszeit Alfonsíns wirkte sich jedoch nicht auf den Kongress aus, dessen neugewählte Abgeordnete erst im Dezember ihr Amt übernehmen würden. Da die Radikale Partei bis zu diesem Zeitpunkt im Abgeordnetenhaus über eine Mehrheit verfügte, würde Menem anfangs ohne die Unterstützung des Kongresses regieren müssen. Die Peronisten willigten in eine vorgezogene Amtsübernahme ein, erreichten aber im Gegenzug die Verpflichtung der UCR (*Unión Cívica Radical*; Radikale Bürgerunion), die Verabschiedung aller Wirtschaftsgesetze zu ermöglichen, welche die Peronisten dem Kongress zwischen Juli und Dezember vorlegen würden. Dazu verpflichteten sie sich, durch ihre Anwesenheit im Unterhaus das *Quorum* sicherzustellen. Die Kooperationsbereitschaft der UCR ermöglichte bis Dezember die Verabschiedung grundlegender Wirtschaftsgesetze, insbesondere des Wirtschaftsnotstandsgesetzes und des Staatsreformgesetzes. Die durch diese Gesetze autorisierte Delegation von Macht war 1989 möglich, weil die Krisensituation zu einer politischen Annäherung führte: die Radikale Partei hielt sich an die im Übergangsabkommen getroffenen Vereinbarungen; die

Partei des Präsidenten leistete keinen Widerstand gegen eine Politik des Präsidenten, die durch die Umstände diktiert wurde; schließlich gaben auch weitere kleinere Parteien ihre Unterstützung, weshalb die Gesetzesvorlagen im Senat einstimmig und im Abgeordnetenhaus mit einer breiten Mehrheit angenommen wurden.

Ab Dezember 1989 gestaltete sich das Verhältnis des Präsidenten zur UCR wieder im Rahmen des normalen Musters zwischen Regierung und Opposition. Dabei profitierte die Regierung von den Schwierigkeiten der Radikalen Partei, sich zu einer wirkungsvollen Opposition zu entwickeln. Auf der einen Seite machte die öffentliche Meinung die UCR für das wirtschaftliche Debakel direkt verantwortlich, weshalb Präsident Menem für eine beträchtliche Zeit nicht mit der Gefahr ungünstiger Wahlergebnisse konfrontiert war. Ferner nutzte Menem die Situation listig aus, indem er den Radikalen bei jeder sich bietenden Gelegenheit öffentlich Ineffizienz und Dirigismus vorwarf. Auf der anderen Seite ließ das dramatische Ende von Alfonsíns Regierungszeit die UCR in einem Zustand der inneren Krise zurück. Dies verhinderte in den meisten Fällen ein abgestimmtes und konsistentes Handeln der wichtigsten Oppositionspartei. Erst während Menems zweiter Amtszeit entwickelte sich die UCR wieder zu einer echten Alternative. Doch trotz ihrer Schwäche verweigerte die Radikale Partei oft die Zusammenarbeit im Kongress (d.h. sie versagte die Bereitschaft, durch die Anwesenheit ihrer Abgeordneten das Quorum zu gewährleisten), weshalb Präsident Menem auf die Unterstützung seiner eigenen Partei und auf *ad hoc*-Übereinkünfte mit anderen oppositionellen Parteien angewiesen war.

Wie bereits erwähnt, garantierten die Wahlergebnisse Carlos Menem eine vorteilhafte Verteilung der institutionellen Macht. Das war besonders im Senat der Fall, wo die PJ über eine absolute Mehrheit verfügte. Im Abgeordnetenhaus hatte die Regierungspartei nur eine einfache Mehrheit, die jedoch mit Unterstützung einiger kleinerer Parteien ohne größere Schwierigkeiten zum Erreichen des Quorums ausreichte. Eine solche Unterstützung erhielt die Regierung zum Beispiel von Mitgliedern der UceDé (*Unión del Centro Democrático*), die auch in der Exekutive mit ihr zusammenarbeitete.[15] Andere gute Verbündete der Regierungen wa-

---

15 Die Annäherung zwischen dem Peronismus und der UceDé war Teil der Strategie des Präsidenten, der Wirtschaft Signale dafür zu geben, dass er den neu eingeschlagenen Weg wirklich weiterzuverfolgen gedachte. Dies nahm seinen Anfang mit der Berufung von Alvaro Alsogaray, der führenden Figur des UceDé, auf eine für die Wirtschaftsreform zentrale Position, und zwar als Berater des Präsidenten bei Fragen der Außenverschuldung. Später wurde María Julia, die Tochter Alsogarays und eben-

ren: das *Movimiento Popular Neuquino*, der *Partido Renovador de Salta*, der *Partido Blanco de los Jubilados*, der *Partido Liberal de Corrientes*, die *Alianza Acción Chaqueña*, der *Partido Demócrata Cristiano Federal* und der *Partido Conservador Popular*. Diese Regionalparteien waren zwar als einzelne Kräfte numerisch irrelevant, sie spielten jedoch für das Erreichen der nötigen Stimmen zur Verabschiedung von Gesetzesvorlagen eine wichtige Rolle. Die Zusammenarbeit mit diesen Parteien hatte für die Exekutive aber auch ihren Preis, denn sie musste sich auf Kompromisse einlassen, insbesondere auf Vergünstigungen für diejenigen Distrikte, die von diesen kleineren Parteien repräsentiert wurden. Entscheidend war jedoch, dass es Präsident Menem gelang, sich die Unterstützung seiner eigenen Partei für die Implementierung eines politischen Programms zu sichern, das dem historischen Peronismus diametral entgegengesetzt war.

Das Verhältnis zwischen Präsident und Regierungspartei

Menems Fähigkeit, die PJ wirkungsvoll zu kontrollieren, hing damit zusammen, dass er ihr erster wirklicher politischer Führer seit Peróns Tod war (Palermo/Novaro 1996: 215). Nach dem Sieg bei den ersten internen Wahlen in der Geschichte des Peronismus wurde Menem 1988 zum Kandidaten der Partei für die bevorstehenden Präsidentschaftswahlen gekürt. Mit diesem Ergebnis war es Menem gelungen, seine Kandidatur gegenüber der des damaligen Parteivorsitzenden Antonio Cafiero durchzusetzen. Sowohl Menem als auch Cafiero gehörten dem Flügel der „Erneuerer" (*Renovadores*) an, einer Gruppe von peronistischen Abgeordneten und Gouverneuren, die einen Prozess der internen Neustrukturierung des Peronismus anführten (Mustapic 1988: 25). Mit dem Ziel, die peronistische Bewegung den neuen demokratischen Zeiten anzupassen, traten die Erneuerer u.a. für Wahlen zur Bestimmung der Kandidaten

---

falls ein bekanntes Mitglied der UceDé, mit allen die Privatisierung der Telefongesellschaft betreffenden Fragen beauftragt. Andere Fachleute der UceDé erhielten Posten in der Bundes- und den Provinzverwaltungen. Die Berufung von Mitgliedern der Familie Alsogaray stand im Zusammenhang mit der von Miguel Roig zum Wirtschaftsminister. Beide Ernennungen waren auch von großer symbolischer Bedeutung, insofern Roig Präsident von Bunge & Born gewesen war, des größten multinationalen argentinischen Unternehmens, und Alsogaray eine Person des rechten Zentrums mit einer langen Tradition der Unterstützung liberaler Wirtschaftsideen war. Beide Personen waren zudem Symbole für die Feinde, die der Peronismus als Volksbewegung stets gehabt hatte.

und für eine Ablösung der peronistischen Gewerkschaftler in der Parteiführung ein.

Menem profitierte von den Vorteilen, die es für eine Karriere als Präsident mit sich brachte, lediglich eine kleine Provinz zu regieren. Im Gegensatz dazu sah sich Cafiero mit der doppelten institutionellen Verantwortlichkeit als Parteivorsitzender und als Gouverneur der bevölkerungsreichen Provinz Buenos Aires konfrontiert. Menem konnte es sich leisten, einen Großteil seiner Zeit mit Reisen durch das ganze Land zu verbringen und sich mit nationalen Problemen zu beschäftigen. Er konnte denjenigen Schutz gewähren, die im Laufe des Reorganisationsprozesses von der Führung der Partei ausgeschlossen worden waren, insbesondere den Gewerkschaftsführern. Er war nicht dazu gezwungen, Kompromisse mit der nationalen Regierung einzugehen, Kompromisse, die für den Fortbestand des politischen Regimes von zentraler Bedeutung waren, besonders nachdem es dem Peronismus bei den Wahlen von 1987 gelungen war, die Kontrolle über die meisten Provinzregierungen zu erlangen. Infolgedessen verwandelte Menem seinen Status als Außenseiter in einen Vorteil gegenüber Cafiero. Später sollte sich dieser Status auch als nützlich erweisen, um die öffentliche Meinung für sich einzunehmen und die Präsidentschaftswahlen zu gewinnen. Menem führte seinen Wahlkampf mittels direkter Appelle an die Bevölkerung und bemühte sich darum, seine persönlichen Qualitäten in den Vordergrund zu stellen und eine Identifikation mit den in Misskredit geratenen Parteiorganisationen zu vermeiden.[16]

Als politischer Führer repräsentierte Menem für seine Partei jene traditionellen Elemente, aus denen die peronistische Identität hervorgegangen war. Als Präsidentschaftskandidat präsentierte er sich selbst als Retter, der das Los der Menschen verändern würde. Trotz dieses durch populistische Elemente geprägten Stils bedeutete Menems Führung keine Rückkehr in die Vergangenheit. Sein Führungsstil beinhaltete vielmehr eine Mischung aus traditionellen und neuen Elementen, wurde er doch gegenüber einer Partei eingesetzt, die auf dem Weg der Institutionalisierung bereits Fortschritte gemacht hatte. Auf diese Art und Weise stellte Menem den Mythos der Bewegung wieder her und verhalf ihr zu einem

---

16 Novaro (1994: 65) hat von einer „Repräsentationskrise" gesprochen, die sich in einem generellen Misstrauen gegenüber Parteien und „Parteipolitikern" manifestierte. Indem er sich selbst als politischer Außenseiter präsentierte, gelang es Menem, nicht demselben Misskredit ausgesetzt zu werden, mit dem sich die meisten demokratischen politischen Führer konfrontiert sahen.

Führer – zwei Aufgaben, welche die Erneuerer unvollendet gelassen hatten.[17]

Die Tatsache, dass Menem der Führer einer Partei war, deren Institutionalisierungsprozess Fortschritte gemacht hatte, beeinflusste die Entwicklung des Verhältnisses zwischen dem Präsidenten und seiner Partei. Auf der einen Seite war die Einheit der Partei unter Menems Führung funktional für die Regierungsaufgaben. Mit seinen Wahlsiegen 1988 und 1989 legitimierte Menem seine Führungsrolle und errang die Unterstützung der Partei. Das blieb selbst dann so, als seine Entscheidungen als Präsident die Korrektur der Parteiprinzipien nach sich zogen. Menems führende Rolle innerhalb der Partei verlieh ihm große Entscheidungsfreiheit und sicherte den Fortbestand des 1989 eingeschlagenen wirtschaftspolitischen Kurses. Die Wahlsiege bei den Parlamentswahlen von 1991 und 1993 bestätigten die unangefochtene Position des Präsidenten. Auf der anderen Seite legitimierte sich Menem mit Hilfe der Unterstützung der Wähler und der Effizienz seiner Regierung. Anders als Perón war er nicht der natürliche Führer der peronistischen Bewegung. Infolgedessen bedeutete die Akzeptanz seiner Führungsrolle durch die Partei nicht immer automatisch die Kooperation mit ihm und das Fehlen jeglicher Konflikte. Vielmehr sah sich der Präsident im Verlauf der Implementierung seiner Politiken mit verschiedenen Formen des Widerstandes konfrontiert. Ein Großteil davon wurde auf der parlamentarischen Ebene ausgedrückt, wo die peronistischen Abgeordneten aus dem Gewerkschaftslager (ungefähr zwanzig Abgeordnete, die vor allem im Ausschuss für Arbeit saßen) sowie die Repräsentanten peronistisch regierter Provinzen nicht immer die Ansichten des Präsidenten teilten (Corrales 2000: 132). Hinzu kam, dass nach Menems Wiederwahl 1995 die innerparteiliche Konkurrenz um dessen Nachfolge begann. Damit endete Menems unangefochtene Führungsrolle und seine Konkurrenten (insbesondere der Gouverneur der Provinz Buenos Aires, Eduardo Duhalde) forderten ihn auch auf parlamentarischer Ebene heraus, wo Abgeordnete aus der Provinz Buenos Aires den Initiativen des Präsidenten oftmals ihre Unterstützung verweigerten.

---

17 Dieses Nebeneinander von Populismus und Institutionalismus ist von Palermo (1999) betont worden (auch Palermo/Novaro (1996). Diese Analyse des Menemismus steht im Gegensatz zum *mainstream* der Literatur, nach welcher der Führer der Bewegung die Organisation beherrscht, über große Ermessensfreiheit verfügt und die Parteistruktur desinstitutionalisiert (Weyland 1996). Eine solche Einschätzung übersieht den fundamentalen internen Restrukturierungsprozess des Peronismus seit 1983, den Menem nicht rückgängig machen konnte.

Das Verhältnis zwischen Präsident und Technokraten

Die Entwicklung der Verantwortlichkeiten innerhalb der Exekutive im Hinblick auf die Implementierung der Wirtschaftsreform kann gut durch die Brille der Machtkonzentration betrachtet werden. Der Präsident strebte eine vollständige Umsetzung der Reformen an und war daher dazu genötigt, Konflikte auf ein Minimum zu beschränken, die seine Glaubwürdigkeit gegenüber der Öffentlichkeit und die Fähigkeit seiner Regierung, die Reform anzugehen, beeinträchtigen konnten. Tatsächlich musste sich Menem mit den Schwierigkeiten auseinandersetzen, die eine ausgedehnte und komplex strukturierte Exekutive mit sich brachte.[18]

Abgesehen von der Vertretung eigener Interessen hatten alle Mitglieder der Exekutive auch ihre eigenen Vorstellungen von Wirtschaftspolitik. Der Präsident hatte die allgemeinen Ziele vorgegeben, aber die Einzelheiten und Details ergaben sich nicht zwangsläufig für Leute, die auf der Grundlage eines hohen Ausmaßes von Improvisation agierten. Der Präsident reagierte auf diese Schwierigkeiten mit einer politischen *top-down*-Strategie, wodurch er sein Engagement für die makroökonomischen und strukturellen Reformziele unterstreichen wollte. Beispielsweise traf er Personalentscheidungen auf eine Art und Weise, die Reformanhänger bevorzugte (oder belohnte); er bemühte sich um eine direkte Kontrolle der Vorgänge innerhalb der Exekutive, indem er wöchentliche Sitzungen des gesamten Kabinetts abhielt, was historisch gesehen eine ungewöhnliche Regelmäßigkeit bedeutete; Entscheidungen, welche die Strukturen und die Organisation der Ministerien betrafen, wurden in der Absicht getroffen, die Macht in denjenigen Bereichen zu zentralisieren, die mit der Reform beauftragt waren. Die wichtigste Entscheidung in dieser Hinsicht war wohl die Zusammenfassung der Ministerien für

---

18 Erstens bestand die Exekutive aus verschiedenen Ministerien und Sekretariaten mit konkurrierenden Interessen, von denen viele ein begründetes Interesse am Widerstand gegen marktwirtschaftliche Reformen hatten, die einen Abbau des Staatsapparates mit sich brachten. Zweitens waren die politischen Entscheidungen von einem Führer getroffen worden, der in Anbetracht der schwierigen Umstände dazu gezwungen gewesen war, sich von überkommenen politischen Vorstellungen zu entfernen. Die führenden Mitglieder und Gremien der Partei waren somit zwar bereit, den Vorgaben des Präsidenten zu folgen, aber von ihren Grundüberzeugungen her standen sie dem Populismus wesentlich näher als den Anpassungspolitiken. Schließlich gehörten der Exekutive Mitglieder der großen gesellschaftlichen Koalition an, die nach den Wahlen entstand. Aus der Koexistenz alter und neuer Mitglieder der Regierungskoalition ergaben sich natürlicher Konflikte um verschiedene Ziele innerhalb der Grenzen der gemeinsamen Regierungsverantwortung.

Wirtschaft und für Öffentliche Arbeit und Dienste. Damit sollte der Reformprozess in einer einzigen Verwaltungseinheit konzentriert werden.[19] Diese Maßnahme ging auf die Initiative von Minister Domingo Cavallo kurz nach dessen Amtsübernahme Anfang 1991 zurück.

Die Verdrängung von Parteimitgliedern und die Ernennung von Technokraten in den Schlüsselbereichen des Reformprozesses war wahrscheinlich der wichtigste Schritt der Exekutive bei ihrem Streben nach mehr Autonomie und Expertise. Die Aufnahme von Technokraten in die Exekutive erfolgte schrittweise. Man begann damit zu einem Zeitpunkt, als das Scheitern der Politik von Wirtschaftsminister Rapanelli deutlich wurde. Die Verwundbarkeit hatte zugenommen und die Kapazitäten des Staates zur Überwindung der Krise hatten sich verringert.[20] Im Zuge der anschließenden Ernennung des Finanzfachmanns Erman González, einem persönlichen Freund Menems aus La Rioja, wurden professionelle Ökonomen in das Kabinett aufgenommen. In dieser Phase reagierte die Regierung weiterhin gefällig gegenüber der Privatwirtschaft, aber Entscheidungen wurden ohne deren direkte Mitwirkung getroffen. Erst mit der Ernennung von Domingo Cavallo jedoch wurde die Handhabung der Wirtschaftsprobleme endgültig in die Hände der Technokraten gelegt. Als Cavallo im Januar 1991 das Wirtschaftsministerium übernahm, brachte er ein Team von Fachleuten mit, die entweder schon länger mit ihm zusammengearbeitet hatten oder die auf die eine oder andere Art und Weise mit seinem eigenen Wirtschaftsforschungs- und Beratungsinstitut verbunden waren. So brachte Cavallo Fachwissen, ein homogenes Team und gute Beziehungen zur nationalen und ausländischen Wirtschafts- und Finanzwelt mit. Das Team verfügte über eine außergewöhnlich gute fachliche Qualifikation, einen starken inneren Zusammenhalt und ein ungewöhnlich hohes Maß an gemeinsamen Vorstellungen und Konzepten. Der Minister konnte daher einen soliden Verwaltungskern aufbauen, was eine qualitative Wende gegenüber früheren Arbeitsgruppen bedeutete, die für die Entscheidungen über und die Implementierung von Reformen verantwortlich gewesen waren.

---

19 Die Zusammenlegung war das Ergebnis einer Gesetzesvorlage (294-PE-90, dem Kongress vorgelegt am 6. Februar 1991), welche das Ministerialgesetz modifizierte. Da die Verfassung von 1853 eine Zahl von acht Ministerien vorschrieb, verfügte man parallel zur Fusion der beiden Ministerien die Aufspaltung des Ministeriums für Erziehung und Justiz in zwei eigenständige Behörden.

20 Rapanelli war ebenfalls Mitarbeiter des multinationalen Konzerns Bunge & Born. Er ersetzte Minister Miguel Roig als Wirtschaftsminister, nachdem dieser nur eine Woche nach seiner Ernennung verstorben war.

Sowohl die mit der Wirtschaftspolitik betrauten Technokraten als auch der Präsident und seine engeren politischen Verbündeten bemühten sich darum, die Macht zu zentralisieren und die politischen Reform auf autokratische Art und Weise durchzusetzen.[21] Erstere wollten auf diese Weise den Widerstand von staatlichen Behörden und Interessengruppen überwinden, die vom staatlichen Interventionismus bislang profitiert hatten und daher strukturellen Reformen ablehnend gegenüber standen. Der Präsident und seine Verbündeten waren dagegen an einem raschen Erfolg der Reformen interessiert, um das eigene politisches Überleben zu gewährleisten. Gemeinsam war beiden ein unilateraler Ansatz im Hinblick auf Entscheidungen, was sich auf ihr Verhältnis zu den anderen Regierungsinstitutionen auswirkte. So wurde die Tendenz Carlos Menems, Notstands- und Dringlichkeitsdekrete zu erlassen, häufig von Minister Cavallo geteilt, der einmal öffentlich zugab, dass diese Maßnahmen für die Implementierung der Wirtschaftsreform entscheidend gewesen seien.[22] Nichtsdestotrotz funktionierte diese mächtige Regierungsmaschinerie nicht immer ohne Schwierigkeiten. Der Präsident und sein Wirtschaftsminister konnten leicht zu Partnern, aber ebenso leicht auch zu Rivalen werden. Es gab daher durchaus Konflikte zwischen dem Präsidenten und seinem Minister, wie auch Rivalitäten um die Gunst des Präsidenten. Die Zunahme dieser Auseinandersetzungen im Lauf der Zeit reduzierte schließlich die Kapazitäten des Regierungsoberhauptes zur Implementierung seiner Politiken. Im August 1996 trat Cavallo auf Druck Menems hin von seinem Ministeramt zurück.

Schlussfolgerungen

Die Einführung der Strukturreformen in Argentinien vor dem Hintergrund einer hyperinflationären Krisensituation begünstigte eine starke Konzentration der politischen Macht und trug dazu bei, dass institutionelle Hindernisse für die wirtschaftspolitischen Entscheidungsprozesse aus dem Weg geräumt werden konnten. Der argentinische Fall entwickelte sich somit zu einem weiteren Beispiel dafür, wie krisenhafte Zusammenhänge sich durch eine Zentralisierung von Entscheidungen in-

---

21 Weyland (1996: 16-17) hat hervorgehoben, dass diese Ähnlichkeit der politischen Strategien eine der „unerwarteten Affinitäten" zwischen Neopopulismus und Neoliberalismus gewesen sei.
22 „[...] ohne die Notstands- und Dringlichkeitsdekrete wären nicht mehr als zwanzig Prozent der Wirtschaftsreform umgesetzt worden", äußerte Minister Cavallo gegenüber *La Nación*, so zitiert bei Palermo (1995: 98) und bei Ferreira Rubio (1996: 446).

nerhalb der Exekutive positiv auf die Regierbarkeit auswirken können. Trotzdem äußerten viele Autoren die Ansicht, dass die Krise in Wirklichkeit den Boden für das Wiederaufleben von politischen Handlungsweisen bereitet habe, die in der Geschichte des Landes fest verwurzelt sind. Ihre Einschätzung im Hinblick auf die Zukunft des demokratischen Regimes ist infolgedessen durch Pessimismus geprägt. Diese Sichtweise wurde noch dadurch bestärkt, dass der autokratische Regierungsstil offenbar auch nach dem Ende der Krise aufrecht erhalten wurde. Der großzügige Gebrauch unilateraler Ressourcen zur Implementierung eines ehrgeizigen Reformprogramms war ein Indikator dafür, dass es sich um ein Regime handelte, dem es an Reflexionsinstanzen und an einem Streben nach Kompromissen, wie es für demokratische politische Prozesse charakteristisch ist, mangelte. Im Rahmen dieses Systems erwies sich der dezisionistische Stil der Regierung als wirkungsvoll, um die Durchsetzung von Entscheidungen zu erreichen, aber er offenbarte gleichzeitig die Schwäche und die mangelnde Beteiligung des Parlaments an den Entscheidungsprozessen.

Vor dem Hintergrund der oben ausgeführten Argumente wird deutlich, dass eine solche Interpretation der Funktionsweise der politischen Institutionen unter der Regierung Menems die Realität nur teilweise widerspiegelt. Das wichtigste Problem besteht zum einen in dem Anspruch, die Funktionsweise der Institutionen in einer Krisensituation als dauerhafte Merkmale des politischen Regimes zu betrachten. So nimmt man an, dass die politische Zusammenarbeit in einem Moment der Krise ein Zeichen für die Nachgiebigkeit und Unterordnung der im Kongress repräsentierten politischen Kräfte sei. Zum anderen berücksichtigen die entsprechenden Interpretationen nur einen Teil der politischen Realität. Sie beziehen sich vor allem auf den Einsatz unilateraler Ressourcen seitens des Präsidenten und gehen davon aus, dass politische Verhandlungs- und Konzertierungsprozesse dadurch vollständig verdrängt worden seien.

Die vorliegende Arbeit hat aufgezeigt, dass dies einer vereinfachenden und unvollständigen Sichtweise des Verhältnisses zwischen den Institutionen in den 90er Jahren entspricht. Eine differenziertere Analyse darf den Faktor Zeit nicht unberücksichtigt lassen, d.h. die Tatsache, dass das Verhalten der politischen Akteure im Laufe einer Amtszeit des Präsidenten aufgrund verschiedener Umstände variieren kann. Hier wurde vor allem auf den Kontext hingewiesen worden, in dem diese Akteure agieren müssen. Obwohl die Kooperation zwischen den Parteien und der Exekutive in Krisenzeiten fast einmütig war, kamen doch mit der monetären Stabilität wieder Konfliktsituationen auf, und mit diesen ebenfalls der Einsatz institutioneller Mechanismen, um diese Konflikte zu lösen. Die vorliegenden Daten weisen darauf hin, dass die Exekutive zur Fortführung des Reformprogramms sowohl autokratische als auch stärker konsensorientierte Ressourcen einsetzte. Es wurde zweitens aufgezeigt, dass das Verhältnis zwischen dem Präsidenten und seiner eigenen Partei (das – wie wir gesehen haben – von zentraler Bedeutung für das Verhältnis zwischen Exekutive und Legislative war) verschiedene Phasen durchmachte. Die unumstrittene Führungsrolle des Präsidenten innerhalb seiner eigenen Partei verlieh ihm große Handlungsfreiheit, was ihm bei der Durchsetzung des Reformprogramms zugute kam. Dennoch ordnete sich die Partei nach Überwindung der Krise nicht unter und ihre Kooperation hinsichtlich der Beibehaltung des neuen wirtschaftspolitischen Kurses verlangte vom Präsidenten die Bereitschaft, sich auf eine neue Verhandlungsinstanz einzulassen. Darüber sah sich der Präsident nach seiner Wiederwahl zunehmend von anderen führenden Parteimitgliedern mit Präsidentschaftsambitionen herausgefordert, wodurch sich die Dialektik zwischen Opposition und Offizialismus innerhalb der Regierungspartei erneut verschärfte (Torre 1996).

Es liegt nicht in der Absicht dieser Arbeit, durch das Hervorheben der Existenz von Konflikten, Verhandlungsprozessen und der Suche nach Konsens das dezisionistische und willkürliche Verhalten der Exekutive in Abrede zu stellen. Um diese Tendenzen besser verstehen zu können war es wichtig, die interne Struktur der Exekutive genauer zu analysieren (wo deutlich wird, welche politischen Handlungsweisen ihre Mitglieder bevorzugen). Der unilaterale Handlungsstil der Regierung Menem und ihr Rückgriff auf beliebige Ressourcen ist unbestreitbar und verwerflich, sind doch den Institutionen zahlreiche Schäden zugefügt worden, speziell im Bereich der Judikative. Nichtsdestotrotz war das politische Leben in den Jahren unter Menem intensiv. Die Macht der Exekutive war nicht absolut, sondern stieß durchaus auf Grenzen, welche ihren institutionellen Ausdruck im Kongress fanden. Eine nuanciertere Sicht dieser Jahre erscheint uns daher zufriedenstellender. Sie lässt uns unter anderem verstehen, warum der politische Niedergang Menems nach seiner Wiederwahl seinen Lauf nahm (dies zeigte sich im Scheitern seiner Versuche, eine erneute Wiederwahl zu erreichen), und warum es möglich war, dass nach zehn Jahren Menemismus erneut ein Machtwechsel zwischen den politischen Parteien stattfand.

Literaturverzeichnis

Acuña, Carlos (1994): „Politics and Economics in the Argentina of the Nineties", in: Smith/Acuña/Gamarra, 31-73.

Alonso, Guillermo (1998): „Democracia y reformas: las tensiones entre decretismo y deliberación. El caso de la reforma previsional argentina", in: *Desarrollo Económico* 150, 595-626.

Bresser Pereira, Luiz Carlos/Maravall, José María/Przeworski, Adam (1990): *Economic Reform in New Democracies*, Cambridge, New York: Cambridge University Press.

Canitrot, Adolfo (1993): „Crisis and Transformation of the Argentine state (1978-1992)", in: Smith/Acuña/Gamarra, 75-102.

Corrales, Javier (1999): „Contribuyen las crisis económicas a la implementación de reformas de mercado? La Argentina y Venezuela en los '90", in: *Desarrollo Económico* 153, 3-29.

Corrales, Javier (2000): „Presidents, Ruling Parties, and Party Rules. A Theory on the Politics of Economic Reform in Latin America", in: *Comparative Politics* 32 (4), 127-150.

Etchemendi, Sebastián/Palermo, Vicente (1998): „Conflicto y concertación. Gobierno, Congreso y organizaciones de interés en la reforma laboral del primer gobierno de Menem (1984-1995)", in: *Desarrollo Económico* 148, 559-590.

Ferreira Rubio, Delia/Goretti, Matteo (1994): „Gobierno por decreto en Argentina (1989-1993)", in: *El Derecho* 8525, 1-8.

Ferreira Rubio, Delia/Goretti, Matteo (1996): „Cuando el presidente gobierna solo. Menem y los decretos de necesidad y urgencia hasta la reforma constitucional (julio 1989-agosto 1994)", in: *Desarrollo Económico* 141, 443-474.

Ferreira Rubio, Delia/Goretti, Matteo (1998): „When the President Governs Alone: The *Decretazo* in Argentina, 1989-1993", in: Carey, John/Shugart, Matthew (Hrsg.): *Executive Decree Authority*, Cambridge: Cambridge University Press, 33-61.

Gerchunoff, Pablo/Torre, Juan Carlos (1996): „La política de liberalización económica en la administración de Menem", in: *Desarrollo Económico* 143, 733-768.

Haggard, Stephan/Kaufman, Robert (1995): *The Political Economy of Democratic Transitions*, Princeton: Princeton University Press.

Knight, Alan (1998): „Populism and Neopopulism in Latin America, especially Mexico", in: *Journal of Latin American Studies* 30, 223-248.

Larkins, Christopher (1998): „The Judiciary and Delegative Democracy in Argentina", in: *Comparative Politics* 30 (4), 423-442.

Linz, Juan (1994): „Presidential or Parliamentary Democracy: Does It Make a Difference?", in: Linz, Juan/Valenzuela, Arturo (Hrsg.): *The Failure of Presidential Democracy. Comparative Perspectives*, Baltimore: Johns Hopkins University Press, 3-87.

Llanos, Mariana (1998): „El Presidente, el Congreso y la política de privatizaciones en la Argentina (1989-1997)", in: *Desarrollo Económico* 151, 743-770.

Molinelli, Guillermo (1996): „Las relaciones presidente-congreso en Argentina '83-'95", in: *POSTData* 2, Buenos Aires, 59-90.

Mustapic, Ana María (1988): "Radicales y justicialistas frente al desafío de la renovación", in: *Plural* 10/11, Buenos Aires, 22-26.

Mustapic, Ana María (1995): "Tribulaciones del Congreso en la nueva democracia argentina. El veto presidencial bajo Alfonsín y Menem", in: *Agora* 3, 95-113.

Mustapic, Ana María (2001): "Oscillating Relations: President and Congress in Argentina", in: Morgenstern, Scott/Nacif, Benito (Hrsg.): *Legislative Politics in Latin America*, New York: Cambridge University Press.

Mustapic, Ana María (2000): "'Oficialistas y diputados': las relaciones Ejecutivo-Legislativo en Argentina", in: *Desarrollo Económico* 156, 571-595.

Nelson, Joan (1994): *Crisis económica y políticas de ajuste*, Bogotá: Grupo Editorial Norma.

Nino, Carlos (1996): "Hyperpresidentialism and Constitutional Reform in Argentina", in: Lijphart, Arend/Waisman, Carlos (Hrsg.): *Institutional Design in New Democracies. Eastern Europe and Latin America*, Boulder, Oxford: Westview Press, 161-174.

Novaro, Marcos (1994): *Pilotos de tormenta. Crisis de representación y personalización de la política en Argentina (1989-1993)*, Buenos Aires: Ediciones Letra Buena.

O'Donnell, Guillermo (1993): *On the State, Democratization, and some Conceptual Problems (A Latin American View with glances at Some Post-Communist Countries)*, Notre Dame: Helen Kellogg Institute for International Studies (Working Paper 192).

O'Donnell (1994): "Delegative Democracy", in: *Journal of Democracy* 5, 55-69.

Palermo, Vicente (1995): "Reformas estructurales y régimen político", in: *Agora* 3, 95-113.

Palermo, Vicente (1998): *Mares Agitados: interpretaciones sobre los procesos políticos latinoamericanos. Brasil y Argentina en perspectiva comparada. Primer encuentro de la Asociación Brasileña de Ciencia Política*, Río de Janeiro.

Palermo, Vicente/Novaro, Marcos (1996): *Política y poder en el gobierno de Menem*, Buenos Aires: Grupo Editorial Norma.

Przeworski, Adam (1995): *Sustainable Democracy*, Cambridge, New York: Cambridge University Press

Roberts, Kenneth (1995): "Neoliberalism and the Transformation of Populism in Latin America: The Peruvian Case", in: *World Politics* 48, 82-116.

Rockman, Bert: "The Performance of Presidents and Prime Ministers and of Presidential and Parliamentary Regimes", in: von Mettenheim, Kurt (Hrsg.): *Presidential Institutions in Democratic Politics. Comparing Regional and National Contexts*, Washington: Johns Hopkins University Press, 45-66.

Smith, William (1991): *Authoritarianism and the Crisis of the Argentine Political Economy*, Stanford: Stanford University Press.

Smith, William/Acuña, Carlos/Gamarra, Eduardo (1993): *Democracy, Markets, and Structural Reform in Latin America: Argentina, Bolivia, Brazil, Chile and Mexico*, New Brunswick: Transaction Publishers.

Torre, Juan Carlos (1994): *América Latina, el gobierno de la democracia en tiempos difíciles*, Buenos Aires: Instituto y Universidad Torcuato Di Tella, DTS 122.

Torre, Juan Carlos (1996): "Argentine: le péronisme, solution et problème de la crise", in: *Problèmes d'Amérique Latine* 20, 41-46.

Torre, Juan Carlos/Palermo, Vicente (1992): *A la sombra de la hiperinflación. La política de reformas estructurales en Argentina*, unv. Man.

Verbitsky, Horacio (1993): *Hacer la Corte. La construcción de un poder absoluto sin justicia ni control*, Buenos Aires: Planeta.

Vidal, Armando (1995): *El Congreso en la trampa. Entretelones y escándalos de la vida parlamentaria*, Buenos Aires: Planeta.

Weyland, Kurt (1996): „Neopopulism and Neoliberalism in Latin America: Unexpected Affinities", in: *Studies in Comparative International Development* 31, 3-31.

Williamson, John (1993): *The Political Economy of Policy Reform*, Washington: Institute for International Economics.

Katja Hujo

Die Wirtschaftspolitik der Regierung Menem: Stabilisierung und Strukturreformen im Kontext des Konvertibilitätsplans

Einleitung

Die Frage, warum Argentinien – reich ausgestattet mit natürlichen Ressourcen und qualifizierten Arbeitskräften – noch bis in die Nachkriegszeit mit den am weitesten fortgeschrittenen Industrieländern konkurrieren konnte und dennoch das Stadium eines Schwellenlandes bis heute nicht zu überwinden vermag, beschäftigt die Ökonomen seit langer Zeit. Orthodoxe Wirtschaftswissenschaftler führten die hohen Inflationsraten und regelmäßigen Zahlungsbilanzkrisen, die das Land zwischen den 50er und 80er Jahren kennzeichneten, auf Protektionismus, überzogene Staatsintervention und undisziplinierte Budgetpolitik sowie auf die Dominanz rentenorientierter Eliten zurück. Auch das regelmäßige Alternieren zwischen expansiven Reaktivierungsversuchen und restriktiven Stabilisierungsprogrammen wurde als Politikversagen interpretiert, wobei sich diese wirtschaftliche *Stop-and-Go*-Politik auch in politischer Hinsicht in einem ständigen Wechsel zwischen Zivil- und Militärregierungen widerspiegelte. Mannigfaltige ökonomische Theorien wurden in Argentinien angewendet und führten das Land nur tiefer in die Krise: Der Versuch der Militärregierungen zwischen 1976-83, die argentinische Wirtschaft über ein orthodox-monetaristisches Stabilisierungsprogramm zu sanieren und eine forcierte Weltmarktintegration zu erreichen, endete mit der Schuldenkrise 1982 in politischem und ökonomischen Chaos. Das heterodoxe Wirtschaftsprogramm der folgenden Zivilregierung unter Alfonsín mündete in einer Hyperinflation, die den Höhepunkt der gescheiterten Reformen des „verlorenen Jahrzehnts" markierte.

Unter Präsident Menem scheint sich eine grundlegende Wende in der Wirtschaftspolitik vollzogen zu haben: Nachdem in der Anfangszeit noch eine Politik des Krisenmanagements vorherrschte, wurde mit der Einführung des Konvertibilitätsplans im April 1991 das argentinische

"Wirtschaftswunder" begründet, welches dem Land bis Ende 1994 eine beispiellose Stabilität mit hohen Wachstumsraten bescherte.

Im Rahmen des nach dem damaligen Wirtschaftsminister benannten *Plan Cavallo* wurde ein fixer Wechselkurs mit einer 1:1 Parität zum US-Dollar eingeführt und die Möglichkeit einer aktiven Geldpolitik, die nach Auffassung neoliberaler Ökonomen vielfach für exzessive Defizitfinanzierung des Staates missbraucht worden war, eliminiert. Ergänzt wurde das neue monetäre Regime durch radikale marktorientierte Reformen, die eine strikte Haushaltsdisziplin, Privatisierungen der meisten Staatsbetriebe, eine Deregulierung und Liberalisierung der Wirtschaft sowie eine Neuordnung der internen und externen Staatsverschuldung implizierten.

Die von internationalen Finanzorganisationen und Ökonomen als vorbildlich bezeichnete Reformpolitik, die weitgehend den Leitlinien des sogenannten *Washington Consensus* (Williamson 1990) entsprach, überraschte umso mehr, als sie von einer peronistischen Regierung implementiert wurde, die in Argentinien traditionell mit einer populistisch-etatistischen Wirtschaftspolitik in Verbindung gebracht wurde, wie sie vor allem für die importsubstituierende Industrialisierungsphase bis Mitte der 70er Jahre charakteristisch war.

Die erfolgreiche Wachstumsphase zwischen 1991-94 mit einer spektakulären Senkung der Inflationsrate wurde durch die Tequila-Krise abrupt beendet. Dennoch konnte Menem die Präsidentschaftswahlen im Krisenjahr 1995 ein zweites Mal für sich entscheiden. Die ökonomische Bilanz seiner zweiten Amtsperiode fällt jedoch gemischt aus: Im Zuge von Mexiko-, Asien-, Russland- und Brasilienkrise kam es zu einer schweren Bankenkrise, historisch hohen Arbeitslosenzahlen und einer wirtschaftlichen Rezession, die – unterbrochen von einer Erholungsphase 1996 und 1997 – bis zum Ende seiner Amtszeit anhielt (Tabelle 1).

Zwar konnte die Tatsache, dass das argentinische Wechselkursregime die diversen externen Schocks und zwei Präsidentschaftswahlen überlebte, als Indiz dafür gewertet werden, dass nach Bestehen der Härtetests eine langfristige wirtschaftliche Konsolidierung stattgefunden habe. Die Regierung De la Rúa hätte entsprechend an die anfängliche Reformdynamik der Regierung Menem anknüpfen und das ehrgeizige Modernisierungsprojekt mit einer zweiten Generation von Reformen im sozialen und wettbewerbspolitischen Bereich abschließen können (Pastor/Wise 1999: 493-94). Die folgende Analyse der Wirtschaftspolitik unter Präsident Menem legt eine weniger optimistischen Einschätzung nahe, die sich vor allem auf die These stützt, dass das gewählte Konvertibilitätsschema zwar einer kurz- und mittelfristigen Stabilisierung dienlich war, langfristig jedoch als Entwicklungsblockade fungierte und den „Dritte-Welt-Status" Argentiniens zementierte. Zunächst werden das Krisenmanagement und die ersten Strukturreformen vor Einführung des Konvertibilitätsplans dargestellt, daran anschließend folgt die Analyse des *Plan Cavallo* und die Wachstumsphase von 1991-1994. Im dritten Teil des Beitrags werden die Auswirkungen der Tequila-Krise analysiert, ein weiterer Abschnitt befasst sich mit der Post-Tequila-Periode und den Folgen der internationalen Finanzkrisen zwischen 1997 und 1999, während das abschließende Kapitel einen Ausblick auf potenzielle Handlungsmöglichkeiten und Zukunftsperspektiven Argentiniens gibt.

Hyperinflation und Krisenmanagement

Bei seiner vorzeitigen Amtsübernahme im Juli 1989 sah Menem sich mit einer katastrophalen wirtschaftlichen Situation konfrontiert: Die Auslandsschuld war auf ca. 60 Mrd. US$ angestiegen, die interne Verschuldung erreichte 6 Mrd. US$ und die Preissteigerungsraten lagen Mitte des Jahres bei fast 200% monatlich, so dass die Währung Austral im Zuge der Hyperinflation praktisch sämtliche Geldfunktionen an den US-Dollar verloren hatte. Zudem befand sich die Wirtschaft mit einem Rückgang des Sozialprodukts, der Reallöhne und der Beschäftigung in einer Rezession. Die Reallöhne waren seit 1983 um 30-60% gesunken und die Arbeitslosigkeit auf 17% angestiegen. Soziale Unruhen (Plünderungswellen) führten Ende Mai 1989 zur Verhängung eines 30-tägigen Ausnahmezustands (Bodemer 1991: 243).

Menems Wahlkampf schien dem traditionellen Politikschema der peronistischen Partei zu entsprechen: Neben vagen Ankündigungen bezüglich einer neuen Epoche eines der sozialen Gerechtigkeit verpflichteten modernen Peronismus sowie einer „produktiven Revolution" unter Einschluss aller gesellschaftlichen Kräfte versprach der Präsidentschaftskandidat eine Beendigung der Hyperinflation, Lohnerhöhungen (*„salariazo"*) bei gleichzeitigen Steuersenkungen sowie eine harte Haltung gegenüber den externen Gläubigern (Bodemer 1991: 244; Erro 1993: 195ff.).

Als Menem jedoch sein neues Kabinett vorstellte, wurde rasch deutlich, dass von den populistisch-etatistischen Prinzipien des Peronismus wenig übrig geblieben war. Menem beteiligte alle wichtigen Machtgruppen (Großindustrie, Gewerkschaften und Kirche) an seiner Regierung und überraschte mit der Ernennung des Vizepräsidenten eines großen multinationalen Konzerns – Bunge & Born – zum Wirtschaftsminister.

Tabelle 1: Basisdaten zur argentinischen Wirtschaftsentwicklung, 1989-1999

Jahr	1989	1990	1991	1992	1993	1994	1995	1996	1997	1998	1999*
Wachstum des BIP (%)	-7,0	-1,3	10,5	10.3	6.3	8.5	-4.0	4.8	8.2	3.9	-3.5
BIP pro Kopf (in US$)	2.577	4.521	5.544	6.847	7.746	8.374	8.116	8.200	8.300	7.800	7.400
Handelsbilanzsaldo (Mrd. US$)	5,4	8,3	3,7	-1,4	-2,4	-4,1	2,4	1,8	-2,1	-3,2	-2,2
Leistungsbilanzsaldo (Mrd. US$)	-1,3	4,8	-0,3	-5,5	-8,0	-10,9	-4,9	-6,5	-12,0	-14,7	-13,2
Kapitalbilanzsaldo (Mrd. US$)	-0,04	-1,2	1.5	8.96	13.5	12.5	6.5	12.0	16.6	17.3*	k.a.
Auslandsschulden (Mrd. US$)	65,0	61,0	64,0	61,5	78,4	90,1	103,9	115,0	119,4	131,2	149,1
Zentralbankreserven (Mrd. US$)	2,9	5,8	7,9	11,1	15,3	16,0	16,0	19,7	22,5	23,8	26,4
Budgetsaldo (in % des BIP)	k.A.	-2.7	-1.3	0.4	2.2	1.0	1.0	-0.2	-1.3	-1.0	-2.5
Inflation (%)	4.923	1.344	84	17,5	7,4	3,9	1,6	0,1	0,3	0.7	-1.8
Arbeitslosigkeit (%)	7,6	6,3	6	7	9,3	12,2	16,6	17,3	13,7	12,4	13,8
Unterbeschäftigung (%)	8,6	8,9	7,9	8,1	9,3	10,4	12,5	13,6	13,1	13,6	14.3

Quelle: FIDE 6/98 + 3/2000, Fundación Cedeal III/97 und II/99, Dresdner Bank Länderbericht 11/98, Dresdner Bank Lateinamerika, Perspektiven 3/2000, Deutsche Bank Research 27.4.2000, k.a.= keine Angaben, *=Prognose
Ab 1992 neue Methode zur Berechnung der Zahlungsbilanz.

Die Wirtschaftspolitik Menems nahm in der Folgezeit einen neoliberalen Kurs: Entstaatlichung, Rationalisierung, Stärkung der Konkurrenzfähigkeit der heimischen Industrie, Privatisierung von Staatsunternehmen und Öffnung zum Weltmarkt erwiesen sich als ökonomische Leitlinien der Regierung. Diese ersten Maßnahmen signalisierten zwar eine Änderung der „Spielregeln" in der argentinischen Wirtschaft, konnten jedoch noch keine Stabilisierung erzielen. Erst mit dem Konvertibilitätsplan wurde ein monetäres Regime implementiert, das zu einer drastischen Senkung der Inflation führte und die Durchführung der orthodoxen Reformen vorantrieb.

Vom Plan BB zum Plan Bonex

Die Ökonomen des Bunge & Born-Konzerns implementierten als erste Stabilisierungsmaßnahmen eine Maxiabwertung und Vereinheitlichung des Wechselkurses, eine Erhöhung der öffentlichen Preise, einen Preisstopp für Konsumentenpreise in Verbindung mit Preisabsprachen mit führenden Unternehmen, ein staatliches Sparprogramm sowie einen einmaligen Lohnzuschuss (Smith 1991: 53; Stiefl 1993: 191). Die Verwirklichung der langfristigen Ziele – Sanierung des Staatshaushaltes, Deregulierung der Märkte, Privatisierung von Staatsunternehmen, Erhöhung der Wettbewerbsfähigkeit – sollte mit Hilfe eines Reformpaketes erreicht werden, welches drei Gesetze umfasste, die zwischen August und Oktober verabschiedet wurden (Bodemer 1991: 247-249):

- **Ökonomisches Notstandsgesetz** (*Ley de Emergencia Económica*): Das Gesetz enthielt zum einen außenwirtschaftliche Maßnahmen, darunter die Aufhebung der Genehmigungspflicht für ausländische Investitionen, Steuerrückerstattungen, die zur Begleichung von Handelssteuern verwendet werden können und die Anhebung einer Zusatzsteuer (*Tasa Estadística*) um 3%. Die fiskalischen Maßnahmen umfassten eine zeitlich begrenzte Einstellung sämtlicher Subventionen, die Kürzung von Steuervergünstigungen für Industrie und Bergbau, einen Einstellungsstopp im öffentlichen Dienst und den Verkauf staatlicher Immobilien.
- **Gesetz zur Staatsreform** (*Ley de Reforma del Estado*): Die Strukturreform sollte v.a. das Problem der stark defizitären öffentlichen Unternehmen angehen sowie die staatliche Verwaltung straffen. Im Rahmen des Gesetzes wurden der Regierung weitreichende Kompeten-

zen zur Umstrukturierung und Privatisierung von Staatsunternehmen zugewiesen.
- **Gesetz zur Steuerreform**: Ziel dieses Gesetzes war die Erhöhung der Steuerquote von 16% auf 24% des BIP über eine Anhebung und Verallgemeinerung der Mehrwertsteuer (15%) und der Einkommensteuer – die Gewinnsteuern wurden allerdings anfangs von 33% auf 20% gesenkt – sowie einer Vereinfachung des Steuersystems und einer Verbesserung der Kontrollen.

Die drastischen Maßnahmen der neuen Regierung stießen auf Sympathie beim Internationalen Währungsfonds (IWF), Weltbank und der US-amerikanischen Regierung unter Bush, so dass es bereits im Herbst zu einem Abkommen über einen *Stand-By*-Kredit mit dem IWF kam (Stiefl 1993: 195). Nachdem die Inflation im Zuge der Schocktherapie bis Oktober 1989 auf 6% zurückging, die Nominalzinsen auf unter 10% monatlich sanken, die Zentralbankreserven stiegen und die Einnahmesituation des Staates eine signifikante Verbesserung erfuhr, zeigten sich im November erste Zeichen einer Verschlechterung der ökonomischen Lage: Preiserhöhungen im öffentlichen Sektor, Devisenzuflüsse durch steigende Exporte mit anschließender Monetisierung (d.h. Umtausch in heimische Währung und Einschleusung in den Geldkreislauf) führten zu einem Anstieg der Inflationsraten und des Dollarkurses auf dem Parallelmarkt (Bodemer 1991: 249; Smith 1991: 56-57).

Die sich verschärfende Krise führte im Dezember zu einem Wechsel im Wirtschaftsministerium. Antonio Erman González übernahm das Amt des Wirtschaftsministers und verschärfte den neoliberalen Kurs seines Vorgängers. Im Januar 1990 griff González zu einer drastischen Maßnahme, welche de facto einer Konfiszierung liquider Aktiva gleichkam: Mit dem *Plan Bonex* wurde die gesamte verzinsliche interne Staatsschuld in auf Dollar lautende Bonds (*Bonos Exteriores* Serie '89) mit zehnjähriger Laufzeit umgewandelt (De Pablo 1994: 39; Erro 1993: 207-208). Im Ergebnis fand eine starke Kontraktion der Liquidität statt und die Nachfrage nach Australes stieg beträchtlich an, da Vermögenseigentümer Dollar an die Zentralbank verkaufen mussten, um nationale Währung für notwendige Transaktionen zu erhalten. Die Regierung erreichte mit dem *Plan Bonex* zwar eine Streckung ihrer internen Verbindlichkeiten und eine kurzfristige Härtung der Währung über die extreme Liquiditätsabschöpfung, langfristig wurde jedoch einer weiteren Dollarisierung der Ökonomie Vorschub geleistet (Nicolas/Symma 1992: 133).

Während in den ersten drei Monaten 1990 die Preissteigerungsraten auf hohem Niveau verharrten, konnte die Inflationsrate ab April bis Ende des Jahres auf einem monatlichen Niveau von 11% gehalten werden. González implementierte im Laufe des Jahres 1990 weitere Wirtschaftspläne, mittels derer die Steuereintreibung verbessert werden sollte, die Außenhandelsliberalisierung durch eine Senkung der Importzölle und dem Abbau von Schutzmaßnahmen für die heimische Industrie vertieft wurde sowie die Privatisierung von Staatsbetrieben (Telefongesellschaft ENTEL, *Aerolíneas Argentinas*) vorangetrieben wurde.

Diese Wirtschaftspolitik führte zu einer starken Rezession: Die Überbewertung des Austral in Verbindung mit Zollreduktionen für Importe verstärkte den Wettbewerbsdruck auf heimische Unternehmen, die zunehmend mit billigen Importprodukten konkurrieren mussten. Der überbewertete Wechselkurs erleichterte zwar durch die Importkonkurrenz die Inflationsstabilisierung ab April 1990, der zunehmende Abwertungsdruck führte jedoch zu Fluchtbewegungen aus dem Austral. Massenentlassungen im öffentlichen Sektor aufgrund von Privatisierungen und Rationalisierungen erhöhten die Arbeitslosenquote, zudem sanken die Reallöhne – im Staatssektor um ca. 40%; das BIP ging 1990 leicht zurück und die Manufakturgüterproduktion sank im Vergleich zum Vorjahr. Positiv war ein hoher Handelsbilanzüberschuss von 8,2 Mrd. US$, der jedoch in erster Linie auf den Zusammenbruch der internen Nachfrage zurückzuführen war (Smith 1991: 61-62). Als deutlich wurde, dass der ökonomische Austeritätskurs nicht zu einer wirtschaftlichen Reaktivierung führte und zudem mit einem hohen Budgetdefizit gerechnet wurde, kam es im Dezember 1990 und Januar 1991 durch eine Flucht in den Dollar zu einem rapiden Kursverfall des Austral von fast 70%. González erklärte seinen Rücktritt, und Domingo Cavallo wurde zum vierten Wirtschaftsminister der Menem-Regierung ernannt.

Stabilisierung und Strukturreformen in der Boomphase

Am 1.4.1991 trat der Stabilisierungsplan des Harvard-Ökonomen und Wirtschaftsministers Cavallo in Kraft, der als zentrale Maßnahme die volle Konvertierbarkeit der Landeswährung Austral in US$ zu einem fixen Wechselkurs gesetzlich garantierte. Der neue Wechselkurs wurde auf 10.000 Australes – ab 1992 1 Peso pro US$ – festgelegt, wobei sich die Zentralbank verpflichtete, eine 100%ige Deckung der Geldbasis (Bargeldumlauf, Kassenbestände der Geschäftsbanken, Einlagen der Geschäftsbanken bei der Zentralbank) durch Devisen, Gold und zu einem geringen Teil durch staatliche Wertpapiere zu garantieren. Da eine vollständige Reservedeckung der Geldmenge eine aktive Geldpolitik (d.h. Geldschöpfung über kurzfristige Kreditvergabe an den Geschäftsbankensektor) unmöglich macht und die Geldmenge allein durch die vorhandene Devisenmenge, also über den Zahlungsbilanzsaldo, bestimmt wird, eliminiert sie nach orthodoxer Auffassung das Risiko einer exzessiven Defizitfinanzierung über die Notenpresse oder einer politischen Manipulationen des Wechselkurses. Die argentinischen Politiker erhofften sich von der Einführung des so genannten *Currency Board* (Währungsamt) als rigidester Form eines Fixkurssystems eine erhöhte Nachfrage nach heimischer Währung, eine rasche Senkung von Inflations- und Zinsraten auf US-amerikanisches Niveau sowie eine Erhöhung der Glaubwürdigkeit der Wirtschaftspolitik gegenüber internationalen Kapitalgebern: Neben der Wechselkursgarantie implizierte das System auch einen automatischen Ausgleich der Zahlungsbilanz. Über die Anbindung der heimischen Währung an den US-Dollar im Verhältnis 1:1 bei vollständiger Deckung der Geldbasis sollten die Wirtschaftsakteure von der Gleichwertigkeit der beiden Währungen überzeugt werden und eine komplette Dollarisierung von Transaktionen, die sich im Kontext der Hyperinflation ankündigte, vermieden werden (Canavese 1991: 256).

Die selbst verordnete geldpolitische „Zwangsjacke" in Form eines *Currency Board* mit ihren Disziplinierungseffekten auf Haushalts- und Strukturreformen – das Regime erfordert einen ausgeglichenen Staatshaushalt sowie freien Kapital- und Güterverkehr – erschien dem Wirtschaftsteam unter Cavallo als ultimative Demonstration ihres Reformwillens. Im Gegensatz zu einem Lehrbuch-*Currency Board* behielt sich die argentinische Zentralbank jedoch eine gewisse Flexibilität vor: In die Reservedeckung der Geldmenge sind bis zu einem Drittel auf US$ nominierte Staatsbonds bewertet zu Marktpreisen eingeschlossen. Die Zentralbank kann im Rahmen ihrer Überschussreserven Offenmarkt- und Diskontpolitik betreiben und das Instrument der Mindestreserve steht zur Verfügung. Um die Substituierbarkeit zwischen heimischer Währung und US-Dollar zu unterstreichen, wurden per Gesetzesänderung Dollarverträge bzw. Kredite und Depositeneinlagen in Fremdwährung legalisiert, *de facto* also der US-Dollar als zweites Zahlungsmittel (*Legal Tender*) neben dem Peso eingeführt. Die in der Vergangenheit übliche Indexierung von Verträgen wurde verboten, um die Funktion des Wechselkurses als nominalen Anker der Preisbildung zu festigen.

Wie schon beim *Plan Austral* von 1985 wurde auch mit dem Konvertibilitätsgesetz eine Währungsumstellung auf Basis eines psychologischen

Kalküls an Stelle einer Währungsreform vorgenommen, bei der Anfang 1992 über eine Nullenstreichung die neue Währung Peso (1 Peso = 10.000 Australes) mit einer 1:1-Parität zum Dollar eingeführt wurde. Die Chance einer Entwertung der Bestände gegenüber den Einkommensströmen und damit eines Vermögensschnitts, der sowohl den staatlichen als auch den privaten Sektor über eine Entwertung von Schuldenbeständen entlasten könnte, wurde erneut vertan und stattdessen die Umschuldung über den *Plan Bonex* vorgezogen (Nicolas/Symma 1992: 135).

Neben einer Vertiefung der Deregulierung der Märkte sowie der Öffnung der Ökonomie war die weitere Sanierung der Staatsfinanzen das wichtigste Ziel im Rahmen des Konvertibilitätsplans: Sie sollte – nach einem Verbot der Defizitfinanzierung durch die Zentralbank – mithilfe einer Fortsetzung der restriktiven Ausgabenpolitik, der Steuer- und Staatsreformen und einer Fortführung der Privatisierungen erreicht werden. Der Erfolg des Programms sollte weiterhin durch Senkungen von Preisen und Löhnen über Verhandlungen mit dem Privatsektor und durch Verhandlungen mit den externen Gläubigern und somit einer Refinanzierung alter Verbindlichkeiten sowie dem Zufluss externer Kredite abgesichert werden (Nicolas/Symma 1992: 134).

Deregulierungspolitik und Staatsreform

Die Umstrukturierung des öffentlichen Sektors und die Deregulierungspolitik wurden im Hinblick auf folgende Ziele vorgenommen: Erstens erforderte der Konvertibilitätsplan eine Preisflexibilisierung nach unten, die nur über einen erhöhten Wettbewerbsdruck auf internen Märkten bzw. gegenüber ausländischen Produkten erfolgen würde. Zweitens sollte ein Inflationsdruck aufgrund von Finanzproblemen im öffentlichen Sektor vermieden werden, und drittens konnten über die Deregulierung sowohl Einsparungen durch die Aufgabe von staatlichen Tätigkeiten und Subventionen als auch Einnahmen erzielt werden, wie z.B. durch die Verkaufserlöse der Privatisierungen.

Die ersten Maßnahmen der Regierung Menem bestanden in dem ökonomischen Notstandsgesetz und dem Gesetz zur Staatsreform 1989 sowie einer umfassenden Verwaltungsreform, die ab 1990 in erster Linie über Präsidialdekrete durchgesetzt wurde (Rojo/Canosa 1992: 31). Durch die verschiedenen Maßnahmen wurden zwischen 1991 und 1992 103.000 Arbeitsstellen in der öffentlichen Verwaltung abgebaut (Weltbank 1993: 14); zudem wurde mit dem Ziel einer stärkeren Dezentralisierung – und natürlich auch der Entlastung des Zentralstaates – die Verantwortlichkeit für das Bildungs- und Gesundheitswesen an die Provinzen transferiert, was zu einem weiteren Stellentransfer führte.[1]

Nachdem im Verlaufe des Konvertibilitätsprogramms aufgrund der Restinflation der Druck auf den nominalen Wechselkurs zunahm, beschloss die Regierung, die Deregulierung zu vertiefen, um die Preisentwicklung und den realen Wechselkurs, den sogenannten *costo argentino* zu beeinflussen. Per Dekret wurden im November 1991 auf den internen Märkten für Güter und Dienstleistungen sämtliche Beschränkungen wie Angebots-, Zutritts- und Preisregulierungen sowie alle Restriktionen für ausländische Direktinvestitionen und Kapitalrückführungen aufgehoben.

Während durch die Massenentlassungen in der öffentlichen Verwaltung, die Auflösung einer Vielzahl von Regelungsinstitutionen und die Abschaffung von sektoralen Industrieförderungsprogrammen beträchtliche Einsparungen erzielt werden konnten, gingen die zentralen Fiskaleffekte der Deregulierung auf die Privatisierungspolitik zurück.

Die Privatisierungspolitik

Das Privatisierungsprogramm der Regierung Menem gilt als ein Kernpunkt ihrer Wirtschaftsstrategie (Birle 1991: 11) und überraschte in- und ausländische Akteure sowohl durch den Umfang der Entstaatlichung als auch durch das Tempo, mit dem der Prozess abgewickelt wurde. Dies war umso erstaunlicher, zieht man die Widerstände der Peronisten gegen die zaghaften Privatisierungsvorhaben der Alfonsín-Regierung in Betracht (Azpiazu/Vispo 1994: 130). Mit dem Gesetz zur Staatsreform wurde bereits kurz nach Menems Amtsübernahme der Grundstein für das ehrgeizige Projekt gelegt. Fast sämtliche staatliche Unternehmen im Produktions- und Dienstleistungsbereich wurden zur Privatisierung freigegeben, und der Regierung wurden für die Umsetzung umfassende Interventions- und Entscheidungskapazitäten zugewiesen.

Während in der ersten Phase der Privatisierungspolitik bis zur Einführung des Konvertibilitätsplans ein schneller Transfer der Unternehmen ohne einen transparenten regulatorischen Rahmen sowie die Kapitalisierung von Schuldtiteln im Vordergrund standen, wurde das Proze-

---

1 Die Weltbank spricht von 284.000 Lehrern und Angestellten im Gesundheitsdienst, die an die Provinzen transferiert wurden sowie 103.000 Entlassungen. Nach Rojo/Canosa (1992: 30) befanden sich 1989 jedoch nur ca. 70.000 Lehrer der Sekundarstufe und 25.000 Angestellte im Gesundheitswesen im öffentlichen Dienst; sie schätzen die Stellenreduzierung nach dem Aufgabentransfer insgesamt auf 120.000 (Weltbank 1993: 14).

dere mit Einführung des Konvertibilitätsplans etwas differenzierter und regelgebundener.

Aus reformpolitischen Gründen war eine gewisse Entstaatlichung in Argentinien durchaus rational: Öffentliche Unternehmen erwiesen sich größtenteils als chronisch subventionsabhängig, da sie in Krisensituationen sowohl einen privaten Nachfrageausfall kompensieren mussten als auch ein hoher sozialer und politischer Druck bestand, Arbeitsplätze zu erhalten und die Preise der staatlichen Güter und Dienstleistungen niedrig zu halten. Die Regierung betonte entsprechend die langfristigen Ziele, die durch die Privatisierungen erreicht werden sollten und die in einer Neuordnung der Beziehung Staat – Privatsektor, vermehrten Investitionsanreizen und einer Erhöhung von Qualität und Effizienz der Güter und Dienstleistungen der Unternehmen bestanden.

Eine genauere Betrachtung der Ergebnisse der Privatisierungspolitik legt den Schluss nahe, dass diese strukturpolitischen Ziele gegenüber der kurzfristigen Notwendigkeit der Budgetfinanzierung zurücktreten mussten. In den letzten neun Monaten von 1991 betrugen die Privatisierungseinnahmen fast 80% der staatlichen Gesamteinnahmen und stellten somit ein unverzichtbares Element des fiskalischen Ausgleichs im Rahmen des Konvertibilitätsplans dar (Azpiazu/Vispo 1994: 131-132). Die akkumulierten Veräußerungserlöse von 1990-93 betrugen 9,7 Mrd. US$ in bar sowie 13,4 Mrd. US$ in Schuldtiteln bei Zugrundelegung des Nominalwertes bzw. 5,8 Mrd. US$ bei Rechnung mit Marktpreisen – insgesamt also ein Ergebnis von 23,2 Mrd. US$ bzw. 15,5 Mrd. US$.

Der fiskalische Effekt der Privatisierungen wurde durch verschiedene Faktoren geschmälert: Erstens wurden die staatlichen Aktiva v.a. in der ersten Privatisierungsphase unter ihrem geschätzten Realwert verkauft, zweitens musste der Staat in Zukunft als Konsument der nun privatisierten Güter und Dienstleistungen höhere Preise und Tarife zahlen, und drittens hatte die Regierung teilweise Altschulden der zu privatisierenden Unternehmen übernommen, den Käufern Steuererleichterungen gewährt, um die Attraktivität der Unternehmen zu erhöhen und Kosten der Personalrationalisierung (Abfindungszahlungen) übernommen.

In Bezug auf die strukturpolitischen Zielsetzungen werden v.a. die unzureichenden Investitionszusagen der neuen Betreiber, geringe Multiplikatorwirkungen und die kaum erfolgte Entmonopolisierung und Entflechtung von Konzernstrukturen kritisiert (Azpiazu/Vispo 1994: 145-146).

Tabelle 2: Ergebnisse des Privatisierungsprogramms 1990-1994
(in Mio. US$)

Sektor	Bar-einnahmen	Schuldtitel nominal	Schulden-transfer	Gesamt
Telefon	2270,9	5000	-	7270,9
Fluglinien	260	1610	-	1870
Eisenbahn	-	-	-	-
Elektrizität	866,9	3769	1556,4	6192,3
Häfen	9,8	-	-	9,8
Seetransport	14,6	-	-	14,6
Straßen	-	-	-	-
Fernsehen/Radio	-	-	-	-
Öl	2060,2	-	-	2060,2
Y.P.F. (Öl)	3040	1271,1	-	4311,1
Gas	820,6	3082,1	1110	5012,8
Wasser	-	-	-	-
Fleischverarbeitung	1,9	-	-	1,9
Petrochemie	55,7	133,6	-	189,3
Werftindustrie	59,8	-	-	59,8
Stahl	143,3	41,8	-	185,1
Stromversorger	12,4	3,5	-	15,9
militär. Unternehmen	11,3	-	-	11,3
Finanzsektor	86,3	-	-	86,3
Staatsimmobilien	202,5	-	-	202,5
Sonstige	3,7	12	-	15,7
Gesamt	**9920**	**14923,1**	**2666,4**	**27509,5**

Quelle: Wirtschaftsministerium (MEOSP) 1995: 42.

Eine weitere Privatisierung mit beträchtlichen fiskalischen Konsequenzen fand im Bereich der Sozialversicherung statt. Im Juli 1994 wurde mit einem neuen Rentengesetz die staatliche Alterssicherung grundlegend reformiert: Ein integriertes gemischtes Modell, das eine staatliche Grundrente mit privaten oder öffentlichen Rentenfonds auf individueller Kapitaldeckungsbasis kombiniert, wurde als Alternative zu einem staatlichen System (bestehend aus Grundrente und einer Zusatzrente) mit Umlagefinanzierung angeboten. Die Regierung erhoffte sich über diese Maßnahme eine langfristige Haushaltsentlastung sowie eine Belebung der Kapitalmärkte und des Finanzsektors (Hujo 1997 u. 1999). Kurzfristig zeigte sich jedoch durch die Privatisierung eines beträchtlichen Teils der Beitragszahlungen (Beiträge von ca. drei Mio. Arbeitnehmern gehen an die privaten Fonds) eine zusätzliche Belastung der Staatskassen, da die staatliche Rentenversicherung weiterhin für einen Großteil der Rentenleistungen aufkommen musste. Zudem hatte die Regierung die Arbeitgeberbeiträge zur Sozialversicherung schrittweise gesenkt, um durch eine Verringerung der Lohnnebenkosten die Wettbewerbsfähigkeit der Unternehmen zu erhöhen und mehr Beschäftigung zu erzielen. Insgesamt waren die gesunkenen Einnahmen der Sozialversicherung zu einem beträchtlichen Teil für die sinkenden Staatseinnahmen ab dem dritten Quartal 1994 verantwortlich (Fundación Cedeal 1994, Nr. 20: 18).

Da der Großteil der Privatisierungen bereits während der ersten Jahre der Regierung Menem durchgeführt wurde und ein Ende der Finanzierung laufender Ausgaben durch einmalige, außerordentlichen Einnahmen abzusehen war, wurden die übrigen Komponenten der Budgetpolitik – Steuer- und Verschuldungspolitik – für die Haushaltskonsolidierung immer wichtiger.

Die Steuerpolitik

Im Rahmen des Konvertibilitätsplans wurden die mit dem Steuerreform-Gesetz von 1989 eingeleiteten Bemühungen, das Steuersystem transparenter und effektiver zu gestalten, fortgeführt. Die Regierung legte bei ihrer Steuerpolitik die von der Weltbank in einer Studie empfohlenen Prinzipien zugrunde (Weltbank 1990a) und strebte eine generelle Vereinfachung des Systems, eine Ausweitung der Steuerbasis, die Reduzierung von Marktverzerrungen sowie eine verstärkte Bekämpfung der Steuerhinterziehung an (MEOSP 1993: 10).

Zur Erreichung der postulierten Ziele wurde bereits im Februar 1990 die strafrechtliche Verfolgung von Verstößen gegen das Steuerrecht verschärft und die Reform der Steuerbehörde vorangetrieben. Technische und personelle Kapazitäten wurden erhöht und ähnlich wie in der übrigen staatlichen Verwaltung Leistungsanreize verbessert sowie eine erhöhte Transparenz bei Entscheidungsprozessen und Evaluierungen gefördert. Im Oktober 1992 wurden zudem regionale und sektorale Förderungsprogramme bzw. Steuererstattungen eingestellt, wodurch sich die Regierung Einsparungen sowie eine Erhöhung der Effizienz der betroffenen Industrien erhoffte (MEOSP 1993: 11). 1993 folgte die Eliminierung zahlreicher verzerrender Steuern (z.B. auf Finanzdienstleistungen, öffentliche Wertpapiere, Diesel und Gas) sowie eine Erhöhung der

Mehrwertsteuer von 16 auf 18% (seit April 1995 21%), der Gewinnsteuer von 20 auf 30% und der Statistiksteuer auf Importe von 3 auf 10%.

Die positive wirtschaftliche Entwicklung, die Erfolge bei der Bekämpfung der Steuerhinterziehung, die Ausweitung der Steuerbasis und die Anhebung der Steuersätze führten zu einer beträchtlichen Einnahmesteigerung. Gleichzeitig machten sich jedoch die Verluste aufgrund der Rentenreform und der Senkung der Arbeitgeberbeiträge bemerkbar und auch die Transfers an die Provinzen stiegen beträchtlich, so dass 1994 zum ersten Mal ein Defizit im öffentlichen Haushalt auftrat.

Tabelle 3: Öffentliche Finanzen (in Mrd. US$), 1991-1998

	1991	1992	1993	1994	1995	1996	1997	1998
Einnahmen	28,6	38,8	44,7	48,7	46,6	46,1	54,6	56,4
Ausgaben	27,8	35,7	39,7	46,6	46,4	47,4	53,1	54,0
Zinszahlungen	3,1	3,9	2,9	3,2	4,1	4,6	5,8	6,7
Privatisierungen*	2,2	1,7	0,5	0,7	1,2	0,4	0,1	0,1
Primär-Ü ohne Priv.	0,9	3,1	5,1	2,2	0,2	-1,3	1,5	2,5
Primär-Ü + Priv.	3,1	4,9	5,6	2,9	1,5	-0,9	1,6	2,6
Budgetsaldo ohne P	-2,2	-0,8	2,2	-1,1	-3,9	-5,9	-4,3	-4,2
Budgetsaldo +Priv.	0,002	1,0	2,7	-0,3	-2,7	-5,5	-4,2	-3,8

Quelle: Fundación Cedeal 3/95, 2/99, *Bareinnahmen, Primärüberschuss = Budgetsaldo ohne Zinszahlungen

Die Staatsverschuldung

In einem *Currency Board* ist die Möglichkeit externer Verschuldung besonders wichtig, da über internationale Kreditaufnahme das Geldangebot flexibilisiert werden kann und sich Schwankungen im Außenhandel nicht unmittelbar auf die Geldmenge auswirken müssen. Auch wenn Verschuldung im Prinzip einer Umgehung der Disziplinierungsregeln entspricht, ist der Zufluss von internationalen Krediten Ergebnis der höheren Glaubwürdigkeit der Wirtschaftspolitik eines Landes und in der Regel die entscheidende Motivation, ein Währungsamt einzuführen.

Der zunehmende Druck der externen Gläubiger aufgrund von Zahlungsrückständen bzw. Moratorien Argentiniens gegen Ende der Regierung Alfonsín sowie die inflationären Effekte der Finanzierung der internen Staatsschuld machten eine Umstrukturierung der öffentlichen Schuld unumgänglich. Folgende Schritte wurden unter der Regierung Menem unternommen:

1. Umstrukturierung der internen Staatsverschuldung: Die interne Verschuldung, die im ersten Quartal 1989 auf 17,3 Mrd. US$ angestiegen war – 1985 hatte sie nur 1,3 Mrd. US$ betragen –, wurde über die Hyperinflation im gleichen Jahr zwar extrem entwertet (auf 6 Mrd. US$ im zweiten Quartal 1989), die steigende Tendenz bis Ende 1989 veranlasste die Regierung jedoch Anfang 1990 zur Zwangskonvertierung der Schuld in langfristige, auf Dollar lautende Staatsbonds im Rahmen des *Plan Bonex* (MEOSP 1993: 19). Die Tendenz einer Dollarisierung der internen Staatsschuld wurde im September 1991 mit der Ausgabe von Verschuldungs-Konsolidierungs-Bonds (*Bonos de Consolidación BOCON*, Gesetz Nr. 23.982) fortgeführt: Der Staat hatte beträchtliche Zahlungsrückstände gegenüber Zulieferern und der Sozialversicherungskasse akkumuliert. Die bis zur Einführung des Konvertibilitätsplans aufgelaufenen Verpflichtungen wurden in Form von Bonds mit 16-jähriger Laufzeit bei einem Moratorium auf Zins und Tilgung von sechs Jahren explizit gemacht, wobei für die Gläubiger eine Option zwischen auf Dollar-nominierten Konsolidierungsbonds und Bonds in Peso bestand. Die Verbindlichkeiten gegenüber der Sozialversicherung wurden in Form einer Emission von Staatspapieren (*BOCON PREVISIONAL*) legalisiert.

Mit diesen Maßnahmen wurde zwar die notwendige Streckung der internen Verschuldung erreicht. Der Verzicht auf eine Währungsreform mit einer Entwertung von Schuldenbeständen in heimischer Währung und die Dollarisierung eines beträchtlichen Anteils der Schuld bedeuteten jedoch für die Zukunft, dass staatliche Zins- und Tilgungszahlungen sowohl Druck auf das Haushaltsbudget als auch auf die Devisenreserven der Zentralbank ausüben würden – eine Tendenz, die in der zweiten Regierungsperiode Menems deutlich wurde.

2. Umstrukturierung der externen Verschuldung: Ab 1988 existierte de facto ein Moratorium für Zinszahlungen auf die argentinischen Auslandsverbindlichkeiten, so dass bis 1992 die akkumulierte Zinsschuld ca. 8 Mrd. US$ betrug (Weltbank 1993: 18). Um die Beziehungen mit den externen Gläubigern zu normalisieren, schloss die Regierung Menem 1992 ein dreijähriges Abkommen über erweiterte Fazilitäten (EFF-*Extended Fund Facility* über ca. 3,5 Mrd. US$) mit dem IWF, welches den Weg für weitere Schuldenverhandlungen öffnete. Im Juli 1992 folgte eine Übereinkunft mit dem Pariser Club, dem Zusammenschluss der wichtigsten Gläubigerregierungen, zur Refinanzierung eines Teils der Zinsverbindlichkeiten und der gesamten Tilgungsverpflichtung zwischen 1992-95 mit einer neuen Laufzeit von 16 Jahren. Wichtig war auch die Refinanzierung der

Verschuldung gegenüber privaten Gläubigerbanken im Rahmen des *Brady-Plans* im April 1992 (MEOSP 1994: 175).

Die beschriebenen Maßnahmen führten in Verbindung mit einem niedrigen internationalen Zinsniveau zu hohen Kapitalzuflüssen: 1993 erreichten sie einen Maximalwert von 13 Mrd. US$ (der erst 1997 übertroffen wurde), wovon ca. 50% auf Privatisierungen und Finanzinvestitionen entfielen, 15,8% auf Kredite multilateraler Organisationen, 15,8% auf Außenhandelsfinanzierung, 5,8% auf Emissionen neuer Staatstitel und 5,8% auf Direktinvestitionen (Fundación Cedeal 1993, Nr. 18: 16).

Außenöffnung und regionale Integration

Die Regierung Menem vollzog den endgültigen Bruch mit dem alten Protektions- und Subventionssystem und implementierte eine radikale Außenhandelsliberalisierung. Gerade in einem *Currency Board* wird eine Liberalisierung des Außenhandels als notwendige Bedingung für Preissenkungen und einen Ausgleich der Leistungsbilanz über den automatischen Anpassungsmechanismus bezeichnet.

Die Handelspolitik Menems bestand in einer Senkung bzw. vollständigen Eliminierung von Zöllen und nicht-tarifären Handelshemmnissen sowie einer Staffelung der Importzollsätze nach Verarbeitungsstufen, um die heimische Wertschöpfung zu fördern. Zusätzlich wurde Maßnahmen ergriffen, um die Wettbewerbsfähigkeit der Exportwirtschaft zu erhöhen, die aufgrund des stark überbewerteten Wechselkurses Kompensationsmaßnahmen forderte. Bereits im Oktober 1989 wurden die maximalen Importtarife von 90% auf 40% gesenkt und im Laufe des Jahres 1990 sank der durchschnittliche Zollsatz für Importe von 34 auf 24%. Im Januar 1991 wurden Importlizenzen – die noch 1988 für 32% der heimischen Produktion galten – abgeschafft und durch ein Meldeverfahren ersetzt.

Im Rahmen des *Plan Cavallo* wurden Zollsätze von 11% für Halbfertigwaren und 22% für Fertigwaren (ausgenommen Kraftfahrzeuge und Elektronikgeräte mit 35%) eingeführt, während nicht im Land hergestellte Grundstoffe, Kapitalgüter sowie international wettbewerbsfähige Nahrungsmittel zollfrei importiert werden konnten. Sämtliche quantitativen Einfuhrbeschränkungen wurden aufgehoben, ebenso die Exportbesteuerung. Eine gleichzeitig eingeführte *Anti-Dumping*-Regelung erlaubte Unternehmen auf Basis von Referenzlisten die Beantragung von Strafzöllen, wenn Importgüter weit unter dem Weltmarktpreisniveau angeboten wurden (Birle 1991: 12).

Eine dritte Liberalisierungsstufe begann im Oktober 1992 mit dem Ziel, verstärkt die Exportwirtschaft zu fördern und das durch die Öffnungs- und Wechselkurspolitik entstandene Handelsbilanzdefizit zu senken. Die insgesamt 13 Zollreformen in den ersten beiden Jahren des Konvertibilitätsprogramms werden auf die gegensätzlichen Ziele der Regierung, Förderung der Außenhandelsliberalisierung versus Maximierung der fiskalischen Einnahmen, zurückgeführt (Carrassai 1998: 127-128). Der Druck der heimischen Industrie war ein weiterer Grund für die zyklische Handelsliberalisierung. Im Januar 1995 traten schließlich der gemeinsame externe Zolltarif und die Hauptkomponenten der gemeinsamen Handelspolitik des Mercosur *(Mercado Común del Sur)* in Kraft.

Grafik 1: Zentrale Absatzmärkte argentinischer Exporte (Handelsbilanzsaldo in Mio. US$)

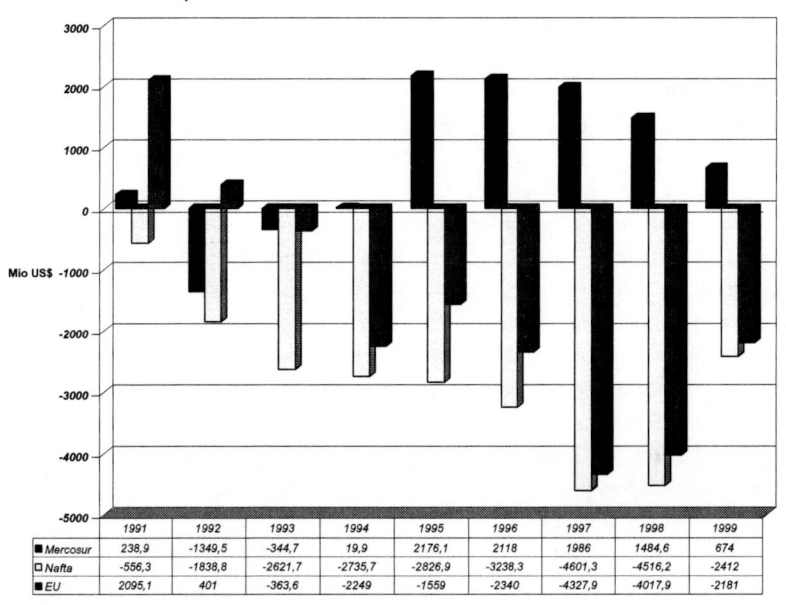

	1991	1992	1993	1994	1995	1996	1997	1998	1999
■ Mercosur	238,9	-1349,5	-344,7	19,9	2176,1	2118	1986	1484,6	674
▫ Nafta	-556,3	-1838,8	-2621,7	-2735,7	-2826,9	-3238,3	-4601,3	-4516,2	-2412
■ EU	2095,1	401	-363,6	-2249	-1559	-2340	-4327,9	-4017,9	-2181

Quelle: FIDE 12/99, S. 22 (1999 bis November)

Für Argentinien entwickelte sich der Mercosur-Partner Brasilien im Rahmen des Konvertibilitätsplans zum Hauptexportmarkt: Während 1990 die Exporte nach Brasilien nur 11,5% der Gesamtexporte ausmachten, stieg der Anteil 1994 auf 22,8% an. Noch stärker entwickelten sich allerdings in der Anfangsphase die Importe aus Brasilien als Folge der

Verteuerung der argentinischen Produkte durch die starke Überbewertung des Wechselkurses in Verbindung mit der Zollreduktion, dem eine kontinuierliche Abwertungspolitik der brasilianischen Regierung gegenüberstand. Entsprechend verzeichnete Argentinien bis 1994 ein Defizit im Handel mit Brasilien, das sich jedoch von einem Höchststand von 1,7 Mrd. US$ bis 1994 auf 700 Mio. US$ verringerte. 1995 konnte zum ersten Mal ein Handelsbilanzüberschuss mit Brasilien erwirtschaftet werden, was v.a. auf die veränderte makroökonomische Konstellation in Brasilien zurückzuführen war, dessen Währung infolge des *Plan Real* stark aufwertete. Zudem hatte in dem Nachbarland eine Nachfrageerholung stattgefunden, welche sich in Verbindung mit dem zollpolitischen Präferenzregime ab 1.1.1995 positiv auf die Nachfrage nach argentinischen Exportprodukten auswirkte.

Der wirtschaftliche Aufschwung: Stabilität mit Wachstum

Als größter Erfolg des *Plan Cavallo* gilt die spektakuläre Senkung der Inflationsrate und die Verteidigung des fixen Wechselkurses sowie das dynamische Wachstum zwischen 1991-94. Die Angleichung des Preisniveaus an die US-Inflationsrate sollte über die Deindexierung von Preisen, Löhnen und Schuldverträgen, eine Preisderegulierung und Preisabsprachen mit führenden Unternehmen im Gegenzug für steuerliche Vergünstigungen erfolgen (Schweickert 1995: 334). Die Deregulierung und Öffnung der Ökonomie sollte zudem Wettbewerbsdruck auf die nationalen Unternehmer ausüben und Preissenkungen fördern. Als Ergebnis konnte die Inflationsrate zwar abrupt gesenkt werden, das Ziel der Nullinflation bzw. Deflation wurde jedoch erst nach der Tequila-Krise erreicht: Die Jahresinflation 1991 betrug für Verbraucherpreise immerhin noch 84% (Großhandelspreisindex 56,7%), was zu einer Aufwertung des realen Wechselkurses und einer Verzerrung der relativen Preise durch einen stärkeren Anstieg der Preise nicht-handelbarer Güter und Dienstleistungen im Vergleich zu Exportprodukten, die einem höheren Konkurrenzdruck ausgesetzt waren, führte.

Die Preis- und Wechselkursstabilität führte in Verbindung mit den hohen Kapitalzuflüssen zu einer Remonetarisierung der Ökonomie, die sich in einer zunehmenden Liquidität durch die hohe Devisenakkumulation der Zentralbank und in einer positiven Depositen- und Kreditentwicklung im Finanzsektor manifestierte.

Da innerhalb eines *Currency Board* eine Ausweitung der Geldmenge von positiven Nettodevisenzuflüssen abhängig ist, ist die langfristige

Konsolidierung der Reserveposition der Zentralbank von entscheidender Bedeutung. Während 1990 und 1991 Handelsbilanzüberschüsse für ein erhöhtes Devisenangebot verantwortlich zeichneten, wurden im weiteren Verlauf des Programms Kapitalimporte – Direktinvestitionen im Rahmen der Privatisierungen und Portfolioinvestitionen sowie Kredite multilateraler Finanzorganisationen und internationaler Geschäftsbanken – zur zentralen Quelle des Devisenangebots. Die hohen Kapitalzuflüsse führten zu einer kontinuierlichen Reservenaufstockung durch die Zentralbank, die einen annähernd gleich hohen Anstieg der Geldbasis mit sich brachte. Das Wachstum der Geldaggregate nahm bereits im Jahr 1994 wieder ab, nachdem sich die externen Kapitalzuflüsse in Folge von Zinserhöhungen in den USA abgeschwächt hatten und sowohl Handelsbilanz als auch Leistungsbilanz steigende Defizite aufwiesen.

Die Depositenstruktur, ein aufschlussreicher Gradmesser für das Vertrauen der Wirtschaftsakteure in das heimische Geld und den Dollarisierungsgrad der Ökonomie, entwickelte sich im Rahmen des Konvertibilitätsplans wie folgt: Allgemein fand eine rasante Zunahme der Einlagen im Bankensektor statt, die zu einer Ausweitung der Liquidität und einem starken Wachstum des Sektors führte. Während der Anteil der Dollardepositen an den gesamten Einlagen bis Ende 1993 hinter dem der Pesoeinlagen zurückblieb, überstiegen sie seit 1994 die Einlagen in heimischer Währung deutlich, was u.a. auf eine aktive Dollarisierungsstrategie der Regierung zurückzuführen ist, die sich eine geringere Anfälligkeit von Dollarkonten gegenüber spekulativen Einlagenabzügen versprach (Fundación Cedeal 1994, Nr. 19: 149-150).

Auch die rasante Zunahme von Dollarkrediten zeigt eine zunehmende Dollarisierung an: Da Dollarkredite in Dollar bedient werden müssen, werden dollarerwirtschaftende Großunternehmen im Exportsektor bei der Kreditvergabe bevorzugt: Kleine und mittlere Unternehmen sind hingegen auf Peso-Kredite angewiesen, die im Vergleich zu Dollarkrediten höhere Zinsen aufweisen. Neben dem Zinsdifferential zwischen Peso und Dollar besteht zudem ein *Spread* zum Ankerland USA: Dollareinlagen und -kredite (*Argendollars*) werden in Argentinien höher verzinst, da sie mit einer Risikoprämie belegt werden.

Im Rahmen des *Plan Cavallo* erlebte die argentinische Ökonomie einen beachtlichen Aufschwung: Die Senkung der Inflation erhöhte die Kaufkraft der Löhne; die Senkung der Nominalzinsen, die Ausweitung des Kreditvolumens (auch zu Konsumzwecken) und der hohe Zustrom an Auslandskapital führten zu einer Remonetarisierung und einer starken Aktivierung des Realsektors. Das Wirtschaftswachstum erreichte zwischen 1990-94 kumulierte 30,8%. Davon profitierten allerdings nicht alle Sektoren in gleicher Weise: Durch die Handelsliberalisierung und das Wechselkursregime ergaben sich negative Effekte für den Exportsektor und die mit Importen konkurrierenden Branchen, während der Dienstleistungssektor, einige Bereiche der verarbeitenden Industrie und der Bergbau höhere Zuwächse verzeichneten.

Grafik 2: Entwicklung der Depositenstruktur, 1991-1999

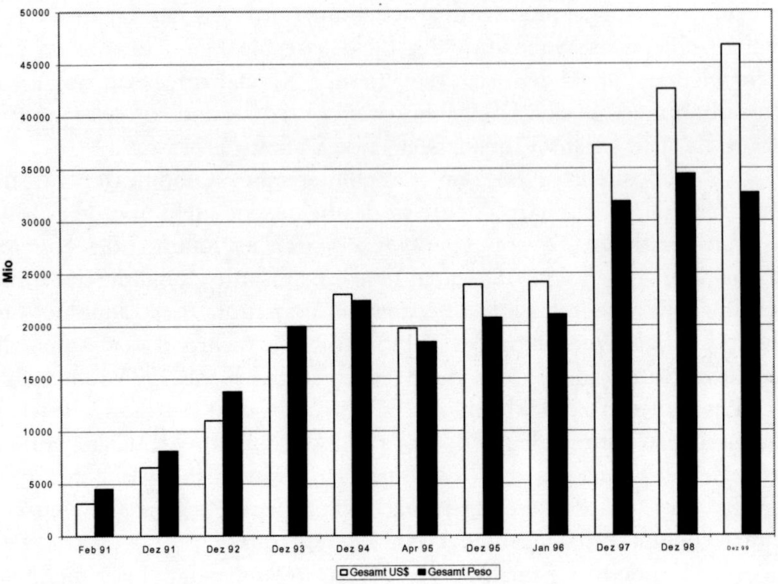

Quelle: Fundación Cedeal IV/95, Nr. 26, La Nación 9.-15.1.96, FIDE 12/99, S. 31.

Die Struktureffekte der Handelspolitik unter Menem zeigen sich v.a. in den hohen Wachstumsraten der Automobilbranche: Zwischen 1991-94 konnte ein kumuliertes Wachstum von 174,8% erreicht werden. Positiv entwickelte sich ebenfalls die Metallindustrie ab 1993, v.a. aufgrund der hohen Inlandsnachfrage aus dem Kfz-Sektor und der boomenden Bauwirtschaft. Zu den „Verliererbranchen" gehören Textilien, Papier und die nationale Kapitalgüterindustrie – letztere produzierte 1994 nur noch ein Drittel des Volumens von 1990 (Argentinische Botschaft 1996: 17).

Die Entwicklung der Zahlungsbilanz spiegelte deutlich die Effekte des Konvertibilitätsplanes wider: Nach hohen Handelsbilanzüberschüssen 1990 (8,3 Mrd. US$) und 1991, die in Verbindung mit niedrigen

Zinszahlungen 1990 sogar zu einem Leistungsbilanzüberschuss (4,8 Mrd. US$) führten, sind ab 1992 steigende Defizite zu verzeichnen, die über hohe Kapitalimporte finanziert werden müssen.

Tabelle 4: Entwicklung des BIP nach Sektoren (prozentuale Veränderung zum Vorjahr)

	Agrarsektor	Bergbau	Industrie	Bau
1989	-8.6	-0.8	-7.8	-24.5
1990	8.4	2.8	-2.3	-16.2
1991	4.3	2.9	9.9	25.4
1992	-1.0	11.1	10.2	16.9
1993	3.1	10.0	5.1	11.2
1994	3.6	8.8	6.2	15.2
1995	2.0	6.7	-6.7	-10.5

Quelle: Cepal 1999.

Tabelle 5: Entwicklung der Zahlungsbilanz (in Mio. US$), 1989-1994

Salden	1989	1990	1991	1992	1993	1994
Exporte	9.579	12.354	11.978	12.235	13.118	15.739
Importe	4.203	4.079	8.275	14.872	16.784	21.544
Handelsbilanz	5.376	8.275	3.703	-2.637	-3.666	-5.805
Leistungsbilanz	-1.303	4.816	-672	-6.664	-7.288	-10.074
Kapitalbilanz	-43	-1173	3.400	10.490	12.122	10.612

Quelle: BfAI 1995, Fundación Cedeal 4/95 Nr. 26, Argentinische Botschaft 1996, Weltbank 1996. (Berechnung nach alter Methode, vgl. Tab. 1)

Der Tequila-Effekt: Bankenkrise und Rezession

Bereits vor Ausbruch der Mexiko-Krise zeigten sich die ersten Zeichen einer Abschwächung der expansiven Wirtschaftsentwicklung. Die Überbewertung des Peso sowie die radikale Öffnung der Wirtschaft beeinträchtigten die Wettbewerbsfähigkeit der Unternehmer und führten zu steigenden Handels- und Leistungsbilanzdefiziten, die Reallöhne sanken ab 1992, während gleichzeitig Arbeitslosigkeit und Unterbeschäftigung zunahmen, die Verschuldung hatte sich trotz der Privatisierungseinnahmen um fast 50% erhöht und die Haushaltskonsolidierung geriet zunehmend unter Druck. Der Vorsatz der Regierung, die Verschuldung nicht weiter zu erhöhen, wurde ab 1994 unrealistisch, als die *Federal Reserve Bank* der USA ihren Leitzinssatz erhöhte. Im Ergebnis verringerten sich die Kapitalimporte. Die Notierungen der staatlichen Schuldverschreibungen sowie der Börsenindex sanken und die Renditeforderungen bei der Platzierung von neuen Schuldtiteln privater Unternehmen und des Staates stiegen an (Fundación Cedeal 1994, Nr. 21: 11).

Im letzten Quartal 1994 offenbarten sich Meinungsverschiedenheiten mit dem IWF: Im Rahmen der erweiterten Kreditfazilität waren ehrgeizige Ziele in Bezug auf die Fiskalpolitik festgelegt worden, die bis 1993 aufgrund der wachsenden Steuereinnahmen und hohen Privatisierungserlöse erfüllt werden konnten. 1994 konnte hingegen den Zielvorgaben des IWF selbst unter Berücksichtigung der Privatisierungseinnahmen nicht entsprochen werden (Fundación Cedeal 1995, Nr. 26: 30).

Tabelle 6: Öffentliche Finanzen (in Mrd. US$), 1991-1998

	1991	1992	1993	1994	1995	1996	1997	1998
Einnahmen	28,6	38,8	44,7	48,7	46,6	46,1	54,6	56,4
Ausgaben	27,8	35,7	39,7	46,6	46,4	47,4	53,1	54,0
Zinszahlungen	3,1	3,9	2,9	3,2	4,1	4,6	5,8	6,7
Privatisierungen*	2,2	1,7	0,5	0,7	1,2	0,4	0,1	0,1
Primär-Ü ohne Priv.	0,9	3,1	5,1	2,2	0,2	-1,3	1,5	2,5
Primär-Ü + Priv.	3,1	4,9	5,6	2,9	1,5	-0,9	1,6	2,6
Budgetsaldo ohne P	-2,2	-0,8	2,2	-1,1	-3,9	-5,9	-4,3	-4,2
Budgetsaldo +Priv.	0,002	1,0	2,7	-0,3	-2,7	-5,5	-4,2	-3,8

Quelle: Fundación Cedeal 3/95, 2/99, *Bareinnahmen, Primärüberschuss = Budgetsaldo ohne Zinszahlungen

Im September 1994 verzichtete Cavallo auf die letzte Tranche der erweiterten Kreditfazilität, um den Differenzen mit der multilateralen Kreditorganisation aus dem Weg zu gehen. Eine weitere Zinserhöhung der USA im November 1994 führte jedoch zu einer Änderung der Regierungsstrategie (Starr 1999: 211, 230): Über eine Budgetsperre, Haushaltskürzungen und forcierte Privatisierungen sollte das Defizit vermindert werden. Die Konsolidierung gelang jedoch nicht, da der mexikanische Peso im Dezember 1994 abgewertet wurde und die internationalen Finanzmärkte in Turbulenzen stürzte. Die internationalen Kapitalzuflüsse verzeichneten einen drastischen Einbruch. Ausländische und inländische Investoren begannen, ihre Einlagen abzuziehen, was zu einer Vertrauens- und Liquiditätskrise im Bankensektor führte. Die Tatsache, dass Geschäftsbanken nie eine 100%ige Deckungsreserve halten und somit zur Erfüllung ihrer Zahlungsverpflichtungen bei einem massiven Einlagenabzug auf die Refinanzierung durch die Zentralbank angewiesen sind (*Lender of Last Resort*-Funktion), macht ein *Currency Board* durch seine eingeschränkte Geldpolitik extrem anfällig für Finanzsektorkrisen. In Argentinien konnte diese nur über eine Aussetzung der *Currency Board*-Regeln in Verbindung mit umfangreichen internationalen Krediten gemeistert werden. Der Ablauf der Ereignisse und das Krisenmanagement der Zentralbank gestaltete sich wie folgt:

Zwischen dem 23.12.94 und 31.3.95 gingen die Bankeinlagen um 15% zurück, die Devisenreserven der Zentralbank fielen um 37% und die Dollarreserven im Finanzsektor sanken um 35% (Fundación Cedeal 1995, Nr. 24: 13). Der automatische Mechanismus des *Currency Board*-Systems setzte ein und führte zu einer Kontraktion der Geldmenge sowie steigenden Zinsen. Die Zentralbank reagierte mit einer Senkung der Mindestreservebestimmungen, wollte sich jedoch in der ersten Phase der Krise gemäß dem Zentralbankgesetz eher passiv verhalten. Stattdessen sollte – neben der üblichen Finanzierung der Geschäftsbanken über den Interbankenmarkt – die Nationalbank (*Banco Nación*) Kredite an Banken mit Liquiditätsschwierigkeiten vergeben (Fundación Cedeal 1995/24: 14).

Schon bald erzwangen jedoch die Ereignisse eine verstärkte Intervention der monetären Autorität: Mitte Februar wurde das Zentralbankgesetz über ein Notstandsdekret geändert, das im April 1995 vom Kongress gebilligt wurde und die *Lender of Last Resort*-Funktion der Zentralbank zum Teil wiederherstellte: Das Gesetz erlaubte in verstärktem Maße eine Refinanzierung der Geschäftsbanken. Um die Währungsreserven der Zentralbank nicht zu belasten, wurde der Zentralbank über das Notstandsdekret die Möglichkeit zugebilligt, externe Schulden aufzunehmen und deren Laufzeit zu verlängern (Argentinische Botschaft 1996: 29).

Im März erreichte die Krise mit einem Depositenverlust von 4,2 Mrd. US$ und extrem hohen Zinsraten ihren Höhepunkt, zudem wurden nun vermehrt Dollarguthaben abgezogen, während anfangs v.a. Pesoeinlagen betroffen waren. Die Zentralbank erlaubte Privatbanken fortan bis zu 50% ihrer Barreserve zu den Mindestreserveverpflichtungen hinzuzurechnen. Im April 1995 wurde erneut ein Einlagenversicherungssystem eingeführt, und mit Hilfe von Notfonds zur Umstrukturierung und Fusion von Banken mit Liquiditätsproblemen sowie zur Privatisierung von Provinzbanken sollte der anhaltende *Run* gestoppt werden. Die Notfonds mit Ressourcen von ca. 4,5 Mrd. US$ wurden über eine massive internationale Finanzhilfe gebildet, die nach einem Abkommen mit dem IWF im März einsetzte. Zusätzlich wurde von der Regierung eine Staatsanleihe auf den internationalen Finanzmärkten sowie bei argentinischen Großunternehmen von insgesamt 2 Mrd. US$ (*Bono Argentino*) platziert (Rozenwurcel/Bleger 1998: 384).

Über die Summe der Maßnahmen und v.a. nach der Bewilligung der internationalen Liquiditätszuschüsse konnte die Krise entschärft werden; allerdings hatte die Zentralbank ihre externe Verschuldung um 1,9 Mrd. US$ und die Regierung um 5,4 Mrd. US$ erhöht (Calcagno 1997: 80).

Der Wahlsieg Menems im Mai 1995 trug zu einer weiteren Beruhigung der Anleger bei, so dass die Depositen wieder anstiegen und die Zinsen nach unten tendierten. Erst Anfang 1996 konnten die Volumina von Ende 1994 wieder erreicht werden, wobei eine weitere Umstrukturierung zugunsten von Dollareinlagen stattfand. Als Ergebnis der Krise verringerte sich auch die Zahl der Banken von 205 zu Anfang des Jahres auf 167 im April 1995 (bis April 1998 auf 135): v.a. kleinere Institute wurden über Fusionen absorbiert, so dass Mitte des Jahres auf die 30 größten Banken ca. 80% des Depositenvolumens entfielen.

Tabelle 7: Angebot und Nachfrage (prozentuale Veränderung), 1995-1999

	1995	1996	1997	1998	1999*
Privater Konsum	-4.4	6,7	8,8	3,9	-4,9
Bruttoinvestitionen	-13.1	8,9	17,7	6,6	-10,7
Importe	-10.0	17,4	26,6	8,4	-13,5
Exporte	22.6	7,8	12,0	10,1	-2,8

Quelle: FIDE Jan./Feb. 2000, *erste neun Monate.

Das Krisenjahr 1995 war nicht nur eine Bewährungsprobe für die Geld- und Wechselkurspolitik, sondern markierte auch das Ende einer relativ problemlosen Budgetfinanzierung: Trotz neuer, auf IWF-Druck ab Februar 1995 implementierter Maßnahmen, die eine Ausweitung der Steuerbasis, eine Erhöhung der Mehrwertsteuer von 18 auf 21% sowie eine Erhöhung der Importzölle, der Arbeitgeberbeiträge zur Sozialversicherung, eine Senkung der Löhne öffentlicher Bediensteter und eine Senkung der Erstattungszahlungen für Exporte umfasste, blieben die Einnahmen 1995 weit hinter den Prognosen zurück. Die rezessive Konjunktur wirkte sich v.a. auf die konsumbezogenen Steuern (Mehrwert-, Benzinsteuer), aber auch auf die Gewinnsteuer aus: Vor dem Hintergrund hoher Zinsen und zunehmender Kreditrationierung optierten viele Unternehmen für eine „Finanzierung" über die Nicht-Zahlung ihrer Steuerverpflichtungen (Fundación Cedeal 1995, Nr.24: 12, 24).

Das Ausmaß der wirtschaftlichen Krise zeigte sich besonders deutlich an einem rapiden Anstieg der Arbeitslosigkeit, die im Mai 1995 18,6% erreichte, sowie einem drastischen Nachfrageeinbruch, der zu einem Rückgang der Produktion v.a. im Bereich langlebiger Konsumgüter führte (Fundación Cedeal 1995, Nr 25: 18).

Die Post-Tequila-Periode: Asien-, Russland und Brasilienkrise

Trotz des drastischen Einbruchs im Zuge der Tequila-Krise gelang Argentinien in den Jahren 1996 und 1997 eine rasche wirtschaftliche Erholung und die Erzielung hoher Wachstumsraten. Motor des Aufschwungs war die Rückkehr der Kapitalzuflüsse sowie eine günstige Exportentwicklung (v.a. für Primärgüter und Energie- und Brennstoffe) als Reaktion auf die sinkende interne Nachfrage. Eine gute Ernte 1995/96, hohe Weltmarktpreise für Agrarexportprodukte (Rindfleisch, Ölsaaten, Erdöl, Weizen und Wolle), die 1990 60% der Exporte ausmachen (Messner 1997: 219), und eine rasante Exportsteigerung in das Nachbarland Brasilien wirkte sich zusätzlich positiv auf die Ausfuhren aus.

Die günstigen externen Bedingungen konnten zwar das Abrutschen in eine längerfristige Rezession verhindern, die Phase des leichten Wachstums gehörte jedoch der Vergangenheit an. Das Verharren der Arbeitslosigkeit auf hohem Niveau (17,3%), stagnierende Investitionen, soziale Probleme und der weitere Zwang zu fiskalischer Austerität ließen das Wahlversprechen Menems, in seiner zweiten Amtsperiode eine Wachstumsphase mit sozialer Gerechtigkeit einzuleiten (El País 9.7.95), zunehmend unglaubwürdig erscheinen.

Im Verlauf des Jahres 1996 kam es zu wachsenden Protesten und Streiks, als im Rahmen einer „zweiten Staatsreform" weitere Einsparungen und ein Stellenabbau im öffentlichen Sektor beschlossen wurden und nach der Entlassung Cavallos im Juli der neue Wirtschaftsminister Roque B. Fernández ein weiteres Sparpaket ankündigte. Das Jahr endete mit einer zufriedenstellenden Handelsbilanz und Exportperformance sowie positiven Entwicklungen auf den Kapital- und Finanzmärkten, während Konsum und Investitionen unter den Werten für 1994 verblieben, sich das Haushalts- (5,26 Mrd. US$) und Leistungsbilanzdefizit (6,5

Mrd. US$) rasant vergrößerte und die Unzufriedenheit der Bevölkerung über die Beschäftigungskrise stieg (MECON 1997).

1997 schien eine Rückkehr zum dynamischen Wachstum der Anfangsphase des Konvertibilitätsplans in Sichtweite: Die Industrieproduktion und Investitionen verzeichneten hohe Zuwachsraten, die externen Kapitalzuflüsse stiegen auf Rekordhöhe und die Arbeitslosigkeit ging leicht zurück. Das Panorama änderte sich jedoch, als die Ausläufer der Wirtschaftskrise in Südostasien Lateinamerika erreichten und das Vertrauen der Investoren in die *emerging markets* erneut strapaziert wurde: Kapitalabflüsse, eine Erhöhung der Finanzierungskosten für Entwicklungsländer auf den internationalen Finanzmärkten, Börseneinbrüche, spekulative Attacken gegen die heimischen Währungen, fallende Rohstoffpreise sowie eine Verringerung der Exporte in die asiatische Krisenregion aufgrund deren sinkender Nachfrage waren die Folgen für Lateinamerika (Cepal 1998, Fritz 1999).

Argentinien war 1997 noch nicht so stark von der Krise betroffen, da im Gegensatz zum Tequila-Effekt eine Bankenkrise vermieden werden konnte und die Exporte nach Asien nur 8,7% der Gesamtexporte ausmachten (Fundación Cedeal 1998, Nr. 38: 10). Nach der Russlandkrise und deren Auswirkungen auf den Haupthandelspartner Brasilien geriet das Land jedoch ab dem dritten Quartal des Jahres 1998 in eine erneute Rezession, die sich im Januar 1999 nach der drastischen Abwertung des brasilianischen Real verschärfte. Die Hauptschwachpunkte des argentinischen Entwicklungsmodells – die starke Überbewertung des Peso, das Primärgüter-Exportprofil bei geringer Absatzmarktdiversifizierung (die sogenannte *Brasil-dependencia*) sowie die steigende Auslandsverschuldung durch hohe Fiskal- und Leistungsbilanzdefizite – kamen durch das veränderte internationale und regionale Umfeld voll zum Tragen:

Die Wettbewerbsfähigkeit des Peso wurde durch die asiatischen und lateinamerikanischen Abwertungen bei gleichzeitiger Aufwertung des US-Dollar weiter beeinträchtigt und machte die Erfolge einer über niedrige Inflationsraten und Produktivitätsfortschritte erreichten realen Abwertung zwischen 1996-98 wieder zunichte. Die Weltmarktpreise für argentinische Primärgüterexporte fielen beträchtlich (durchschnittlich 8%, MECON 1998), während die Industriegüterexporte durch die sinkende Nachfrage aus Brasilien betroffen waren (1998 gingen 51% der Industriegüterexporte nach Brasilien); die Automobilproduktion fiel bereits im Dezember 1998 auf die Hälfte, da aufgrund des Präferenzregimes innerhalb des Mercosur ca. 98,5% der Exporte des Sektors nach Brasilien gingen (FIDE 3/2000: 7). Ein steigender Kapitalbedarf durch wachsende

Leistungsbilanzdefizite musste aufgrund der Krisen auf den internationalen Finanzmärkten mit höheren Zinsen und kürzeren Laufzeiten finanziert werden und das angeschlagene Vertrauen der externen Gläubiger erforderte eine ständige Demonstration fiskalischer Austerität, während das heimische Aktivitätsniveau durch höhere Zinsen und geringere Exporte gedämpft wurde.

Am 1.1.99 implementierte die Regierung eine Steuerreform mit dem Ziel, durch höhere Einnahmen bei der Mehrwert- und Gewinnsteuer eine Senkung der Arbeitgeberbeiträge zur Sozialversicherung um durchschnittlich 6,5% zu erreichen und damit die Wettbewerbsfähigkeit der Unternehmen und die Neueinstellung von Arbeitskräften zu fördern. Als jedoch Brasilien am 13. Januar abwertete, verschärfte sich der Reformdruck in Argentinien radikal. Um spekulativen Attacken entgegenzuwirken, begann die Regierung eine Diskussion über die Möglichkeit einer Dollarisierung der Ökonomie, bei der die heimische Währung Peso komplett durch den US-Dollar ersetzt würde, um das Wechselkursrisiko und Abwertungserwartungen endgültig zu eliminieren.

Das Menemsche Erbe – Wirtschaftspolitik ohne Alternative?

Menems Wirtschaftspolitik hinterließ eine schrumpfende Wirtschaft, stagnierende Beschäftigung und Investitionen, eine staatliche Auslandsverschuldung, die trotz hoher Privatisierungseinnahmen und Brady-Plan fast 150 Mrd. US$ erreichte und deren Bedienung einen Großteil der Exporterlöse und Staatseinnahmen verschlingt, einen dollarisierten Finanzsektor mit geringer Kreditkapazität und eine auf Primärgüter spezialisierte Produktionsstruktur, während die Industrieproduktion von der (schwachen) regionalen Nachfrage innerhalb des Mercosur abhängt.

Der wirtschaftspolitische Handlungsspielraum der neuen Regierung hatte sich nach 10 Jahren neoliberaler Politik unter Menem weiter verringert. Dies bezog sich nicht allein auf die selbstangelegten Handschellen durch eine demonstrative Aufgabe aktiver Geld-, Wechselkurs- und Handelspolitik, sondern in erster Linie auf die Marktkonstellation und das Spezialisierungsmuster der argentinischen Ökonomie, die nicht so leicht rückgängig zu machen waren. Das *Currency Board*-Modell hatte sich zwar als erfolgreiches Stabilisierungsinstrument erwiesen, schloss jedoch eine auf dynamischen Investitionen und Exporten basierende Entwicklungsperspektive aus. Die Illusion, über einen fixen Wechselkurs-Anker eine Stabilisierungskrise wie bei den orthodoxen IWF-Programmen vermeiden zu können (Fritz 1999: 27), realisierte sich allenfalls in einer durch billige Importe und Verschuldung alimentierten Boomphase, die bei steigender Überbewertung des Wechselkurses in Verbindung mit einer radikalen Außenöffnung schnell in eine defizitäre Handels- und Leistungsbilanz mündete. Diese Verschlechterung der Fundamentaldaten wiederum implizierte die Gefahr einer Umkehrung der Kapitalströme durch sinkendes Investorvertrauen und konnte in einer Zahlungsbilanzkrise oder wie im Falle eines *Currency Board* auch in einer Liquiditätskrise im Bankensektor resultieren.

Deflation, Abwertung oder Dollarisierung?

Mit dem *Currency Board*-Modell hatte Argentinien ein Rezept aus dem geldpolitischen Instrumentenkasten des 19. Jahrhunderts hervorgeholt, welches als historisch und theoretisch überholt galt (Nicolas 1994, Hujo 1996). Das wiedererwachte Interesse neoklassischer Ökonomen an dem *Currency Board*-Modell basiert auf der Idee, durch eine rein regelgebundene Geldpolitik die in Entwicklungsländern häufig übliche Defizitfinanzierung über die Notenpresse zu verhindern und eine makroökonomische Disziplinierung zu erreichen, die das Vertrauen in die heimischen Währungen zu (re-) etablieren vermag. Die Wiederherstellung der Glaubwürdigkeit der Geldpolitik durch eine Entpolitisierung der Zentralbank ist auch das stärkste Argument der Befürworter von *Currency Boards*: Transparente Regeln und die Einführung einer stabilen und konvertiblen Währung ermöglichen dem gemäß sowohl Stabilität als auch positive Entwicklungsperspektiven: Der automatische Anpassungsmechanismus soll zu einer Annäherung von Inflations- und Zinsraten an das Ankerland führen und eine stabile konvertible Währung ist attraktiv für ausländische Investoren und Kreditgeber (Hanke/Schuler 1992, 1994).

Was ist nun das Problem an dem *Currency Board*-Modell oder anders gefragt: Warum zeichnen sich moderne Geldwirtschaften der „Ersten Welt" durch aktive Geldpolitik und unabhängige Zentralbanken aus, während ein *Currency Board* als eine „institutionalisierte unterentwickelte Geldverfassung" (Schelkle 1999) charakterisiert werden kann? Die fehlende geldpolitische Autonomie, mangelnde Flexibilität bei externen Schocks oder starren Preisen sowie die Unfähigkeit der Zentralbank, in einer Krisensituation dem Geschäftsbankensektor unbegrenzt Liquidität zur Verfügung zu stellen (*Lender of Last Resort*-Funktion) sind Nachteile, die selbst von Ökonomen neoliberaler bzw. monetaristischer Provenienz kritisiert werden. Auch die notwendigen Rahmenbedingungen in Form eines ausgeglichenen Staatshaushalts sowie eines Leistungsbilanzüberschusses sind gerade für Entwicklungsländer schwer zu realisieren. Ohne ausreichende Deviseneinnahmen ist das Währungsamt jedoch auf Kapitalimporte angewiesen, um eine flexible Geldversorgung zu erreichen. Dies bedeutet eine steigende Verschuldung und somit eine drohende Zahlungsunfähigkeit nach außen, während die fehlende *Lender of Last Resort*-Funktion der Zentralbank zu einer Zahlungsunfähigkeit nach innen bzw. einer Liquiditätskrise im Finanzsektor führen kann.

Offensichtlich entsprach die Marktkonstellation in Argentinien nicht dem Idealfall von Leistungsbilanz- und Haushaltsüberschüssen, sondern genau dem Gegenteil: Die Devisennachfrage in einem hoch dollarisierten Bankensektor und die Finanzierung des Handelsbilanzdefizits führte zu einer steigenden Auslandsverschuldung und drohte in einen kumulativen Prozess zu münden. Die Abhängigkeit von volatilen Kapitalzuflüssen produzierte einen unsteten Wachstumsprozess ähnlich dem *Stop-and-Go*-Zyklus, der nicht geeignet war, stabile Profiterwartungen zu wecken und Investitionen zu fördern (Fritz 1999: 33).

Bei dem 1999 erfolgten Regierungswechsel in Argentinien stand der Konvertibilitätsplan trotz der stagnativen Wirtschaftslage nicht zur Disposition. Die Kosten einer Aufgabe der fixen Parität wurden als zu hoch eingeschätzt: Eine Freigabe des Wechselkurses würde eine mehr oder weniger drastische Abwertung nach sich ziehen, die in einer hochdollarisierten Ökonomie wie der argentinischen rasch zu einem Zusammenbruch des Unternehmens- und Bankensektors sowie zur Zahlungsunfähigkeit des Staates führen könnte. Eine Abwertung bedeutete die Aufwertung der Schulden (und Guthaben) in US-Dollar und einen entsprechenden Wertverlust der Positionen in heimischer Währung: Für Banken, deren Dollareinlagen ihre Kreditvergabe in Peso überstieg, wäre eine Abwertung eine Entwertung der Forderungen im Vergleich zu ihren Verbindlichkeiten. Für Unternehmen, die für den Binnenmarkt produzierten, jedoch in Dollar verschuldet waren, würde es ebenfalls zu einer Aufwertung der Schuldenbestände bei sinkenden Einnahmen und zu einer drohenden Insolvenz kommen – mit negativen Folgen für den gesamten Bankensektor. Für den Staat, der in erster Linie über das Steuersystem Einnahmen in heimischer Währung hatte, dessen Verschuldung aber zum größten Teil in US$ abgeschlossen war, hätte eine Abwertung ähnlich prekäre Konsequenzen gehabt. Auch ein Großteil der Bevölkerung hatte sich in der Vergangenheit über großzügige Konsumentenkredite in Dollar verschuldet: Die private Auslandsverschuldung wurde für 1999 auf 58 Mrd. US$ geschätzt (FIDE 12/99: 7).

Wurde eine Abwertung als nicht praktikabel angesehen, bedeutete die Beibehaltung des *Currency Board* die Notwendigkeit einer Anpassung des realen Wechselkurses über Deflation, wie sie bereits in Folge der Tequila-Krise und seit der brasilianischen Abwertung in Argentinien aufgetreten war. Deflation führte jedoch zu Rezession und Arbeitslosigkeit, ohne dass die Wettbewerbsfähigkeit durch fallende Preise signifikant erhöht werden konnte. Argentinien hatte durch Produktivitätssteigerungen, Reallohnverluste und Inflationsraten, die seit 1995 unter dem internationalen Niveau lagen, eine reale Abwertung erreicht, die jedoch durch die Aufwertung des US-Dollar, sinkende Rohstoffpreise sowie Abwertungen der asiatischen und lateinamerikanischen Schwellenländer sowie des Euro-Raumes zunichte gemacht wurde. Lohn- und Preisdeflation war entsprechend ein schmerzhafter Weg, der in kürzester Zeit an seine sozialen und politischen Grenzen stieß.

Somit blieb die Option einer vollständigen Dollarisierung, die von Präsident Menem seit der brasilianischen Abwertung vehement als Schutz gegen spekulative Attacken und hohe Risikoprämien sowie als Akt der Demokratisierung (das Geld der Eliten für das Volk) postuliert wurde (Menem 2000). Die Aufgabe des Peso wäre einem Beitritt zu einer Währungsunion mit den USA gleichgekommen, ohne jedoch gemeinsame Geld- und Wirtschaftspolitik zu betreiben und der Bankenaufsicht der US-Zentralbank zu unterliegen. Entsprechend skeptisch reagierte US-Zentralbankpräsident Alan Greenspan auf das Anliegen der argentinischen Regierung (Clarín, 24.02.99) und lehnte implizit eine bilaterale Übereinkunft mit der Übernahme von Verantwortlichkeiten ab.

Der Finanzsektor

Der argentinische Finanz- und Bankensektor erlebte in den 90er Jahren nicht nur ein bis dato ungekanntes Wachstum, sondern erfuhr im Rahmen des Konvertibilitätsplans und der Liberalisierung auch eine umfassende strukturelle Transformation. Zwei gegensätzliche Faktoren beeinflussten die Entwicklung: Zum einen führten die Preisstabilität, das gestiegene Vertrauen der in- und ausländischen Vermögenseigentümer in das fixe Wechselkurssystem und die im internationalen Vergleich hohe Verzinsung zu hohen Kapitalzuflüssen und einer Remonetisierung der Ökonomie, sinkenden aber v.a. in Bezug auf Einlagen positiven Realzinsen sowie zu einer Erhöhung des Einlagen- und Kreditvolumens. Zum anderen implizierten jedoch das *Currency Board* und die hohe Dollarisierung Instabilität und die Gefahr eines spekulativen Einlagenabzugs.

Während in der expansiven Phase des Konvertibilitätsplans trotz offensichtlicher Ineffizienzen kaum strukturelle Anpassungen im Finanzsektor stattfanden und die Kombination aus schwacher Bankenaufsicht und aggressiver Kreditpolitik (v.a. im Bereich der Konsumentenkredite) zu einer Akkumulation fauler Kredite führte (Rozenwurcel/Bleger 1998: 371-381), erzwang die Tequila-Krise einen Konzentrationsprozess sowie verstärkte Reformanstrengungen der Zentralbank.

Das Vertrauen in die Stabilität des Bankensektors war so hoch, dass durch die internationalen Finanzkrisen zwischen 1997 und 1999 keine Neuauflage der Tequila-Erfahrung stattfand, sondern im Gegenteil die Einlagen zwischen Juli 1997 und März 2000 um ca. 15 Mrd. US$ zunahmen. Die Rezession führte allerdings zu einer Verschlechterung des Kreditportfolios im Bankensektor, was in Verbindung mit den negativen Entwicklungsperspektiven in eine Kreditkontraktion mündete, die v.a. den kleinen und mittleren Unternehmen zu schaffen machte. Hohe reale Kreditzinsen (für Kleinunternehmen im Schnitt 30%, für Großunternehmen ca. 10%, FIDE 4/98: 27), eine starke Segmentierung des Kreditsektors (nach Größe und geographischer Lage der Unternehmen), das Fortbestehen hoher Intermediations-*spreads* zwischen Aktiv- und Passivzinsen, die Zinsdifferentiale zwischen Peso, *Argendollar* und US$ sowie die in Bezug auf Investitionserfordernisse unzureichenden Kreditlaufzeiten waren die Hauptprobleme des Finanzsektors (Rozenwurcel/Fernández 1994: 79-80; Rozenwurcel/Bleger 1998: 392). Eine Zunahme der Kreditbeziehungen in heimischer Währung war nicht zu beobachten, wodurch eine dynamische Investitionsentwicklung behindert wurde. Um finanzierbare Pesokredite zu erhalten, war die Mehrzahl der kleinen und mittleren Unternehmen auf die verbleibenden staatlichen Großbanken angewiesen, die spezielle subventionierte Kreditlinien vergaben.

Das Ende der nachholenden Industrialisierung

Die Auswirkungen der makroökonomischen Rahmenbedingungen in einer Ökonomie sind entscheidend für die Wettbewerbsfähigkeit des produktiven Sektors. Eine Strategie nachholender Entwicklung, die auf einem kumulativen Prozess steigender Exporte und steigender Investitionen beruht (und somit einen Abbau der Verschuldung, bzw. eine Importfinanzierung durch Exporterlöse erlaubt), erfordert einen unterbewerteten fixen Wechselkurs und eine stabilitätsorientierte Budget- und Lohnpolitik, während die Geldpolitik die Investitions- und Exportentwicklung unterstützt (Riese 1997: 99-100). Ein überbewerteter Wechselkurs hingegen behindert die Exportentwicklung und in Verbindung mit einer Außenhandelsliberalisierung und der resultierenden Importkonkurrenz die Herausbildung einer rentablen heimischen Produktion.

Bei der Festsetzung des Wechselkurses im Rahmen des *Plan Cavallo* wurde bewusst ein überbewerteter Kurs angesetzt, um die vollständige Deckung der Geldmenge durch Devisenreserven zu erleichtern, die Belastung des externen Schuldendienstes zu verringern und die notwendige Preisniveaustabilisierung mit billigen Importen zu fördern. Die Überbewertung verschärfte sich durch die hohe Restinflation 1991 und führte bereits 1992 in Verbindung mit der radikalen Außenöffnung zu einer Passivierung der Handelsbilanz. Der steigende Wettbewerbsverlust der heimischen Industrie, welche sich gegen eine Schwemme billiger Importe behaupten musste, führte zu Unternehmenszusammenbrüchen v.a. bei mittelständischen Firmen und zunehmenden Forderungen nach kompensierenden Maßnahmen. Die Regierung entsprach diesen Forderungen zum Teil über die 1992 eingeführten Exportrückerstattungen und Exportförderprogramme (Sirlin 1999), einer Erhöhung der Importzölle, Präferenzabkommen (v.a. Kfz-Industrie) im Rahmen des Mercosur, der Senkung der Arbeitgeberbeiträge zur Sozialversicherung und durch spezielle Kreditlinien des öffentlichen Bankensektors.

Die globale Benachteiligung durch den Wechselkurs und der hohe Reformdruck nach der Handelsliberalisierung führte jedoch trotz der notwendigen Umstrukturierungsprozesse zur Verdrängung ganzer Industriesektoren (Kapitalgüter-, Elektro-, Textilindustrie), deren Wettbewerbsfähigkeit nicht wie bei den traditionellen Primärgütern und ressourcennahen Industriezweigen (Öl, Gas, Nahrungsmittel) auf komparative Vorteile oder wie im Dienstleistungsbereich auf quasi-monopolistische Marktbedingungen zurückgeführt werden konnte (Bekerman/Sirlin 1996: 131; Messner 1997: 222-223). Die 90er Jahre in Argentinien waren entsprechend durch extreme Deindustrialisierungsprozesse und eine Schrumpfung technologie- und arbeitsintensiver Branchen im Vergleich zu wertschöpfungsarmen, ressourcennahen Bereichen gekennzeichnet, was negative Auswirkungen auf Beschäftigung und langfristiges Wachstum hat.

Der instabile Wachstumsprozess der Wirtschaft, der abhängig von volatilen internationalen Kapitalimporten und schwankenden Rohstoffpreisen war, generierte negative Profiterwartungen, die im Kontext einer Deflation noch verstärkt wurden und bremste die Investitionsentwicklung. Nach der Brasilienkrise verlegten zahlreiche argentinische Unternehmen ihre Produktion in das Nachbarland Brasilien, wo die Produktionskosten je nach Branche zwischen 30-60% niedriger waren – ein deutliches Votum über die Standortqualität Argentiniens. Weder der Finanzsektor noch der auf einen ständigen Sparkurs festgelegte öffentlich Sektor war dazu in der Lage, durch eine entsprechende Kreditpolitik oder öffentliche Investitionen einen positiven Impuls zu leisten.

Grafik 3: Exportstruktur 1999 (in Prozent)

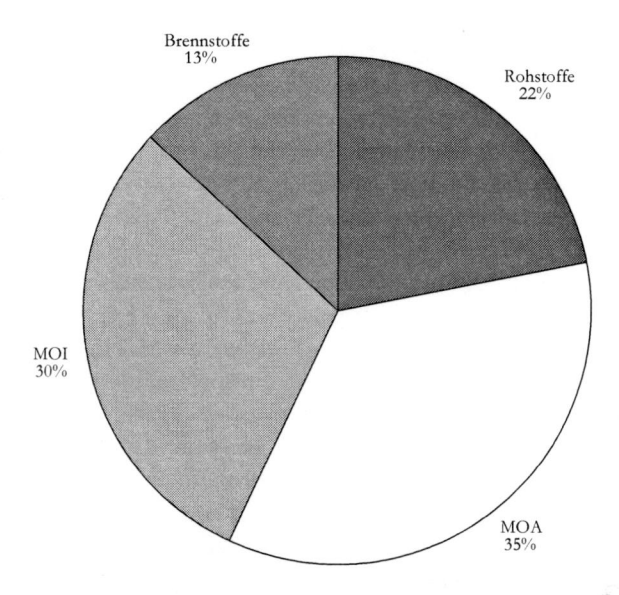

Quelle: FIDE Jan./Feb. 2000: 16. MOI=verarbeitete Industriegüter, MOA=verarbeitete Agrargüter

Kein Ende der Austerität in Sicht

Im Kontext des Konvertibilitätsschemas hing die Glaubwürdigkeit der Wirtschaftspolitik in erster Linie von einer erfolgreichen Fiskalpolitik ab, da die restlichen Politikvariablen „automatisch" bestimmt wurden, eine Defizitfinanzierung über die Notenpresse verwehrt war und allein die

Budgetpolitik aktive Politikgestaltung ermöglichte. Zudem war der Erfolg bei der fiskalischen Konsolidierung für die existenziell notwendigen Beziehungen mit den multilateralen Kreditorganisationen sowie für die Risikoeinstufung des Landes auf den internationalen Finanzmärkten von zentraler Bedeutung. Hinzu kam die Notwendigkeit, über das indirekte Instrument der Fiskalpolitik das externe Ungleichgewicht zu beheben, indem eine Korrektur des überbewerteten Wechselkurses durch eine Senkung von Steuern und Abgaben angestrebt wurde.

Während der expansiven Phase von 1991-94 konnten die ehrgeizigen Ziele eines ausgeglichenen Budgets aufgrund der hohen Steuer- und Privatisierungseinnahmen und relativ geringer Schuldendienstverpflichtungen erfüllt werden. Seit 1995 verschärfte sich der Druck auf die Haushaltspolitik jedoch extrem, da eine stagnierende bzw. deflationierende Wirtschaft zu geringeren Steuereinnahmen und höheren Staatsausgaben für Sozial- Beschäftigungs- und Industriepolitik führte. Zudem erhöhten sich die Ausgaben für Zins- und Tilgungszahlungen der Staatsverschuldung, die sich ab 1991 mehr als verdoppelt hatte, drastisch und verschlangen am Ende der Regierung Menem 73% der Exporterlöse (Dresdner Bank 3/2000: 4). Das mehrfach nach oben korrigierte Defizit von 1999 in Höhe von ca. 7 Mrd. US$ (2,44% des BIP) in Verbindung mit einem Defizit der Provinzen in Höhe von 3,7 Mrd. US$ zwang die auf Menem folgende Regierung zu immer neuen Sparprogrammen.

Arbeitsmarktflexibilisierung als Lösung der Beschäftigungskrise?

Die hohe Arbeitslosigkeit und Unterbeschäftigung im Argentinien der 90er Jahre stellte das drängendste soziale Problem dar. Die Ursachen der Beschäftigungskrise lagen im Niedergang der arbeitsintensiven Industriebranchen in Verbindung mit den massiven Entlassungen im Zuge der Rationalisierung der öffentlichen Verwaltung und der Privatisierung der Staatsbetriebe. Der Rückzug des Staates aus seiner Rolle als Arbeitgeber wurde nicht über den Markt kompensiert, weil eine Beschäftigung von heimischen Ressourcen aufgrund der makroökonomischen Konstellation nicht rentabel war.

Auch die zunehmende Einkommenskonzentration sowie die negative Reallohnentwicklung spiegelten den Druck auf den Lohnsektor wider. Das Zurückbleiben der Reallöhne bei expansivem Wirtschaftswachstum bis 1994 war u.a. auf den hohen Handlungsspielraum der peronistischen Regierung gegenüber den Gewerkschaften zurückzuführen und verhinderte einen Inflationsdruck über Lohn-Preis-Spiralen. Zwischen 1991-94 wurden ca. 350.000 Arbeitsplätze abgebaut. Schvarzer (1997: 265-66) schätzt den Verlust der Industriearbeitsplätze seit Ende der 80er Jahre auf 20% und den Abbau im Rahmen der Privatisierungen zw. 1990-94 auf ca. 200.000. Leider konnte diese stabilitätsorientierte Lohnpolitik nicht in den Dienst einer Absicherung einer Unterbewertungsstrategie gestellt werden, sondern musste allein die negativen Folgen der Überbewertung kompensieren.

Zur Bekämpfung der Arbeitslosigkeit versuchte die Regierung Menem, über Arbeitsmarktflexibilisierung, öffentliche Beschäftigungsprogramme und eine Entlastung der Arbeitgeber Abhilfe zu schaffen. Während die letzten beiden Maßnahmen zu einer Belastung des ohnehin strapazierten Budgets führten und ihre Beschäftigungseffekte vielfach in Zweifel gezogen wurden, ruhten viele Hoffnungen auf der Flexibilisierung des Arbeitsmarktes – ein Projekt, das aufgrund der starken Gewerkschaftsopposition während der Amtszeit Menems nur zum Teil und per Dekret realisiert werden konnte (Torre/Gerchunoff 1999: 29-44) und deshalb unter der Regierung De la Rúa erneut auf der Agenda stand.

Der Arbeitsmarkt war auch Ende der 90er Jahre aufgrund einer Vielzahl von Regelungen rigide organisiert: Zeitlich unbefristete Verträge, hohe Entschädigungszahlungen bei Entlassungen, hohe Lohnnebenkosten sowie zentralisierte Tarifverhandlungen schränkten die Flexibilität von Einstellungen und Entlassungen sowie der Lohnfestsetzung ein.

Die starke Betonung der Notwendigkeit einer umfassenden Reform des Arbeitsmarktes auch von Seiten internationaler Gläubigerorganisationen täuscht darüber hinweg, dass die Beschäftigungskrise Ausdruck der stagnativen Tendenz des gewählten Entwicklungsmodells ist. Auch eine noch so flexible Lohnfestsetzung und Einstellungspolitik in Verbindung mit niedrigen Sozialversicherungsbeiträgen ist nicht hinreichend, um die Weltmarktfähigkeit der argentinischen Produktion zu gewährleisten.

Fazit

Das argentinische Entwicklungsmodell unter der Regierung Menem entsprach dem neoliberalen Zeitgeist der 90er Jahre und schien im Kontext der Hyperinflation als geeignetes Instrument, um rasche Stabilisierung mit Wachstum zu erzielen. Mit der Implementierung eines *Currency Board* wurde jedoch ein Weg eingeschlagen, der die produktive Entwicklung des Landes systematisch behinderte. Argentinien kämpfte zwar nach zehn Jahren peronistischer Regierung nicht mehr mit einer hohen Inflation, war aber dem *Stop-and-Go*-Zyklus der internationalen Kapitalströme unterworfen, was einen stabilen Wachstumsprozess mit Beschäftigungsperspektiven unterband.

Die Abhängigkeit von Kapitalimporten veranlasste die Regierung Menem zu einer ständigen Demonstration ihres marktorientierten Reformwillens: Statt „Politikversagen" zu riskieren sollte paradoxerweise eine Eliminierung des wirtschaftspolitischen Handlungsspielraums die Glaubwürdigkeit derselben erhöhen. Ohne Geld-, Wechselkurs- und Handelspolitik lastete jedoch der Anpassungsdruck insbesondere auf der Fiskal- und Einkommenspolitik. Dass dies nicht nachhaltig ist, zeigte sich an der wachsenden Staatsverschuldung, der Entledigung staatlicher Aufgaben in der Sozial-, Bildungs- und Investitionspolitik und den wachsenden sozialen Problemen in Form von Arbeitslosigkeit, Armut, einer Individualisierung von sozialen Risiken (Rentenversicherung, Arbeitsmarkt) sowie sinkenden Reallöhnen.

Das Menemsche Erbe war für die Regierung De la Rúa nicht einfach zu handhaben: Die Handlungsoptionen in Bezug auf den Konvertibilitätsplan – Abwertung, Deflation oder Dollarisierung – waren wenig attraktiv, der Ausverkauf und das Verschwinden (über Konkurs oder Standortverlegung) ganzer Wirtschaftszweige war nur bedingt bzw. überhaupt nicht rückgängig zu machen, staatliche Ressourcen für dringend notwendige Modernisierungs- und Sozialmaßnahmen standen nicht zur Verfügung. Auf die Regierung De la Rúa kamen damit große Herausforderungen zu, um neben den notwendigen Marktsignalen an die internationale Finanzwelt auch glaubhafte Signale an die eigene Bevölkerung zu senden, dass der Preis der Stabilität nicht in der Aufgabe des argentinischen Entwicklungstraumes bestünde.

Literaturverzeichnis

Argentinische Botschaft (1996): *Argentina. A Country for Investment and Growth.* Wirtschaftsbericht Argentinien. Wirtschaftsabteilung, Bonn.

Azpiazu, Daniel/Vispo, Adolfo (1994): „Some Lessons of the Argentine Privatization Process", in: *Cepal Review* 54, 129-147.

Beckermann, Marta/Sirlin, Pablo (1996): „Patrón de especialización y política comercial en la Argentina de los noventa", in: *Desarrollo Económico* 36, 115-148.

Birle, Peter (1991): *Vom 'Plan Bunge y Born' zum 'Plan Cavallo'. Argentiniens wirtschaftliche und politische Situation nach zwei Jahren peronistischer Regierung,* in: Lateinamerika, Analysen, Daten, Dokumentation, Beiheft 9.

Bodemer, Klaus (1991): „Von Alfonsín zu Menem. Argentinische Wirtschaftspolitik im Wechselbad kontroverser Strategien", in: Nolte, Detlef (Hrsg.): *Lateinamerika im Umbruch? Wirtschaftliche und politische Wandlungsprozesse an der Wende von den 80er zu den 90er Jahren*, Münster: LIT, 231-263.

BfAI (Bundesstelle für Außenhandelsinformation) (1995): *Argentinien. Wirtschaftsentwicklung 1994*, Köln/Berlin.

BfAI (1995a): *Argentinien. Wirtschaftsdaten aktuell*, Köln/Berlin.

Calcagno, Alfredo F. (1997): „El régimen de convertibilidad y el sistema bancario en la Argentina", in: *Revista de la Cepal* 61, 63-89.

Canavese, Alfredo J. (1991): „Hyperinflation and Convertibility Based Stabilization in Argentina", in: *Anales de la Asociación Argentina de Economía Política*, Santiago del Estero, Vol 1, 237-264.

Carassai, Sebastián (1998): „Un mercado que elige, un estado que abdica, un crecimiento que posterga. La experiencia argentina de los años '90", in: Nochteff, Hugo (Hrsg.): *La economía argentina a fin de siglo: fragmentación presente y desarrollo ausente*, Buenos Aires: Eudeba, 109-138.

CEPAL (1998): *Impact of the Asian Crisis on Latin America*, Santiago.

De Pablo, Juan Carlos (1994): *Quién hubiera dicho. La transformación que lideraron Menem y Cavallo*, Buenos Aires: Planeta.

Dresdner Bank Lateinamerika: *Perspektiven*, verschiedene Ausgaben, Hamburg.

Deutsche Bank Research 2000: *Key Economic Indicators*. (http://www.dbresearch.com).

Erro, Davide G. (1993): *Resolving the Argentine Paradox. Politics and Development 1966-1992*. Boulder, London.

Fritz, Barbara (1999): „Implikationen der Asienkrise für das lateinamerikanische Entwicklungsmodell der 90er Jahre", in: *Vierteljahreshefte zur Wirtschaftsforschung*, 68 (1), 22-35.

Fundación Cedeal: *Situación Latinoamericana*, verschiedene Ausgaben, Madrid.

Fundación de Investigaciones para el Desarrollo (FIDE): *Coyuntura & Desarrollo*, verschiedene Ausgaben, Buenos Aires.

Hanke, Steve H./Schuler, Kurt (1992): *Currency Boards for Eastern Europe* (Geld und Währung, Working Paper 23), Frankfurt a. M.: Johann Wolfgang Goethe-Universität.

Hanke, Steve H./Schuler, Kurt (1994): *Currency Boards for Developing Countries*, Sector Study No. 9, San Francisco: International Center for Economic Growth.

Hujo, Katja (1996): *Der Plan Cavallo: Analyse der geldwirtschaftlichen Entwicklung Argentiniens unter einem Currency-Board-Regime*, Unv. Diplomarbeit FU Berlin.

Hujo, Katja (1997): „Die Reform der Rentenversicherung in Argentinien", in: *Lateinamerika. Analysen-Daten-Dokumentation* 36, 65-79.

Hujo, Katja (1999): „Paradigmatic Change in Old Age Security: Latin American Cases", in: Müller, Katharina/Ryll, Andreas/Wagener, Hans-Jürgen (Hrsg.): *Transformation of Social Security: Pensions in Central-Eastern Europe*, Heidelberg: Physica, 121-39.

MECON (Ministerio de Economía) (1997): www.mecon.ar/informe/infor20/introd.htm.

Menem, Carlos (2000): „Dolarizar implica democratizar la moneda de élite", in: *Diario Ambito Financiero*, 04.05.2000.

MEOSP (Ministerio de Obras y Servicios Públicos) 1993: *Argentina. A Growing Nation. Economic Reforms And Results: 1989-1992*. The „Growth in Argentina 1993-1995", Buenos Aires.

MEOSP (1994): *Informe Económico. Año 1993*. 4/94, Jg. 2, No. 8. Secretária De Programación Económica, Buenos Aires.

MEOSP (1995): Argentina. *A Country for Investment and Growth*, Buenos Aires.

MEOSP (1995a): *A Compendium for Foreign Investors*. 6/95, Subsecretária De Inversiones, Buenos Aires.

MEOSP (1995b): *Argentine Investment Update*. Special Edition 7/95, Subsecretária De Inversiones, Buenos Aires.

Messner, Dirk (1997): „Wirtschaft und Entwicklung in Argentinien in den neunziger Jahren: ein schwieriger Neuanfang", in: Sevilla, Rafael/Zimmerling, Ruth (Hrsg.): *Argentinien. Land der Peripherie?*, Bad Honnef: Horlemann, 206-226.

Nicolas, Alrich (1994): *Geldverfassung und Entwicklung in Lateinamerika*, Marburg: Metropolis.

Nicolas, Alrich/Symma, Britta 1992: „Der *Plan Cavallo* in Argentinien. Stabilisierungspolitik mit konvertierbarer Währung", in: *Nord-Süd-Aktuell*, 6 (1), 132-145.

Pastor Jr., Manuel/Wise, Carol (1999): „Stabilization and its Discontents: Argentina's Economic Restructuring in the 1990s", in: *World Development* 27 (3), 477-503.

Pou, Pedro (2000): „Argentina's Structural Reforms of the 1990s", in: *Finance & Development*, March 2000, 13-15.

Riese, Hajo (1997): „Stabilität und Entwicklung – Anmerkungen zur Integration der Dritten Welt in die Weltwirtschaft", in: Braig, Marianne (Hrsg.): *Begegnungen und Einmischungen. Festschrift für Renate Rott zum 60. Geburtstag*, Stuttgart: Heinz, 81-107.

Rojo, Pablo/Canosa, Armando (1992): „El Programa de Desregulación del Gobierno Argentino", in: *Boletín Informativo Techint* 269, 29-64.

Rozenwurcel, Guillermo/Bleger, Leonardo (1998): „Argentina's Banking Sector in the Nineties", in: *The World Economy*, 21, 3, 369-396.

Rozenwurcel, Guillermo/Fernández, Raúl (1994): „Argentina", in: Frenkel, Roberto (Hrsg.): *Strengthening the Financial Sector in the Adjustment Process*, Baltimore: John Hopkins University Press, 39-84.

Schelkle, Waltraud (1999): *Vortrag FU Berlin zur Theorie der Currency Boards*, 15.12.99

Schvarzer, Jorge (1997): „Das System der Lohnregulierung im modernen Argentinien", in: Sevilla, Rafael/Zimmerling, Ruth (Hrsg.): *Argentinien. Land der Peripherie?*, Bad Honnef: Horlemann, 251-275.

Schweickert, Rainer (1995): „Der Wechselkurs als Stabilisierungsinstrument – ‚Pacto' (Mexiko) versus ‚Convertibility' (Argentinien)", in: *Die Weltwirtschaft* 3, 325-339.

Sirlin, Pablo (1999): „El Régimen de especialización industrial argentino: política industrial de nueva generación o mera transferencia de recursos?", in: *Revista de la Cepal* 68, 101-114.

Smith, William C. 1991: „State, Market and Neoliberalism in Post-Transition Argentina: The Menem Experiment", in: *Journal of Interamerican Studies and World Affairs* 33 (4), 45-82.

Starr, Pamela K. (1999): "Capital Flows, Fixed Exchange Rates, and Political Survival: Mexico and Argentina, 1994-1995", in: Oxhorn, Phillip/Starr, Pamela K. (Hrsg.) 1999: *Markets and Democracy in Latin America: Conflict or Convergence?*, Boulder, London: Lynne Rienner Publishers, 203-241.

Stiefl, Jürgen (1993): *Inflation und Stabilisierung lateinamerikanischer Schwellenländer. Eine makroökonomische Analyse für Argentinien (1970-1991)*, Münster: LIT.

Torre, Juan Carlos/Gerchunoff, Pablo (1999): *La economía política de las reformas institucionales en Argentina. Los casos de la política de privatización de entel, la reforma de la seguridad social y la reforma laboral*, (Working Paper R-349), Washington: Interamerikanische Entwicklungsbank.

Velde, François R. /Veracierto, Marcelo (1999): "Dollarization in Argentina", in: *Chicago Fed Letter* 142 (http://www.frbchi.org).

Williamson, John (Hrsg.) 1990: *Latin American Adjustment. How much has happened*. Washington: Institute for International Economics.

Weltbank (1990): *Argentina. Reforms for Price Stability and Growth*, Washington D.C.

Weltbank (1990a): *Argentina. Tax Policy for Stabilization and Economic Recovery*, Washington D.C.

Weltbank (1993): *Argentina. From Insolvency to Growth*, Washington D.C.

Weltbank (1993a): *Argentina's Privatization Programm*, Washington D.C.

Weltbank (1996): *Argentina. The Convertibility Plan: Assessment and Potential Prospects*. Washington D.C.

Susana Sottoli

Sozialpolitische Reformen und soziale Entwicklung

Einleitung

Argentinien gehörte zu den Pioniernationen der Sozialpolitik in Lateinamerika. Bereits in den letzen Jahren des 19. Jahrhunderts wurden die Grundlagen für ein universell angelegtes, kostenloses und obligatorisches Grundschulwesen geschaffen. Die ersten Sozialversicherungsprogramme starteten Anfang des 20. Jahrhunderts. Vor dem Hintergrund der importsubstituierenden Industrialisierung wuchs der Staat in den 1940er und 1950er Jahren in die Rolle einer zentralen Steuerungsinstanz hinein und griff, u.a. durch institutionelle Innovationen, sozialpolitische Gesetzgebung und Förderung der gewerkschaftlichen Organisation, aktiv in die Gestaltung der Arbeitsbeziehungen ein. Indem der Staat auf wachsende Forderungen unterschiedlicher korporatistischer Interessengruppen mit sozialpolitischen Zugeständnissen reagierte, entwickelte sich die Sozialpolitik zu einem wichtigen Mechanismus der verteilungspolitischen Konfliktregulierung und der sozialen und wirtschaftlichen Integration.

Die materielle Grundlage für diese Politik bildeten die relativ günstigen wirtschaftlichen Bedingungen der 1940er und 1950er Jahre, die verteilungspolitische Spielräume für eine expansive Sozialpolitik schufen. Die sozialpolitische Expansion schlug sich auch in ausgedehnten Leistungen insbesondere im Bildungs- und Gesundheitswesen sowie in wachsenden öffentlichen Sozialausgaben nieder. So entstand ein sozialpolitisches System, das hinsichtlich Reichweite, Aufwendungen und Ergebnissen (etwa hinsichtlich sozialer Indikatoren wie Alphabetisierung, Lebenserwartung, Kindersterblichkeit) an der Spitze der lateinamerikanischen Länder lag.

Die strukturellen Schwächen dieses Wohlfahrtsmodells traten jedoch spätestens unter dem Eindruck der sich ab den 1960er und verstärkt ab den 1970er Jahren verschlechternden wirtschaftlichen Rahmenbedingungen zutage: Auf organisatorischer Ebene handelte es sich um ein fragmentiertes, stark zentralisiertes und bürokratisiertes System. Trotz der im Laufe der Zeit wachsenden staatlichen Sozialausgaben verzeichneten die sozialen Dienstleistungssysteme – insbesondere das Sozialversicherungssystem – aufgrund von Effizienzproblemen ständig finanzielle Defizite. Zwischen dem programmatisch erhobenen universellen Leistungsanspruch der Sozialpolitik und der je nach beruflichen, sozialen oder geographischen Kriterien qualitativen Segmentierung sozialer Leistungen und Programme klaffte eine zunehmende Lücke. Das sozialpolitische System wies stark klientelistische Züge auf; die armen Bevölkerungsgruppen blieben von den sozialpolitischen Leistungen weitgehend ausgeschlossen, insbesondere diejenigen, die nicht im formellen Arbeitsmarkt integriert waren sowie auch die ländlichen Armen.

Die Rezession und makroökonomische Instabilität der 1980er Jahre verschlimmerten die Probleme des sozialpolitischen Systems noch weiter. Mit dem Redemokratisierungsprozess ab 1983 und der damit einhergehenden Öffnung politischer und gesellschaftlicher Handlungsspielräume fanden die im repressiven Kontext des Militärregimes unterdrückten sozialen Probleme zunehmend Ausdruck. Das sozialpolitische System erwies sich als unfähig, die negativen Folgekosten der Krise der 1980er Jahre abzufedern. Es vermochte nicht, auf die durch Arbeitslosigkeit und sinkende Realeinkommen erhöhte Nachfrage nach sozialen Dienstleistungen flexibel und effizient zu reagieren. Darüber hinaus verfügte die staatliche Sozialpolitik, die sich stark auf die traditionellen Bereiche wie Bildung und Sozialversicherung konzentrierte, nicht über die geeigneten Instrumente und Programme, um die von Verarmungsprozessen betroffenen Bevölkerungsgruppen auffangen zu können.

Diese Konstellation führte unter der Regierung Alfonsín zu einer Prioritätensetzung, die über das kurzfristige Krisenmanagement hinaus nur vereinzelte Abfederungsprogramme und restitutive Maßnahmen (wie etwa die Abschaffung der von der Militärregierung eingeführten Studiengebühren an den Universitäten), aber keinen artikulierten sozialpolitischen Ansatz beinhaltete. Im Kontext einer Hyperinflation von über 3000%, eines Minuswachstums von mehr als 6% und zunehmender sozialer und politischer Unruhe gewann 1989 der peronistische Kandidat Carlos Menem die Präsidentschaftswahlen. Angesichts der wirtschaftlichen Notlage verfügte Menem bei seinem Amtsantritt über einmalige politische Handlungsspielräume, um einen drastischen Kurswechsel in der Wirtschaftspolitik vorzunehmen, der nach Chile und Bolivien den dritten rigorosen Übergang zum Neoliberalismus darstellte. Zielsetzung der marktwirtschaftlichen Reformen waren die Wiederherstellung der Währungsstabilität, die Rücknahme des Staatsinterventionismus, die Privatisierung der öffentlichen Unternehmen, die Außenöffnung der Wirtschaft und die Suche nach neuen externen Märkten.

Nach den ersten positiven Ergebnissen des wirtschaftlichen Stabilisierungsplans von 1991 nahm die Regierung Menem ab 1992 und verstärkt im Jahr 1993 einige sozialpolitische Reformmaßnahmen in Angriff, die Parallelen zur wirtschafts- und entwicklungspolitischen Reformpolitik erkennen ließen. Diese Reformen zeichneten sich in der Regel durch die Einschaltung privater und/oder lokaler Träger sowie die Einführung marktwirtschaftlicher Elemente in der Bereitstellung und Durchführung sozialer Dienstleistungen aus und führten zu einer Neudefinition der Rolle des Staates im sozialen Bereich. Es handelte sich um folgende Maßnahmen: die Einrichtung armutsorientierter Sozialprogramme, die Teilprivatisierung der Rentenversicherung, Deregulierungsmaßnahmen im Gesundheits- und Bildungswesen sowie die Übertragung von Kompetenzen im Bildungs- und Gesundheitsbereich vom Zentralstaat auf die Provinzen (Abbildung 1).

Der folgende Beitrag analysiert in einem ersten Teil die wichtigsten Elemente der genannten Reformen. Im Anschluss daran erfolgt ein Blick auf die soziale Entwicklung während der Präsidentschaft von Carlos Menem. Dabei geht es um die wichtigsten Sozialindikatoren sowie um die Phänomene Armut und Einkommensverteilung. Der Beitrag endet mit einigen allgemeineren Schlussfolgerungen hinsichtlich der Ausgestaltung der Sozialpolitik unter der peronistischen Regierung.

Sozialpolitische Reformen unter der Regierung Menem

Aus Anlass des Sozialgipfels der Vereinten Nationen in Kopenhagen 1995 (CNCDS 1995) stellte die Regierung Menem ihre sozialpolitische Programmatik dar. Dem offiziellen Bericht der nationalen Kommission für soziale Entwicklung zufolge sollte die Sozialpolitik nach folgenden Kriterien formuliert und durchgeführt werden: Armutsorientierung, Dezentralisierung, integriertes sozialpolitisches Handeln sowie Partizipation der Betroffenen bei der Formulierung und Durchführung von Programmen und deren Evaluierung im Hinblick auf das Ziel der Effizienzsteigerung. Als sozialpolitische Schwerpunkte wurden Bildung, Beschäftigung, Slumsanierung und Armutsbekämpfung festgelegt. Dieses Dokument definierte programmatisch einen „neuen sozialpolitischen Ansatz", der eine Abkehr von traditionellen staatszentrierten Formen der sozialpolitischen Intervention sowie eine Umorientierung der Sozialpolitik im Sinne von mehr Effizienz, Transparenz und Partizipation als Voraussetzung einer wirksamen Armutsbekämpfung beinhaltete (CNCDS, 1995: 23). Im folgenden wollen wir auf die sozialpolitischen Maßnahmen der Regierung Menem eingehen, die hinsichtlich Armutsbekämpfung, Privatisierung und Dezentralisierung sozialer Dienstleistungen tatsächlich eingeführt wurden.

Abbildung 1: Sozialpolitik in Argentinien unter der Regierung Menem

Verhältnis Wirtschafts- und Sozialpolitik	Sozialpolitik wird weitgehend der Wirtschaftspolitik untergeordnet; Sozialpolitische Maßnahmen in Funktion des wirtschaftlichen Reformprogramms;
Sozialausgaben	Steigende Tendenz seit 1990 (BIP-Anteil von ca. 18% im Jahr 1997);
Armutsbekämpfung	Einrichtung vereinzelter und kurzlebiger kompensatorischer Nothilfeprogramme; Einrichtung eines Sozialinvestitionsfonds (FOPAR) mit Schwerpunkt soziale Infrastruktur und Förderung produktiver Projekte; Armutsbekämpfung keine sozialpolitische Priorität;
Einführung marktwirtschaftlicher Elemente im Sozialbereich und Privatisierung	**Ziel**: Staatliche Sozialpolitik soll sich auf eine Regulierungsfunktion beschränken. Deregulierende und liberalisierende Maßnahmen sollen den privaten Sektor im sozialen Bereich fördern und den Staat finanziell entlasten. **Maßnahmen**: Liberalisierungsmaßnahmen im Bildungssektor; Einführung von Effizienz- und Leistungskriterien sowie von wettbewerbsorientierten Elementen im Hochschulsektor; Schaffung der gesetzlichen Möglichkeit, Studiengebühren in Hochschulen einzuführen; Deregulierungsmaßnahmen im Krankenversicherungssystem (Einführung der Wahlmöglichkeit der Versicherten hinsichtlich der Krankenkassen); Einführung eines gemischten Rentenversicherungssystems (Kombination von Umlageverfahren und Kapitaldeckungsverfahren);
Dezentralisierung	**Ziel**: Politische und administrative Dezentralisierung. Schwerpunkt auf finanzieller Entlastung des Zentralstaates. **Maßnahmen**: Fortsetzung der Dezentralisierung sozialer Dienstleistungen: Übertragung der Einrichtungen des Sekundarschulwesens und des nicht universitären Hochschulwesens (Lehrerausbildung) sowie derjenigen nationalen Krankenhäuser an die Provinzen, die noch unter dem Zuständigkeitsbereich der Nationalregierung standen.

Quelle: Sottoli 1999.

Armutsorientierte Sozialhilfeprogramme

Bis Ende der 1970er Jahre bildete die Armutsbekämpfung keinen Schwerpunkt der argentinischen Sozialpolitik. Nur selten wurden Programme und Einzelmaßnahmen selektiv auf die in extremer Armut lebenden Bevölkerungsgruppen ausgerichtet. In den 1980er Jahren und im Zuge dramatischer Verarmungsprozesse[1] richtete die Regierung Alfonsín einige kompensatorische Sozialprogramme ein. Die Aufmerksamkeit richtete sich wegen seiner Reichweite und wegen des Volumens der eingesetzten Mittel besonders auf das nationale Ernährungsprogramm (*Programa Alimentario Nacional* – PAN), durch das landesweit Lebensmittelpakete verteilt wurden: 1986 erreichte das Programm ca. 5,5 Mio. Menschen, bei einer Gesamtbevölkerung von 30 Millionen; täglich wurden ca. 1.000 Tonnen Lebensmittel verteilt, die ca. 30% der Ernährungsbedürfnisse einer vierköpfigen Familie abdeckten. Die Zielgruppenorientierung erfolgte beim PAN meistens geographisch, auf der Basis von Armutsprofilen, die vom Nationalen Institut für Statistiken und Zensus (INDEC) erstellt wurden (*Queisser* u.a. 1993: 50). Als eine „typische" Strategie der Armutsbekämpfung durch Ernährungsbeihilfen, die in einem für lateinamerikanische Verhältnisse reichen Land umgesetzt wurde, dessen Wirtschaft auf dem Export von Getreide und Rindfleisch aufgebaut worden war, signalisierte die Einrichtung des PAN das dramatische Ausmaß der wirtschaftlichen Krise.

Das Programm zielte darauf, die „kritische Unterernährungslage der in extremer Armut lebenden Bevölkerungsgruppen" zu bewältigen *Golbert/Lumi*, 1991:15). Man ging davon aus, dass solche Nothilfemaßnahmen vorübergehender Natur sein würden, denn bald werde die demokratische Regierung dazu in der Lage sein, das Land wieder auf Wachstumskurs zu bringen und somit die soziale Lage der breiten Bevölkerung quasi automatisch zu verbessern. Das Ausmaß der Krise und ihre gravierenden sozialen Implikationen waren offensichtlich von den politischen Akteuren noch nicht wahrgenommen worden. Das PAN wurde bis 1988 zweimal verlängert. Schließlich erklärte die Regierung Menem das Programm 1989 für beendet, allerdings nicht im Zuge einer zurückgewonnenen Prosperität, sondern vielmehr auf dem Höhepunkt der Krise. Diese Entscheidung wurde damit begründet, dass die Regierung Alfonsín das PAN klientelistisch instrumentalisiert habe.

---

1 Nach offiziellen Angaben erhöhte sich die Armutsquote zwischen 1980 und 1986 von 6,14% auf 11,33%. Zur Armutsentwicklung vgl. Tabelle 2 u. 3.

Auf Initiative der Regierung Menem wurde kurz nach ihrem Amtseintritt ein neues kompensatorisches Nothilfeprogramm eingerichtet (*Bono Nacional de Emergencia*), welches in einigen konzeptionellen Aspekten vom PAN abwich. Zwar wurden allgemein dieselben Ziele und Zielgruppen definiert, die Hilfe wurde aber durch die Vergabe von Bons vermittelt, welche die Leistungsempfänger gegen Lebensmittel und Kleidung eintauschen konnten. Auch hinsichtlich des Ermittlungs- und Selektionsverfahren unterschieden sich PAN und das *Bonos*-Programm: Die potenziellen *Bonos*-Empfänger sollten die Hilfe individuell bei den kommunalen Verwaltungen beantragen, indem sie offiziell und schriftlich ihre Bedürftigkeit erklärten. Während das PAN ausschließlich mit staatlichen Mitteln finanziert wurde, wurde das *Bonos*-Programm auf Vorschlag der Regierung zum Teil von einer Gruppe von 1.000 führenden nationalen Unternehmen finanziert. Das Programm wurde wegen Korruptions- und Klientelismusvorwürfen Ende 1990 früher als ursprünglich vorgesehen abgebrochen.

Hervorheben wollen wir hier drei Merkmale des *Bonos*-Programms, an denen zumindest Züge einer neuen sozialpolitischen Orientierung im Vergleich zur traditionellen Sozialpolitik Argentiniens zu erkennen sind, nämlich: a) eine deutliche Armutsorientierung, b) ein individueller, auf Bedürftigkeitsprüfung basierender *targeting*-Mechanismus, der sich ebenso vom kollektiven und geographischen *targeting*-Verfahren des PAN unterschied, sowie c) die Einbeziehung von privaten Akteuren bei der Finanzierung staatlicher Sozialprogramme. Abgesehen davon war sowohl beim PAN als auch beim *Bonos*-Programm nach wie vor der maßgebliche Einfluss von machtpolitischen und parteipolitischen Faktoren bei der Formulierung und Durchsetzung sozialpolitischer Programme festzustellen. Dies wurde beim folgenden Programm noch offensichtlicher.

Ab Mitte 1990 entwickelte die Provinzregierung von Buenos Aires ein neues Ernährungsprogramm (*Programa Alimentario Integral y Solidario* – PAIS), das sich gezielt an die bedürftigsten Bevölkerungsgruppen richtete. Das PAIS sah drei Schwerpunktmaßnahmen vor: Ernährungsbeihilfen für Familien, Selbstversorgung und Förderung produktiver Projekte. Zunächst wurden Schulkantinen organisiert, in denen Gruppen von 5 bis 20 Familien sich für das Einkaufen und die Zubereitung von Lebensmitteln sowie zum Essen zusammentaten. Auf der Basis von existierenden Basisorganisationen entstand eine Organisationsstruktur mit gewählten Vertretern (über 60% Frauen). Produktive Projekte und Kleinunternehmer wurden mittels Krediten bzw. finanziellen Beihilfen gefördert.

Die Einrichtung des Programms muss vor dem Hintergrund der Gegensätze zwischen der peronistischen Regierung Menem und dem ebenfalls peronistischen Gouverneur von Buenos Aires, Antonio Cafiero, interpretiert werden. Dieser hatte bei den Vorwahlen um die peronistische Präsidentschaftskandidatur für die nationalen Wahlen von 1989 gegen Menem verloren. Als Gouverneur von Buenos Aires bezog Cafiero öffentlich gegen das rigorose Stabilitäts- und Strukturanpassungsprogramm Menems Stellung und betrieb in Buenos Aires eine Politik der sozialen Abfederung. Das Programm wurde kurz nach einer Reihe von Plünderungen von Lebensmittelgeschäften eingerichtet, die in Folge zunehmender sozialer Unruhe in Gran Rosario, Gran Buenos Aires und Córdoba stattfanden. Es ist daher als Reaktion auf eine angespannte soziale Lage zu interpretieren. Obwohl nach dem Regierungswechsel in der Provinz Buenos Aires die Programmmaßnahmen teilweise fortgesetzt wurden, konnte die institutionelle und finanzielle Kontinuität des PAIS langfristig nicht gesichert werden.

1992 richtete die damals ebenfalls peronistische Regierung der Stadt Buenos Aires das Programm *Plan de Justicia Social* (PJS) ein, dessen Aktivitäten sich im Großraum Buenos Aires und vornehmlich auf Infrastrukturarbeiten sowie die Bereitstellung von sozialen Grunddiensten konzentrierten. Finanziert wurde das Programm mit 10% des Aufkommens aus der Gewinnsteuer. Das PJS, dem politisch-klientelistische Instrumentalisierung vorgeworfen wurde, soll bei den Wahlerfolgen des Peronismus 1995 eine wichtige Rolle gespielt haben (Repetto 1994: 140f.; Haldenwang 1996: 187).

Gescheiterte und inkonsistente Sozialprogramme, die meist nach kurzer Zeit wieder abgebrochen wurden, führten zu einem zunehmenden Glaubwürdigkeitsverlust der Regierung Menem in bezug auf ihre sozialpolitische Problemlösungskapazität. Im Grunde spiegelte dies das Fehlen einer konsistenten sozialpolitischen Strategie zur Bewältigung der sozialen Folgekosten der wirtschaftlichen Umstrukturierung wider. Lediglich vereinzelte Programme waren weitgehend frei von politischen Instrumentalisierungsversuchen, vor allem aufgrund externer finanzieller und technischer Unterstützung. Ein Beispiel dafür ist das Mutter-Kind-Programm (PROMIN), das mit Weltbank-Finanzierung und technischer Unterstützung von UNICEF und UNDP einen integrierten armutsorientierten Ansatz mit Ernährungs-, Bildungs- und Gesundheitskomponenten aufwies. Zentral definierte Zielvorgaben, dezentralisierte Durchführung und strenge Zielgruppenorientierung bildeten die Grundpfeiler dieses als erfolgreich eingeschätzten Programms (Martínez 1995: 50ff.).

1993 verkündete die Regierung Menem ein Programm zur Armutsbekämpfung (*Plan Social*) für die Jahre 1993-1995, das ein Gesamtvolumen von 1,5 bis 2 Mrd. US$ vorsah. Das Programm umfasste insgesamt 46 Einzelprojekte, die in jeweils verschiedenen institutionellen Rahmen verankert waren und auch unterschiedliche Finanzierungsquellen, Zielsetzungen und Zielgruppen aufwiesen. Es stellte sich freilich bald heraus, dass das Programm unter derselben organisatorischen und programmatischen Konzeptionslosigkeit wie die vorangegangene Initiativen litt (Martínez N. 1995: 49). Vor diesem Hintergrund wurde 1994 das Sekretariat für Soziale Entwicklung (*Secretaría de Desarrollo Social*) eingerichtet, das direkt der Exekutive unterstand und als eine Koordinierungsinstanz für die verschiedenen armutsorientierten Sozialprogramme konzipiert wurde. Zumindest im offiziellen Diskurs erhielt somit das Thema Armutsbekämpfung als Aufgabe der Sozialpolitik eine zunehmende Beachtung.

In diesem Zusammenhang wurde 1994 der weltbankfinanzierte Sozialfonds *Fondo Participativo de Inversión Social* (FOPAR) geschaffen, mit dem sich auch Argentinien den mittlerweile zahlreichen lateinamerikanischen Ländern anschloss, die einen solch Fonds als armutsorientiertes und kompensatorisches Instrument einrichteten. Der FOPAR widmete das Jahr 1995 der methodologischen und konzeptionellen Formulierung seines Ansatzes und begann erst 1996 und verstärkt 1997 effektiv zu arbeiten (FOPAR, 1997a, 1997b). Der FOPAR wurde als programmatischer Bestandteil eines umfassenden Sozialentwicklungsprojekts (*Programa Participativo de Desarrollo Social*; PRODESO) dem Sekretariat für Soziale Entwicklung angegliedert. Dem nachfrageorientierten Ansatz der übrigen lateinamerikanischen Sozialfonds entsprechend, führt FOPAR nicht selbst Sozialprogramme durch, sondern finanziert mit nicht rückzahlbaren Zuschüssen soziale Programme und Projekte nach dem Antragsprinzip und über Ausschreibungen. Die Projekte werden von den Zielgruppen bzw. von Durchführungsorganisationen (NGOs, Kommunen, Basisorganisationen) eigenständig konzipiert. Es werden drei Programmschwerpunkte definiert: a) Maßnahmen zur Förderung der Selbsthilfekapazität, Beteiligung und produktiver Fähigkeiten der betroffenen Gruppen; b) soziale Projekte zum Ausbau bzw. zur Instandhaltung sozialer und wirtschaftlicher Infrastruktur; c) Maßnahmen zur Förderung von produktiven Programmen wie etwa Einkommensverbesserung, Kleinkredite, technische Hilfe, Verbesserung der Betriebsführung und Vermarktungsmöglichkeiten bei Kleinbetrieben im informellen Sektor.

FOPAR operiert dezentral über neu gegründete Instanzen auf provinzieller und kommunaler Ebene, die sich aus den Vertretern regionaler und kommunaler Regierungen, von Interessengruppen und NGOs, kirchlichen Organisationen, Bürgerinitiativen sowie der Zielgruppen selbst zusammensetzen. Da FOPAR als ein armutsorientiertes sozialpolitisches Instrument konzipiert wurde, erhielt die Fokussierung der Maßnahmen auf die Armen höchste Priorität bei der technischen Ausgestaltung des Fonds. Mit Hilfe geographischer und grundbedürfnisorientierter *targeting*-Mechanismen sollten die ärmsten Kommunen und Bevölkerungsgruppen ermittelt werden. Durch dieses Zielgruppenorientierungsverfahren wurden Gemeinden und Stadtviertel von zehn Provinzen des Nordwestens und Nordostens, in denen sich ca. 95% der ärmsten Bevölkerungsgruppen Argentiniens befinden, als Hauptbezugsraum des FOPAR in den beiden ersten Arbeitsjahren des Programms identifiziert. Frauen, Jugendliche und Arbeitslose wurden dabei als Zielgruppen definiert. Bis Juni 1997 hatte der FOPAR aber aus organisatorischen Gründen nur sechs der ursprünglich zehn vorgesehenen Provinzen mit seinen Maßnahmen erfasst.

Im Jahre 1997 wurden 806 Projekte (aus insgesamt 1.458 eingereichten Vorhaben) mit Mitteln in Höhe von 31 Mio. US$ bewilligt, die 212.696 Menschen zugute kommen sollten. Während knapp 80% der bewilligten Projekte auf den Schwerpunkt „Soziale Infrastruktur" entfielen, zählten nur 4,2% zu den „produktiven Projekten", die längerfristige Auswirkungen haben können. Eine erste Reihe von 52 Projekten, die vom FOPAR finanziert wurden und von denen 10.549 Menschen profitierten, war Ende 1997 abgeschlossen und befand sich in der Phase der *ex-post* Evaluierung. Hinsichtlich der allgemeinen Auswirkungen der Projekte bzw. Maßnahmen des FOPAR sind aufgrund der geringen Zeitspanne noch keine Aussagen möglich.

Einführung privatwirtschaftlicher Elemente im System der Sozialleistungen

Eine offensive Privatisierungspolitik gehörte zu den zentralen Bestandteilen der von der Regierung Menem in Angriff genommenen ordnungspolitischen Reformen. Daher stellt sich die Frage nach den Privatisierungsbemühungen dieser Regierung im sozialen Bereich: Wie wurde unter Menem die sozialpolitische Rolle des Staates sowie seine Beziehung zu nicht-staatlichen sozialpolitischen Akteuren definiert? Auf programmatischer Ebene sprach sich die Regierung für eine pluralistische Trägerstruktur im sozialpolitischen Bereich aus. Eine Vielzahl von staatlichen und nicht-staatlichen Akteuren sollte demnach unterschiedliche bzw. ergänzende Aufgaben erfüllen: Der Staat sollte die Politikformulierung übernehmen sowie Sozialleistungsträger koordinieren; durch den Markt sollten die höheren Einkommensgruppen mit Gesundheits-, Bildungs- und Sozialversicherungsleistungen versorgt werden; die Organisationen der Zivilgesellschaft sollten unterschiedliche Aufgaben auf gesellschaftlicher Ebene erfüllen, und schließlich wurde der Familie mit Verweis auf ihre Rolle bei der Sozialisierung und Betreuung von Kindern sowie bei der Fürsorge von Kranken und älteren Menschen eine wichtige sozialpolitische Funktion zugeschrieben (CNCDS, 1995: 24).

An dieser Aufgabenverteilung im sozialen Bereich lässt sich der Einfluss jener neuen sozialpolitischen Ansätze erkennen, die auf eine Reduzierung der Rolle des Staates im sozialen Bereich als Produzent und Anbieter sozialer Dienstleistungen und seine Beschränkung auf subsidiäre Eingriffe sowie auf die Regulierung privat produzierter bzw. durchgeführter sozialer Leistungen setzen.

Auf der Umsetzungsebene betrieb die Regierung Menem im sozialen Bereich eine Reformpolitik, die zum einen weniger dramatisch bzw. massiv als die im Wirtschaftssektor verlief und zum anderen nicht primär auf eine Vollprivatisierung sozialer Dienstleistungen ausgerichtet war. Die Reformpolitik bediente sich vielmehr unterschiedlicher Formen der Privatisierung und Deregulierung: materielle und funktionelle (Teil-) Privatisierung, Zulassung von privaten Trägern in vorher ausschließlich vom Staat kontrollierten Leistungsbereichen, Einführung privatwirtschaftlicher bzw. wettbewerbs- und effizienzorientierter Elemente im sozialen Bereich, u.a.

Die Privatisierungs- und Deregulierungspolitik wurde in der Regel vor dem Hintergrund sinkender Leistungsfähigkeit und finanzieller Defizite öffentlicher Träger mit dem Argument gefordert, privatwirtschaftliche Elemente würden das System der Sozialleistungen zu mehr Effizienz und Qualität veranlassen. Kritiker beklagten aber, dass die Reformen eher aus fiskalpolitischen Gründen entstanden seien und reihten diese Politik in die allgemeine Tendenz zur Verkleinerung des Staates unter der Regierung Menem ein (IRELA, 1995). Privatisierungs- und Deregulierungsmaßnahmen wurden im Bereich der sozialen Sicherheit sowie im Gesundheits- und Bildungswesen[2] in Gang gesetzt. Im Folgenden sollen die Reformen des Kranken- und Rentenversicherungssystems näher betrachtet werden.

---

2 Zur Reform des Bildungswesens siehe den Beitrag von Braslavsky in diesem Band.

Deregulierungsmaßnahmen im Krankenversicherungssystem

Unter Perón (1945-1955) wurden auf Initiative des Staates zahlreiche gewerkschaftlich verwaltete Krankenkassen (sog. *Obras Sociales,* etwa: Sozialwerke) gegründet. Das System entwickelte sich kontinuierlich mit der Gründung immer neuer gewerkschaftlicher Sozialwerke und wurde 1970 gesetzlich institutionalisiert: Die Krankenversicherungspflicht für alle abhängig Beschäftigten wurde eingeführt,[3] die Verwaltung der Versicherungsbeiträge durch die Gewerkschaften festgeschrieben und die Beitragsätze (6% und 3% Lohnsteuer, die jeweils von Arbeitgebern und Arbeitnehmern abzuführen sind) gesetzlich festgelegt. Die Krankenkassen konnten ihre eigenen medizinischen Einrichtungen unterhalten und somit selber die Leistungen bereitstellen oder auf Vertragsbasis mit privaten bzw. staatlichen Anbietern zusammenarbeiten. Einer staatlichen Aufsichtsbehörde (*Administración Nacional del Seguro de Salud*; ANSSAL) kam die Regulierung und Koordination des gesamten Systems zu.

Das System der *Obras Sociales* entwickelte sich sehr heterogen. Die Versicherungsleistungen variierten erheblich nach Größe, Einnahmekapazität und gewerkschaftlicher Zugehörigkeit der jeweiligen Kasse. Die Beschäftigten verfügten nicht über eine freie Wahlmöglichkeit. Sie wurden automatisch Mitglieder ihrer Branchen-Krankenkasse und waren somit auf bestimmte medizinische Einrichtungen und Ärzte angewiesen. Dies führte u.a. zu überdimensionierten Behandlungskosten, willkürlichen medizinischen Entscheidungen und beschränkter Optionsfreiheit für die Betroffenen (Katz/Muñoz 1988; Pérez Irigoyen 1989).

Umverteilungseffekte gab es zwar zwischen den Versicherten derselben Branche, denn alle Versicherten waren zu gleichen Leistungen berechtigt, obwohl ihre Beiträge einkommensbezogen waren. Gravierende Unterschiede bestanden jedoch zwischen den verschiedenen Branchen. Jedes Sozialwerk verfügte frei und unabhängig über die eigenen Ressourcen, d.h. das System sah keine Zusammenlegung von Ressourcen vor. Zwar wurde ein gesetzlich festgelegter Prozentsatz (10%) der gesamten Beiträge einem Ausgleichsfond überwiesen, doch wies dieser ständig finanzielle Defizite auf, nicht zuletzt wegen Zahlungsverzögerungen und Unregelmäßigkeiten seitens der großen Krankenkassen. Daher bestanden erhebliche Leistungsunterschiede zwischen den Kassen der größten und dynamischsten Industrie- und Leistungsbranchen und jenen der weniger produktiven Branchen (FIEL, 1993: 34ff.).

---

3   Davon ausgeschlossen blieben die Polizei und die Streitkräfte.

Nach 1973 wurde von der peronistischen Regierung der Versuch unternommen, ein integriertes nationales Gesundheitssystem zu schaffen. Aufgrund des Widerstandes sowohl der Gewerkschaften als auch des privaten Gesundheitssektors wurde das System der *Obras Sociales* von diesen institutionellen Reformmaßnahmen jedoch so gut wie nicht tangiert. Ähnliches geschah mit einem von der Regierung Alfonsín vorgelegten Reformvorschlag zur Schaffung eines nationalen, einheitlichen Krankenversicherungssystems.

In den 1980er Jahren verschärften sich die finanziellen Probleme des Krankenversicherungssystems. Die wirtschaftliche Krise und die Hyperinflation bewirkten rasante Kostensteigerungen, die freilich bereits früher wegen ineffizienter und zum Teil korrupter Praktiken der gewerkschaftlichen Organisationen festzustellen waren. Bei gleichzeitigen verringerten Einnahmen wegen verstärkter Zahlungshinterziehung, wachsender Arbeitslosigkeit bzw. Unterbeschäftigung im informellen Arbeitsmarkt und realen Einkommensverlusten standen die bis dahin abgesicherten Einkünfte der Sozialwerke zunehmend in Frage. In zunehmendem Maß mussten defizitäre gewerkschaftliche Sozialwerke und andere halbstaatliche Sozialeinrichtungen staatlich bezuschusst werden, wobei die drei größten Sozialwerke zwei Drittel aller staatlichen Mittel absorbierten (Grewe 1994: 101f.). 1991 kam es zur Intervention der staatlichen Aufsichtsbehörde (ANSSAL). Auslöser dafür waren die von den verschiedenen Sozialwerken der Gewerkschaften angesammelten Schulden.

Als 1992 die Notwendigkeit einer Reform des Krankenversicherungssystems zunehmend in der Öffentlichkeit thematisiert wurde, kündigte Menem einen Gesetzentwurf für eine umfassende Reform der *Obras Sociales* an. Dieser fand aber wegen der erwarteten starken Opposition von Seiten parteipolitischer und gewerkschaftlicher Gruppierungen nicht einmal seinen Weg ins Parlament (FIEL 1993: 43). Stattdessen entschied die Regierung, zumindest einige Reformmaßnahmen auf dem Verordnungsweg durchzusetzen. Im Januar 1993 wurde das Dekret Nr. 9/93 erlassen, das eine Neuordnung der *Obras Sociales* im Sinne einer Deregulierung des Systems vorsah. Dabei handelte es sich um eine „abgemilderte" Version des ursprünglichen, ausführlicheren Gesetzentwurfes. Zwar wurde das Dekret von den Gewerkschaften verurteilt, sie vermochten aber keine Alternative zur Regierungspolitik zu artikulieren (Grewe 1994: 107). Nach der neuen Regelung blieb die Krankenversicherung nach wie vor verpflichtend; wichtigste Neuerung war die freie Wahlmöglichkeit der Beschäftigten zugunsten bestimmter Kassen. Demzufolge sollten die Arbeiter nicht mehr automatisch Mitglied ihrer Branchen-Sozialversicherung werden, sondern diejenige wählen dürfen, die ihren Bedürfnissen am ehesten entsprach. Dadurch sollte ein Wettbewerb zwischen den Krankenkassen geschaffen werden, die nun um die Mitglieder konkurrieren mussten. Davon erhoffte man sich eine Verbesserung der Leistungsfähigkeit des seit Jahren ineffizient gewordenen Krankenversicherungssystems. Aufgrund des starken gewerkschaftlichen Widerstands gegen weitergehende Deregulierungsmaßnahmen kamen radikalere Vorschläge, nach denen die Versicherten sich auch nicht gewerkschaftlich verwalteten Krankenkassen hätten anschließen dürfen, nicht zum Zuge (IRELA 1995: 27).

Zusammenfassend kann man festhalten, dass die Gewerkschaften zwar weiterhin eine einflussreiche Rolle bei der Verwaltung der Versichertenbeiträge spielten, durch die Liberalisierung bzw. Deregulierung des Krankenkassensystems aber erhebliche Machteinbußen hinnehmen mussten, nicht zuletzt, weil die Einführung der Wahlfreiheit einen überkommenen Mechanismus zur Sicherung der Mitgliederloyalität untergrub. In diesem Sinne trug die Reform des Systems der *Obras Sociales* neben dem von der Regierung Menem bereits in Gang gesetzten tiefgreifenden gesamtgesellschaftlichen Reformprozess (Privatisierung, Flexibilisierung des Arbeitsmarkts, Verwaltungsreformen) dazu bei, einen Umbruch des bereits in einer Orientierungskrise befindlichen Gewerkschaftssystems einzuleiten.[4] Die Neuregelung des Krankenversicherungssystems trat am 1. April 1993 in Kraft.

Teilprivatisierung des Rentenversicherungssystems

Das argentinische System der Rentenversicherung wurde bereits zu Beginn des 20. Jahrhunderts eingeführt. Bis Ende der 1930er Jahre war die Mehrheit der Angestellten im öffentlichen Dienst und im Bank- und Versicherungswesen sowie der Journalisten einer Rentenkasse der Sozialversicherung angeschlossen. Hinsichtlich Deckungsgrad und Aufwendungen wurde das Rentenversicherungssystem trotz zunehmender Finanzierungsprobleme stetig bis in die 1980er Jahre ausgebaut. Die wirtschaftliche Krise der 1980er Jahre förderte die strukturellen Probleme des Rentensystems auf dramatische Weise zutage. Diese Probleme standen mit unterschiedlichen Faktoren in Verbindung: extrem liberalen Anspruchsvoraussetzungen und großzügigen Leistungen, hohen Verwal-

---

4 Zur Entwicklung der Gewerkschaften siehe den Beitrag von Palomino in diesem Band.

tungskosten, wachsender Evasion und Zahlungsverzögerungen und nicht zuletzt mit demographischen Veränderungen, die zu einer wachsenden älteren Bevölkerung führten.[5]

Galoppierende Inflation und höhere Arbeitslosigkeit führten zu sinkenden Einnahmen bei gestiegenen Rentenansprüchen. Der Staat kam seinen Verpflichtungen gegenüber dem Sozialversicherungssystem nicht mehr nach. Die Rentner gingen vor Gericht und klagten gegen die Regierung, weil sie ihre gesetzlichen Verpflichtungen nicht erfüllt habe. Die Anhäufung von Gerichtsverfahren veranlasste die Regierung Alfonsín 1986, einen „nationalen Sozialversicherungsnotstand" auszurufen. Zunächst versuchte die Regierung, durch das Erschließen neuer Finanzierungsquellen die Krise zu bewältigen: Zum einen richtete sie die von der Militärregierung abgeschafften Arbeitgeberbeiträge wieder ein und zum anderen ließ sie die Erlöse der ab 1986 neu geschaffenen steuerlichen Instrumente (etwa Benzinsteuer, Mehrwertsteuer) in das Rentenversicherungssystem einfließen. Daraus ergab sich aber keine langfristige Lösung, vielmehr nahmen sowohl die Schulden als auch die Klagen weiter zu.

1986 erarbeitete die Regierung Alfonsín den nach der Reform von 1967 ersten umfassenden Gesetzentwurf für eine tiefgreifende Umstrukturierung des Systems. Der Reformvorschlag umfasste die teilweise Umstellung des Finanzierungsmodus vom Umlage- auf das Kapitaldeckungsverfahren, die Abschaffung von Sonderrenten (*regímenes de privilegio*), sowie eine Verschärfung der Anspruchsvoraussetzungen. Unter ungünstigen politischen Bedingungen und in Anbetracht der Reichweite der intendierten Reformen ist kaum verwunderlich, dass der Gesetzentwurf nicht einmal seinen Weg ins Parlament fand.

Die Reform der Rentenversicherung stand im Mittelpunkt des Regierungsprogramms von Menem. Zwischen 1989 und 1991 wurden zahlreiche technische Studien mit ausländischer Finanzierung (etwa PNUD, Weltbank) durchgeführt und vom Sekretariat für Soziale Sicherheit ko-

---

[5] Trotz einer Lebenserwartung von 69 Jahren für Männer und 76 Jahren für Frauen lag das Ruhestandsalter bei 60 Jahren für Männer und 55 Jahren für Frauen. Die Lohnersatzraten wurden gesetzlich mit 70% bis 82% des Grundverdienstes festgesetzt, der sich aus dem Durchschnitt der drei besten Jahre aus den zehn Jahren vor dem Ruhestand errechnete. Dabei war es möglich, in den ersten Jahren minimale Beiträge abzuführen und dann hohe Beiträge lediglich auf die letzen drei Jahre zu konzentrieren, um eine ausreichende Rente zu beziehen. Die zahlreichen Sonderrenten, die nach nur wenigen Arbeitsjahren einen Ruhestand unabhängig vom Alter oder auch nicht beitragsbezogene Renten erlaubten, belasteten das System 1991 zusätzlich mit 16 Mrd. US$ (Mesa-Lago 1993: 193ff.).

ordiniert und gefördert (Mesa-Lago 1993: 193). Ab Mitte 1991 kam es zu einer Neuausrichtung der Reformdebatte. Zu diesem Zeitpunkt waren sich die an diesem Thema am meisten interessierten Akteure mehr oder weniger darüber einig, dass eine Reform unausweichlich war. Meinungsunterschiede bestanden jedoch hinsichtlich des einzuschlagenden Reformkurses, wobei die Optionen (Teil-) Privatisierung versus Reformen innerhalb des existierenden staatlichen Systems, Umlageverfahren versus Kapitaldeckungsverfahren sowie die jeweiligen Mischvarianten debattiert wurden (Isuani/San Martino 1993: 65ff.).

Im Juni 1992 wurde ein erster Entwurf der Exekutive ins Parlament eingebracht. Er sah ein Rentenversicherungsmodell vor, welches aus einem fortbestehenden öffentlichen, nach dem Umlageverfahren finanzierten System und einem ergänzenden, privat verwalteten System, das nach dem Kapitaldeckungsverfahren finanziert werden sollte, bestand. Ähnlich wie im Fall der chilenischen Rentenreform folgte das Reformprojekt nicht zuletzt entwicklungsstrategischen Überlegungen. Die Teilprivatisierung des Rentenversicherungssystems sollte den Staatshaushalt entlasten, die privaten Rentenfonds den Kapitalmarkt dynamisieren und die niedrige Sparquote erhöhen.

Während die Rentnerorganisationen, die Gewerkschaften, Teile der Sozialversicherungbürokratie, die peronistischen Abgeordneten und einige Abgeordnete der Opposition sich kritisch gegenüber einem privaten System äußerten, fand der Entwurf u.a. beim Finanz- und Versicherungssektor, der an einer Umstellung des Finanzierungsmodus auf kapitalgedeckte Systeme unter privater Verwaltung und somit an der Entwicklung des nationalen Kapitalmarktes interessiert war, große Zustimmung. Im Parlament wurde das Thema sehr kontrovers diskutiert. Der ursprüngliche Gesetzentwurf der Regierung wurde erheblich verändert, nicht zuletzt aufgrund der vom Gewerkschaftsflügel des Peronismus erhobenen Einwände (Thibaut 1996: 305). Schließlich wurde die Reform in letzter Lesung im Oktober 1993 verabschiedet und trat 1994 in Kraft.

Das neue System stellte einen Kompromiss zwischen den unterschiedlichen Reformkonzepten dar. Es wurde ein Mischsystem verabschiedet, das universalistische, individualistische, private und öffentliche Komponenten kombinierte. Das neue System der Alterssicherung *(Sistema Integrado de Jubilaciones y Pensiones – SIJP)* besteht aus zwei sich ergänzenden Komponenten: einem reformierten öffentlichen System *(Sistema Nacional de Previsión Social – SNPS)*, das nach dem Umlageverfahren finanziert wird, und einem nach dem Kapitaldeckungsverfahren finanzierten System, das sowohl privat als auch staatlich verwaltet werden kann.

Das öffentliche System zahlt eine aus Arbeitgeberbeiträgen sowie aus Steuermitteln finanzierte Grundrente an alle Versicherten aus. Darüber hinaus können sich die Versicherten entweder für eine weitere umlagefinanzierte, vom öffentlichen System ausgezahlte Zusatzrente oder für eine auf der Basis individueller Kapitaldeckung finanzierte Rente entscheiden, wobei die Beiträge der Versicherten einem individuellen Konto gutgeschrieben und auf dem Kapitalmarkt investiert werden.

Die nach dem Kapitaldeckungsverfahren finanzierten Rentenfonds werden von Versicherungsgesellschaften (*Administradoras de Fondos de Jubilaciones y Pensiones*; AFJP) verwaltet und auf dem Kapitalmarkt investiert. Die AFJPs können sowohl von staatlichen als auch von privaten, profitorientierten und nicht-gewinnorientierten Institutionen wie etwa Gewerkschaften, Kooperativen gegründet werden. Insofern wird das öffentliche System nicht ersetzt, sondern durch das private System ergänzt. Der Staat übernimmt eine finanzielle und regulatorische Verantwortung für das Gesamtsystem. Die Regulierungsfunktion wird durch eine neu gegründete Aufsichtsbehörde erfüllt (*Superintendencia Nacional de Companías Aseguradoras*). Durch die beitragsfinanzierte Grundrente wurden solidarische bzw. umverteilungspolitische Komponenten innerhalb des Systems beibehalten. Die Grundrente wird unabhängig von Lohnhöhe und Geschlecht als einheitliche Leistung für alle Versicherten gezahlt. Insofern erfolgen Transferzahlungen zwischen den Versicherten durch einen kollektiven Risikoausgleich, der für Niedrigeinkommensbezieher von besonderer Relevanz ist.

Zusammenfassend kann festhalten werden, dass mit der Reform ein System entstand, in dem die Prinzipien der Universalität, der Solidarität und der Effizienz zusammenkommen sollten. Ohne vom Prinzip der Solidarität zwischen den Generationen abzurücken, wird eine stärkere Verbindung zwischen den ausgezahlten Beiträgen und den erbrachten Leistungen hergestellt. Eine Individualisierung der Alterssicherung wird jedoch mit dem Konzept der aus den allgemeinen Rentenfonds bezahlten Grundrente umverteilungspolitisch ausbalanciert. Die Frage nach der Funktionsfähigkeit des neuen Rentenversicherungssystems kann erst langfristig beantwortet werden. Einige vorläufige Ergebnisse der Reform lassen sich dennoch kommentieren.

Seit der Reform erhöhte sich die Zahl der Mitglieder des integrierten Rentensystems von 86,1% auf 99,6% der Erwerbstätigen. Insbesondere im gemischten System ist die Zahl der Versicherten gestiegen: Während im Jahr 1994 46,9% der Erwerbstätigen dem Umlagensystem und 39,3% dem gemischten System angeschlossen waren, änderte sich 1996 das

Verhältnis mit 32,4% im Umlagesystem und 67,1% im gemischten System. Die Reform hat ein zuvor existierendes Problem des Rentensystems aber nicht gelöst, nämlich den hohen Grad an Zahlungshinterziehung: Die Zahl der effektiven Beitragszahler nahm von 76,7% im Jahr 1994 auf 56,1% im Jahr 1996 ab. Auch in bezug auf die Ausweitung des Rentensystems auf die im informellen Arbeitsmarkt Beschäftigten sowie auf Frauen und Arbeitslose wurde die Verschärfung der Anwartschaftskriterien (30 Mindestbeitragsjahre) für Rentenleistungen negativ bewertet (Hujo 1997: 75ff.).

Die Rentenfonds entwickelten sich zunächst vielversprechend: Sie akkumulierten 1995 2,5 Mrd. US$ bzw. 0,9% des BIP bei einer hohen Rentabilitätsrate von 17,9% (die Rentabilitätsrate der chilenischen Rentenfonds betrug im jährlichen Durchschnitt 12,8% zwischen 1981 und 1995). Diese Entwicklung wirkte als wichtiger vertrauenerweckender Faktor für das System, zumal der Beitritt zum Kapitaldeckungssystem – im Unterschied zu Chile – nicht obligatorisch ist (Arenas de Mesa/Bertranou 1997: 335).

Dezentralisierung

Laut Verfassung ist Argentinien föderal organisiert. Faktisch ist der argentinische Föderalismus jedoch – ganz im Sinne des traditionell ausgeprägten administrativen und politischen Zentralismus der lateinamerikanischen Regierungssysteme (Nohlen 1991) – durch ein stark asymmetrisches Verhältnis zwischen Zentralstaat (und insbesondere der nationalen Exekutive) und den föderalen Einheiten geschwächt (Thibaut 1996: 90ff.). Diese Konstellation kommt u.a. in einem starken Entwicklungsgefälle zwischen den peripheren Provinzen und der wirtschaftlichen Kernregion des Landes, zu der die Hauptstadt Buenos Aires und die gleichnamige Provinz gehören, deutlich zum Ausdruck Diese Unterschiede sind freilich nicht jüngeren Datums, sondern resultierten aus jahrzehntenlangen, geographisch heterogenen Entwicklungsprozessen. Im Gefolge der Krise der 1980er Jahre verschärften sich die entwicklungspolitischen Unterschiede innerhalb des Landes: Die Mehrheit der Provinzen befand sich in der Regel in einer im Vergleich zur Hauptstadtregion politisch, wirtschaftlich und sozialpolitisch weniger günstigen Lage, um auf die negativen Auswirkungen der Krise reagieren zu können.

Die Strukturanpassungsreformen der 1990er Jahre erfolgten zunächst in Buenos Aires und bezogen sich in erster Linie auf den Zentralstaat. Die wirtschaftliche Umstrukturierung in den Provinzen kam später und fiel insbesondere in den ärmeren Provinzen des Nordens, Westens und Südens schwieriger aus. Fiskalpolitisch wurden die Provinzen stark von einigen restriktiven Maßnahmen betroffen, die im Rahmen des Konvertibilitätsplanes von Finanzminister Cavallo in Angriff genommen wurden.[6] Während die Regierung Menem die finanziellen Probleme der Provinzen in erster Linie auf fehlerhafte Politiken und Korruption seitens der Provinzregierungen zurückführte, beklagten diese, dass der Zentralstaat sozialpolitische Aufgaben an die Provinzen übertragen habe, ohne entsprechende Finanzierungsquellen zur Verfügung zu stellen.

Bereits Ende der 60 Jahre hatte die damalige Militärregierung staatliche Aufgaben im Gesundheitsbereich an die Provinzen übertragen. Dieser Prozess wurde von der peronistischen Regierung zwischen 1973 und 1976 unterbrochen. Nach der Machtübernahme der Militärs ging zwischen 1976 und 1978 nahezu die gesamte gesundheitliche Grundversorgung in den Kompetenzbereich der Provinzregierungen und der Stadtverwaltung von Buenos Aires über (Braslavsky 1996: 264; Barbeito/Lo Vuolo 1993). Zur Begründung dieser Politik hieß es, man nehme mit der Übertragung sozialpolitischer Aufgaben an die Provinzen die ersten Schritte eines Dezentralisierungsprozesses vor. Kritiker hielten dagegen, dass es dabei – entsprechend dem neoliberalen Ansatz der Militärregierung – in erster Linie um fiskalpolitische und ideologische Ziele ging, nämlich einerseits um eine Reduzierung der zentralstaatlichen Sozialausgaben und andererseits um eine generelle Verkleinerung des Zentralstaates (Braslavsky 1996: 265). Ähnlich wie in Chile unter Pinochet erfolgte somit eine Verlagerung von Zuständigkeiten ohne eine entsprechende Übertragung von Entscheidungsbefugnissen. Die politische Kontrolle über die sozialen Träger verblieb auf der zentralen Ebene. Die Provinzen erhielten lediglich Durchführungskompetenzen. Das Personal wurde von den zentralen Behörden ernannt.

---

6 So war es für die in finanzielle Schwierigkeiten geratenen Provinzbanken nach Inkrafttreten des Konvertibilitätsplanes nicht mehr möglich, an die Unterstützung der Zentralbank zu appellieren. Somit verschlimmerten sich die bereits gravierenden und nicht zuletzt durch fehlerhafte Politiken bedingten Defizite der Provinzregierungen weiter. Diese sahen sich mit der Notwendigkeit konfrontiert, unpopuläre, mit hohen politischen und sozialen Kosten verbundene Anpassungsmaßnahmen zu ergreifen, wie etwa Entlassungen im öffentlichen Sektor und Privatisierungen. Dies führte in einigen von den Folgen der wirtschaftlichen Reformen besonders betroffenen Provinzen im Frühjahr 1994 und zuweilen im Jahr 1995 zu Demonstrationen und sozialer Unruhe (IRELA 1995: 24ff.).

Die Regierung Menem erklärte die Dezentralisierung zu einer zentralen Dimension ihrer Sozialpolitik (CNCSDS 1995: 26f.). Im Gesundheitswesen wurde die Übertragung von nationalen Krankenhäusern sowie von etlichen Ernährungsprogrammen auf die Provinzen im Jahre 1992 abgeschlossen. Im Verantwortungsbereich des Zentralstaats verblieben die präventive Gesundheitsversorgung, hygienische Vorbeugungsprogramme, Infrastrukturentwicklung und die Formulierung der Gesundheitspolitik (IRELA 1995: 27). Die Auswirkungen der Dezentralisierungspolitik im sozialen Bereich spiegelten sich darin wider, dass die Provinzregierungen und die Kommunen ihren Anteil an den gesamten Sozialausgaben von 37% 1980-81 auf 45% 1993 erhöhten, während der entsprechende Anteil der Zentralregierung im selben Zeitraum von 63% auf 55% zurückging (Martínez N. 1995: 41).

Trotz eines im August 1993 geschlossenen „Fiskalpaktes" zwischen Zentralstaat und Provinzregierungen, demzufolge die Provinzen sich zu Anpassungsmaßnahmen und zur Abschaffung etlicher Steuern und die nationale Regierung sich ihrerseits zur Übernahme von 900 Mio. US$ der Schulden der Provinzen sowie zu erhöhten Transferleistungen verpflichteten, stieß eine effektive Dezentralisierungspolitik immer wieder an finanzielle und technische Grenzen.

Der Dezentralisierungspolitik Menems wurde vorgeworfen, sie folge einem rein fiskalpolitischen Kalkül und beinhalte keinerlei Konzept. Im Grunde gehe es lediglich um eine Entlastung des Zentralstaates und nicht um sozialpolitische Ziele (IRELA 1995: 27; Beccaria/Carciofi 1995: 226ff.). Für diese Kritik spricht, dass der Dezentralisierungsprozess im Gesundheitswesen vor allem von einem direkt dem Präsident unterstellten, neugegründeten Sekretariat für Soziale Entwicklung vorangetrieben wurde. Die Ministerien spielten dabei eine sekundäre Rolle; zudem wurde auf das Fehlen von Koordinationsmechanismen und einer Neuverteilung von Rollen und Kompetenzen hinsichtlich der Regulierung, Koordinierung, *Policy*-Formulierung und -Durchführung zwischen den Ressortministerien auf nationaler Ebene, den Provinzregierungen und den Gesundheitseinrichtungen hingewiesen. (Braslavsky 1996: 266; Beccaria/Carciofi 1995: 226ff.; Tenti 1990).

Zusammenfassend kann man festhalten, dass im Rahmen der Sozialpolitik der Regierung Menem die Dezentralisierung des Gesundheitswesens zwar programmatische Priorität erhielt und entschieden vorangetrieben wurde, jedoch bedeutende finanzielle Probleme und konzeptionelle Schwachstellen aufwies. Die Übertragung von Entscheidungskompetenzen wurde faktisch insofern begrenzt, als einerseits die dezentralisierten Instanzen finanziell und technisch nicht in der Lage waren, die neuen sozialpolitischen Aufgaben kompetent wahrzunehmen und andererseits die Dezentralisierungspolitik konzeptionell eher auf die finanzielle Entlastung des Zentralstaates reduziert wurde. Dieses Verständnis von Dezentralisierung läßt sich vor dem Hintergrund des wirtschaftlichen Reformprogramms der Regierung Menem, in dem die Neudefinition des Zentralstaates und die Sanierung seiner Finanzen im Mittelpunkt standen, gut nachvollziehen.

Gleichwohl unternahm die Regierung einige Schritte, um diese Defizite zu korrigieren: Ein *Consejo Federal de Desarrollo Social* wurde eingerichtet, der mit der Koordinierung der dezentralisierten sozialpolitischen Kompetenzen zwischen der zentralen Regierung und den Provinzen beauftragt wurde (CNCDS 1995: 25). Darüber hinaus und angesichts der zunehmenden technischen und finanziellen Unterschiede zwischen den Provinzen, die sich negativ auf die Qualität dezentralisierter Sozialleistungen auswirkten, verkündete die Regierung 1994 die Durchführung eines umfassenden sozialen Investitions- und Infrastrukturprogramms für die ärmsten Provinzen (IRELA 1995: 26).

Eine Bilanz der sozialen Entwicklung

Zur Vervollständigung der Analyse scheint es sinnvoll, im Folgenden auf die Entwicklung einiger grundlegender Sozialindikatoren in den 90er Jahren einzugehen. Traditionell wies Argentinien soziale Entwicklungsindikatoren auf, die deutlich über dem lateinamerikanischen Durchschnitt lagen. Diese Tendenz hat sich auch in den 90er Jahren nicht umgekehrt (Tabelle 1). Bei der Lebenserwartung, dem Besuch von Primar- und Sekundarschulen, der Kinder- und Müttersterblichkeit sowie im Hinblick auf den Analphabetismus zeichneten sich positive Tendenzen ab.

Im Jahr 1999 lag Argentinien unter den lateinamerikanischen Ländern an erster Stelle im *Human-Development-Index*. Neben Chile und Uruguay war es das einzige Land aus der Region, das der Kategorie „hohe menschliche Entwicklung" zugeordnet wurde (UNDP 2001). Trotz der volkswirtschaftlichen Krise und trotz der schwierigen Situation der sozialen Sicherungssysteme haben sich die Sozialindikatoren somit auch in den vergangenen Jahrzehnten weiterhin positiv entwickelt. Diese auf den ersten Blick widersprüchliche Entwicklung hat mehrere Gründe: Erstens schlägt sich der Abbau sozialer Leistungen in Krisenzeiten erst mit einer gewissen zeitlichen Verzögerung in sozialen Indikatoren wie Alphabetisierungsquote und Mortalitätsraten nieder. Zweitens sind in den Bereichen, in denen Verbesserungen stark von individuellen Verhaltensweisen und Lernprozessen (etwa in bezug auf Hygiene und Ernährung) abhängen, unmittelbare, durch restriktive wirtschaftliche Bedingungen negative Auswirkungen nicht zu erwarten. Zudem spiegeln positive Entwicklungen bei einigen Indikatoren die ökonomischen Bedingungen und politischen Entscheidungen einer um Jahre zurückliegenden Phase wieder.

Tabelle 1: Argentinien: Indikatoren der sozialen Entwicklung

	1980	1985	1990	1991	1995	1999	Regionaler Durchschnitt
Lebenserwartung bei Geburt (in Jahren)	70,2	71,0	72,1	k.A.	73,1	73,2	69,7
Säuglingssterblichkeit (pro 1.000)[a]	33,2	26,2	25,6	24,7	22,2	19,0	32
Müttersterblichkeitsrate (pro 100.000)	70	59	52	48	k.A.	38	
Analphabetismus (%) [b]	6,1	k.A.	4,3	4,0	k.A.	3,3	12,3
Einschulungsrate Primarbereich (%)[c]	90,1	k.A.	k.A.	95,7	95,0	99,0	93,3
Einschulungsrate, Sekundarbereich (%)[d]	38,3	k.A.	k.A.	53,7	k.A.	76,9	65,3
Trinkwasserversorgung (%)[e]	k.A.	k.A.	89	k.A.	75	71	78
HDI (Human Development Index)[f]	0,795	0,801	0,807	k.A.	0,829	0,842	0,758

[a] Todesfälle pro Jahr je Tausend lebendgeborener Kinder zwischen 0 und 1 Jahr; [b] Bezogen auf die Bevölkerung im Alter von über 15 Jahren; [c] Bezogen auf die Altersjahrgänge zwischen 6 und 12 Jahren, in Prozent der Bevölkerung dieser Altersgruppe (Angabe 1998 entspricht 1997); [d] Bezogen auf die Altersjahrgänge zwischen 13 und 18 Jahren, in Prozent der Bevölkerung dieser Altersgruppe (Angabe 1998 entspricht 1997); [e] Prozent der Bevölkerung mit dem entsprechenden Versorgungsanschluss (Angabe 1995 entspricht 1996); [f] Nach dem UNDP-HDI, gemessen an folgenden Indikatoren: Lebenserwartung, Alphabetisierungsrate, Schulbesuch und Pro/Kopf Einkommen.
Quelle: Altimir/Beccaria, 1998; www.un.org.ar/tematicas.htm; UNDP, 2001.

Darüber hinaus dürfen die auf den ersten Blick positiven Entwicklungen der sozialen Indikatoren nicht darüber hinwegtäuschen, dass Durchschnittszahlen erhebliche Unterschiede zwischen Buenos Aires und den Provinzen verbergen. Auch diese Ungleichgewichte, darauf wurde weiter oben bereits hingewiesen, sind nicht erst in den vergangenen Jahren entstanden, sondern charakterisieren die Entwicklung des Landes seit vielen Jahrzehnten. In den 90er Jahren setzten sich die entsprechenden Tendenzen fort: Beispielsweise liegt die Kindersterblichkeitsrate in der Provinz *Chaco* mehr als doppelt so hoch wie im Hauptstadtdistrikt Buenos Aires und die Abbrecherquote im Bereich des Primarschulwesens ist dort fünfmal so hoch wie in der Hauptstadt. Der Anteil der Haushalte, deren Grundbedürfnisse nicht erfüllt sind, liegt in der Provinz *Formosa* fünfmal so hoch wie in Buenos Aires. Diese gravierenden Ungleichheiten finden ihren Ausdruck in der These von den „zwei Argentinien", deren soziale und wirtschaftliche Unterschiede vergleichbar seien mit den Differenzen zwischen den Industrieländern und der Dritten Welt.[7]

Tabelle 2: Armutsentwicklung im Großraum Buenos Aires

	Haushalte unterhalb der Armutsgrenze (in %)	Haushalte unterhalb der Hungergrenze (in %)
1980	6,14	1,53
1986	11,33	2,61
1991	16,44	2,32
1994	14,23	3,03
1996	20,08	5,50

Offizielle Angaben ermittelt auf der Basis eines Grundwarenkorbes und der laufenden Haushaltseinkommen.
Quelle: Altimir/Beccaria, 1998

Wenn wir zwei weitere Aspekte der sozialen Entwicklung in den zurückliegenden Jahrzehnten betrachten, die Armut und die Einkommensverteilung, so ist ein beträchtlicher Anstieg der urbanen Armut (Großraum Buenos Aires) in den 80er Jahren (von 6% im Jahr 1980 auf 11% im Jahr 1986) zu verzeichnen, verursacht vor allem durch die Einkommenseinbußen und die Inflationskrisen. Im Zuge der Stabilisierungserfolge zwischen 1991 und 1994 konnte der Anteil der unter der Armutsgrenze lebenden Haushalte von 16,4% auf 14,2% gesenkt werden. Zwischen 1994 und 1996 trug die Rezession infolge des „Tequila-Effekts" der mexikanischen Krise erneut zu einem Anstieg der Armutsniveaus bei. Insbesondere die Familieneinkommen der unteren Mittelschicht gerieten unter Druck.

---

7   Vgl. Informe argentino sobre desarrollo humano 1995 (www.un.org.ar/tematicas. htm).

Sozialpolitische Reformen und soziale Entwicklung 147

Tabelle 3: Armut und extreme Armut nach Provinzen (1999)

Provinz	Bevölkerung	Anzahl der Menschen in extremer Armut	Anzahl der Menschen in Armut	Anteil der Menschen in Armut (%)
Jujuy	594.117	104.564	332.111	55,89
Salta	1.044.973	173.915	584.139	55,89
Tucumán	1.278.216	214.966	714.522	55,89
Catamarca	312.269	54.959	174.530	55,89
Santiago del Estero	720.982	116.892	403.028	55,89
Formosa	492.513	85.592	208.187	42,27
Chaco	940.901	156.889	529.136	56,23
Corrientes	909.207	150.930	510.975	56,20
Misiones	972.672	172.862	500.341	51,43
La Rioja	273.471	29.261	130.445	47,69
San Juan	574.053	51.423	233.823	40,73
San Luis	354.959	37.980	149.315	42,06
Mendoza	1.588.091	129.925	717.519	45,18
La Pampa	301.466	17.786	89.836	29,80
Neuquen	540.384	30.402	161.034	29,79
Río Negro	606.575	33.433	178.971	29,50
Chubut	438.236	23.417	130.594	29,79
Santa Cruz	201.642	11.896	60.089	29,79
Tierra del Fuego	109.988	6.379	32.779	29,79
Santa Fé	3.068.765	214.707	1.107.824	36,0
Entre Ríos	1.104.836	81.707	398.844	36,09
Córdoba	3.059.115	213.906	1.104.300	36,00
Buenos Aires (Provinz)	5.063.719	380.288	1.628.002	32,15
Buenos Aires (Großraum)	12.027.764	651.665	3.124.134	25,9
Landesweit	36.578.358	3.145.738	13.204.478	36,10

Quelle: Equis 2000

Am Ende der Amtszeit von Präsident Menem lag der Anteil der Armen an der Gesamtbevölkerung bei über 36%, in acht von 24 Provinzen sogar deutlich über 50% (Tabelle 3). Der Rückgang der Reallöhne stand in engem Zusammenhang mit einem kontinuierlichen Anstieg der Arbeitslosenquote, die von 7,4% im Jahr 1990 auf 14,5% Mitte des Jahres 1999 anstieg. Hinsichtlich der Einkommensverteilung hatte es ebenfalls beträchtliche Rückschritte gegeben, insbesondere verglichen mit der Situation zu Beginn der 80er Jahre. Die im Gini-Index zusammengefassten

Werte zeigten eine kontinuierliche Tendenz zu einer stärkeren Einkommenskonzentration (1980: 0,406; 1990: 0,423; 1997: 0,439). Während der Anteil der ärmsten Haushalte am Volkseinkommen zwischen 1990 und 1999 konstant blieb, konnten die reichsten 10% weitere Zugewinne verzeichnen (Tabelle 4).

Tabelle 4: Entwicklung der Einkommensverteilung[a]

Jahr	ärmste 40%	nächste 30%	20% unterhalb der reichsten 10%	reichste 10%	Gini-Koeffizient
1990	14,9	23,6	26,7	34,8	0,423
1994	13,9	23,4	28,6	34,1	0,439
1997	14,9	22,2	27,1	35,8	0,439
1999	15,4	21,6	26,0	37,0	

[a] Anteil am gesamten urbanen Haushaltseinkommen in % im Großraum Buenos Aires; die Angaben beziehen sich jeweils auf die nach Einkommen klassifizierten Haushalte.
Quellen: CEPAL (2000) u. CEPAL (2001: 235ff.).

Der sozialpolitische Ansatz einer Regierung lässt sich einerseits in Bezug auf die sozialen Auswirkungen ihrer wirtschaftspolitischen Maßnahmen und andererseits anhand der *policies* im sozialen Bereich analysieren. Auch wenn der Schwerpunkt dieses Beitrages sich auf die zuletzt genannte Dimension bezog, sollen im folgenden einige Schlussfolgerungen im Hinblick auf die erstgenannte Dimension formuliert werden, denn sie betreffen direkt die Themen Armutsentwicklung und Einkommensverteilung. Tatsächlich kann gezeigt werden, dass die rasche Stabilisierung und Erholung der argentinischen Volkswirtschaft zu Beginn der 1990er Jahre positive soziale Effekte mit sich brachte und zu einem Rückgang der Armutsindikatoren führte. Dies reichte aber nicht aus, um zu den noch Anfang der 1980er Jahre vorhandenen Niveaus zurückzukehren und bedeutete auch keine Tendenz zu einer dauerhaften Reduzierung der Armut.

Die in der ersten Hälfte der 1990er Jahre registrierte wirtschaftliche Dynamik führte nicht zu einer egalitäreren Einkommensverteilung, sondern im Gegenteil zu einer weiteren Einkommenskonzentration. Angesichts des Fehlens von expliziten Politiken zur Vermeidung von Einkommenseinbußen und zur Bekämpfung der inegalitären Konsequenzen des Wirtschaftsprogramms führte dieses zu hohen sozialen Kosten, insbesondere zu Arbeitslosigkeit, wachsender Armut und einer Verschlechterung der Lebensbedingungen großer Teile der Bevölkerung, die bereits seit vielen Jahren unter den Folgen der Wirtschaftskrise und der hohen Inflation zu leiden hatten.

Soweit die Entwicklungen der 1990er Jahre zur Eindämmung der Staatstätigkeit, zur Schwächung vormals mächtiger kollektiver Akteure wie den Gewerkschaften und zu einer äußerst restriktiven Wirtschaftspolitik führten, haben sie die überkommene Sozialpolitik in ihren Grundfesten erschüttert und zugleich jene strukturellen Probleme des sozialpolitischen Systems offenbart, die eine Anpassung an neue Rahmenbedingungen mitunter verhindern.

So wurden die sozialpolitischen Reformen zwar durch die neoliberale Reformpolitik, aber auch durch die spätestens seit Ende der 1970er Jahre sich abzeichnenden und mit dem Ausbruch der Krise in den 1980er Jahren vollends zutage getretenen Strukturprobleme des sozialpolitischen Systems (Bürokratisierung, finanzielle Defizite, Zentralisierung, Ungleichheit) hervorgerufen. Die konkrete Ausgestaltung der von der Regierung Menem eingeführten Sozialreformen stand vornehmlich in Funktion der wirtschaftspolitischen Zielsetzung der Regierung, indem sie durch Privatisierungen, Deregulierungen und Dezentralisierungen im sozialen Bereich zu einem ausgeglichenen Staatshaushalt beitragen sollten. Die sozialpolitischen Maßnahmen dienten budgetpolitischen und zuweilen politischen Zwecken, die meist im Zusammenhang mit Wahlzyklen standen und in der Einrichtung von vorübergehenden kompensatorischen Sozialhilfeprogrammen zum Ausbau bzw. zur Festigung klientelistischer Loyalitätsbeziehungen unter wahltaktischen Gesichtspunkten ihren Niederschlag fanden.

Weder kurzfristige, angemessene sozialkompensatorische Nothilfeprogramme noch langfristige Zielsetzungen wie etwa Armutsbekämpfung, die Bildung von Humankapital, die Schaffung sozialer Integrationskanäle oder die Förderung des sozialen Ausgleichs standen im Vordergrund der Reformagenda der Regierung Menem – vor allem in ihrer ersten Amtszeit. Selbst nach den ersten Stabilisierungs- und Wachstumserfolgen, die vergleichsweise günstigere Bedingungen für sozial progressive *Policy*-Entscheidungen hervorbrachten, spielten sozial- bzw. verteilungspolitische Erwägungen, etwa bei steuerlichen Reformmaßnahmen, keine große Rolle. Durch die rezessiven Effekte der mexikanischen Währungskrise von 1994 ergaben sich freilich erneute fiskalpolitische Restriktionen für das Regierungshandeln.

Inhaltlich kann man den von der Regierung Menem durchgeführten Reformen der Sozialpolitik eine weit geringere Radikalität, im Sinne des Bruches mit der traditionellen Sozialpolitik, bescheinigen als etwa den sozialpolitischen Reformen in Chile unter Pinochet. Durch den Umstand, dass in Chile die Reformen deutlich früher erfolgten als in Argentinien, wurden Lerneffekte möglich. Darauf weisen jedenfalls die kombinierten und pragmatisch orientierten Ansätze hin, die sich hinsichtlich konzeptioneller Optionen wie etwa „staatlich-privat", „Subsidiarität-Solidarität", „selektiv-universell" bei den argentinischen Reformen der Sozialpolitik erkennen lassen.

So wies das neue argentinische System der Alterssicherung, bei dessen Ausarbeitung und Aushandlung das chilenische Rentensystem als Orientierungspunkt eine wichtige Rolle spielte, bedeutende Modifikationen gegenüber dem „chilenischen Modell" auf. Anstatt eines rein privaten, auf Basis individueller Kapitaldeckung finanzierten Systems wie im chilenischen Fall, das eine radikale Abkehr vom vorher staatlichen Sozialversicherungsmodell darstellte, wurde in Argentinien ein gemischtes System eingeführt, das Elemente öffentlicher Umlagesysteme und privater Pensionsfonds miteinander verband.

Zusammenfassend kann man sagen, dass das Fehlen eines mittel- bis langfristig orientierten sozialpolitischen Konzepts unter der Regierung Menem im Zusammenhang mit einem ebenso fehlenden langfristig orientierten entwicklungspolitischen Konzept stand, das über die Stabilisierungs- und Wachstumserfolge der ersten Jahre hinausgewiesen hätte. Des weiteren erfolgte die Reformpolitik Menems im Rahmen eines relativ autokratischen Regierungsstils, mit dem man zwar effektiv mit dem hergebrachten staatszentrierten Entwicklungsmodell zu brechen vermochte. Bei der notwendigen Umstrukturierung von Staat und Wirtschaft mangelte es aber an einem breiten gesellschaftlichen und politischen Konsens, auf dessen Basis die Regierung hätte versuchen können, über die Stabilisierung hinaus weitere Reformen in Gang zu setzen, um die sozialen Kosten der Strukturanpassung gerechter zu verteilen und letztendlich das Regierungsprojekt, d.h. die Neudefinition der Beziehung zwischen Staat, Gesellschaft und Wirtschaft, einschließlich der langfristigen Rolle der Sozialpolitik, unter Mitwirkung weiterer Akteure offener zu gestalten.

Auch wenn die unter Menem durchgeführten Reformen im Hinblick auf ihre mittel- und langfristigen Auswirkungen noch nicht abschließend beurteilt werden können, so trat am Ende der Ära Menem doch klar vor Augen, dass gravierende Defizite im Hinblick auf eine unter Verteilungsgesichtspunkten ausgeglichenere und gerechtere Gesellschaft sowie hinsichtlich der Integration der armen und ausgegrenzten Teile der Gesellschaft existierten. Beide erwähnten Aspekte, d.h. sowohl die Schwierigkeiten, ein von breiten Bevölkerungsschichten akzeptiertes und zukunftsfähiges Gesellschafts- und Entwicklungsmodell auf den Weg zu bringen, als auch das Fortbestehen bzw. die Zuspitzung sozialer Problemlagen waren Faktoren, die sich im Argentinien der Ära Post-Menem als Ursachen von Instabilität und Konflikten erwiesen.

Literaturverzeichnis

Altimir, Oscar/Beccaria, Luis (1998): „Efectos de los cambios macroeconómicos y de las reformas sobre la pobreza urbana en Argentina", in: Ganuza, Enrique/Taylor, Lance/Morley, Samuel (Hrsg.), *Política macroeconómica y pobreza en América Latina y el Caribe*, Madrid: PNUD/CEPAL/BID, 115-172.

Arenas de Mesa, Alberto/Bertranou, Fabio (1997): „Learning from Social Security Reforms: Two Different Cases, Chile and Argentina", in: *World Development* 25 (3), 329-348.

Beccaria, Luis/Carciofi, Ricardo (1995): „Argentina: Social Policy and Adjustment during the 1980s", in: Lustig, N. (Hrsg.): *Coping with Austerity. Poverty and Inequality in Latin America*, Washington D.C., 187-236.

Barbeito, Alberto/Lo Vuolo, Rubén (1993): *La modernización excluyente. Transformación económica y Estado de Bienestar en Argentina*, Buenos Aires: UNICEF/CIEPP/LOSADA.

Comisión Económica para América Latina (CEPAL) (2000): *Equidad, desarrollo y ciudadanía*, Santiago de Chile.

Comisión Económica para América Latina (CEPAL) (2001): *Panorama Social de América Latina 2000-2001*, Santiago de Chile.

Comisión Nacional de la Cumbre sobre Desarrollo Social (CNCDS) (1995): *Documento de la República Argentina para la cumbre mundial sobre desarrollo social* (Copenhagen - Dinamarca), Buenos Aires.

Equis (2000): „Ricos y pobres más separados" (Equipos de Investigación Social), in: *La Nación* 26.05.

FIEL (Fundación de Investigaciones Económicas Latinoamericanas) (1993): *Sistemas de seguridad social en la región: Problemas y alternativas de solución*, Washington D.C.: BID (Serie Documentos de Trabajo 148).

FOPAR, (1997a): *Informe de Gestión 96/97*, Buenos Aires: Presidencia de la Nación, Secretaría de Desarrollo Social.

FOPAR, (1997b): *Proceso de focalización territorial. Una revisión analítica*, Buenos Aires: Dirección de Programación, Seguimiento y Control.

Golbert, Laura/Lumi, Susana (1991): *Políticas sociales: Existen otras opciones?*, Buenos Aires: CIEPP.

Grewe, Hartmut (unter Mitarbeit von Héctor Palomino) (1994): „Vom Peronismus zum Menemismus: Argentiniens Gewerkschaftssystem im Umbruch", in: Grewe, Hartmut/Mols, Manfred (Hrsg.), *Staat und Gewerkschaften in Lateinamerika*, Paderborn: Schöningh, 41-126.

Haldenwang, Christian von (1996): „Der Anpassungsprozeß und das Problem der Legitimierung", in: Nolte, Detlef/Werz, Nikolaus (Hrsg.): *Argentinien: Politik, Wirtschaft, Kultur und Außenbeziehungen*, Frankfurt a.M.: Vervuert, 177-193.

Hujo, Katja (1997): „Die Reform der Rentenversicherung in Argentinien", in: *Lateinamerika. Analysen-Daten-Dokumentation* 14 (36), 65-79.

IRELA (1995): *Argentina in the 1990s. Progress and Prospects under Menem*, Madrid: IRELA (Dossier Nr. 53).

Isuani, Ernesto Aldo/San Martino, Jorge (1993): *La reforma previsional argentina. Opciones y riesgos*, Buenos Aires: CIEPP.

Katz, Jorge/Muñoz, Alberto (1988): *Organización del sector salud: Puja distributiva y equidad*, Buenos Aires: Centro Editor de América Latina.

Lo Vuolo, Ruben (1997): „Rentenreformen in Lateinamerika: Eine kritische Betrachtung am Beispiel Argentiniens", in: *Zeitschrift für ausländisches und internationales Arbeits- und Sozialrecht* (ZIAS) 3, 221-252.

Martínez N., Roberto (1995): „Devising New Approaches to Poverty in Argentina", in: Raczynski, D. (Hrsg.): *Strategies to Combat Poverty in Latin America*, Washington D.C.: IDB, 33-86.

Mesa-Lago, Carmelo (1993): „Soziale Sicherheit und Rentenreform in Lateinamerika: Bedeutung und Evaluierung von Privatisierungsansätzen", in: *Zeitschrift für ausländisches und internationales Arbeits- und Sozialrecht* (ZIAS) 3, 159-208.

Nohlen, Dieter (1991): *Descentralización política y consolidación democrática. Europa - América del Sur*, Caracas: Editorial Nueva Sociedad.

Pérez Irigoyen, Claudio (1989): „Política pública y salud", in: Isuani, E./Tenti, E. (Hrsg.): *Estado democrático y política social*, Buenos Aires, 173-200.

UNDP (2001): *Human Development Report 2001* (www.undp.org/hdr2001/).

Queisser, Monika u.a. (1993): *Adjustment and Social Development in Latin America During the 80s: Education, Health Care and Social Security*, Köln: Weltforum Verlag.

Repetto, Fabian (1994): „Política social entre la democracia y el desarrollo", in: *Nueva Sociedad* 131, 132-143.

Senén González, Silvia de (1990): „Políticas estatales y programas de descentralización y regionalización educativa: Un estudio de casos en tres provincias argentinas", in: UNICEF/ILPES/OEA/PNUD/PREALC/GEC: *Seminario internacional sobre „Fondos de Desarrollo Social"*, Santiago de Chile, 191-238.

Sottoli, Susana (1999): *Sozialpolitik und entwicklungspolitischer Wandel in Lateinamerika. Konzepte und Reformen im Vergleich*, Opladen: Leske & Budrich.

Spitta, Arnold (1997b): „Was ist noch peronistisch an der Wirtschafts- und Sozialpolitik der Regierung Menem?", in: Dombois, Rainer u.a. (Hrsg.): *Neoliberalismus und Arbeitsbeziehungen in Lateinamerika*, Frankfurt a.M.: Vervuert, 168-176.

Tenti, Emilio (1990): *Descentralizar la educación*, Buenos Aires: CIEPP.

Thibaut, Bernhard (1996): *Präsidentialismus und Demokratie in Lateinamerika. Argentinien, Chile und Uruguay im historischen Vergleich*, Opladen: Leske & Budrich.

Cecilia Braslavsky

Transformation und Reform des Bildungswesens (1989-1999)

Gegenwärtig befindet sich das Land in einer Situation, in der die Bevölkerung nach mehr Schulbildung strebt und dies auch erreicht und in der der Staat mehr Ressourcen investiert, um dies zu ermöglichen. Aber trotzdem sind viele Stimmen zu hören, die ihrer großen Unzufriedenheit mit der Bildungssituation Ausdruck verleihen. Wie kann man dieses Paradoxon erklären? (Braslavsky 1999: 80)

Einleitung

Thema dieses Beitrages sind die Transformationsprozesse und Reformen im argentinischen Bildungswesen während des vergangenen Jahrzehnts. Die während der beiden Regierungsperioden von Carlos Menem erfolgten Bildungspolitiken werden im Lichte mittelfristiger Tendenzen analysiert. In früheren Arbeiten (Braslavsky 1995 u. 1996) habe ich aufgezeigt, dass sich mit der Wiederherstellung der Demokratie im Jahr 1983 Möglichkeiten für Fortschritte bei der Reform des Bildungswesens ergaben. In zehn der 23 Provinzen, im Hauptstadtdistrikt Buenos Aires sowie innerhalb des nationalen Bildungs- und Erziehungsministeriums fanden entsprechende Transformationsprozesse statt, allerdings auf eine heterogene und asymmetrische Art und Weise. Die wichtigste Strategie zur Schaffung von Voraussetzungen für Veränderungen war die Einberufung eines Nationalen Bildungskongresses mit dem Auftrag, die unterschiedlichen Positionen für den Erlass eines nationalen Bildungsgesetzes zu diskutieren und zu einer gemeinsamen Position zu finden (De Lella/Krotsch 1990). Bis 1992 basierte das Bildungswesen allein auf Gesetzen der einzelnen Provinzen. Es existierte kein allgemeines nationales oder – wie man es 1993 nannte – föderales Bildungsgesetz. Das einzige nationale Bildungsgesetz war 1884 erlassen worden und galt nur für die direkt vom Nationalstaat durch den Nationalen Bildungsrat finanzierten und geleiteten Primarschulen. Die Sekundarschulen hingen direkt vom Nationalen Bildungs- und Erziehungsministerium ab. Die Leitung des Primarschulwesens war 1968 den Provinzen übertragen worden, und zwar durch die damalige Militärregierung.

Die wichtigsten Bildungsreformen auf Provinzebene zwischen 1984 und 1992 konzentrierten sich auf zwei Aspekte: 1.) Veränderungen der Lehrpläne und -programme und 2.) die Förderung von demokratischeren Leitungsformen und Stilen des Zusammenlebens innerhalb der Bildungsinstitutionen. Die Veränderungen der Lehrpläne und -programme orientierten sich vor allem an einer Demokratisierung der Inhalte der sozialwissenschaftlichen Bildung und der staatsbürgerlichen Erziehung; allerdings ging es auch in anderen Wissensbereichen um eine Aktualisierung der Ansätze (Dussell 1994). Diese Veränderungen wurden bereits in den moderneren und reicheren Provinzen sehr langsam umgesetzt. In den (ärmeren) Provinzen im Norden des Landes existierten noch 1988 Programme, die mehr als 40 Jahre alt waren oder die während der letzten Militärdiktatur (1976-83) erlassen worden waren.

Die auf eine Demokratisierung der Leitungsformen und Stile des Zusammenlebens abzielenden Maßnahmen waren nicht immer erfolgreich. Schwierigkeiten und Widerstände unterschiedlichster Art standen den Versuchen entgegen, Schulräte zu etablieren oder die Wahl der Schuldirektoren durch die betroffenen Gemeinden durchführen zu lassen (Cigliutti 1993; Gobierno de Mendoza 1999).

Als die Regierung von Präsident Menem 1989 antrat, herrschte ein allgemeiner Konsens hinsichtlich der Notwendigkeit, eine Rahmengesetzgebung für den gesamten Bildungssektor zu entwickeln und Politiken einzuleiten, die Fortschritte auf dem Weg zu einer konzertierteren Transformation erlauben würden, in die alle Bildungseinrichtungen des Landes einbezogen würden. Es bestand auch so etwas wie eine Mischung aus Einverständnis und Ernüchterung hinsichtlich der Tatsache, dass dieser allgemeine gesetzliche Rahmen sich auf die Beschlüsse des von der Regierung Alfonsín einberufenen Nationalen Pädagogikkongresses stützen müsse. Die Diskussions- und Verhandlungsprozesse im Rahmen dieses Kongresses waren überaus komplex gewesen und ihre Ergebnisse konnten als ein Unentschieden hinsichtlich der klassischen bildungspolitischen Kontroversen des Landes gewertet werden: jenen zwischen Verfechtern eines privaten und denen eines staatlichen Bildungswesens und jenen zwischen konfessionellen und laizistischen Orientierungen.

Trotzdem waren die Beschlüsse des Nationalen Pädagogikkongresses hinsichtlich einiger Aspekte eindeutig; sie betrafen: 1.) die Ausweitung der Schulpflicht; 2.) die Dezentralisierung des gesamten Bildungssystems; dabei galt es, Überschneidungen von Verantwortlichkeiten zwischen dem Nationalstaat, von dem nach wie vor ein großer Teil der Sekundarschulen und der Lehrerbildungseinrichtungen abhing, und den Verantwortlichen in den Provinzen, denen bereits alle Primarschulen und die Mehrheit der Sekundarschulen unterstanden, zu vermeiden; 3.) die Aktualisierung von Lehrplänen und -programmen und 4.) die Garantie von mehr Chancengleichheit in einem Land mit sehr reichen und sehr armen Bevölkerungsschichten.

Infolge der ungelösten Konflikte zwischen den Anhängern privater und den Verfechtern staatlicher Bildungseinrichtungen sowie zwischen konfessionellen und laizistischen Orientierungen waren die Beschlüsse hinsichtlich anderer Aspekte weniger eindeutig; dies betraf: 1.) die Rolle und die Funktionen, die der Nationalstaat im Bildungswesen übernehmen sollte; 2.) die Beziehung zwischen Nationalstaat und Provinzen sowie die Beziehungen zwischen den einzelnen Provinzen; 3.) die Finanzierungsquellen und die Höhe der einzelnen Haushaltsansätze im Bildungssektor und 4.) die Lehrinhalte.

Die Bildungspolitik der Periode 1992-1999

Die Bildungspolitik der Periode 1989-1999 stützte sich auf die Beschlüsse des Nationalen Pädagogikkongresses und überwand jene Konflikte zwischen unterschiedlichen Optionen, die damals nicht gelöst werden konnten. Die Diskussion und Formulierung dieser Politiken fand im Rahmen einer komplexen Dynamik statt, bei der zahlreiche Protagonisten mitwirkten und unterschiedliche Spannungslinien auftraten (Braslavsky/Cosse 1997).

Zu den Protagonisten, die an der Ausgestaltung und Implementierung der neuen Bildungspolitik mitwirkten, gehörten: 1.) die nationale Exekutive und innerhalb der Regierung das Bildungs- sowie das Wirtschaftsministerium; 2.) die beiden Kammern des Nationalen Kongresses; 3.) die Exekutiven und Legislativen der Provinzen; 4.) die Gewerkschaften; 5.) die nicht organisierten Lehrerinnen und Lehrer; 6.) eine Anzahl „symbolischer Analysten" (Brunner/Sunkel 1993) mit eigenen Vorstellungen hinsichtlich der Zukunft der Bildung; 7.) die katholische Kirche und andere konfessionelle und Gemeindesektoren sowie 8.) die internationalen Finanzorganisationen.

Zu den politischen Strömungen, deren Diskurse im Rahmen der Diskussion eine Rolle spielten, gehörten: 1.) der Neoliberalismus als Verfechter eines Quasi-Bildungsmarktes und einer Reduzierung der Rolle des Staates auf ein Minimum; 2.) der Neokonservatismus als Verfechter einer durch den Nationalstaat betriebenen Vermittlung von Werten, die mit den Interpretationen der wichtigen Sektoren der katholischen Kirchenhierarchie übereinstimmten; 3.) technokratische Visionen, die für einen raschen und massiven Einsatz neuer Kommunikations-, Informations- und Organisationstechnologien in den Schulen eintraten; 4.) neokeynesianische Visionen im Sinne einer schnellen Umverteilung von Ressourcen mit Hilfe von Bildung und Erziehung, wobei der nationalstaatliche Verwaltungsapparat als Redistributionsagent fungieren sollte sowie 5.) humanistische Visionen einer sozialen Demokratie, denen es vor allem um eine Erneuerung der Lehrinhalte und -praktiken und um eine Stärkung der innerhalb des Bildungssektors aktiven Akteure ging.

Es geht in diesem Beitrag nicht darum, die Interaktionsprozesse zwischen den genannten Akteuren und Perspektiven zwischen 1989 und 1999 im einzelnen nachzuzeichnen. Diese Dynamik ist zu komplex und hat sich im Laufe der Zeit zu sehr verändert, als dass sie auf wenigen Seiten angemessen dargestellt werden könnte, zumal bislang noch keine grundlegenden Studien über die Thematik existieren. Hier geht es um einen weitaus bescheideneren Beitrag. Vorgestellt wird die Bildungspolitik des Bundesministeriums für Bildung zwischen 1992 und 1999; deren wichtigstes Ziel war die Implementierung der grundlegenden Aspekte des 1992 erarbeiteten und 1993 verabschiedeten föderalen Bildungsgesetzes.

Zunächst muss jedoch darauf hingewiesen werden, dass diese Politiken eine Alternative zu einem anderen Gesetzentwurf darstellten, den der Bildungsminister von Präsident Menem, Antonio Salonia, und der Präsident selbst in den Kongress eingebracht hatten und der von den Gewerkschaften, den Lehrern und den seit geraumer Zeit mit der Situation des Bildungswesens befassten akademischen und sozialen Institutionen abgelehnt worden war (Narodowski 1998). Ein erster, von Menem und Salonia unterzeichneter, Gesetzentwurf war 1992 im Senat eingereicht und dort verabschiedet worden. Er wurde auf den Straßen durch beeindruckende Demonstrationen der Gewerkschaften und der Lehrer zurückgewiesen. Die öffentliche Zurückweisung des Gesetzentwurfes wurde unter dem Namen „Der weiße Marsch" bekannt, denn die Lehrerinnen und Lehrer kleideten sich bei dieser Demonstration mit den traditionellen weißen Kitteln, die die Beschäftigten der staatlichen Schulen tragen. Mit dieser Demonstration sollte der Widerstand gegen ein Gesetz verdeutlicht werden, das den Interessen und Notwendigkeiten von Haushaltseinsparungen im Bildungssektor zu entsprechen schien. Der Protest richtete sich auch gegen die neoliberale Grundausrichtung des Gesetzentwurfes, gegen die Vereinnahmung durch die privaten Bildungsinstitutionen sowie gegen das Fehlen von allgemeinen Orientierungs-

und Regulierungsmaßstäben für die Bildung, d.h. grundlegende Inhalte, curriculare Richtlinien, Evaluierungsmaßstäbe, etc.

Zum damaligen Zeitpunkt waren bereits sämtliche Bildungsdienstleistungen den Provinzregierungen bzw. der Stadtverwaltung von Buenos Aires unterstellt worden, womit der 1968 begonnene Prozess einer Dekonzentration des Bildungswesens zu Ende geführt wurde. Die privaten Einrichtungen, welche zuvor durch das nationale Bildungsministerium kontrolliert wurden, unterstanden jetzt der Aufsicht derjenigen Provinz, in deren Territorium sie sich befanden. Das neue Gesetz musste darüber entscheiden, ob und wenn ja welche nationalstaatlichen Richtlinien es für die Gesamtheit der Bildungsdienstleistungen geben würde, ungeachtet dessen, welcher Verwaltungsjurisdiktion die verschiedenen Einrichtungen unterstellt waren und unabhängig davon, ob es sich dabei um öffentliche oder um private Träger handelte.

Der von Menem und Salonia eingebrachte und im Senat – unter anderem mit der Stimme des späteren Staatspräsidenten und damaligen Senators Fernando de la Rúa – verabschiedete Gesetzentwurf enthielt keine Bestimmungen, die für die Verfechter eines staatlichen Bildungswesens zufriedenstellend gewesen wären. Ganz im Gegenteil zielten die im Gesetzentwurf enthaltenen Vorschriften nicht zuletzt darauf ab, einen Quasi-Bildungsmarkt zu schaffen und zu stärken (Narodowsli 1998). Angesichts der öffentlichen Proteste der Lehrerinnen und Lehrer machten sich der damalige Vorsitzende der Bildungskommission des Abgeordnetenhauses, der Abgeordnete Jorge Rodríguez, und seine Beraterin Susana Decibe für einen Dialogprozess stark, an dem auch Abgeordnete anderer Parteien und führende Vertreter der Lehrergewerkschaften teilnahmen. Als Ergebnis dieses Dialogprozesses wurde 1993 das Föderale Bildungsgesetz verabschiedet. Der Text dieses Gesetzes sieht Regulierungs- und Organisationsmechanismen eines „föderalen Bildungssystems" vor und räumt dem Nationalstaat eine starke orientierende und ausgleichende Rolle im Rahmen des Bildungswesens ein. Außerdem sah das Gesetz eine 20%ige jährliche Steigerung des Bildungshaushalts vor (República Argentina 1993).

Das neue Gesetz ging auf eine Initiative aus dem Abgeordnetenhaus zurück und wurde dort unter Einbeziehung aller politischen Kräfte ausgehandelt. Aus Gründen, die mit der für Argentinien typischen Art von parlamentarischen Verhandlungen zusammenhängen, wurde das Gesetz dann aber nur von der Mehrheitsfraktion angenommen. Bei der erneuten Abstimmung im Senat wurde der Entwurf dagegen einstimmig verabschiedet. Die Stärke des Entwurfes rührte nicht zuletzt daher, dass es damit – wenn auch nur für eine gewisse Zeit – gelang, die Situation auf den Straßen und im Bildungssektor wieder zu beruhigen. Eine gewisse Schwäche des Gesetzes basierte teilweise darauf, dass es trotz nur geringer Unterschiede zu den Vorschlägen einiger wichtiger Minderheitsfraktionen (Nosiglia/Marquina 1993) von diesen im Abgeordnetenhaus nicht angenommen wurde, weshalb die parlamentarische Opposition das neue Gesetz niemals vollständig akzeptierte. Noch mehr basierte die Schwäche des neuen Gesetzes allerdings darauf, dass das darin enthaltene Programm niemals von der Gesamtheit der nationalen Exekutive übernommen wurde. In der Tat bestand die von Seiten des Wirtschaftsministeriums propagierte Bildungspolitik darin, alle Bildungseinrichtungen auf die Provinzen zu übertragen und diesen die öffentliche Bildung zu überantworten, ohne dabei auf die sehr unterschiedlichen Orientierungs-, Führungs-, Kontroll- und Finanzierungskapazitäten äußerst heterogener regionaler Gesellschaften und Ökonomien Rücksicht zu nehmen. So lag beispielsweise das BIP pro Kopf in der Stadt Buenos Aires damals bei etwa 20.000 US$ jährlich, in La Rioja, Santiago del Estero und Jujuy dagegen nicht einmal bei 3.000 US$. Das Gesetz zur Übertragung der Sekundarschulbildung und der Lehrerausbildung wurde im Wirtschaftsministerium ohne Einbeziehung des Bildungsministeriums erarbeitet. Einige seiner wichtigsten Repräsentanten, so u.a. Juan Llach, der Bildungsminister der Regierung de la Rúa, formulierten nachträglich Vorschläge, die in eine andere Richtung gingen, beispielsweise eine Finanzierung pro Schüler, ohne Korrekturen aufgrund sozioökonomischer Unterschiede, und die Vergabe von Schulkonzessionen durch die Gemeinden (Llach/ Montoya/Roldán 1999: 366ff.).

1993 wurden die wichtigsten Verfechter des Föderalen Bildungsgesetzes von Präsident Menem an die Spitze des Bildungsministeriums berufen. Jorge Rodríguez und Susana Decibe bekleideten nacheinander das Ministeramt. Die wechselnden Kräfteverhältnisse innerhalb der Regierung, die unzulänglichen Anweisungen des Präsidenten und die persönlichen Schwächen von Rodríguez und Decibe, wenn es darum ging, hinsichtlich der unterschiedlichsten thematischen Fronten die Dialogprozesse in Gang zu halten und sich die Unterstützung zu erhalten, die sie ins Ministerium gebracht hatte – all dies führte dazu, dass ihre Führung nach anfänglicher Stärke jeweils in eine Schwächephase überging.

Zwischen 1993 und 1996 standen relativ große Handlungsspielräume zur Verfügung, aber danach kam es zu einer fortschreitenden Schwächung. Dies hing mit den genannten Gründen zusammen, aber auch mit dem Abklingen des wirtschaftlichen Wachstumszyklus. Dieser Zyklus hatte zusätzliche Ressourcen für den Bildungssektor verfügbar gemacht und die im Föderalen Bildungsgesetz vorgesehenen Neuinvestitionen tatsächlich in der vorgesehenen Form ermöglicht. Die politische Entscheidung bestand darin, diese Ressourcen zu verwenden, um „historische Schulden zu begleichen" im Hinblick auf den Zustand der Bildungsinfrastruktur, der Schulausstattungen, der Stipendien und der Lehrerausbildung; aber nicht, um die Gehälter der Lehrer zu erhöhen. Im Jahr 1996 waren die Lehrer und Professoren nicht mehr länger dazu bereit, sich mit dieser Situation abzufinden, zumal von ihnen auch eine Veränderung der überkommenen institutionellen Kultur, d.h. die Bereitschaft zur Weiterbildung und die Akzeptanz von Evaluierungsmaßnahmen erwartet wurde.

Im Jahr 1992 initiierten die Lehrergewerkschaften eine neue Phase ihres Kampfes, wobei es ihnen jetzt um Lohnerhöhungen ging. Ihre Forderungen sahen sich mit der Weigerung des Wirtschaftsministeriums konfrontiert, sich auf neue Kriterien zur Ermittlung der Lehrergehälter sowie auf deren Erhöhung einzulassen. Das sogenannte „weiße Zelt" stand mehr als 1.000 Tage vor dem Kongressgebäude in Buenos Aires, während man in Verhandlungskommissionen über verschiedene Alternativen debattierte und vergeblich versuchte, zu einer Übereinkunft zwischen Bildungsministerium, Wirtschaftsministerium und den beiden Häusern des Parlaments zu gelangen. Nach Jahren kollektiver Streikaktionen, die an den staatlichen Schulen immer wieder zu Unterrichtsausfall führten und von der Öffentlichkeit in zunehmendem Maße abgelehnt wurden, schlugen die Lehrergewerkschaften einen neuen Kurs ein. Sie setzten jetzt auf individuelle Hungerstreiks, die in dem vor dem Kongressgebäude errichteten Zelt durchgeführt wurden und dazu dienen sollten, die Aufmerksamkeit der Massenmedien auf die Anliegen der Lehrer zu lenken. Die mit dem „weißen Zelt" verbundenen Ziele wurden erreicht. Es entwickelte sich zu einem Anziehungspunkt für Sänger, Schauspieler sowie für andere Persönlichkeiten des gesellschaftlichen und politischen Lebens und zog während eines langen Zeitraums die Sympathien der Bevölkerung auf sich.

Bildungsministerin Decibe bemühte sich im Rahmen einer neuen Initiative darum, mit staatlichen Geldern und finanzieller Unterstützung der Weltbank eine grundlegende Reform der Lehrerlaufbahn auf den Weg zu bringen. Ihre wichtigsten Vorschläge lauteten: 1.) Lohnerhöhungen, aber unter der Voraussetzung, dass das Dienstalter nicht mehr zum wichtigsten Kriterium für Lohnerhöhungen herangezogen würde; 2.) eine stärkere Berücksichtigung der individuellen Befähigungen der Lehrer/innen; 3.) eine Abkehr von der überkommenen Laufbahnfolge Lehrer/in – Schulsekretär/in – Direktor/in – Aufsichtsbeamte/r durch Einführung paralleler Karrieremuster als Klassenlehrer/in und als Direktor/in; 4.) die Einrichtung eines verpflichtenden Systems zur regelmäßigen Kontrolle, inwieweit die Kenntnisse der Lehrerinnen, Lehrer und Direktoren dem jeweils aktuellen Kenntnisstand entsprechen.

Als Gegenleistung für die ihnen zugedachten Gelder sollten die Provinzen die Schulverwaltung modernisieren, die Information des Lehrkörpers über die Aktivitäten in den verschiedenen Bildungsbereichen gewährleisten und die Bestimmungen hinsichtlich der Krankschreibung rationalisieren, wobei gerade letzteres ein Aspekt war, der in starkem Maße für die Ineffizienz der bisherigen Ausgaben verantwortlich war. Das Projekt zur Professionalisierung des Lehrkörpers hätte ein Instrument zur Modernisierung und Rationalisierung des Bildungswesens werden können. Der Gesetzentwurf wurde dem Parlament vorgelegt, wo er jedoch aufgrund des bevorstehenden Wahlkampfes sowie der politischen Bedürfnisse der Opposition scheiterte.

Im darauf folgenden Jahr (1998) legte das durch Mobilisierungsmaßnahmen, Medien und Opposition unter Druck geratene Bildungsministerium eine neue, wesentlich bescheidenere Initiative vor, die aus der technischen Perspektive des Wirtschaftsministeriums umstritten war: den *Fondo de Incentivo Docente* (Fonds zur Schaffung von Anreizen für den Lehrkörper). Durch eine Sondersteuer auf Autos, Flugzeuge und Schiffe finanziert sollten ca. 700 Millionen US$ eingenommen werden, die für eine Erhöhung der Monatsgehälter des Lehrkörpers um 60 US$ – bei einem Durchschnittsgehalt von weniger als 500 US$ – verwandt werden sollten. Im Laufe des Entscheidungsprozesses kam es jedoch zu einer harten Auseinandersetzung zwischen Bildungs- und Wirtschaftsministerium. An der Spitze des Wirtschaftsministeriums stand damals bereits Roque Fernández, der sich durch ein buchhalterischeres und kämpferischeres Verhalten als sein Vorgänger auszeichnete. Der Konflikt zwischen den Ministerien drehte sich insbesondere um die Frage, inwieweit es zweckmäßig sei, dass die Bundeskasse eine Bürgschaft hinsichtlich der vorgesehenen Steuereinnahmen übernehme. Präsident Menem schloss sich der Perspektive des Wirtschaftsministeriums an und die in der ursprünglichen Vorlage vorgesehene staatliche Bürgschaft in Höhe von 700 Millionen US$ jährlich wurde gestrichen.

Zur Debatte über den *Fondo de Incentivo Docente* gesellte sich ein vehementer Konflikt hinsichtlich der Sparmaßnahmen im Rahmen des Haushalts für das Jahr 1999. Während das Bildungsministerium der Ansicht war, dass die Mittel für den Bildungssektor nicht von den Sparmaßnahmen betroffen sein dürften, war das Wirtschaftsministerium sehr wohl dieser Ansicht. Die ersten Entscheidungen hinsichtlich der Sparmaßnahmen betrafen die Universitäten in starkem Ausmaß, mit der Folge, dass die Studenten ihrem Unmut auf den Straßen zum Ausdruck verhalfen. Zusammen mit den von den Lehrergewerkschaften angeführten Mobilisierungsmaßnahmen führten diese Proteste dazu, dass sich das Bildungsministerium immer stärker von den Positionen des Wirtschaftsministeriums distanzierte.

Mit dem Hinweis auf „ein Unverständnis seitens der Regierung bezüglich der Erziehungsreform" – so die Formulierung in ihrer Rücktrittserklärung – verzichtete Susana Decibe im Mai 1999 freiwillig auf ihr Ministeramt. Zusammen mit ihr trat auch eine Gruppe von Beamten zurück, die aufgrund ihrer Nähe zur akademischen Welt und ihrer Unabhängigkeit gegenüber der Parteipolitik – ungeachtet dessen, ob es sich um Anhänger der peronistischen Partei handelte oder nicht – als „symbolische Analysten" bezeichnet werden können. Aufgrund dieser Rücktritte verlangsamten sich auch diejenigen Reformpolitiken, die vom nationalen Bildungsministerium auf der Grundlage von Konzertierungsprozessen mit den Bildungsministerien der Provinzen angestoßen worden waren (Braslavsky 1999a). In einigen Provinzen, die stärker in den Konzertierungsprozess involviert gewesen waren bzw. eigene Reformpläne verfolgten, bemühte man sich auch weiterhin um eine Fortführung der Reformen. In einigen anderen Provinzen wurden die Reformbemühungen regelrecht „eingefroren".

Grundlinien der Bildungspolitik (1992 – 1999)

Die wichtigsten bildungspolitischen Ziele der Jahre 1992 bis 1999 waren: 1.) die Einbeziehung des größtmöglichen Teils der Kinder und Jugendlichen in die Bildungsinstitutionen durch Zuweisung von Mitteln für eine Ausdehnung und Anpassung der Infrastruktur sowie für die Versorgung mit didaktischem Material; 2) die Umstrukturierung des Bildungssystems und 3.) die Aktualisierung der Lehrpläne und Lehrmethoden. Dazu griff man 4.) auf ein gemischtes Führungsmodell zurück, in dessen Zentrum das Bildungsministerium stand, welches seinerseits einer Anpassung seiner Funktionen, Strukturen und Personalauswahlkriterien unterlag. Die Errungenschaften dieser Politiken sind beachtlich, genauso wie dies – und so paradox es auch erscheinen mag – für ihre Defizite gilt.

Die Aktualisierung der Lehrpläne und –methoden war sehr umstritten und führte zu einer ganzen Reihe von Kontroversen, die bereits in verschiedenen Studien behandelt wurden.[1] Infolgedessen konzentriere ich mich auf den folgenden Seiten auf die anderen angesprochenen Aspekte. Einige Merkmale der neuen Lehrpläne sollten aber zumindest kurz erwähnt werden. Dies betrifft die besondere Betonung der Kommunikationsfähigkeit, die Einbeziehung der Evolutionstheorien in den Unterricht (gegen den Widerstand konservativer Sektoren) und die Berücksichtigung der gegenwärtigen globalen und nationalen Realität. Zudem waren die neuen Lehrpläne nicht sexistisch und verliehen den mit den Menschenrechten in Verbindung stehenden Themen während der gesamten Schulzeit Priorität

Wachsende Investitionen und zunehmende Nachfrage

Im Laufe des vergangenen Jahrzehntes hörte und las man im politischen und akademischen Umfeld oft, dass das öffentliche Bildungswesen Argentiniens zerstört werde (Puiggros 1997). Ein Blick auf die quantitativen Entwicklungstendenzen während dieser Periode zeigt, dass diese Behauptung absurd ist. Tatsächlich hatte die öffentliche Bildung in Argentinien seit vielen Jahrzehnten keine derart umfangreiche Expansionsphase erlebt, wie dies zwischen 1992 und 1999 der Fall war (Tabelle 1). Gleichzeitig hatte man niemals zuvor derart umfassende Veränderungen der noch aus dem 19. Jahrhundert stammenden Strukturen des Bildungswesens angestoßen wie in diesem Zeitraum. Es ist diese Politik des Strukturwandels, die unseres Erachtens einige Beobachter dazu bringt, von „Zerstörung" zu sprechen.

Im Föderalen Bildungsgesetz ist von „Allgemeiner Grundbildung" (*Educación General Básica*) die Rede. Damit sind jene neun Jahre andauernden Bildungsprozesse gemeint, die für alle Kinder zwischen 6 und 15 Jahren verpflichtend sind. Außerdem ist vorgesehen, dass vor Beginn der Allgemeinen Grundbildung eine „Anfangsbildung" (*Educación Inicial*) erfolgt, deren letztes Jahr ebenfalls obligatorisch ist und auf die ein dreijähriger „poly-modaler Zyklus" (*Ciclo Polimodal*) folgt. Diese Bestimmungen implizieren, dass die traditionelle Sekundarschulbildung durch eine Bildung ersetzt wird, die stärker auf ein häufig vorgebrachtes

---

1 Siehe Braslavsky 1995; Fernandez/Finocchio/Fumagalli 1999; Gvirtz/Aisenstein 1999a, b; Gvirtz/López Arriaga 1999; Gvirtz/Palamidessi 1998a, b, c; Terigi 1996; Wainerman/Heredia 1999).

Anliegen der Bevölkerung – eine Verlängerung der Schulzeit – eingeht. Dies ist auch der wichtigste Grund dafür, warum der durchschnittliche Schulbesuch in Argentinien schon 1991 bei 10,3 Jahren lag. Damit belegte Argentinien im lateinamerikanischen Vergleich einen vorderen Rang. Hinter diesem Durchschnitt verbergen sich jedoch sehr unterschiedliche Werte. In der Stadt Buenos Aires und in anderen urbanen Zentren gibt es einen hohen Anteil von Universitätsabsolventen, die ebenfalls in den genannten Durchschnittswert einfließen. Gleichzeitig existieren jedoch starke regionale und soziale Differenzen, unterschiedliche Ausbildungswege und stark abweichende Bildungserfolge.

Tabelle 1: Entwicklung des Schulbesuches, 1991-1998

	Schüler in allen Arten von Bildungseinrichtungen			
	1991	1998	Zunahme (absolut)	Zunahme (in Prozent)
Insgesamt	**8.290.144**	**9.555.187**	**1.265.043**	**15,3**
Anfangsbildung	982.483	1.178.281	195.798	19,9
Primarschulen	5.044.398	5.475.218	430.820	8,5
Mittelschulen	2.263.263	2.901.688	638.425	28,2
Quelle: Eigene Ausarbeitung auf der Grundlage von Daten des Bildungsministeriums (*Programa Estudio de Costos del Sistema Educativo*) sowie der *Censos de Población y Vivienda* von 1980 und 1991.				

Die deutliche Zunahme des Schulbesuches im Verlauf der Periode war auf eine Reihe von Faktoren zurückzuführen. Dazu gehörten unter anderem die veränderte Nachfrage infolge der Wirtschaftsreformen, die stärkere Präsenz von Bildungsthemen in der öffentlichen Diskussion und die mit der Verabschiedung des Föderalen Bildungsgesetzes zusammenhängenden Budgeterhöhungen. Die wirtschaftlichen Strukturreformen führten gleichzeitig zu einer Erhöhung der Nachfrage nach besser qualifizierten Arbeitskräften und zu wachsender Arbeitslosigkeit und Armut, insbesondere unter den jungen Menschen (Filmus/Miranda 1999). Damit ergab sich für die Jugendlichen ein doppelter Impuls, länger innerhalb des Bildungssystems zu verbleiben.

Zwischen 1993 und 1999 stieg der Anteil der Bildungsausgaben am Bundeshaushalt um 39% (Tabelle 2). Der größte Anteil der Mittel, die infolge des gestiegenen Haushaltsansatzes zur Verfügung standen, wurde für folgende Zwecke eingesetzt: 1.) Instandsetzung von Schulgebäuden in ländlichen Gegenden; 2.) Auf- und Ausbau von Schulgebäuden und Klassenzimmern als Reaktion auf eine gestiegene Nachfrage; 3.) Modernisierung verschiedener Einrichtungen; 4.) Vergabe von Stipendien in einer Gesamthöhe von 124 Millionen Dollar für mehr als 100.000 Schüler im siebten, achten und neunten Schuljahr zwischen 1997 und 1999 sowie 5.) Versorgung der Schülerinnen und Schüler in den ärmsten Provinzen mit Schulbüchern und weiterem Lernmaterial. Zwischen 1993 und 1999 wurden an die Schulen in Gegenden mit dem größten Anteil an Bevölkerung, deren Grundbedürfnisse nicht befriedigt sind, mehr als 15 Millionen Schulbücher übergeben. Ein bedeutender Anteil der finanziellen Mittel wurde auch für die Lehrerausbildung an privaten und staatlichen Universitäten, Lehrerbildungseinrichtungen und anderen mit dieser Aufgabe betrauten Institutionen aufgewandt.

Tabelle 2: Der Anteil der Bildungsausgaben am Bundeshaushalt, 1993-1999

Jahr	Bildungsausgaben (in 1.000 Peso)	Anteil der Bildungsausgaben an den Gesamtausgaben	Bildungsausgaben/ Bruttoinlandsprodukt (%)
1993	9.183	19.3	3.5
1994	10.107	19.2	3.6
1995	10.449	19.5	4.0
1996	10.877	20.4	4.0
1997	12.024	21.1	4.1
1998(*)	12.335	13.5 (**)	4.1
1999(*)	12.799	13.6	4.3

(*) vorläufige Angaben; (**) der prozentuale Rückgang ergab sich, weil der Schuldendienst um mehr als das siebenfache anstieg, während die Gesamtausgaben nur um weniger als das fünffache zunahmen. Quelle: *Dirección Nacional de Programación del Gasto Social* – MEyOSP.

Die Vergabe und Verwaltung der Ressourcen geschah durch zwei große, mit eigenen Mitteln finanzierte Investitionsprogramme und zwei kleinere, mit Mitteln der Weltbank und der Interamerikanischen Entwicklungsbank finanzierte Investitionsprogramme. Bei den mit eigenen Mitteln finanzierten Programmen handelte es sich um den „Sozialen Bildungsplan" (*Plan Social Educativo*) und den „Föderalen Bildungspakt" (*Pacto Federal Educativo*) (Tabelle 3 u. Grafik 1). Die im Rahmen des *Plan Social Educativo* vergebenen Mittel mussten auf der Grundlage von Armutsindikatoren zugewiesen werden. Die im Rahmen des *Pacto Federal Educativo* vergebenen Mittel wurden aufgrund von durch die Provinzen vorgelegten Projekten verteilt. Dies führte dazu, dass die Mittel im Rahmen des

Pacto Federal Educativo leichter zugänglich waren für Provinzen mit einem niedrigen Anteil an Haushalten, deren Grundbedürfnisse nicht befriedigt sind, denn diese Provinzen waren aufgrund der vorhandenen technischen und professionellen Kapazitäten eher dazu in der Lage, Projekte zu beantragen.

Tabelle 3: Investitionen pro Schüler im Rahmen des Plan Social Educativo und des Pacto Federal Educativo, 1993-1998 (in US-Dollar)

Provinzen nach Anteil der Haushalte mit nicht befriedigten Grundbedürfnissen	Pacto Federal Educativo	Plan Social Educativo
niedriger Anteil (NBI bajo)	121	95
mittlerer Anteil (NBI medio)	93	137
hoher Anteil (NBI alto)	59	148

Quelle: Eigene Zusammenstellung auf der Grundlage von Daten des *Programa de Costos del Sistema Educativo. Secretaría de Programación y Evaluación Educativa.*

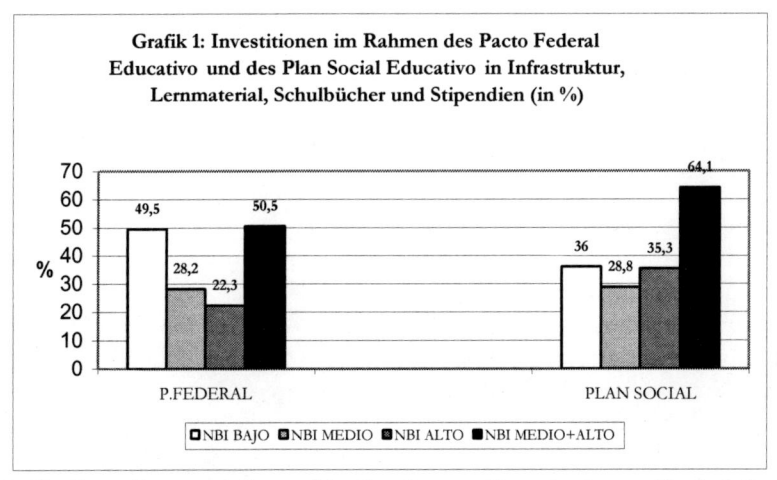

Grafik 1: Investitionen im Rahmen des Pacto Federal Educativo und des Plan Social Educativo in Infrastruktur, Lernmaterial, Schulbücher und Stipendien (in %)

	P.FEDERAL	PLAN SOCIAL
NBI BAJO	49,5	36
NBI MEDIO	28,2	28,8
NBI ALTO	22,3	35,3
NBI MEDIO+ALTO	50,5	64,1

Quelle: Eigene Zusammenstellung auf der Grundlage von Daten des *Programa Estudio de Costos del Sistema Educativo. Secretaría de Programación y Evaluación educativa.* Zur Erläuterung siehe Tabelle 3.

Demgegenüber profitierten vom *Plan Social Educativo* in größerem Ausmaße die Provinzen mit einem mittleren und hohen Anteil an Haushalten, deren Grundbedürfnisse nicht befriedigt sind. Beide nationalen Programme trugen zu einer Verbesserung der Rahmenbedingungen des Bildungswesens bei und schufen Voraussetzungen, um dem Wunsch der

Bevölkerung nach längeren Schulzeiten entgegenzukommen, und dies neben und mit einer gewissen Unabhängigkeit von den Transformationsprozessen, die die verschiedenen Provinzen gleichzeitig im Bereich des Bildungswesens in die Wege leiteten.

Verschiedene Indikatoren sprechen für eine angemessen effiziente und wirksame Verwendung der Bildungsausgaben des Nationalstaates. Beispielsweise heißt es immer wieder, im Bildungssystem stünden viele Personen auf den Gehaltslisten, die keinen Unterricht erteilen. Dies trifft zu. Aber auf diesen Personenkreis entfällt lediglich ein Anteil von 16,7% der Bildungsausgaben der Provinzen. Dies scheint nicht zu viel zu sein, um den Aufgaben in den Bereichen Führung, Aufsicht, Verwaltung und Beratung angemessen nachzukommen. Infolgedessen – und auch wenn die Effizienz der Mittelverwendung sicherlich in vielen Bereichen noch weiter verbessert werden muss – scheint es nicht möglich zu sein, die durch die gegenwärtigen Bildungshaushalte nicht abgedeckten Bedürfnisse allein durch eine effizientere Verwendung der zur Verfügung stehenden Mittel abzudecken.

Andererseits übersteigen die Bildungsausgaben der Provinzen vielfach bereits mehr als ein Viertel der Gesamtausgaben (Tabelle 4). Daher wäre es auch kaum möglich gewesen, den Anteil der Bildungsausgaben weiter zu erhöhen, um mehr Mittel für notwendige Reformen zu erhalten. Unter Umständen – und wenn der politische Wille dazu vorhanden gewesen wäre – hätte man die Bildungsausgaben auf Kosten der Mittel für den Militärhaushalt und für die Bedienung der Auslandsschulden sowie mittels Einsparungen durch eine effizientere Verwendung der Mittel für Bauten und Projekte erhöhen können. Davon abgesehen konnte die Alternative jedoch nur darin bestehen, das Wirtschaftswachstum zu erhöhen und eine positive Wechselwirkung zwischen Bildung und wirtschaftlicher und sozialer Entwicklung zu erzeugen. Dazu würde auch ein fortschrittliches Steuersystem gehören, welches die wirtschaftliche Produktion des Landes als das Ergebnis einer gemeinsamen Anstrengung betrachtet und infolgedessen auch dessen Früchte zwischen allen verteilt. Ebenso ist bekannt, dass die Ineffizienzquellen in den Provinzen auf die Fortexistenz klientelistischer Mechanismen in einem Umfeld, das durch Restriktionen auf dem Arbeitsmarkt geprägt ist, zurückzuführen sind. Die Kombination aus Arbeitsplatzmangel, einem wenig transparenten Haushaltsgebaren, ineffizienten etatistischen Praktiken sowie vormodernen Organisationskulturen war ein großes Hindernis für Fortschritte in Richtung einer effizienteren Verwendung der Haushaltmittel in den Provinzen im allgemeinen und in einigen Provinzen im besonderen.

Tabelle 4: Der Anteil der Bildungsausgaben an den Gesamtausgaben der Provinzen, 1993-1997 (in Prozent)

Provinz	Bildungs-ausgaben	Andere Ausgaben	Ausgaben insgesamt
BUENOS AIRES	32.51	67,49	100
GCBA	31,07	68,93	100
CATAMARCA	28,65	71,35	100
CHACO	26,42	73,58	100
CHUBUT	23,09	76,91	100
CORDOBA	31,24	68,76	100
CORRIENTES	26,15	73,85	100
ENTRE RIOS	24,18	75,82	100
FORMOSA	13,64	86,36	100
JUJUY	25,98	74,02	100
LA PAMPA	24,02	75,98	100
LA RIOJA	26,96	73,04	100
MENDOZA	28,62	71,38	100
MISIONES	23,50	76,50	100
NEUQUEN	26,68	73,32	100
RIO NEGRO	22,77	77,23	100
SALTA	22,91	77,09	100
SAN JUAN	22,58	77,42	100
SAN LUIS	24,02	75,98	100
SANTA CRUZ	23,14	76,86	100
SANTA FE	33,05	66,95	100
SGO. DEL ESTERO	28,79	71,21	100
TIERRA DEL FUEGO	17,46	82,54	100
TUCUMAN	28,60	71,40	100
Durchschnitt	28,79	71,21	100

Anmerkung: Es handelt sich um vorläufige Angaben; Quelle: Programa de Costos del Sistema Educativo. Secretaría de Evaluación y Programación Educativa. Ministerio de Cultura y Educación de la Nación.

Unzureichende und instabile qualitative Verbesserungen

Einige Daten scheinen dafür zu sprechen, dass auch im Hinblick auf die Ergebnisse der schulischen Lernprozesse Fortschritte erzielt werden konnten. Zwischen 1993 und 1999 verzeichnete man bei den Lernprozessen in den Bereichen Mathematik und Sprache Verbesserungen um 7 bzw. um 26 Prozent. Die größten Verbesserungen ergaben sich in den Provinzen mit einem hohen Anteil an Haushalten, deren Grundbedürfnisse nicht erfüllt sind. Dies waren auch die Regionen, in die die meisten Mittel für Infrastruktur, Ausstattung und Ausbildung flossen (Grafik 1 u. 2). Neueste Daten zeigen, dass die Leistungssteigerungen in den Bereichen Sprache und Mathematik, deren Bedeutung man nur erfassen kann, wenn man berücksichtigt, dass 1.265.000 zusätzliche Kinder und Jugendliche in das Bildungssystem integriert wurden, im Verlauf des turbulenten Jahres 1999 einen Rückschlag verzeichneten.

Insgesamt stellte sich die Situation des Bildungswesens im Jahr 1999 folgendermaßen dar: Die Bevölkerung war an längeren Schulzeiten interessiert und erreichte dies auch; auch bei den Ausbildungsergebnissen waren Fortschritte zu verzeichnen und der Staat investierte mehr Mittel in das Bildungswesen. Trotzdem waren viele Stimmen zu hören, die ihre Unzufriedenheit mit der Situation zum Ausdruck brachten. Wie ist dies zu erklären?

Grafik 2: Zunahme der zufriedenstellenden Prüfungsergebnisse an Primar- und Mittelschulen nach Provinzen (gemäß dem Anteil der Haushalte, deren Grundbedürfnisse nicht erfüllt sind), 1993-1998 (in %)

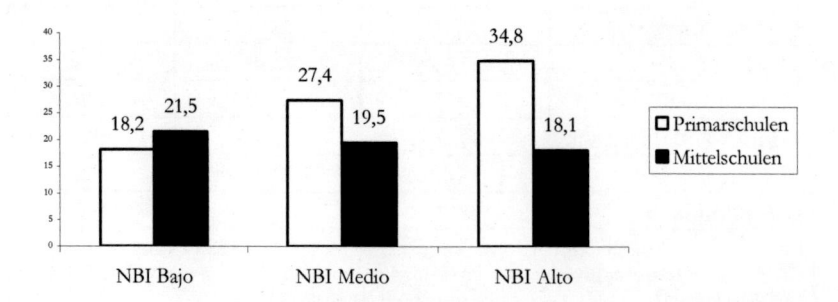

Anmerkung: NBI Bajo = Provinzen mit 7-16% Haushalten, deren Grundbedürfnisse nicht befriedigt sind; NBI Medio = Provinzen mit 17-25% Haushalten, deren Grundbedürfnisse nicht befriedigt sind; NBI Alto = Provinzen mit mehr als 26% Haushalten, deren Grundbedürfnisse nicht befriedigt sind.
Quelle: Programa de Estudios de Costos del Sistema Educativo. Ministerio de Educación.

Die Wahrnehmung der Reformen durch die Bevölkerung

Angesichts der oben beschriebenen Situation könnte man annehmen, dass die ablehnenden Stimmen auf partikulare Interessen der Presse, der Opposition, der Intellektuellen oder anderer Gruppen zurückzuführen seien; oder darauf, dass ein Zusammenhang zwischen den demokratieförderlichen Bildungspolitiken und den ausgrenzenden Wirtschafts- und Sozialpolitiken hergestellt werde; oder auf die Unfähigkeit der Regierung, ihre Errungenschaften in der Öffentlichkeit angemessen darzustellen. Möglicherweise findet sich in allen drei Interpretationen ein Teil der Wirklichkeit.

Trotzdem kann die zweifellos vorhandene Unzufriedenheit großer Teile der Bevölkerung mit den Bildungspolitiken auch unter Bezugnahme auf andere Faktoren interpretiert werden. Eine Vermutung lautet, dass die erzielten Fortschritte aufgrund der dramatischen Ausgangssituation als Tropfen auf den heißen Stein empfunden wurden und dass sich die Leute zudem aufgrund der besseren Verfügbarkeit von Informationen sowie der Präsenz von Bildungsthemen in der öffentlichen Diskussion eher darüber klar werden konnten, wie gravierend die Situation war. Eine andere mögliche Erklärung für die Unzufriedenheit lautet, dass die Bevölkerung zwar eine Strukturreform für notwendig erachtete, die tatsächlich realisierten Reformen jedoch – da sie nicht in ausreichendem Maße vermittelt und erklärt wurden – nicht richtig verstanden wurden, zumal die Strukturreform auch mit anderen Strategien hätte umgesetzt werden können.

Man kann davon ausgehen, dass ein Teil der Unzufriedenen den Anstieg der Investitionen im Bildungssektor wahrnimmt und auch selbst mehr Energie in die eigene Bildung investiert. Gleichzeitig haben die Leute jedoch das Gefühl, dass diese Investitionen nicht zu den erwarteten Ergebnissen führen, auch wenn einige partielle Fortschritte zu verzeichnen sind. Anders ausgedrückt: Ein Teil der Bevölkerung hat das Gefühl, mehr Bildungsleistungen zu erhalten, aber ohne dass eine qualitative Verbesserung stattgefunden hätte; gleichzeitig sind die Leute der Ansicht, dass sie eine ganz andere Bildung als vorher benötigen. In gewisser Weise könnte die Unzufriedenheit ein Ausdruck dafür sein, dass eine rein quantitative Ausweitung des aus dem 19. Jahrhundert stammenden Bildungssystems nicht ausreicht, um die sinnvolle Ausgestaltung einer ausgeweiteten Schulpflicht zu garantieren. Es muss daher darum gehen, einen qualitativen Sprung in die Wege zu leiten: einen Wandel im Hinblick auf das Modell des Bildungswesens, im Hinblick auf die Art und Weise, wie Familien, politische Entscheidungsträger und Verwaltungsfunktionäre mit diesen Institutionen verbunden sind. Es geht um den Aufbau einer neuen Pädagogik und einer anderen Bildungspolitik. Es geht, so kann man es zusammenfassen, um die „Neuerfindung" der argentinischen Bildung (Braslavsky 1999b).

Im Umfeld der damaligen Regierung war es sehr schwer, diese Hypothese aufzuzeigen, und erst recht, Verständnis dafür vorzufinden. Funktionäre der vordersten Linie in Provinzen mit Regierungen unterschiedlicher politischer Couleur, die Anhänger der Reformen waren, zeigten sich verblüfft angesichts der paradoxen Situation, dass die Verbesserungen nicht auf gesellschaftliche Anerkennung stießen. Man verstand nicht, warum die Leute protestierten, obwohl Schulgebäude errichtet, Schulbücher und Laborausstattungen verteilt und Hunderttausende von Stipendien an bedürftige Jugendliche vergeben wurden.

Unsere Hypothese geht davon aus, dass dies der Fall war, weil die genannten materiellen Erfordernisse zwar für eine Verbesserung der Bildung notwendig sind, aber absolut nicht ausreichen, um einen Wandel zu fördern, an dem die Bevölkerung sich selbst als Teilhaber versteht. Die vorgenommenen Investitionen in Material und Personal wurden vermutlich in der Wahrnehmung der Leute mit dem bitteren Verdacht in Verbindung gebracht, dass es sich dabei um politischen Klientelismus handelte, aus dem parteipolitischer Nutzen gezogen werden sollte. Die mit gewissen Fortschritten im Bildungswesen einhergehende gesellschaftliche Unzufriedenheit dürfte darauf zurückzuführen sein, dass kein umfassender gesellschaftlicher Diskussionsprozess stattfand und kein breiter Konsens gesucht wurde hinsichtlich der Fragen, warum eine Neuerfindung des argentinischen Bildungswesens notwendig ist und welche Richtung eine derartige Reform nehmen sollte.

Das alte Bildungssystem, welches sich ausdehnt und das man reformieren will, hat seine Ursprünge in Europa und basiert auf zwei aufeinanderfolgenden Stufen: der Primar- und der Sekundarstufe. Ursprünglich waren diese beiden Stufen nicht als konsekutiv konzipiert. Die siebenjährige Primarschule mit einem einzigen Lehrer oder einer einzigen Lehrerin wurzelt in der Volksschule als bescheidener Alternative für die formale Bildung der Armen. Die Sekundarschule mit mehr als zehn Lehrern pro Jahr geht demgegenüber auf die Gymnasien und Lyzeen zurück, welche als Alternative für die formale Bildung der Oberschichten konzipiert wurden (Durkheim 1983). Die Erfinder dieser Modelle gingen nicht davon aus, dass diejenigen, die eine Volksschule besuchen, später auch ein Gymnasium oder Lyzeum absolvieren würden. Andererseits war es nicht notwendig, eine Volksschule besucht zu haben, um in ein Gymnasium oder Lyzeum aufgenommen zu werden.

Das Auftauchen der europäischen Mittelschichten führte zu einer langen Phase der Umstrukturierung der Bildungssysteme (Müller/Ringer/Simon 1992). Grundlegende Achse dieser Rekonfiguration war die Unterordnung eines Bildungstyps unter den anderen und eine Art „Verkleben" von zwei sehr unterschiedlichen Modellen, ohne dass man für beide wirklich nach neuen Entwürfen gesucht hätte. Erst in den 1950er Jahren stieß die Idee einer Gesamtschule in Europa auf mehr Rückhalt. Sie war nicht nur für die Ausbildung aller Bürger gedacht, sondern auch für die Ausbildung von Bürgern, auf die durch eine gemeinsame Bildung eine nivellierende Wirkung ausgeübt werden sollte (Hargreaves 1982; Benn/Chitty 1997). Die Idee der Gesamtschule blieb stets kontrovers. Trotzdem wurde sie in einigen Ländern zur vorherrschenden Schulform und stiftete in anderen viel Unruhe.

Der Vorschlag einer neunjährigen Allgemeinen Grundbildung geht auf jenes Streben nach sozialer Gerechtigkeit und politischer Gleichheit zurück. Die Einrichtung eines dritten Zyklus der Allgemeinen Grundbildung, der die Schülerinnen und Schüler der siebten, achten und neunten Klasse in einer pädagogisch verstandenen Organisationseinheit zusammenfasst und den Übergang von einem im wesentlichen auf Inhaltsvermittlung und Sozialisation orientierten Modell zu einer poly-modalen Stufe erleichtern soll, die in überwiegendem Maße der Erläuterung von Zusammenhängen dient, spielt bei der Verwirklichung dieses Strebens eine Schlüsselrolle. Gleichzeitig sollen weitere Vorrichtungen für die Bewahrung der Vielfalt und die Förderung der Freiheit sorgen (Braslavsky 1999b).

Ein Kriterium für die Neuerfindung des argentinischen Bildungssystems besteht infolgedessen darin, das System als ein nach Zyklen strukturiertes Kontinuum zu konzipieren. Der Föderale Rat für Kultur und Bildung einigte sich auf die Organisation von fünf Zyklen: Anfangszyklus, primärer, sekundärer, tertiärer und poly-modaler Zyklus; auf diese Art und Weise können die Kinder und Jugendlichen ihre Schullaufbahn ohne abrupte Schnitte zwischen verschiedenen institutionellen Modellen durchlaufen. Außerdem wurde betont, dass es notwendig und möglich ist, jedem Zyklus eine eigene Identität zu verleihen und die einzelnen Zyklen jeweils mit den vorhergehenden und nachfolgenden abzustimmen. Möglicherweise ist ein Teil der Unzufriedenheit mit den Strukturreformen in den Bildungssystemen einiger Provinzen darauf zurückzuführen, dass die genannten Kriterien vielen Technokraten, Medien und vor allem Aufsichtsbeamten, Direktoren, Eltern und Schülern kaum bekannt sind bzw. von ihnen wenig beachtet wurden.

Tatsächlich initiierten die Provinzen Buenos Aires und Córdoba ihre Strukturreformen auf der üblichen Basis von Rundschreiben. Die Provinz Buenos Aires entschied sich explizit dafür, dem Zugang der ärmeren Bevölkerungsschichten zum Bildungssystem und deren Verweildauer innerhalb des Systems Vorrang zu geben. Man verordnete zunächst die Organisation der drei Zyklen der Allgemeinen Grundbildung innerhalb desselben Schulgebäudes, wobei im dritten Zyklus der Umfang des Lehrkörpers reduziert werden sollte. In der öffentlichen Meinung wurde diese Entscheidung als „Primarisierung" des dritten Zyklus interpretiert und führte zu Ablehnung und Widerstand von Seiten der Mittelschichten. Die Provinz Córdoba entschied sich dafür, den ehemals siebten Grad der Primarschule in die Sekundarschulen zu verlagern und gemäß den dort existierenden Vorschriften zu organisieren, wodurch die Anzahl der Schüler zunächst zurückging. Diese Option wurde von der Öffentlichkeit als „Sekundarisierung" des siebten Grades interpretiert. Vor allem die Gewerkschaften lehnten dieses Modell ab.

In Wirklichkeit ging es bei diesen Politikentwürfen weder um eine „Sekundarisierung" des dritten Zyklus – wie es in Córdoba den Anschein hatte –, noch um eine „Primarisierung" von zwei Jahren des alten Sekundarzyklus – wie es in Buenos Aires der Fall zu sein schien. Es handelte sich darum, im gesamten Bildungssystem eine Abkehr von der überkommenen Einteilung in Primar- und Sekundarschulen zu vollziehen. Stattdessen sollte ein angemessenes System für eine Gesellschaft ohne soziale Klassen geschaffen werden. Dieses System sollte sich im besten Sinne an den ambitioniertesten Vorschlägen der liberalen oder sozialistischen Utopien orientieren (Mcpherson 1977) und ein Höchstmaß an sozialer Gerechtigkeit und demokratischem Radikalismus gewährleisten, zwei leicht miteinander zu vereinbarenden Zielen.

Das Fehlen eines angemessenen Diskurses und die Schwierigkeiten bei der Erarbeitung von Vorschlägen bezüglich der Organisation und den pädagogischen Inhalten des Bildungswesens, die mit dem tiefergehenden Sinn der angestrebten Strukturreform übereingestimmt hätten, führten dazu, dass diese in einigen der bevölkerungsreichsten Provinzen als „noch mehr Arbeit" angesehen wurde. Vielen Lehrerinnen und Lehrern, Professoren, Eltern sowie der öffentlichen Meinung insgesamt fiel es schwer, Verständnis dafür zu entwickeln. Neue Gebäude und Bücher, schön und gut. Aber wozu? Der Strukturwandel ist sehr komplex, und wiederum: wozu?

Angesichts dieser Zweifel entschieden sich die Regierung der Stadt Buenos Aires und andere Sektoren für eine Verschiebung des Reformprozesses oder lehnten ihn ganz ab. Dies war darauf zurückzuführen, dass es in einer ersten Reformphase so aussah, als ob der wichtigste Aspekt der Bildungsreform nicht die Etablierung neuer Schulmodelle und einer sie mehr oder weniger harmonisch stützenden Struktur des Gesamtsystems sei, sondern ein Strukturwandel mit dem Ziel, einen „Gründergeist" zu hinterlassen. Es hat den Anschein, als ob der Bevölkerung gelegentlich das Mittel (eine andere Struktur) als Zweck (institutionelle Modelle mit harmonischeren Übergängen im Sinne einer verbesserten Betreuung der Kinder und Jugendlichen) präsentiert wurde. Zudem scheint es, als ob die in den führenden Provinzen gewählten Optionen eine gewisse Starrheit aufgewiesen hätten. Sie erinnerten teilweise an die überkommenen Politiken und an Entscheidungen auf der Grundlage empirisch wenig fundierter und nicht genügend zukunftsgerichteter Planungen. Notwendig gewesen wäre demgegenüber eine zustandsbezogene Planung auf der Grundlage eines Abwägens von kreativen Alternativen, um den sehr verschiedenartigen Realitäten in den einzelnen Provinzen möglichst gerecht zu werden.

Diejenigen Provinzen, die den Reformprozess erst in einem zweiten Schritt initiierten, schlugen einen anderen Weg ein. Der Übergang zu neuen Strukturen vollzog sich hier in größerem Maße im Rahmen eines Abwägens zwischen verschiedenen Alternativen. Im Zentrum standen dabei die jeweils spezifischen Bedürfnisse und Möglichkeiten der einzelnen Provinzen und nicht die rasche Etablierung eines einheitlichen Modells für eine Vielfalt von Situationen.

Ein zweites Kriterium, das in Verbindung mit dem Vorschlag für eine strukturelle Reform des Bildungssystems steht, bezieht sich auf die Notwendigkeit, die Schülerinnen und Schüler gleichzeitig auf eine Arbeitswelt vorzubereiten, die geprägt ist von einem knappen Stellenangebot und einem ständigen Wandel, und ihnen die für das Finden eines ersten Arbeitsplatzes notwendigen Qualifikationen zu vermitteln. Derartige Überlegungen stecken hinter der Entscheidung für eine komplementäre Organisation der poly-modalen Stufe einerseits und den stärker technisch orientierten Ausbildungswegen (*Trayectos Técnico Profesionales*) andererseits. Sie berücksichtigen überdies die Tatsache, dass viele Absolventen diese Technischen Schulen vorzeitig verlassen und dass es unbedingt notwendig ist, daran etwas zu ändern. Es geht nicht darum, die alten Technischen Schulen einfach zu schließen, aber es kann auch nicht zugelassen werden, dass sie ohne jegliche Reform weitermachen wie bisher.

Die Dienstleistungen dieser Schulen müssen so flexibilisiert werden, dass sie für unterschiedliche Nachfragetypen ein angemessenes Angebot präsentieren; für Jugendliche, die die Sekundarschule beendet haben genauso wie für solche, die die poly-modale Stufe der alten Handelsschulen und Gymnasien besuchen und über keinerlei technisch-berufsbezogene Ausbildung verfügen, daran jedoch interessiert sind.

Es wurde vorgeschlagen, zwei komplementäre Ausbildungswege einzurichten: eine allgemeine Grundausbildung, die auf eine ungewisse und im ständigen Wandel begriffene Arbeitswelt vorbereitet und eine technisch-berufsbezogene Ausbildung, die auf einen ersten Arbeitsplatz vorbereitet, der sicherlich in einigen Jahren nicht mehr in dieser Form existieren wird. Ein solches Modell wurde jedoch von den Lehrern und Professoren zahlreicher Technischer Schulen bei verschiedenen Gelegenheiten als nicht sinnvoll interpretiert, um als Grundlage für ein Bildungsmodell zu dienen, das eine andere – und bessere – Zukunft ermöglichen soll. Die Frage lautet: warum?

Ein drittes Kriterium das dem Vorschlag für eine Reform des Bildungswesens zugrunde liegt, steht in Zusammenhang mit der Notwendigkeit, nicht länger eine geringe Anzahl von vorbestimmten Persönlichkeitsprofilen zur Grundlage der Ausbildung zu machen, sondern eine unbestimmte Vielfalt von Persönlichkeiten heranzubilden, die eine ethische Grundüberzeugung und eine Zugehörigkeit teilen. Die alte Sekundarschulbildung ging davon aus, dass es vier Prototypen von wertvollen Persönlichkeiten gibt: den Abiturienten, den Techniker, den Handelskaufmann und die Lehrerin. Die Bildung bzw. Ausbildung jedes einzelnen dieser Prototypen erfolgte mittels einer Anzahl von identischen Plänen und Programmen, die dann in sehr unterschiedlichen Zusammenhängen angewandt wurden. In der Realität führten die unterschiedlichen Kontextsituationen dazu, dass Veränderungen und Anpassungen der Studienpläne und -programme notwendig wurden. Im Rahmen des Bildungssystems entstanden dadurch zahlreiche höhere Schulen (*colégios*), insbesondere private. Die Ausbildungsunterschiede zwischen diesen Schulen sind so groß, dass von einem anarchischen Zustand gesprochen werden kann (Aguerrondo 1996). Gegenwärtig gibt es in Argentinien mehr als 2.000 Studienpläne für die Sekundarschulausbildung. In einigen Provinzen übersteigt die Zahl der verabschiedeten Studienpläne die der funktionierenden Schulen. Dies alles ist zudem wenig transparent und kaum dazu geeignet, um den Familien und Jugendlichen eine Entscheidung über den zu wählenden Ausbildungsweg zu ermöglichen.

Um diese Situation zu verändern, erfand man eine neue Einrichtung, die „curriculare Grundstruktur" (*estructura curricular básica*): Sie besteht nicht mehr aus einem Studienplan mit der gleiche Anzahl von Materien für drei oder vier Prototypen von Absolventen bzw. aus einer wenig transparenten Vielfalt multipler, aber gleichermaßen rigider Studienpläne, sondern umfasst vielmehr die flexible Unterstützung für „Räume" (*espacios*), im Rahmen derer die Provinzen oder die Bildungsinstitutionen die Vermittlung der allgemeinen Grundkenntnisse (*contenidos básicos comunes*) entsprechend ihren Vorstellungen und Bedürfnissen organisieren können (Consejo Federal de Cultura y Educación 1996). Diese Struktur beinhaltet nur wenige rigide Bestimmungen. Eine davon lautet, dass die Schüler in jedem Jahr an höchstens zehn „curricularen Räumen" (Materien, Workshops, Projekte u.a.) teilnehmen können. Vorgesehen ist außerdem in allen Fällen die Realisierung von Forschungsprojekten und Vorträgen sowie ein Praktikum im sozialen Bereich oder in der Wirtschaft.

Auf dem Weg zu einem neuen Führungsmodell

Eine weitere Errungenschaft dieser Jahre der Transformation des Bildungssystems ist die Herausbildung und Akzeptanz eines gemischten Führungsmodells im Bereich der Bildung (Braslavsky 1999a). Bis vor kurzem argumentierte man auf der Grundlage einer fundamentalistischen Rhetorik, dass die gesamte Verwaltung des Bildungssystems dezentralisiert werden sollte. Dabei wurde nicht berücksichtigt, dass die Verwaltung des Bildungswesens erstens darin besteht, eine große Menge von Ressourcen auf verschiedene Bildungseinrichtungen zu verteilen und zweitens die Beteiligten so zu mobilisieren und bei ihren Bemühungen zu unterstützen, dass sie in voller Ausübung ihrer Kreativität mittels guter Lehrmethoden für ein funktionierendes Bildungssystem sorgen. Zur Erreichung dieser Ziele gibt es jedoch keinen Königsweg. Die Transformation des Bildungswesens wurde mit Hilfe von mindestens vier unterschiedlichen Führungsmethoden angestoßen.

Die erste könnte man als dekonzentrierte Implementierung bezeichnen. Auf diese Weise wurden die kompensatorischen Politiken in einem beträchtlichen Teil des Landes in die Praxis umgesetzt. Dabei handelt es sich um jene Politiken, deren Ziel es ist, einen Ausgleich für die sehr unterschiedlichen Rahmenbedingungen des Bildungswesens in den einzelnen Provinzen zu schaffen. Es ging um die Gewährleistung einer ausreichenden Ernährungsgrundlage für die jeweilige Bevölkerung, um die Garantie einer angemessenen Infrastruktur und die Beschaffung von Lehrmaterialien, aber auch um technische Unterstützung, um in den einzelnen Bildungseinrichtungen qualifizierte Entscheidungsprozesse zu ermöglichen.

Die zweite Modalität könnte als inter-gouvernementale Konzertierung bezeichnet werden. Sie besteht darin, dass Entscheidungen und Handlungslinien von den – unterschiedlichen politischen Parteien angehörenden – Repräsentanten der Departementregierungen und der nationalen Regierung gemeinsam entwickelt, getroffen und evaluiert werden. Als Forum für den Dialog und die Suche nach Kompromissen diente der „Föderale Rat für Kultur und Bildung" (*Consejo Federal de Cultura y Educación*). Niemals zuvor in der Geschichte des argentinischen Bildungswesens existierte ein derartiger Mechanismus, um den föderalen Charakter der Verfassung mit Leben zu füllen. Zum ersten Mal gelang es, die Interessen und Funktionsweisen großer und kleiner Provinzen miteinander zu versöhnen, und dies unabhängig davon, ob sie von einer der beiden großen Parteien oder von einer Provinzpartei regiert wurden. Die intergouvernementale Konzertierung weist nichtsdestotrotz eine Schwäche auf, denn sie umfasst keine Übereinkünfte mit den zivilgesellschaftlichen Kräften. In Einzelfällen war es möglich, mit diesen Sektoren in einen Dialogprozess zu treten. Dies hing aber vom jeweiligen Thema und von den spezifischen Zeitumständen ab.

Als dritte Modalität im Rahmen des gemischten Führungsmodells setzte man auf die technische Zusammenarbeit zwischen den einzelnen Provinzen. Die verantwortlichen Gremien der verschiedenen Provinzen trafen Entscheidungen unter Berücksichtigung der jeweiligen regionalen Gegebenheiten, sie griffen jedoch gemeinsam auf existierende Kapazitäten zurück und tauschten sich über Erfahrungen und Lernprozesse aus. Diese Form der Führung wurde einigermaßen erfolgreich zur Ausarbeitung der Lehrpläne für die einzelnen Provinzen angewandt.

Die vierte Führungsmodalität im Rahmen des gemischten Modells bestand in einer Konzertierung auf lokaler Ebene. Dabei ging es insbesondere um Entscheidungen darüber, an welchen Orten die Zyklen des reformierten Bildungssystems angesiedelt werden sollten. An den Verhandlungen hinsichtlich der territorialen Reorganisation der Bildungsdienstleistungen wurden sowohl die Gemeinden als auch kommunale Institutionen beteiligt. Leider griff man nur in wenigen Provinzen auf diese Form der Konzertierung zurück, beispielsweise in La Pampa. Zudem geschah dies erst, nachdem die beiden großen Parteien Fortschritte bei der Einigung über eine territoriale Reorganisation des Systems erzielt hatten. Dabei wurden die Möglichkeiten für eine Einbeziehung der Gemeinden und anderer dem Bildungswesen nahestehender Institutionen in den Diskussionsprozess nicht ausgeschöpft.

Das gemischte Führungsmodell ermöglichte es, Erfahrungen zu sammeln und gleichzeitig sehr unterschiedliche Probleme zu lösen. Andererseits erforderte dieses Modell von Seiten der Schulen, sich auf sehr unterschiedliche Logiken einzulassen, je nachdem, welche Ressourcen für sie vorgesehen waren und welche Prozesse gefördert werden sollten. Während die erste Führungsmodalität den unitarischen und zentralistischen Traditionen einerseits und den wohlfahrtsstaatlichen andererseits näher steht, greift die vierte Modalität der Realisierung einer sozialen Demokratie vor, die auf Kräfte angewiesen ist, die in der argentinischen Zivilgesellschaft nicht immer vorhanden sind.

Errungenschaften und Schwierigkeiten der Bildungsreform

Sechs Jahre nach dem Beginn der letzten Phase der Bildungsreform konnten mindestens sechs Errungenschaften und zahlreiche Schwierigkeiten und Defizite hervorgehoben werden.

Eine erste Errungenschaft bestand darin, dass es gelang, Fortschritte bei der Integration der Kinder und Jugendlichen aus den ärmeren Bevölkerungsschichten in das Schulsystem zu erzielen. Gleichzeitig existierten jedoch große Hindernisse auf dem Weg zur Verwirklichung eines angemessenen pädagogischen Konzeptes, um Heranwachsenden, die von der Straße in die Schulen geholt werden konnten, kognitive und zur Gestaltung des Zusammenlebens notwendige Fähigkeiten zu vermitteln und damit ihre Lebensqualität zu verbessern.

Die zweite Errungenschaft bestand in den Fortschritten hinsichtlich einer würdevolleren Ausstattung der schulischen Lehr- und Lernräume. Die Schulgebäude wurden modernisiert und renoviert, die Bildungseinrichtungen verfügten jetzt über eine bessere Ausstattung: Textbücher, Lehrerbibliotheken, Computer, Laboreinrichtungen. Trotz dieser Verbesserungen war man aber noch weit entfernt von für alle Schülerinnen und Schüler des Landes angemessenen und einigermaßen vergleichbaren Voraussetzungen. Zudem entsprach den Investitionen in den Bereichen Infrastruktur und Ausstattung keine gleichermaßen effiziente Verbesserung hinsichtlich der Lehrerausbildung. Trotz großer Anstrengungen stießen die auf den Weg gebrachten Aus- und Weiterbildungsmodelle nicht auf große Begeisterung von Seiten der Lehrer und konnten nur wenig dazu beitragen, deren Fähigkeiten zur Bewältigung von Problemen des Schulalltages zu stärken.

Drittens konnten Fortschritte im Hinblick auf die Lernerfolge erzielt werden. Die Neugestaltung der Lehrpläne und die Verbesserungen hinsichtlich der angewandten Lernmodelle in vielen Bildungseinrichtungen des Landes trugen vor allem in den ärmsten Provinzen zu besseren Lernerfolgen in den Bereichen Sprache und Mathematik bei. Trotzdem gingen auch hier die Fortschritte ungleichmäßig und langsam vonstatten und reichten bei weitem nicht aus, um den Herausforderungen des XXI. Jahrhunderts angemessen zu begegnen. Zudem gab es auch im Hinblick auf diesen Aspekt Rückschritte und Stagnationen.

Viertens konnte erreicht werden, dass die Bemühungen um eine Erneuerung des Bildungswesens nicht mehr in aller Heimlichkeit vorgebracht werden mussten, sondern als legitim und wünschenswert galten. Trotz dieser neuen Wertschätzung für eine grundlegende Strukturreform gab es erst wenige Bildungseinrichtungen, die messbare und übertragbare Innovationen verwirklicht hatten, die sich auch in den Ergebnissen der Lernprozesse auf Seiten der Schülerinnen und Schüler niederschlugen.

Fünftens konnte das Szenario für einen grundlegenden Wandel des gesamten Bildungswesens entwickelt werden. Dabei wurden die Unterrichtspraxis, die institutionellen und strukturellen Merkmale, alle Ebenen und Funktionsweisen des Systems und einige weitere Aspekte berücksichtigt. In der Tat gab es kaum einen Aspekt des Bildungswesens, der nicht in Frage gestellt und über den in den Ministerien nicht auf die eine oder andere Art und Weise nachgedacht worden wäre. Aber gleichzeitig waren in diesem Zusammenhang mindestens drei Defizite zu beklagen. Das erste hing mit der Schwierigkeit zusammen, einen Zeitplan für die Reform des gesamten Bildungswesens aufzustellen, ohne dabei – wie Juan Carlos Tedesco (1998) sagen würde – alles zur gleichen Zeit und unterschiedliche Zusammenhänge stets auf die gleiche Art und Weise anzugehen. Das zweite Defizit bezog sich auf die Schwierigkeiten, den Dialog mit allen Betroffenen in einer für sie verständlichen Sprache zu pflegen und auf ihre spezifischen Interessen so einzugehen, dass sie ihre eigenen Beiträge einbringen und so die staatlichen Vorschläge umdeuten oder gar zu deren vollständiger Umorientierung beitragen konnten. In der Regel ging man davon aus, dass dieses Defizit politischer Natur sei. Eine alternative Ansicht lautete dagegen, dass es dabei zwar eine politische Komponente gebe, darüber hinaus aber auch eine methodologische Komponente, die mit einem weiteren Defizit zusammenhänge: dem Fehlen installierter Kapazitäten, um einen konzertierten Wandel der seit langem existierenden und tiefgreifend verwurzelten Strukturen, Praktiken und Repräsentationsformen in die Wege zu leiten.

Sechstens gelang es zumindest teilweise, das technische Personal und die Lehrer in die Umsetzung einiger Aspekte der Bildungsreform einzubeziehen, aber es war nicht möglich, ein Bündnis zwischen Bildungseinrichtungen, Familien und Gemeinden zustande zu bringen. Zwar gab es in ländlichen Sektoren in dieser Hinsicht große Fortschritte, aber im größten Teil der urbanen Gesellschaft und ganz besonders in den marginalen Gegenden der großen Städte konnte nicht verhindert werden, dass Elend und Gewalt auf die Bildungseinrichtungen übergriffen. Noch weniger gelang es, Wege zu finden, mittels derer aus den Bildungseinrichtungen heraus eine Gegenkultur des Zusammenlebens und der Potenzierung der Fähigkeiten zur Verbesserung der Lebensqualität entwickelt worden wäre.

Möglicherweise sind die Errungenschaften in hohem Maße auf die Fähigkeit zurückzuführen, die Spielräume des Bildungssektors für Fortschritte bei seiner Selbsttransformation zu nutzen. Dazu trug die mehr oder weniger dauerhafte Unterstützung durch einen Teil der politischen Machthaber bei, aber auch die innerhalb des Bildungssektors selbst erkannte Notwendigkeit, durch den Wandel eine neue Legitimationsgrundlage und die notwendigen Ressourcen für seinen Fortbestand zu erhalten. Viele der Defizite hingen möglicherweise mit der schwierigen sozioökonomischen Situation zusammen.

Für die Bildungspolitik nach dem Ende der Regierung Menem gab es zahlreiche Alternativen. Einer Weiterführung der Bildungsreform setzte die Einsicht voraus, dass strukturelle Veränderungen ebenso notwendig seien wie ein auf nationaler Ebene reguliertes Bildungssystem, dass das nationale Bildungsministerium diesbezüglich eine wichtige Rolle spielen müsse und dazu die Unterstützung aller Sektoren benötige und dass die Investitionen in den Sektor weitergehen müssten. Eine andere Alternative bestand darin, die Kompetenzen des nationalen Ministeriums zurückzuschneiden und zu einer in erster Linie an Finanzgesichtspunkten orientierten Bildungsreform zurückzukehren, wie sie – bei einem mehr oder weniger großen Bewusstsein aller Beteiligten hinsichtlich dieser Tatsache – die erste Phase der Regierung Menem prägte. Dies hätte bedeutet, die Zuständigkeit für Strukturreformen bei den Provinzen anzusiedeln, den Ressourcenfluss in den Bildungssektor zu reduzieren und die Beteiligung des Bildungsministeriums an der Evaluierung der Lernerfolge einzuschränken. Eine dritte Alternative bestand darin, ungeduldig zu werden und mit mehr oder weniger Ressourcen zu einer neo-keynesianischen Politik der direkten Intervention des Nationalstaates zurückzukehren, um einen Ausgleich für die Ungleichheiten zu schaffen, ohne diese Eingriffe mit der Förderung von Strukturreformen zu verbinden, die mit den Provinzministerien abgesprochen werden müssten.

Zum Zeitpunkt der Abfassung dieses Beitrages war noch nicht klar abzusehen, welcher Kurs die nächsten Jahre prägen würde. Die in der letzten Phase der Regierung Menem verantwortliche Führung des nationalen Bildungsministeriums verfügte nicht über ausreichende Spielräume, um ihr Mandat mit einer Evaluierung ihrer Politiken zu vervollständigen, die entsprechenden Informationen aufzubereiten und die öffentliche Debatte darüber anzuregen. Die Ressourcen sind knapp und die Herausforderungen zahlreich. Vielleicht schlägt erneut die Stunde des Parlamentes.

Literaturverzeichnis

Aguerrondo, Inés (1996): *La escuela como organización inteligente*, Buenos Aires: Ed. Troquel.

Braslavsky, Cecilia (1995): „Concertación de Contenidos Básicos Comunes", in: *Proyecto principal de Educación en América Latina y el Caribe* 36, OREALC/UNESCO.

Braslavsky, Cecilia (1996): „Veränderungen im Erziehungswesen 1984-1995", in: Nolte, Detlef/Werz, Nikolaus (Hrsg.): *Argentinien. Politik, Wirtschaft, Kultur und Außenbeziehungen*, Frankfurt am Main: Vervuert, 260-272.

Braslavsky, Cecilia (1999a): „La gestión pública de la educación argentina: aspectos de la relación entre el Estado Nacional, los estados provinciales y las municipalidades", in: UNESCO: *La gestión en busca del sujeto*, Santiago de Chile: UNESCO.

Braslavsky, Cecilia (1999b): *Re-haciendo escuelas. Hacia un nuevo paradigma en la educación latinoamericana*, Buenos Aires: Ed. Santillana.

Braslavsky, Cecilia/Cosse, Gustavo (1997): *Las actuales reformas educativas en América Latina: cuatro actores, tres lógicas y ocho tensiones*, Santiago de Chile: PREAL.

Benn, Charles/Chitty, Charles (1997): *Thirty years on. Is Comprehensive Education alive and well or struggling to survive?*, London: Penguin Book, David Vulton Publishers.

Brunner, José Joaquín/Sunkel, Gustavo (1993): *Conocimiento, sociedad y política*, Santiago de Chile: FLACSO.

Cigliutti, Sonia (1993): „Los consejos de escuela", in: *Propuesta Educativa* 9.

De Lella, Cayetano/Krotsch, Pedro (Hrsg.)(1990): *El Congreso Pedagógico Nacional. Evaluación y Perspectivas*, Buenos Aires: Ed. Sudamericana.

Durkheim, Emile (1983) [1938]: *Historia de la Educación y de las Doctrinas Pedagógicas*, Madrid: Ed. La Piqueta.

Dussell, Inés (1994): *El curriculum de la escuela media argentina*, Buenos Aires: Ministerio de Cultura y Educación de la República Argentina.

Fernández, Analía/Finocchio, Silvia/Fumagalli, Laura (1999): „Cambios de la educación secundaria en Argentina", Ponencia presentada al Seminario *La educación secundaria: ¿cambio o inmutabilidad?*, Buenos Aires: IIPE.

Filmus, Daniel/Miranda, Ana (1999): „América Latina y Argentina en los ′90: más educación, menos trabajo = más desigualdad", in: *Los noventa. Política, sociedad y cultura en América Latina y Argentina de fin de siglo*, Buenos Aires: FLACSO-EUDEBA, 111-150.

Gvirtz, Silvina/Palamidessi, Mariano (1998a): „Curriculum, centralización y descentralización", in: *Novedades Educativas* 91.

Gvirtz, Silvina/Palamidessi, Mariano (1998b): „La construcción del contenido escolar: ¿una traición a la ciencia?", in: *Novedades Educativas* 93.

Gvirtz, Silvina/Palamidessi, Mariano (1998c): *El a,b,c de la tarea docente: curriculum y enseñanza*, Buenos Aires: Editorial Aique.

Gvirtz, Silvina/Aisenstein, Angela (1999a): „Contempla la escuela los nuevos saberes científicos", in: *Novedades Educativas* 100.

Gvirtz, Silvina/Aisenstein, Angela (1999b): „Los cambios curriculares: ¿Una simple modernización gatopardista?", in: *Novedades Educativas* 106.

Gvirtz, Silvina/López Arriaza, Florencia (1999): „Los libros de texto y la actualización de los contenidos", in: *Novedades Educativas* 103.

Hargreaves, Daniel (1982): *The challenge for the comprehensive school. Culture, curriculum and community*, London: Routledge.

Llach, Juan José/Montoya, Silvia/Roldán, Flavia (1999): *Educación para todos*, Buenos Aires: IERA.

Mcpherson, Cecil Bennedict (1977): *La democracia liberal y su época*, Madrid: Alianza Editorial.

Muller, David/Ringer, Francis/Simon, Brian (1992): *El desarrollo del sistema educativo moderno. Cambio estructural y reproducción social. 1870-1920*, Madrid: Ministerio de Trabajo y Seguridad Social.

Narodowski, Mariano (1998): „¿Hacen falta 'políticas educativas de Estado' en la Argentina?", in: *Punto de Vista*, XXI (62).

Nosiglia, María Catalina/Marquina, Mónica (1993): „Ley de Educación", in: *Propuesta Educativa* 9.

Puiggrós, Adriana (1997): *La otra reforma. Desde la educación menemista al fin de siglo*, Buenos Aires: Galerna.

Tedesco, Juan Carlos (1998): „Desafíos de las reformas educativas en América Latina", in: *Propuesta Educativa* (9) 19, 19-23.

Terigi, Flavia (1996): „Sobre conceptos, procedimientos y actitudes", in: *Novedades Educativas* 64.

Wainerman, Catalina/Heredia, Mariana (1999): *Mamá amasa la masa. Cien años en los libros de la escuela primaria*, Buenos Aires: Ed. de Belgrano.

Offizielle Dokumente

Consejo Federal de Cultura y Educación de la República Argentina (1996): Serie A – Nr. 10. *Acuerdo Marco para la Educación Polimodal*. Res. 54/96.

Gobierno de Mendoza. Dirección General de Escuelas (1999): *La Educación en Mendoza. Aportes para la Reflexión*, Mendoza.

República Argentina (1992): *Ley de Transferencia de Servicios Educativos a las provincias*, nr. 24.049.

República Argentina (1993): *Ley Federal de Educación* nr. 24.195.

Klaus Bodemer

Auf dem Weg zur Normalität. Die Außenpolitik der Regierung Menem zwischen pragmatischem Bilateralismus, neuen Integrationsimperativen und sicherheitspolitischen Arrangements

Ausgangsbedingungen, außenpolitische Grundprinzipien und Prioritäten der Regierung Menem

Nach Jahren der Militärherrschaft (1976-1983) sah es der erste demokratisch gewählte Präsident, Raúl Alfonsín, angesichts des gravierenden Legitimitätsverlusts während der Diktatur – in der Innenpolitik: schwere Menschenrechtsverletzungen, der wirtschaftliche Niedergang und eine dramatisch ansteigende Verschuldung, in der Außenpolitik: Niederlage im Falkland/Malvinen-Krieg – als seine vorrangige Aufgabe an, die Demokratisierung nach innen mit einer bewussten Reintegration nach außen zu verbinden (Bodemer 1987: 21-37 u. 1996: 273-296). Aufrechterhaltung des internen und internationalen Friedens, Konsolidierung der Demokratie, wirtschaftliche und soziale Entwicklung, Respektierung der Menschenrechte und Erhöhung der außenpolitischen Entscheidungsautonomie galten als strategische Leitziele der neuen Politik. Insgesamt sollte die Außenpolitik durch einen neuen Realismus und Pragmatismus gekennzeichnet sein, der jedoch eine ethische Fundierung nicht ausschloss, sie vielmehr im Gegenteil nachdrücklich forderte. Dem Dilemma der permanenten „Statussuche" (Grabendorff) Argentiniens versuchte die neue Regierung dadurch zu entgehen, dass sie aus der Not gleichsam eine Tugend machte und Argentinien als „westliches, blockfreies, auf dem Weg der Entwicklung befindliches Land" (*un país occidental, no alineado y en vías de desarrollo*) apostrophierte. Vor dem Hintergrund der genannten Ziele und außenpolitischen Prioritäten galten gleichsam als „natürliche" Ansprechpartner (1) Lateinamerika (vor allem die traditionellen Rivalen Chile und Brasilien); (2) die Vereinigten Staaten und (3) Westeuropa.

Als Menem im Juli 1989 die Regierungsgeschäfte von seinem Amtsvorgänger Alfonsín übernahm, sah er sich mit grundlegend gewandelten internationalen und internen Lageparametern konfrontiert. Mit der friedlichen Revolution in Osteuropa und dem Fall der Berliner Mauer war die Ära des Kalten Krieges und der Blockkonfrontation zu Ende. George Bush rief die USA als Gewinner aus und prognostizierte das Aufkommen einer „Neuen Weltordnung". Francis Fukuyama diagnostizierte des „Ende der Geschichte" mit dem „furchtlosen Sieg des ökonomischen und politischen Liberalismus" (Fukuyama 1989: 3). Andere sahen eine Ära des Chaos voraus. Während die Gefahr der Vernichtung durch Atomwaffen sich spürbar reduziert hatte, drohten andere Konflikte, sei es zwischen den Zivilisationen (Huntington 1993) oder entlang sozioökonomischer Bruchlinien (Brzezinski 1993). Bislang eher latente, von der Systemkonkurrenz überlagerte Entwicklungstrends im innersystemischen Bereich (Demokratisierung), auf der transnationalen Ebene (ökonomische Globalisierung) wie in den internationalen Institutionen (Einschwören auf den sog. „Konsens von Washington") wurden deutlicher sichtbar und wichtiger, als in Zeiten des Kalten Krieges. Militärisch war das internationale System nunmehr unipolar, mit den USA als unbestrittenem Zentrum, wirtschaftlich multipolar mit der Triade *North American Free Trade Associacion* (NAFTA; Mitglieder: USA, Kanada, Mexiko), Europäische Union (EU) und Japan als Kern.

In seiner Außenpolitik versuchte Menem von Anfang an – entgegen seiner in der Tradition des klassischen Peronismus stehenden Rhetorik während des Wahlkampfs – sich den neuen Strukturen, Prozessen und Regeln in der Weltwirtschaft und Weltpolitik anzupassen. Dem Gewicht der Ökonomie und einem erweiterten Sicherheitsverständnis entsprechend stützte sich die „neue Außenpolitik" auf zwei Pfeiler: zum einen die Handelspolitik (unter den Leitgedanken der Voraussehbarkeit, Stabilität und Öffnung), zum anderen auf eine sicherheitspolitische Strategie, die Konflikte (insbesondere mit dem Hegemon USA und den Rivalen Brasilien und Chile) vermied und sich den verschiedenen internationalen, hemisphärischen und regionalen Abrüstungsschritten nicht länger verweigerte (Bernal-Meza 1999: 57-58). Der neue außenpolitische Kurs basierte vor allem auf drei Grundeinsichten:

1. In einer liberalen Demokratie und einem internationalen Kontext, in dem ein konfliktives Verhalten zur westlichen Führungsmacht USA mit erheblichen Kosten verbunden ist, muss es das vorrangige Ziel der Außenpolitik sein, den Bürgern zu dienen. Nach der Verankerung der Demokratie als Herrschaftsform und Regelsystem nach innen und ihrer glaubhaften Propagierung nach außen – beides das unbestreitbare Verdienst der Regierung Alfonsín – hieß „den Bür-

gern dienen" nunmehr in erster Linie Förderung des wirtschaftlichen Wachstums – ein Feld, auf dem die Radikalen rundum versagt hatten.
2. Das nationale Interesse definiert sich unter den gegenwärtigen Bedingungen in erster Linie durch wirtschaftliches Wachstum. Dies gilt in besonderem Maße für ein Land der Dritten Welt, das keinen glaubhaften externen Bedrohungen ausgesetzt ist;
3. Die Vereinigten Staaten sind die mit Abstand wichtigste externe Bezugsgröße für die Außenpolitiken der lateinamerikanischen Staaten, weshalb es von vitalem Interesse ist, mit dieser Macht stets gute Beziehungen zu pflegen, solange davon nicht vitale materielle Interessen in Mitleidenschaft gezogen werden. Daraus zog die neue Regierung den Schluss, dass jede nicht mit der Entwicklung Argentiniens verbundene Herausforderung der nord-amerikanischen Führungsrolle kontraproduktiv ist (Escudé/Fontana 1995: 5).

Entsprechend diesen Grundeinsichten distanzierte sich Menem vom realistischen (machtpolitischen) Modell der Außenpolitik ebenso wie vom idealistischen Modell seines Vorgängers Alfonsín und sprach sich für eine Bürger-zentrierte *(ciudadano-centríca)* neue Außenpolitik aus. Deren Akzentsetzungen sollten durch die Schlüsselbegriffe „Realismus", „Pragmatismus" und „Normalität" verdeutlicht werden. Außenminister Cavallo gab entsprechende Interpretationshilfe: „Realistisch" sei die argentinische Außenpolitik dann, wenn sie in den Beziehungen mit den befreundeten Nationen das geeignete politische Ambiente für die Lösung der dringenden ökonomischen und sozialen Probleme der argentinischen Bevölkerung schaffe; sie sei „pragmatisch", wenn sie auf einen (falschen) *principismo* und *idealismo* (nach Auffassung der Regierung Menem die Kardinalsünden der Alfonsinschen Außenpolitik) verzichte; sie sei „normal", wenn sie nach dem Vorbild der erfolgreichen Länder des Nordens ihre Probleme mit Vernunft und Seriosität zu lösen versuche mit dem Ziel, den Lebensstandard der eigenen Bevölkerung zu heben (Ministerio de Relaciones Exteriores y Culto, 21.9.1989: 1).

Auf der Basis dieser Leitprinzipien fixierte die Regierung Menem drei außenpolitische Prioritäten:

1. die Vertiefung der Beziehungen mit den Führungsmächten des Nordens, insbesondere den Vereinigten Staaten und (mit Abstand) der EG mit dem Ziel, „eine gute Integration des Landes in die Weltwirtschaft und eine gute Lösung der Verschuldungsfrage „ zu erreichen;

2. den Ausbau der Beziehungen mit den lateinamerikanischen Nachbarn, insbesondere Brasilien und Chile;
3. die Überwindung der Verhandlungsblockade in der Falkland/Malvinas-Frage (Bodemer 1996: 275-276; Fuentes 1996: 24).

Alle drei Politikfelder weisen – wie im Folgenden zu zeigen sein wird – neben der diplomatischen und wirtschaftlichen auch eine sicherheitspolitische Dimension auf (Kurtenbach/Bodemer/Nolte 2000).

Die privilegierten Beziehungen zu den USA – Zwischen "neuem Pragmatismus" und vorauseilendem Gehorsam

Das schwierige Verhältnis zu den USA durchzieht wie ein roter Faden die argentinische Diplomatiegeschichte von der ersten Panamerikanischen Konferenz in Washington (1888/89) bis in die jüngste Zeit. Argentinien ging systematisch auf Konfrontationskurs zu den USA in internationalen Organisationen und Konferenzen, lehnte die Monroe-Doktrin ab, bestand auf einer neutralen Position in den beiden Weltkriegen, vertrat in den Jahren des ersten Peronismus (1945-1955) einen Dritten, vor allem gegen die USA gerichteten außenpolitischen Kurs und arbeitete über Jahre aktiv in der Blockfreienbewegung mit. Zivil- wie Militärregierungen verweigerten ihre Unterschrift unter den Vertrag über die Nicht-Verbreitung spaltbaren Materials und den Vertrag von Tlatelolco über eine atomwaffenfreie Zone in Lateinamerika. Das Land lieferte sich bis Ende der 70er Jahre mit dem Rivalen Brasilien einen Wettlauf mit einem eigenen Nuklearprogramm, legte den Grundstein für eine eigene Raketenproduktion (*Condor* 1 und 2), stand 1978 am Rande eines Krieges mit Chile und stürzte sich 1982 in den Falkland/Malvinas-Konflikt. Verantwortlich für das belastende Legat waren mehrere Faktoren:

1. die ein halbes Jahrhundert (1880-1930) währende, auf einer extensiven Landwirtschaft basierende, wirtschaftliche Prosperität, die Ambitionen in Richtung eines Großmacht-Status aufkommen ließ;
2. die geographische Isolierung Argentiniens, die dazu verleitete, den internationalen Kontext aus dem Blick zu verlieren und den eigenen Status zu überhöhen;
3. ein durch curriculare Elemente im argentinischen Erziehungssystem verstärkter Nationalismus, der die eigene Geschichte glorifizierte, die Sonderrolle des Landes hervorhob und seine künftigen Möglichkeiten systematisch überzeichnete;

4. der eklektische Umgang mit bestimmten Theorien der internationalen Beziehungen, wobei dependenztheoretische und geostrategische Vorstellungen mit solchen des Idealismus und (Neo)-Realismus ein je nach politischer Konjunktur und Regimetyp variables, in der Regel jedoch äußerst diffuses Mischungsverhältnis eingingen (Escudé 1998: 63-66).

Während Alfonsín nach einer ersten Phase eines eher distanzierten Verhältnisses in der zweiten Hälfte seiner Amtsperiode den Beziehungen zu den USA stillschweigend den ersten Platz einräumte, ließen Menem und sein Außenminister Cavallo, ab 1992 dann dessen Nachfolger Di Tella, keine Gelegenheit aus, die USA demonstrativ als den privilegierten Partner hinzustellen. Dieses Verhalten war nicht zuletzt Konsequenz einer Allianz mit der lokalen Finanz- und Unternehmerelite und deren Interessenvertretungen. Ihm lag die Prämisse zugrunde, dass Argentinien als mittlere Macht nicht über die Kapazität verfüge, um eine globale Außenpolitik zu betreiben, vielmehr pragmatisch sich auf jene Partner zu konzentrieren habe, von denen man am ehesten Unterstützung bei dem vorrangigen (entwicklungs)politischen Ziel: dem Aufbau einer ökonomisch potenten, auf dem Weltmarkt konkurrenzfähigen und weltweit respektierten Mittelmacht erwarten könne. Außenpolitik wurde damit – mehr noch als zu Zeiten Alfonsins – zum Reflex der Innenpolitik (Bodemer 1991).

Dass die USA unter den privilegierten Partnern so eindeutig den ersten Platz einnehmen sollten, hatte weitere Gründe: Zum einen erschienen die USA in der Perzeption der peronistischen Regierung auch in der post-bipolaren Weltordnung als die politische und militärische Führungs- und regionale Vormacht. Auch galten sie als glaubwürdigster Garant einer freien Marktwirtschaft, d.h. der Wirtschaftsordnung, die nach dem Zusammenbruch der sozialistischen Planwirtschaften nunmehr unangefochten die Szene beherrschte. Zu dem Hegemon auf Konfrontation zu gehen – wie in der Vergangenheit mehrfach geschehen – zahle sich nicht aus, sei vielmehr den eigenen Interessen auf der ganzen Linie abträglich. Zum anderen mache die von Alfonsín geerbte chaotische Wirtschaftssituation die Unterstützung der USA (als Handelspartner, Kreditgeber und Investor, vor allem aber als potente Einflussgröße in den internationalen Finanzinstitutionen) notwendiger denn je (Busso/Bologna 1994: 29).

Als Menem 1989 inmitten eines wirtschaftlichen Desasters vorzeitig das Ruder übernahm, war die Bush-Administration zunächst ausgesprochen skeptisch, ob ein in der internationalen Presse als Provinzcaudillo beschriebener Politiker bereit sein würde, mit der traditionell anti-amerikanischen Tradition seiner Partei zu brechen. Dem Konzept entsprechend, dass ein konfliktfreies Verhältnis zur westlichen Führungsmacht auch eine sicherheitspolitische Investition darstelle, griff die neue Regierung im Rahmen ihrer Strategie des *low profile* zu weitreichenden Konzessionen in den konfliktiven Fragen der bilateralen Agenda, um sich das Vertrauen der USA zu erwerben. So entsandte der neue Präsident während des Golf-Krieges demonstrativ ein Truppenkontingent und zwei Kriegsschiffe in die Krisenregion. Diese innenpolitisch heftig umstrittene Aktion – eine ureigene Idee Menems – sollte symbolisch Argentiniens neue Außenpolitik und seinen Schulterschluss mit dem Hegemon im Norden zum Ausdruck bringen, die aktive Teilnahme argentinischen Personals am Wiederaufbau Kuwaits fördern (eine Hoffnung, die sich nicht erfüllen sollte) und mithelfen, dem argentinischen Militär eine neue, friedensstiftende Rolle zuzuschreiben (Hufty 1996: 173-174).

Auf wirtschaftlichem Gebiet unterstrich Menem seine feste Absicht, staatliche Unternehmen zu privatisieren, Subsidien abzubauen und sukzessive auf eine zum Weltmarkt hin offene und international konkurrenzfähige Wirtschaft hinzuarbeiten. Ergänzend versprach er die Kapitalisierung der Auslandsschulden, die Errichtung eines rechtlichen Garantiesystems für Auslandsinvestitionen sowie die Gleichbehandlung inländischen und ausländischen Kapitals. Auch auf politischem Gebiet übernahm Menem in diversen Fragen den US-amerikanischen Standpunkt. So unterschrieb er die amerikanische These, dass das Drogenproblem eines der großen politischen und sozialen Risiken in Lateinamerika sei, vergleichbar der Guerilla in den 60er und 70er Jahren, und versprach aktive argentinische Unterstützung im Kampf gegen die Drogenmafia.

Im Gegenzug kündigte Bush die Aufhebung des so genannten Humphrey-Kennedy-Amendments an, das den Waffenverkauf an Argentinien verbot, versprach, sich bei den Kreditgebern für eine dem Mexiko-Deal vergleichbare Schuldenlösung, den Plan Brady, einzusetzen und gab grünes Licht für einen 1,4 Milliarden US-Dollar *stand-by*-Kredit des IWF an Argentinien (Russell 1990: 6). Ingesamt waren die nordamerikanischen Konzessionen jedoch eher symbolischer Natur, was angesichts des realen Gewichts Argentiniens in den Außenwirtschaftsbeziehungen bei nüchterner Betrachtung auch kaum verwundern konnte. Während der Argentinien-Handel der USA ganze 0,2% am gesamten Außenhandel ausmachte, bezog das Land am Río de la Plata seinerseits 21,6% seiner Importe aus den USA und exportierte 11,6% seiner Produkte dorthin (Makuc 1990, zit. nach Hufty 1996: 174).

Auf sicherheitspolitischem Gebiet im engeren Sinn wurden mit dem Stop des Raketenprogramms *Condor II* (Mai 1991) und der Unterzeichnung einer Reihe von Verträgen über die Herstellung und Verbreitung von Massenvernichtungswaffen[1] jene Stolpersteine aus dem Wege geräumt, die in der Vergangenheit das argentinisch- amerikanische Verhältnis erheblich belastet hatten.

Ausdruck eines neuen sicherheitspolitischen Denkens sowie des Wunsches einer engeren Allianz mit führenden Industrieländern war schließlich auch das mehrfach bekundete Interesse an einer Mitgliedschaft in der NATO. Es stieß jedoch bei den Bündnispartnern auf keinerlei Resonanz. Mit dem Angebot der Regierung Clinton im Juli 1996, Argentinien einen privilegierten Status außerhalb der NATO einzuräumen, wurde auf das Ersuchen schließlich doch noch, wenn auch mit erheblicher Verzögerung und eher symbolisch reagiert.

Ein letzter Bereich sicherheitspolitischer Erwägungen betraf die interamerikanischen Beziehungen. Hier teilte Argentinien weitgehend die Positionen der USA und Kanadas und unterstützte die Bemühungen der OAS, Fragen der politischen Demokratie, der Menschenrechte, des internationalen Rechts und der Marktwirtschaft in einen erweiterten, der post-bipolaren Welt angemessenen sicherheitspolitischen Dialog einzubeziehen (IRELA 1995: 30).

Mit sicherheitspolitischen Fragen eher indirekt zu tun hatte die argentinische Position im Verhältnis zu den Karibikstaaten Kuba und Haiti. In der Kuba-Frage übernahm Menem in diametralem Gegensatz zu seinem Vorgänger Alfonsin voll den US-Standpunkt. Während die Staaten der Rio-Gruppe mehrheitlich für eine Rückkehr der Inselrepublik in die regionalen und hemisphärischen Organisationen ohne jegliche politische Vorbedingungen votierten, reklamierte Menem einen spürbaren politischen Wandel in Kuba als Voraussetzung für die argentinische Unterstützung. Auch war die argentinische Regierung die einzige, die die Embargo-Politik der USA nicht ausdrücklich verurteilte. Im Alleingang mit Panama votierte Argentinien am 6. März 1991 in der UN-Menschenrechtskommission zugunsten eines US-Antrags, die Menschenrechtssituation auf Kuba zu untersuchen. Allerdings schloss sie sich, um den Konsens nicht zu gefährden, der auf dem 8. Rio-Gipfel am 9./10. September

---

1 Im einzelnen: Vertrag von Mendoza vom 5.9.1991 über das Verbot des Besitzes, des Transfers und des Einsatzes chemischer und bakteriologischer Waffen; Vertrag von Tlatelolco vom 10.11.1993 über eine atomfreie Zone in Lateinamerika; Vertrag über die Nichtverbreitung spaltbaren Materials vom 22.12.1994 (IRELA 1995: 33).

1994 verabschiedeten Kuba-Erklärung an, die die Aufhebung des Embargos forderte (IRELA 1995: 31).

Auch in der Haiti-Frage scherte die Regierung Menem- aus dem regionalen Konsens aus, unterstützte die US-Position zugunsten einer militärischen Intervention (gegen das Votum der Rio-Gruppe, die auf ihrem 8. Gipfeltreffen mehrheitlich für Selbstbestimmung und gegen eine militärische Intervention votiert hatte), beteiligte sich an der UN-Truppe, die das Öl- und Waffenembargo überwachen sollte und später an der UN-Friedenstruppe (IRELA 1995: 31).

Weitere Elemente der pro-nordamerikanischen Außenpolitik Menems waren der demonstrative Austritt aus der Bewegung der Blockfreien, die konsequente Unterstützung des UN-Sicherheitsrats und seiner Resolutionen sowie die Beteiligung an über einem Dutzend Friedensmissionen. Letztere dienten über die deklarierten friedenspolitischen Absichten hinaus dem Ziel, die durch das Falkland/Malvinas-Abenteuer und verschiedene Militärrevolten „kontaminierten" Streitkräfte zu „säubern", sie von der Innenpolitik fernzuhalten und ihnen einen neuen, konstruktiven Auftrag (sowie ein neues *image*) zu geben.

Insgesamt konnte Menem am Ende seiner zweiten Präsidentschaft ein von Konflikten weitgehend freies Verhältnis zu den USA vorweisen. Eine Ausnahme bildete lediglich der sog. Patentstreit auf dem Medikamentensektor. Der demonstrative Schulterschluss mit den USA und das Interesse an einer dauerhaften strategischen Allianz mit der Gewinnerkoalition des Kalten Krieges führte dazu, dass die peronistische Außenpolitik die US-amerikanischen sicherheitspolitischen Initiativen bedingungslos unterstützte und damit die Hoffnung eines besonderen Verhältnisses zur NATO verband. Die Kehrseite: Bei mehreren Gelegenheiten manövrierte sich das argentinische Außenministerium mit seiner pronordamerikanischen Orientierung im lateinamerikanischen Kontext (Gruppe von Rio, Mercosur) ins Abseits, so im Zusammenhang mit der US-Intervention in Haiti und dem Ausschluss Kubas aus dem Interamerikanischen System. Die Verstimmungen über die argentinischen Alleingänge erhielten 1997 neue Nahrung, als eine Reihe paralleler Ereignisse (die Freihandelsoffensive der USA, die Aufhebung des US-Waffenembargos sowie der argentinisch-brasilianische Disput über einen ständigen Sitz im UN-Sicherheitsrat) das Verhältnis der Mercosur-Staaten untereinander wie zu den Vereinigten Staaten belastete.

Die Beziehungen zu Brasilien: Auf dem Weg zu einer kooperativen Partnerschaft und geteilter Führungsverantwortung im Cono Sur

Nach 150 Jahren wechselseitiger Verdächtigungen und Rivalität um die wirtschaftliche und politische Vormacht im Cono Sur traten die argentinisch-brasilianischen Beziehungen ab den 80er Jahren in eine Phase der Entspannung und des schrittweisen Ausbaus. Er fand in der zweiten Hälfte der 80er Jahre seinen vertraglichen Niederschlag in der Unterzeichnung einer Reihe von Protokollen, die ein breites Spektrum von Kooperationsfeldern absteckten. Die Entscheidung zu verstärkter Integration diente den demokratisch legitimierten Führungen beider Seiten zur Absicherung ihrer (in den ersten nach-diktatorialen Jahren) noch zerbrechlichen Demokratien. Dabei gelang es in Argentinien jedoch erst der zweiten demokratisch legitimierten Regierung, in Brasilien sogar erst der dritten, die wirtschaftliche Kooperation in der Region erfolgreich mit einer nunmehr dezidierten wirtschaftlichen Reformpolitik im Inneren zu verknüpfen.

Anlässlich des Besuchs des brasilianischen Präsidenten Collor de Mello in Buenos Aires im Juli 1990 kündigten beide Regierungen die Bildung einer Wirtschaftsgemeinschaft an. Wenig später wurden Uruguay und Paraguay eingeladen, sich an dem ambitionierten Projekt zu beteiligen. Mit dem Vertragswerk von Asunción im März 1991 wurde dann der Grundstein für den „Gemeinsamen Markt des Südens (Mercosur)" gelegt. Der Vertrag beruhte, wie schon die argentinisch-brasilianischen Vorverträge, auf der Grundüberzeugung der Signatarregierungen, dass zwischen Demokratisierung, wirtschaftlicher Entwicklung und regionaler Sicherheit ein unauflöslicher Zusammenhang besteht, sie sich wechselseitig bedingen. Vor dem Hintergrund dieses gemeinsamen Grundverständnisses wurde zunächst die Nuklearpolitik beider Länder auf eine neue Grundlage gestellt. Wichtigste Bausteine einer nunmehr angestrebten kooperativen Nuklearpolitik waren die umgehende Information und der wechselseitige Beistand bei Nuklearunfällen, Zusammenarbeit in der Forschung, die Verpflichtung zur ausschließlich friedlichen Nutzung der Kernenergie, die Einleitung vertrauensbildender Maßnahmen, die verstärkte außenpolitische Koordinierung und die nuklearpolitische Kooperation mit anderen Ländern in der Region. (IRELA, 1996: 13). Mit der „Deklaration von Rio" schufen beide Führungsmächte im südlichen Lateinamerika die Grundlagen für eine „strategische Allianz", verpflichteten sich zu sicherheitspolitischen Konsultationen und zur Ausarbeitung einer breiten Agenda, die jeglichen militärischen Abenteuern den Boden entziehen sollte (Roett 1999: 18).

Zum unbestrittenen Zentrum, aber auch zum Prüfstein des neuen Verhältnisses zu Brasilien wurde der Mercosur. Durch eine kooperative Haltung aller Beteiligten, insbesondere der beiden Führungsmächte Brasilien und Argentinien, die nicht weniger als 98% der Industrieproduktion und 93% des Mercosur-Handels auf sich vereinten, gelang auf wirtschaftlichem Gebiet bis Mitte der 90er Jahre die Bildung einer wenn auch noch unvollständigen Zollunion. Vorrangiges Ziel der zweiten Integrationsphase, die mit dem Gipfel in Ouro Preto (Dezember 1994) ihren Ausgangspunkt nahm, war die Vervollständigung der Zollunion und der Wegfall der zahlreichen länder- und produktspezifischen Ausnahmeregelungen bis 2006. Dabei blieb auch für diese Phase das Tandem Brasilien-Argentinien von entscheidender Bedeutung. Sein über Jahre relativ reibungsloses Zusammenspiel geriet jedoch ab 1997/98 zunehmend aus dem Tritt. Als sich die brasilianische Regierung nach Monaten währungspolitischer Turbulenzen im Gefolge der internationalen Finanzkrise (Bodemer 1998) im Februar 1999 zu einer massiven Abwertung des Real von über 30% veranlasst sah, traf dies die Ökonomien der Mercosur-Partner mit voller Härte. Vor allem in Argentinien, das über ein Drittel seines Außenhandels mit dem Nachbarland abwickelt, kam es zu massiven Exporteinbußen und einem Aufleben protektionistischer Forderungen seitens der betroffenen Sektoren (insbesondere der Automobilbranche, der Textil- und Schuhindustrie).

Der Mercosur, das unbestritten erfolgreichste lateinamerikanische Integrationsgebilde, durchlebte 1999 die schwerste Krise seit seiner Gründung. Alle Seiten griffen zu einseitigen Schutzmaßnahmen und bezichtigten sich wechselseitig des Vertragsbruchs. Ungeachtet dieses eher konjunkturellen Konflikts bekunden jedoch alle Beteiligten nach wie vor ihren Willen, zu einvernehmlichen Lösungen zurückzufinden, die Integration zu vertiefen und mit weiteren potenziellen Interessenten in Verhandlungen einzutreten.

Extraregionale Entwicklungen kamen dieser Tendenz noch entgegen. So dürften die konkurrierenden Bemühungen zwischen den Vereinigten Staaten und der EU um Freihandelsabkommen mit der Region (ALCA) bzw. einer Subregion (EU-Mercosur) – bei gleichzeitiger Beibehaltung protektionistischer Politiken, insbesondere auf dem Agrarsektor – sowie das Scheitern eines neuen Liberalisierungsanlaufs auf multilateraler Ebene im Rahmen der WTO-Konferenz von Seattle im November 1999 (Bodemer 2000) als externe Föderatoren wirken und die Mercosur-Regierungen in

Auf dem Weg zur Normalität. Die Außenpolitik der Regierung Menem

ihrer erklärten Absicht, regionalen Kooperations- und Integrationsansätzen Vorrang einzuräumen vor bilateralen Alleingängen und multilateralen Regimebildungsversuchen, noch bestärken.

Reste des tradierten Rivalitäts- und Spannungsverhältnisses zwischen Argentinien und Brasilien dürften jedoch auch in den kommenden Jahren weiter bestehen und den Fortgang des Integrationsprozesses behindern. Verantwortlich hierfür sind die trotz aller Kooperationsfortschritte nach wie vor virulenten unterschiedlichen Perzeptionen und Verhandlungsstrategien beider Seiten. Obwohl beide Länder nach dem Ende des Kalten Krieges eine weitgehend übereinstimmende Sicht über den Gang der internationalen Politik nach dem Wegfall der Systemalternative hatten, führten die jeweiligen innenpolitischen Politikverläufe zu unterschiedlichen Lageanalysen, Außenpolitik-Varianten und Kosten-Nutzen-Bilanzen.

Die argentinische Regierung begann – wie bereits ausgeführt – ein Sonderverhältnis zu den Vereinigten Staaten aufzubauen, das sie als die beste strategische Option zur Wiedergewinnung internationaler Glaubwürdigkeit und innenpolitischer Stabilität ansah. Aktive Teilnahme im Regionalbündnis Mercosur und Schulterschluss mit dem Hegemon im Norden wurden als komplementär angesehen, desgleichen die Koordinierung von wirtschaftlicher Integration und regionaler wie hemisphärischer Zusammenarbeit in Sicherheitsfragen. Die Herausbildung eines Systems kooperativer Sicherheit sowie die Schaffung einer Freihandelszone von Alaska bis Feuerland (ALCA) wurden ebenfalls als komplementäre, sich wechselseitig verstärkende Prozesse begriffen.

Wahrnehmungen und Erwartungen auf brasilianischer Seite unterschieden sich davon erheblich. Der Vertrag von Asunción wurde als erster Schritt auf dem Weg zu einer Südamerikanischen Freihandelszone (ALCSA) interpretiert; zu Plänen einer kooperativen Sicherheitspolitik ging man in Brasilia auf Distanz, stattdessen sprachen sich die Verantwortlichen für die Stimulierung vertrauensbildender Maßnahmen aus. Insgesamt verfolgte Brasilien nach der Überwindung interner Schwierigkeiten (1990 bis 1992) eine Außenpolitik, die auf Autonomie abstellte und sich den nordamerikanischen Versuchen der Herrschaftsausdehnung in den hemisphärischen Beziehungen widersetzte. Auf keinen Fall dürfe der Mercosur von einer gesamthemisphärischen Freihandelszone (in Gestalt der ALCA bzw. einer erweiterten NAFTA) aufgesogen werden (Hirst 1999: 60-62).

Auch in der Bewertung des Mercosur setzte das Itamaraty andere Akzente als sein argentinisches Pendant. Die Gewinne der Handelsliberalisierung im Mercosur seien zwar beachtlich, die Anreize zur Beseitigung aller Schranken im Waren- und Dienstleistungsverkehr und zur Vertiefung des Integrationsprozesses in Richtung eines Gemeinsamen Marktes seien jedoch nicht zuletzt wegen der erheblichen wirtschaftlichen Asymmetrien im Integrationsraum und dessen begrenzter Marktgröße eher beschränkt. Von daher sah die brasilianische Seite auch keinen Anlass, interne Regulationsbestimmungen abzubauen.

Wie die insgesamt defensive Verhandlungsstrategie der Brasilianer in Sachen ALCA beweist, erklären die Faktoren Marktgröße und wirtschaftliche Ungleichgewichte die brasilianische Politik jedoch nur teilweise. Hinzu treten zwei weitere Elemente: Zum einen das größere politische Gewicht jener Sektoren, die von Importen besonders betroffen sind, gegenüber den exportorientierten Wirtschaftszweigen bei der Formulierung der brasilianischen Industrie- und Außenhandelspolitik, zum anderen die Vorherrschaft einer Außenpolitik-Vision, die sich in Zielen ausdrückt wie dem der „Konstruktion einer Regionalmacht" oder Konzepten wie dem der „autonomen Entwicklung", in dem noch erhebliche Elemente des tradierten *desarrollismo* konserviert wurden (Da Motta Veiga 1999: 47-48).

Trotz verstärkter Bemühungen der EU und der Vereinigten Staaten um die Herausbildung einer interregionalen (EU-Mercosur) bzw. hemisphärischen Freihandelszone (ALCA) hatte für die brasilianische Führung auch noch am Ende der zweiten Amtszeit Menems die Doppelstrategie: „Stärkung und Erweiterung des Mercosur" auf der einen, Vorantreiben des Multilateralismus (WTO) auf der anderen Seite ihre Gültigkeit. Als Antwort auf das Verhandlungsdebakel in Seattle verschob sich das außenpolitische Interesse Brasiliens wiederum eindeutig auf die Mercosur- (und hier insbesondere auf eine Erweiterungs-)Strategie (Bodemer 2000: 49). Andere Akzente setzten demgegenüber argentinische Außenpolitiker. Für sie waren und sind die Freihandelsangebote aus dem Norden (ALCA, EU-Mercosur) sowie die Vertiefung und (an zweiter Stelle) Erweiterung des Mercosur komplementäre Prozesse, die es parallel voranzutreiben gilt.

Ungeachtet dieser Diskrepanzen stimmten die Regierungen beider Länder jedoch darin überein, dass eine simple Ausdehnung der NAFTA nach Süden ebenso abzulehnen sei wie bilatererale Verhandlungen mit den USA und dass für die Verhandlungen sowohl mit den USA wie mit der EU das Prinzip des *single undertaking*, d.h. der Paketlösung, zu gelten habe. Außerdem ergriffen beide Seiten gemeinsam wichtige Initiativen zur Stärkung der politischen Dimension des Mercosur. So wurden auf dem Präsidenten-Gipfel in San Luis (1996) mit der Verabschiedung der Demokratie-Klausel – sie erlaubt die Sanktionierung nicht-demokratischer Regierungen im Mercosur bis hin zum Ausschluss aus dem Integrationsbündnis – und der Vereinbarung eines politischen Koordinierungsmechanismus zwischen beiden Regierungen zwei wichtige politische Entscheidungen getroffen (Hirst 1999: 67). Ein Jahr später kam es zur Verabschiedung der „Rio-Deklaration", die den Status der bilateralen Beziehungen als „strategische Allianz" definierte. Dieser symbolische Schulterschluss änderte aber nichts daran, dass die Außenpolitiken nach wie vor divergieren. Als die nordamerikanische Regierung die mehrfach argentinische Gefolgschaftstreue mit dem Status eines „Verbündeten außerhalb der NATO" belohnte, sah dies die brasilianische Regierung als einen weiteren Beweis für das Bestreben der Clinton-Administration an, ihren Einfluss im Cono Sur zu vergrößern und einen Keil zwischen die Mercosur-Mitglieder zu treiben. Im Gegenzug reagierte das Itamaraty mit dem Anspruch auf einen ständigen Sitz im Sicherheitsrat der Vereinten Nationen. Dies stieß wiederum auf Ablehnung des argentinischen Außenministeriums, das als Alternative einen permanenten Sitz für Lateinamerika mit rotierender Besetzung vorschlug.

Die skizzierten Unterschiede in den Außenpolitiken der beiden Führungsmächte des Mercosur stellten jedoch kein Hindernis dafür dar, dass sich die bilaterale Kooperation während der Amtszeit Menems in einem breiten thematischen Spektrum erheblich vertiefte. So rangierte Argentinien Ende der 90er Jahre unter den brasilianischen Erdöllieferanten an erster Stelle. Das staatliche Erdölunternehmen Petrobras akzeptierte nach jahrzehntelangem Widerstand die Lieferung von argentinischem Naturgas in den Süden Brasiliens. Im Bereich der Energieversorgung sowie des städtischen, regionalen und transozeanischen Transports wurden zahlreiche gemeinsame Projekte gestartet, desgleichen auf den Gebieten der Kultur, der Wissenschaft und Erziehung. Selbst auf dem sensiblen Feld der Verteidigungspolitik kam es – trotz der oben genannten Einschränkungen – zu einer Vertiefung der Beziehungen, wobei diese jedoch unterhalb des Niveaus institutioneller Mechanismen oder gar einer pluralen Sicherheitsgemeinschaft verblieben. Im Mittelpunkt standen Maßnahmen der wechselseitigen Vertrauensbildung, wobei die Idee einer Friedenszone im Cono Sur den konzeptionellen Hintergrund bildete (Hirst 1999: 69-71).

Angesichts der machtpolitischen Asymmetrien zwischen Argentinien und Brasilien dürfte der Umfang „kooperativer Spiele" zwischen beiden Ländern auch in Zukunft seine Grenzen haben. So zielt die argentinische

Politik und öffentliche Meinung gegenüber dem Nachbarn Brasilien zwar mehrheitlich auf ein langfristig angelegtes kooperatives Verhältnis, gleichzeitig aber wächst das argentinische Unbehagen über den kontinuierlichen Machtzuwachs des großen Bruders. Dabei sind zwei unterschiedliche Sichtweisen zu unterscheiden (Hirst 1999: 68-69). Die einen interpretieren den wachsenden politischen und wirtschaftlichen Einfluss Brasiliens in der Region wie in der Welt als eine Positivsummenspiel, bei dem auch Argentinien gewinnt, wobei es seine Teilhabe am Macht- und Einflussgewinn seines Mercosur-Partners diesem mit Vertrauenskapital vergütet. In diesem Szenario stellt sich ein permanenter Sitz Brasiliens im Sicherheitsrat der Vereinten Nationen als ein Aktivposten für den Mercosur dar, während die Allianz mit den Vereinigten Staaten (die favorisierte Option der Menemschen Außenpolitik) eine eher unsichere strategische Option abgibt. Vertreter einer alternativen Sicht favorisieren demgegenüber den Schulterschluss mit den Vereinigten Staaten. Sie sehen darin ein Gegengewicht zu der wachsenden *Brasil-dependencia* Argentiniens. Entsprechend dieser Vision bietet die „Strategie der zwei Wege" die einzige Chance, die internationalen Beziehungen Argentiniens einigermaßen auszubalancieren .

Welche der beiden Interpretationen auch gewählt wird: Sicher ist, dass beide Mercosur-Protagonisten auch in der Zukunft mit ihren unterschiedlichen Machtpotenzialen, Lageperzeptionen und Außenpolitik-Varianten leben und dazu bereit sein müssen, die individuellen internationalen Initiativen ihres jeweiligen Partners als legitime Optionen in der postbipolaren Welt anzusehen.

Die Beziehungen zu Chile: Von Grenzkonflikten zur sicherheitspolitischen Partnerschaft

Das außenpolitische Verhältnis zum Nachbarland Chile wurde seit je von einer Mischung aus politischen, wirtschaftlichen und geostrategischen Überlegungen bestimmt. Bereiche des Konsenses und der Kooperation zum beiderseitigen Nutzen stehen neben solchen des Konflikts. Der Anteil letzterer ging in den 90er Jahren allerdings kontinuierlich zurück.

Auf der operativ-institutionellen Ebene der argentinisch-chilenischen Beziehungen sind insbesondere die seit 1990 stattfindenden regelmäßigen Gipfeltreffen zu erwähnen, ergänzend die binationalen und die gemischten Kommissionen zu den Politikfeldern: Grenzangelegenheiten, Arbeitsbeziehungen, Gesundheit und Umwelt, schließlich seit 1994 die halbjährlichen Treffen der Außenminister. Die Themen des Dialogs bzw.

der vertraglichen Gestaltung sind breit gestreut und reichen von Fragen der Positionsabstimmung in internationalen Foren, der Verteidigung, des Transports, des Handels, des Grenzverlaufs, der Erziehung und der physischen Integration über Aspekte der Energiewirtschaft, des Zollwesens und des Bergbaus bis zu den Politikfeldern Umwelt, öffentliche Sicherheit und Tourismus. Insgesamt bilden jedoch wirtschaftliche Materien – dem allgemeinen Trend zur Ökonomisierung der Außenpolitik folgend – den Kern der bilateralen Agenda.

In der Frage der Grenz- und Gebietsstreitigkeiten, seit je einer der neuralgischsten Punkte im bilateralen Verhältnis, konnten seit der Rückkehr zur Demokratie erhebliche Fortschritte erzielt werden. Sichtbarer Ausdruck dafür war die Entscheidung der Regierungen Aylwin und Menem, in den noch offen Grenzfragen zu einer definitiven Einigung zu kommen. Entsprechend wurde eine binationale Grenzkommission beauftragt, einen Bericht über die noch offenen Streitfragen zu erstellen. Mittels dieses Mechanismus konnten 23 von 24 Streitpunkten einvernehmlich geregelt werden. Der 24. (und schwierigste) Punkt, die Hoheit über die *Laguna del Desierto*, wurde einer lateinamerikanischen Juristenkommission übertragen. Deren Schiedsspruch vom 21. Oktober 1994 begünstigte die argentinische Position, was zu einem Einspruch der chilenischen Seite führte. Er wurde jedoch von der Kommission abgewiesen, womit der Schiedsspruch im Oktober 1995 rechtsgültig wurde.

Ein zweiter Konfliktfall entzündete sich an der südlich der *Laguna del Desierto* gelegenen Zone *Campos de Hielo*. Hier verhinderten unversöhnliche Ansprüche beider Seiten sowie die technische und politische Komplexität des Themas über Jahre eine Lösung. 1999 kam es schließlich zu einem Kompromiss. Mit der Zustimmung beider Länderparlamente am 2. Juni 1999, vom chilenischen Magazin *Mensaje* als „der beste Moment in den bilateralen Beziehungen der letzten Dekaden" gefeiert (Gaspar 1999: 17), war der letzte noch bestehende Grenzkonflikt einvernehmlich geregelt. Auf sicherheitspolitischem Gebiet kam es in den letzten Jahren ergänzend zu einer Reihe vertrauensbildender Maßnahmen, die – analog den Bemühungen zwischen Argentinien und Brasilien – über die „protokollarische Diplomatie" hinaus zu einem dichteren Beziehungsgeflecht zwischen den Waffengattungen beider Länder und einer zunehmenden Institutionalisierung des sicherheitspolitischen Dialogs führten.

Die wachsende wirtschaftliche Interdependenz, die diversen Neubelebungen wirtschaftlicher Integration, multisektorielle Vereinbarungen und politische Konfliktlösungen zwischen den Nachbarländern Argentinien und Chile werfen die Frage auf, ob und in welchem Maße diese

Prozesse die Bedrohungsperzeptionen und Sicherheitspolitiken beider Seiten beeinflussten.

Im Falle Argentiniens können bezüglich des Zusammenhangs von subregionaler Integration und Verteidigungspolitik grundsätzlich drei Ansätze unterschieden werden:

1. die Hypothese des Konflikts mit den Nachbarstaaten. Sie wird von Teilen des Militärs auf beiden Seiten der Anden nach wie vor aufrechterhalten. Als Konsequenz wird auf die Notwendigkeit verwiesen, eine starke Landesverteidigung aufrechtzuerhalten, um einen möglichen Konflikt mit dem Nachbarn Chile zu bestehen;
2. die Hypothese von der Notwendigkeit einer Umstrukturierung der Sicherheitsbeziehungen als Folge des veränderten internationalen und regionalen Umfelds. Diese in Argentinien mehrheitlich vertretene Position bewegt sich in drei konzentrischen Kreisen: Auf der nationalen Ebene (innerer Kreis) stellt sie auf eine ausreichende Verteidigungskapazität ab, in der Region (mittlerer Kreis) favorisiert sie eine Serie von Verträgen zur Aufrechterhaltung des militärischen Gleichgewichts und zur Sicherung des Friedens; die eingeleiteten Kooperationsmaßnahmen werden
3. als erster Schritt in Richtung eines regionalen Sicherheitssystems begriffen (Fuentes 1996: 28).

Auf globaler Ebene (äußerer Kreis) ist die Aufrechterhaltung des Weltfriedens das oberste Ziel. Zu seiner Förderung bedarf es – darin besteht Konsens zwischen Chile und Argentinien – der aktiven Beteiligung an friedenstiftenden und -bewahrenden Maßnahmen der UN. Die Direktiven des argentinischen Verteidigungsministeriums orientieren sich exakt an diesen Hypothesen, indem sie als Ziele ausweisen:

1. Förderung einer strikt defensiven Abschreckung zum Schutz des Territoriums vor jeglichem Angriff;
2. Garantie der ausschließlichen Nutzung aller eigenen Ressourcen (Verteidigung der Souveränität);
3. Mitarbeit bei der Errichtung eines regionalen Sicherheitssystems;
4. Beteiligung bei Maßnahmen der Friedenswahrung der Vereinten Nationen (Diamint 1993).

Auch in der Bewertung der globalen Ebene besteht in der politischen, militärischen und wirtschaftlichen Elite Argentiniens ein weitgehender

Konsens. So wird die Nachkriegsordnung als ein bipolares System prekärer Stabilität und organisierter Friedlosigkeit begriffen. Desgleichen besteht Konsens, dass die strukturellen Wandlungen, die das internationale System seit den 80er Jahren erfuhr, die wachsende Interdependenz der Staaten und Gesellschaften und die Herausforderungen der Globalisierung bislang noch zu keiner klaren Konturierung der künftigen Weltordnung geführt haben, mithin Unübersichtlichkeit, Unsicherheit und die Gleichzeitigkeit des Widersprüchlichen das internationale Geschehen präge. Die globalen strategischen Veränderungen erforderten die Entwicklung von nationalen Verteidigungssystemen, die in eine globale Verteidigungsarchitektur eingegliedert seien und in der den Interessen aller Beteiligten Rechnung getragen werde. Auf der operativen Ebene impliziere diese Sicht die Beteiligung an friedenstiftenden und -bewahrenden Einsätzen unter der Führung der UN.

Bezüglich der regionalen Ebene herrscht mehrheitlich die Auffassung vor, dass es hier gegenwärtig keine signifikanten militärischen Bedrohungen mehr gebe, man vielmehr die Chance vor Augen habe, durch die Trias von Demokratie, Integration und Unabhängigkeit das Sicherheitsdilemma zu überwinden.

Während in den 80er Jahren die Möglichkeiten zur Etablierung einer kooperativen regionalen Sicherheitspolitik noch relativ optimistisch gesehen wurden, setzte sich zu Beginn der 90er Jahre eine pragmatischere Sicht durch. Als machbar erschien nunmehr eine gewisse Integration auf dem Verteidigungssektor entsprechend den Fortschritten bei den vertrauensbildenden Maßnahmen und der militärischen Kooperation, wohingegen die Zeit für den Aufbau eines regionalen Sicherheitssystems als noch nicht reif galt (Fuentes 1996: 31).

Der Wandel des internationalen Systems gibt den argentinischen Entscheidungsträgern im Außen- und Verteidigungsministerium und den Verantwortlichen in ihrem Einzugsbereich auch Anlass zum Überdenken der überkommenen Bedrohungsvorstellungen. Mit der Ausweitung und zunehmenden Diffusität der Bedrohungen müsse auch die Rolle der militärischen Gewalt und deren Einsatz überdacht werden. Der militärische Einsatz müsse flexibler gehandhabt, der Handlungsspielraum der politischen und militärischen Führung erweitert werden, um mit neuen, unbestimmten Bedrohungssituationen fertig zu werden, auf die die unterschiedlichsten Kräfte und Akteure einwirken. Für die Streitkräfte bedeutet dieser veränderte Kontext in der Sicht argentinischer Spezialisten die zunehmende Notwendigkeit, sich den verteidigungspolitischen Trends in der Ersten Welt anzupassen, auf kleinere, schlagkräftige, hoch professionalisierte Militäreinheiten hinzuarbeiten, schnelle Eingreiftruppen parat zu haben und den technologischen Fortschritt voll zu nutzen.

Auf dem Verteidigungssektor reagierten beide Seiten auf die geschilderten globalen Prozesse und Konstellationsveränderungen mit größerer Vorsicht als in anderen Bereichen. Wenngleich die verschiedenen Verträge die Notwendigkeit unterstrichen, institutionalisierte Mechanismen der Kooperation zu schaffen, so kam es im politischen Alltag doch nur zu wenigen gemeinsamen Initiativen. Seit 1990 verstärkten sich die institutionellen Beziehungen zwischen den Streitkräften, der Marine und Luftwaffe beider Länder mit einer starken Akzentsetzung auf protokollarischen Besuchen. Sie stellten erste vertrauensbildende Maßnahmen dar, ohne dass durch derartige Kontakte bereits Bedrohungsperzeptionen abgebaut worden wären. 1994 und 1995 wurden zwei Abkommen abgeschlossen. Die Generalstäbe beider Länder kamen überein, ihre Treffen zu institutionalisieren, einen Kalender für die jährlichen Treffen aufzustellen, Arbeitsgruppen für punktuelle Themen einzurichten, mit der *Junta Interamericana de Defensa* einen kontinuierlichen Dialog zu pflegen und gemeinsame Reisen der Streitkräfte beider Länder in die USA zu organisieren.

Das zweite, gewichtigere Abkommen war das „Memorandum zwischen Chile und Argentinien über die Stärkung der Kooperation in solchen Fragen der Sicherheit, die von gemeinsamem Interesse sind" im November 1995. Mit ihm wurde ein Permanentes Sicherheitskomitee (*Comité Permanente de Seguridad*) aus Repräsentanten der jeweiligen Außen- und Verteidigungsministerien (im Rang eines Unterstaatssekretärs oder Botschafters) sowie Vertretern der jeweiligen Generalstäbe geschaffen (Fuentes 1996: 21). Dem Komitee oblag die Aufstellung eines Arbeitsplans zur Vertiefung der sicherheitspolitischen Beziehungen zwischen beiden Nachbarn.

Außerdem wurde ein Sekretariat eingerichtet, das mittels eines rotierenden Systems zwischen den Außen- und Verteidigungsministerien funktionieren und mindestens zweimal im Jahr zusammentreten sollte. Daneben enthielt das Memorandum eine Reihe spezifischer Bestimmungen, die u.a. auf die Stärkung der Kommunikationskanäle, auf die Bekanntgabe von militärischen Manövern, die Teilnahme von Beobachtern sowie auf die Förderung des wissenschaftlichen Austauschs zwischen den beiden Signatarstaaten abzielten.

Die beiden Abkommen stellen deutliche Fortschritte in der sicherheitspolitischen Zusammenarbeit beider Länder dar, die zuvor vor allem durch eine „protokollarische Diplomatie" gekennzeichnet war. Neu ist auch, dass neben der Kooperationsachse Militär-Militär (mit direkten

Kommunikationskanälen zwischen den drei Waffengattungen) verstärkt auch zivile Kräfte (der Regierung sowie des akademischen Bereichs) an der sicherheitspolitischen Debatte aktiv teilnehmen. In beiden Ländern hat sich ein Pool sicherheitspolitischer Experten formiert – in Chile institutionell verankert vor allem in der „Lateinamerikanischen Fakultät für Sozialwissenschaften" (FLACSO) mit Sitz in Santiago, in Argentinien im Forschungs- und Dokumentationszentrum *Ser en el 2000* und der (privaten) Universität *Torcuato de Tella* in Buenos Aires.

Als Ergebnis der geschilderten Initiativen lässt sich insgesamt eine zunehmende Institutionalisierung des sicherheitspolitischen Dialogs zwischen den Militärs beider Seiten sowie zwischen diesen und zivilen Akteuren ausmachen.

Dass bei der Positionierung Chiles in der „neuen Außenpolitik" Menems nicht nur nachbarschaftliche und integrationspolitische Überlegungen im Rahmen des Mercosur eine Rolle spielten, sondern darüber hinaus auch kontinentübergreifende geopolitische und geoökonomische Kalküle, wurde deutlich in den Worten des ehemaligen argentinischen Botschafters in Chile, Antonio Cafiero, der beide Länder ermahnte, „gemeinsam zu wachsen" und das alte Prinzip des vergangenen Jahrhunderts des „Argentinien am Atlantik, Chile am Pazifik" hinter sich zu lassen. Angesichts eines neuen biozeanischen Profils sei es vielmehr legitim, dass Argentinien genauso einen Zugang zum Pazifik beanspruche, wie Chile zum Atlantik. Nur durch die Bildung eines gemeinsamen südamerikanischen Raums unter Beteiligung Chiles könne man mit den Herausforderungen der Globalisierung fertig werden (Ambito Financiero, 21.7.1992).

Der Umgang mit dem Sicherheitsrisiko „Malvinas-Frage": Vom Multilateralismus zum Bilateralismus

Unter der Alfonsín-Regierung nahm die Malvinas-Frage einen für die argentinischen Interessen mehr und mehr dysfunktionalen Verlauf. Nach dem gescheiterten Versuch bilateraler Verhandlungen in Bern (Juni 1984) setzte die Diplomatie der UCR-Regierung auf die multilaterale Karte. Trotz wachsender Erfolge, vor allem in der Vollversammlung der Vereinten Nationen, und zunehmenden diplomatischen Drucks auf die britische Regierung, die Verhandlungen wieder aufzunehmen, blieb diese hart. Sie praktizierte eine Politik der vollendeten Tatsachen.

Um die Verhandlungsblockade zu überwinden, bemühte sich die argentinische Diplomatie um eine alternative Strategie. So kam es, vermittelt über das State Department, ab Mitte 1986 zu einer Reihe informeller Gespräche mit den Briten und der Vorlage sog. *non papers*. In einem dieser nicht-offiziellen Papiere schlug Außenminister Caputo am 12. Juli 1987 über die völkerrechtliche Figur des „Regenschirms" den Ausschluss der Souveränitätsfrage sowie ergänzend eine offene Verhandlungsagenda vor. Die britische Seite akzeptierte ersteres, nicht jedoch den zweiten Vorschlag, war vielmehr lediglich bereit, begrenzte Themen zu verhandeln (Russell 1990: 2). Zu substantiellen Fortschritten sollte es in der verbleibenden Amtszeit Alfonsíns jedoch nicht mehr kommen.

Für die Umsetzung der wirtschaftlich dominierten außenpolitischen Ziele der Regierung Menem waren Fortschritte in der Malvinas-Frage von höchster Priorität. Nur über eine Verständigung mit England konnte der Ausbau der wirtschaftlichen Beziehungen zur EU, die mit dem zum 1. Januar 1993 in Kraft tretenden europäischen Binnenmarkt zusätzliche Impulse bekam, vorangetrieben werden. Nach dem Machtantritt vollzog der neue Außenminister Cavallo umgehend eine radikale Abkehr vom Multilateralismus mit dem (richtigen) Argument, die von den Radikalen lange Zeit favorisierte Präsentation von Resolutionen in der UN-Vollversammlung habe keinen Schritt weiter geführt.

Die argentinisch-britische Annäherung erfolgte schrittweise und mit diplomatischer Vorsicht. Dabei ging es weniger um den Inselstaat selbst als um den europäischen Markt und die britische Fähigkeit, Handelsabkommen mit der Gemeinschaft zu torpedieren.

Bereits bei dem ersten bilateralen Treffen in Madrid im Oktober 1989 kam es zu substanziellen Fortschritten: So wurde 1.) der Vorrang bilateraler Verhandlungen zwischen Argentinien und Großbritannien unter dem „Schirm" der Souveränität (von der beide Seiten keine Abstriche machten) bestätigt; es wurden 2.) konsularische Beziehungen aufgenommen, 3.) als vertrauensbildende Maßnahme Arbeitsgruppen zur Vermeidung militärischer Zwischenfälle und zur Verbesserung des Informationsaustauschs, der wirtschaftlichen Kooperation und zum Schutz der Fischbestände gebildet, 4.) der Luft- und Seeverkehr zwischen beiden Ländern wieder aufgenommen. Gleichzeitig versprach die britische Regierung, die Ausdehnung der von ihr einseitig dekretierten Fischereischutzzone zu reduzieren[2] und die Hindernisse für einen Ausbau der Beziehungen zwischen der EU und Argentinien abzubauen.

---

2 Sie deckte sich fortan mit der militärischen Schutzzone. Für Argentinien bedeutete dieser Schritt die Wiedergewinnung einer Fischereizone von rund 4000 qkm.

Auf dem Weg zur Normalität. Die Außenpolitik der Regierung Menem

Bei dem zweiten Madrider Treffen im Februar 1990 wurde die Aufnahme voller diplomatischer Beziehungen beschlossen und damit die Politik der Entspannung konsequent weiterverfolgt. Bei einem weiteren, dritten Treffen in Madrid im November 1990 einigten sich beide Seiten auf eine Zone, in der der kommerzielle Fischfang verboten war. Außerdem schuf man eine gemeinsame „Fischereikommission des Südatlantiks". Auf der Linie einer Verbesserung der Wirtschaftsbeziehungen lag auch der bei dem Besuch Außenminister Cavallos in London im Dezember 1990 unterzeichnete Vertrag über den Schutz britischer Investitionen in Argentinien (Russell/Zuvanic 1991: 15-28). Die Fischerei-Verbotszone um die Inselgruppe wurde zu 90% aufgehoben, Abkommen über die Verwaltung und Erschließung der Rohstoffvorkommen abgeschlossen und im September 1995 ein Vertrag über die gemeinsame Erdölförderung unterzeichnet.

Die im Mai 1997 an die Macht gelangte Labour-Regierung unter Tony Blair wurde von Falkländern und Argentiniern mit gemischten Gefühlen begrüßt. Befürchtungen (der Inselbewohner, der Kelpers) bzw. Hoffnungen (in Buenos Aires), die neuen Herren in Downing Street würden einen weicheren Verhandlungskurs einschlagen, erwiesen sich als unbegründet. Auch für sie blieb die Souveränitätsfrage außerhalb der Verhandlungsagenda. Die Kelpers selbst sprachen sich 1998 mit klarer Mehrheit für den Verbleib bei der britischen Krone aus und damit gegen die argentinische Hoheit, aber auch gegen die Entlassung in die Unabhängigkeit. Ergänzend verstärkte die Falkland/Malvinas-Regierung in den letzten Jahren ihre Bemühungen um das Recht auf Selbstbestimmung, so u.a. im Rahmen der UN-Debatten über Entkolonisierung, konkret: im „Ausschuss für abhängige Territorien", zu dessen Gründungsmitgliedern sie gehört (Dodds 1998: 626-627). Auf der anderen Seite äußerten in einer Umfrage vom Oktober 1997 über 90% der befragten Argentinier die Überzeugung, es sei „wichtig" (28% es sei „sehr wichtig"), die Inseln zurückzugewinnen (Buenos Aires Económico, 31.10.1997).

Insgesamt wich der Widerstand, den die Regierung Alfonsín gegenüber der britischen Seite an den Tag gelegt hatte, unter Menem einer Politik, die sich um Abkommen über die Malvinen-Region auf dem militärischen Gebiet, dem Fischfang und der Rohstoffexploration bemühte. Ergänzend initiierte Außenminister Di Tella eine Reihe von Maßnahmen, die auf den direkten und indirekten Einbezug der Inselbewohner abstellten, so die Teilnahme an BBC-Radiosendungen (*Calling the Falklands*), die Entsendung von Videos und Bücher-Geschenken an die Kinder der

Kelpers (an Weihnachten 1993 und 1994) und die Organisation von gemeinsamen Seminaren zur Simulation von Konfliktlösungsmodellen (Dodds 1998: 624). Die Bilanz am Ende der zweiten Amtszeit Menems: In der zentralen Frage der Souveränität blieben die Fronten festgefahren. Im Bereich der bilateralen Beziehungen waren demgegenüber zumindest in dreierlei Hinsicht Fortschritte zu verzeichnen: Mit der Aufnahme der diplomatischen und konsularischen Beziehungen im Februar 1990 wurde ein Versöhnungsprozess eingeleitet, der im London-Besuch Menems 1998 seinen Höhepunkt fand. Begleitet wurde dieser Prozess – zweitens – von einer Intensivierung der politischen, wirtschaftlichen, kulturellen und wissenschaftlich-technologischen Beziehungen. Schließlich kam es zu einer engeren Zusammenarbeit in den Foren der Vereinten Nationen, die sich u.a. in gemeinsamen Blauhelm-Einsätzen materialisierte (Russell 1999: 28). Nach wie vor ist eine Mehrheit der Argentinier davon überzeugt, dass die Inseln ihrem Land gehören sollten. Präsident Menem verstand es andererseits, rhetorische Versprechen bezüglich der Rückgewinnung der Inselgruppe mit einer pragmatischen Strategie der Vertrauensbildung und praktischen Zusammenarbeit (mit den Briten wie mit den Kelpers) zu verbinden. Die Inselbewohner selbst gewannen zunehmend an Selbstbewusstsein und werden in den kommenden Jahren möglicherweise ein breites Spektrum von Optionen, einschließlich volle Unabhängigkeit oder Selbstverwaltung, in Erwägung ziehen. Auf mittlere Sicht ist wahrscheinlich, dass die britisch-argentinischen Verhandlungen zu weiteren kooperativen Arrangements auf konkreten Gebieten (Fischerei, Erdölprospektion, Kommunikation) führen, in Verbindung mit einem gewissen Grad von Selbstverwaltung auf der Inselgruppe (Dodds 1996: 630).

Die Beziehungen zu Europa – Argentiniens neuer Pragmatismus als 'trading state'

Die Beziehungen zu Europa nahmen aus historischen, kulturellen, politischen und wirtschaftlichen Gründen seit je einen besonderen Rang im außenpolitischen Beziehungsgeflecht Argentiniens ein. Nachdem diese Beziehungen mit dem Falkland/Malvinas-Krieg 1982 einen absoluten Tiefpunkt erreicht hatten, erfuhren sie unter den nachfolgenden demokratischen Regierungen einen kontinuierlichen Ausbau (Russell 1999). Dabei sind mehrere Phasen zu unterscheiden. Unter Alfonsín war die „europäische Verbindung" eine Schlüsselgröße bei dem Bemühen, durch eine Diversifizierung der Partnerbeziehungen den unter den Militärs

Auf dem Weg zur Normalität. Die Außenpolitik der Regierung Menem

weitgehend verlorenen außenpolitischen Handlungsspielraum zurückzugewinnen und der Hegemonie der Vereinigten Staaten ein Gegengewicht entgegenzustellen. Die gravierenden und sich im Laufe der Amtszeit Alfonsíns kontinuierlich verschlechternden binnenwirtschaftlichen Parameter setzten diesem Bemühen aber deutliche Grenzen. Die guten politischen Beziehungen kontrastierten mit nur bescheidenen Fortschritten im wirtschaftlichen Beziehungsgeflecht. Auch die beiden wichtigsten bilateralen Arrangements, die Wirtschaftsabkommen mit Italien und Spanien, blieben zunächst ohne greifbare ökonomische Substanz.

Mit der Amtsübernahme Menems 1989 begann eine zweite, bis 1995 dauernde Phase, deren Hauptmerkmal eine in ihrem Instrumentenset breit ausdifferenzierte pro-westliche Strategie war, die sich nahezu ausschließlich am Ziel „wirtschaftliche Entwicklung" ausrichtete. Mit dem wirtschaftlichen Stabilitätsprogramm von 1991, insbesondere seinen Kernstücken Dollar-Peso-Parität, Deregulierung, Privatisierung und Außenöffnung, waren die Voraussetzungen für eine massive Ausweitung auf dem Gebiet des Handels und der privaten Direktinvestitionen gelegt, eine Chance, die insbesondere Spanien (Gudino 1997), Italien, mit Abstand aber auch Frankreich, die Niederlande und Großbritannien zu nutzen wussten. Der für den argentinischen Export nach wie vor zentrale Landwirtschaftssektor sah sich allerdings auch weiterhin mit den vielfältigen Spielarten des europäischen Agrarprotektionismus konfrontiert.

Mit dem Abschluss eines Rahmenabkommens zwischen der EU und dem Mercosur im Dezember 1995 begann eine dritte Phase, in der die traditionellen Verbindungen (zur EU und ihren Mitgliedstaaten) um eine dritte, komplementäre Variante (EU-Mercosur) erweitert wurde. Das von den Beteiligten als „historisch" eingestufte Rahmenabkommen bildete den Auftakt für eine intensive Zusammenarbeit zwischen zwei (im Falle des Mercosur allerdings noch unvollständigen) Zollunionen, wobei die thematische Bandbreite neben wirtschaftlichen und politischen Fragen auch die Bereiche Kultur, Wissenschaft und Technologie, Umwelt sowie die Drogenproblematik einschloss.

Insgesamt erhöhte sich die Bedeutung Argentiniens für die EU und ihre Mitgliedsstaaten in den 90er Jahren spürbar. Empirische Belege hierfür sind neben einem kontinuierlichen Anstieg der europäischen Exporte, der Direktinvestitionen und Entwicklungsleistungen der Abschluss zahlreicher Abkommen, die regelmäßigen politischen Konsultationen auf hoher Ebene sowie die Häufigkeit von Besuchen aus Politik, Wirtschaft und Gesellschaft. Auslösende Faktoren für diesen qualitativen Wandel waren insbesondere der politische und wirtschaftliche Konsolidierungsprozess, die (trotz gelegentlicher Rückschläge) insgesamt positive Entwicklung des Mercosur, die europäisch-nordamerikanische Konkurrenz um eine privilegierte Position auf dem südamerikanischen Markt und nicht zuletzt die zunehmend globale Ausrichtung der europäischen Außenpolitik. Vorrangige Forderungen Argentiniens an die Adresse Europas sind der Abbau des leidigen Agrarprotektionismus, der weitere Ausbau des beiderseitigen Handels (der seit 1996 für Argentinien defizitär ist) und der Investitionstätigkeit europäischer Unternehmen, die Vertiefung der industriellen und wissenschaftlich-technologischen Zusammenarbeit sowie der Ausbau der politischen Kooperation auf den verschiedensten Gebieten, von der Reform der UN bis zum Kampf gegen die organisierte Kriminalität (Russell 1999: 21).

Am Ende der zweiten Amtszeit Menems nahm Europa somit auf der außenpolitischen Prioritätenskala einen den USA vergleichbaren Rang ein, übertroffen aus strategischen Gründen nur noch von den Mercosur-Staaten (plus Chile und Bolivien). Mit der anhaltenden Unbeweglichkeit der EU in Sachen Agrarprotektionismus und dem Scheitern der WTO-Auftaktkonferenz in Seattle, die eine neue Liberalisierungsrunde einleiten sollte, dürfte allerdings das außenpolitische Interesse Argentiniens an einem weiteren Ausbau seiner Süd-Süd-Beziehungen, konkret: der Vertiefung und Erweiterung des Mercosur mit dem entsprechenden Ausbau der intraregionalen Beziehungen, mittelfristig sogar noch gestärkt werden, ergänzt um eine für die argentinische Außenpolitik relativ neue Dimension: die Zusammenarbeit mit den Ländern des asiatisch-pazifischen Raums.

Der außenpolitische Entscheidungsprozess

Charakteristisch für den außenpolitischen Entscheidungsprozess während der Militärherrschaft war eine klare Trennung zwischen Fragen der „hohen Politik", die der militärischen Führungsspitze vorbehalten wurden, und solchen materieller Art, die der dem Wirtschaftsministerium unterstehenden Wirtschaftsdiplomatie überlassen blieben. Das Außenministerium wurde demgegenüber weitgehend marginalisiert. Kehrseite des hohen Zentralisierungsgrades war eine erhebliche Abschottung gegenüber Interessen und Vorstellungen aus dem gesellschaftlichen Raum. Unter den korporativen Akteuren konnte lediglich das Militär, dem Regimecharakter entsprechend, mit seinen materiellen und immateriellen Interessen Gehör finden. Mit dem weitgehenden Verzicht auf den Sachverstand der Berufsdiplomaten und dem Rekurs auf einen von konjunkturellen Zufälligkeiten bestimmten, hochgradig fragmentierten bargaining-Prozess zwischen den drei Waffengattungen war der außenpolitische Kurs jener Jahre geprägt von Inkonsistenzen und Sprunghaftigkeit (Russell 1991: 71-77).

In den ersten Jahren der Alfonsín-Regierung war der außenpolitische Planungs- und Entscheidungsprozess, dem plebiszitären Charakter der ersten Präsidentschaft entsprechend, stark von der Person Alfonsíns und seines Außenministers Caputo bestimmt. Der Regierungspartei kam nur ein nachgeordneter Rang zu, desgleichen dem Kongress. Zu den engsten außenpolitischen Beratern gehörten weniger Parteirepräsentanten als unabhängige Fachleute. Die Alltagsarbeit lag in erster Linie beim Außenministerium, das seine zentrale Steuerungs- und Umsetzungsfunktion zurückgewann. In seinen Arbeitsgang mischte sich der Präsident lediglich in Krisensituationen ein (so in der Falkland/Malvinas-Frage und im Disput über den Beagle-Kanal) bzw. wenn solche Materien anstanden, bei denen die Kompetenzen zusätzlicher Ministerien tangiert waren (so bei den Kooperations-Verträgen mit Italien und Spanien).

Mit dem Verlust der Parlamentsmehrheit 1987 erfuhr die präsidiale Prärogative eine empfindliche Einbuße; gleichzeitig erhöhte sich das Gewicht der Parteien in der außenpolitischen Arena. Der Einbezug der unteren und mittleren Hierarchieebenen in den Entscheidungsfindungsprozess, den Außenminister Caputo gelegentlich praktizierte, um die aus der Militärzeit geerbten Schwächen der oberen Ebenen des Außenamtes auszugleichen, stießen ebenso wie die gelegentlichen Alleingänge des Ministers bei den Spitzenbeamten auf Ablehnung.

Verschiedene Anläufe aus dem Apparat heraus, die Strukturen und Prozesse des Außenministeriums zu modernisieren, blieben in Ansätzen stecken. Dies gilt auch für die Jahre unter der Regierung Menem. Kompetenzkonflikte mit dem Wirtschaftsministerium auf dem Gebiet der Außenhandelspolitik trugen hierzu ebenso bei wie eine wenig rationale Personalpolitik und eine geringe Bereitschaft zur Nutzung von Lernerfahrungen. Diese Mängel potenzierten sich noch in ihren Wirkungen durch die geringe außenpolitische Kompetenz des Kongresses und dessen marginales Engagement in außenpolitischen Angelegenheiten (von einigen öffentlichkeitswirksamen Themen abgesehen).

Mit dem Fortgang der demokratischen Konsolidierung ließ sich jedoch eine Öffnung des außenpolitischen Diskurses in den öffentlichen Raum beobachten, ablesbar an der Zahl einschlägiger politischer Demonstrationen und Debatten, wissenschaftlichen Kolloquien und Auslandsreisen. Die außenpolitische Prärogative der Exekutive – und hier im

Zuge der Ökonomisierung der Außenpolitik vor allem der wirtschaftspolitischen Abteilungen – wurde damit aber nicht ernsthaft gefährdet.

Die Menemsche Außenpolitik in der Kontroverse – einige abschließende Bemerkungen

Chronische politische Instabilität war das herausragende Merkmal der argentinischen Geschichte des 20. Jahrhunderts. Sie stellt auch für die Außenpolitik des Landes die mit Abstand wichtigste innenpolitische Determinante dar. Häufige Änderungen der Regimeformen, unregelmäßige Regierungswechsel und Krisen innerhalb des jeweils dominierenden Machtkartells erschwerten trotz der starken Machtkonzentration in der Exekutive – Ausdruck eines Hyperpräsidentialismus – die Entwicklung und Umsetzung kohärenter außenpolitischer Konzeptionen. Erst mit Beginn der postautoritären Phase (1983) fand das Land nach innen wie nach außen zur Normalität und Berechenbarkeit zurück, ließ es seinen Status als *paria internacional* hinter sich. Höchst umstritten ist jedoch, ob die belastenden Legate der Vergangenheit bereits mit der ersten demokratischen Regierung unter Alfonsín abgearbeitet wurden oder erst unter seinem Nachfolger Menem oder gar – eine dritte Deutungsvariante – ob sie nach wie vor virulent sind. Diese Debatte kann hier aus Platzgründen nicht aufgearbeitet werden (Bodemer 1996; Tulchin 1996: 166,184-191; Escudé 1998: 67-73). Vor dem Hintergrund empirischer Befunde und des Argumentationsgangs dieses Beitrags soll jedoch abschließend folgendes festgehalten werden:

1. Die vielfach geforderte Rückkehr zur Normalität, zu Realismus und Berechenbarkeit in den außenpolitischen Beziehungen Argentiniens war bereits unter der Administration Alfonsín erklärte Politik und trug außenpolitische Früchte. Dies gilt auch für das in besonderem Maße sensible Verhältnis zu den Vereinigten Staaten. Obgleich die Regierung Menem ihre Politik als „kopernikanische Wende" bezeichnete, fand eine solche Wende in Wirklichkeit nicht statt, wohl aber Akzentverschiebungen und Korrekturen inhaltlicher und klimatischer Natur, vom ehemaligen Außenminister der Alfonsín-Regierung, Dante Caputo, als „methodologischer Dissens" apostrophiert.
2. Unter beiden Regierungen sahen sich die außenpolitischen Entscheidungsträger dem Druck innenpolitischer und internationaler Handlungsdeterminanten ausgesetzt, die spezifische außenpolitische Optionen nahe legten oder als inopportun erscheinen ließen.

3. Die (auch in der wissenschaftlichen Literatur) wiederholt verwandte Etikettierung der Alfonsínschen Außenpolitik als „idealistisch", der Außenpolitik Menems als „realistisch" erweist sich vor diesem Hintergrund als wenig tauglich. Die ethische Unterfütterung der Außenpolitik in den ersten Jahren der UCR-Regierung war angesichts der traumatischen Jahre der zurückliegenden Militärdiktatur nicht weniger realistisch als die Fokussierung der Menemschen Außenpolitik auf Fragen des wirtschaftlichen Wachstums und des Außenhandels zu einem Zeitpunkt, als der Transitionsprozess abgeschlossen, die demokratischen Institutionen und Verfahrensweisen etabliert, zugleich jedoch die Wirtschaft in eine schwere Krise geraten war. Gleichzeitig enthielt die optimistische Erwartung Menems (und seines Außenministers Di Tella), eine Politik der bedingungslosen Gefolgschaft gegenüber dem Hegemon im Norden werde dieser mit einer Politik beantworten, die über symbolische Gesten hinausgehe, noch durchaus idealistische Züge.
4. Aktionen wie die Entsendung eines Truppenkontingents und zweier Kriegsschiffe an den persischen Golf – von manchen Interpreten (so von Carlos Escudé, einem der besten Kenner der argentinischen Außenpolitik und Verteidiger der Menemschen Politik) als Beispiel außenpolitischer Reife apostrophiert – zeugen, lässt man ihre innenpolitischen Implikationen beiseite, eher von Selbstüberschätzung als von realistischem (bzw. idealistischem) Kalkül.
5. Erst in der zweiten Amtszeit Menems erfuhr der latente „Idealismus" des „neuen Realismus", der die erste Amtszeit (vor allem im Verhältnis zu den USA) prägte, eine Abschwächung, – auch hier wiederum am deutlichsten sichtbar in einem pragmatischeren Zugehen auf den außenpolitischen Favoriten USA.
6. Was die anderen außenpolitischen Politikfelder betraf – das Verhältnis zu den lateinamerikanischen Nachbarn (insbesondere zu Brasilien und Chile) und zu Europa – setzte die Menem-Administration die pragmatische, auf gradualistische Schritte setzende Politik der UCR in durchaus konstruktiver Weise fort, wobei die neuen Akzentsetzungen in der Falkland/Malvinas-Frage, die aktive Integrationspolitik sowie die wachsende Bereitschaft, Fragen der demokratischen Konsolidierung, wirtschaftlichen Integration und kollektiven Sicherheit als ein Ganzes zu begreifen, als adäquate Antworten auf die gewandelten Umweltbedingungen im nationalen, regionalen und internationalen Raum interpretiert werden können.

7. Es ist vor diesem Hintergrund kein Zufall, dass die theoretischen Aufgeregtheiten und polarisierenden Werturteile über die Außenpolitiken Alfonsíns und Menems in der ersten Hälfte der 90er Jahre mit der zweiten Amtszeit Menems weitgehend verschwunden sind.

Literaturverzeichnis

Barrios, Harald (1999): *Die Außenpolitik junger Demokratien in Südamerika. Argentinien, Brasilien, Chile und Uruguay*, Opladen: Leske+Budrich.

Bernal-Meza, Raúl (1994): *América Latina en la Economía Internacional*, Buenos Aires: Grupo Editorial Latinoamericano.

Bernal-Meza, Raúl (1999): „Las percepciones de la actual política exterior Argentina sobre la política exterior de Brasil y las relaciones Estados Unidos – Brasil", in: *Estudios Internacionales* 125, 51-82.

Bodemer, Klaus (1987): „Die Außenpolitik der Regierung Alfonsín zwischen Autonomiebestrebungen und neuer (alter) Abhängigkeit", in: *Vierteljahresberichte. Probleme der Entwicklungsländer* 107, 21-38.

Bodemer, Klaus (1991): „Demokratisierung der Außenpolitiken - eine realistische Forderung für die neuen Demokratien in Lateinamerika? - Einige grundsätzliche Bemerkungen zu den strukturellen Rahmenbedingungen", in: Nohlen, Dieter/Fernández, Mario/Van Klaveren, Alberto (Hrsg.): *Demokratie und Außenpolitiken in Lateinamerika*, Opladen: Leske + Budrich, 339-368.

Bodemer, Klaus (1996): „Peripherer Realismus? Die Außenpolitik der Regierung Menem gegenüber Europa und den USA zwischen Kontinuität und Wandel", in: Nolte, Detlef/Werz, Nikolaus (Hrsg.) (1996): *Argentinien. Politik, Wirtschaft, Kultur und Außenbeziehungen*, Frankfurt: Vervuert, 273-296.

Bodemer, Klaus (1998): „Immun gegen die 'asiatische Grippe'? Lateinamerika und die Finanzkrise in Fernost", in: Betz, Joachim/Brüne, Stefan (Hrsg.): *Jahrbuch Dritte Welt 1999*, München: Verlag C.H. Beck, 197-208.

Bodemer, Klaus (2000): „Von Rio nach Seattle - Ist der Traum von einer europäisch-lateinamerikanischen Partnerschaft bereits ausgeträumt?", in: *Lateinamerika. Analysen - Daten - Dokumentation* 41, Hamburg, 35-51.

Brzezinski, Zbigniew (1993): *Out of Control: Global Turmoil on the Eve of the Twenty-First Century*, New York: Charles Scribner´s Sons.

Busso, Anabel (1994): „Menem y Estados Unidos: Un nuevo rumbo en la política exterior argentina", in: Centro de Estudios en Relaciones Internacionales de Rosario, C.E.R.I.R (Hrsg.): *La política exterior del gobierno Menem*, Rosario: Ediciones CERIR, 53-109.

Busso, Anabel/Bologna, Alfredo Bruno (1994): „La política exterior argentina a partir del gobierno de Menem: Una presentación", in: Centro de Estudios en Relaciones Internacionales de Rosario, C.E.R.I.R. (Hrsg.): *La política exterior del gobierno Menem*, Rosario: Ediciones CERIR, 17-51.

Da Motta Veiga, Pedro (1999): "Brasil en Mercosur: Influencias recíprocas", in: Roett, Riordan (1999) (Hrsg.): *Mercosur: Integración regional y mercados mundiales*, Buenos Aires: Nuevohacer, Grupo Editor Latinoamericano, 45-56.

Diamint, Ruth (1993): "Cambios en la política de seguridad. Argentina en busca de un perfil no conflictivo", in: *Fuerzas armadas y Sociedad* 1, Santiago de Chile: FLACSO.

Diamint, Ruth (1998): "Agenda de seguridad de Argentina", in: Rojas Aravena, Francisco (Hrsg.): *La seguridad internacional en los países del ABC*, Santiago de Chile: FLACSO (Versión preliminar).

Dodds, Klaus (1998): "Towards rapprochement? Anglo-Argentine relations and the Falkland/Malvinas in the late 1990s", in: *International Affairs* 74 (3), 617-630.

Escudé, Carlos (1995): *El realismo de los estados débiles. La política exterior del primer Gobierno Menem frente a la teoría de las relaciones internacionales*, Buenos Aires: Grupo Editor Latinoamericano.

Escudé, Carlos (1998): "La Argentina y sus alianzas estratégicas", in: *Archivos del Presente* 4, (13), 61-73.

Escudé, Carlos (1992): "Cultura política y política exterior: El salto cualitativo de la política exterior argentina inaugurada en 1989", in: Russel, Roberto (Hrsg.): *La política exterior argentina en el nuevo orden mundial*, Buenos Aires: Grupo Editor Latinoamericano, 169-197.

Escudé, Carlos/Fontana, (1995): *Divergencias estratégicas en el Cono Sur: Las políticas de seguridad de la Argentina frente a las del Brasil y Chile*, Buenos Aires: Universidad Torcuato di Tella (Documento de Trabajo 2).

Gaspar, Gabriel (1999): "Dos puntas tiene el camino", in: *Mensaje*, Julio, 16-18.

Fuentes, Carlos (1996): *Chile - Argentina. El proceso de construir confianza*, Santiago de Chile: FLACSO.

Fukuyama, Francis (1989): "The End of History?", in: *The National Interest*, 16 3).

Hirst, Monica (1999): "La compleja agenda política del Mercosur", in: Roett, Riordan (Hrsg.): *Mercosur: Integración regional y mercados mundiales*, Buenos Aires: Nuevohacer, Grupo Editor Latinoamericano, 57-74.

Gudino, Florencio (1997): "Las relaciones bilaterales entre España y Argentina en la década de los noventa", in: *Síntesis* 27-28, 21-36.

Hufty, Marc (1996): "Argentina: The great opening up", in: Mace, Gordon/Thérien, Jean Philippe (Hrsg.): *Foreign Policy and Regionalism in the Americas*, Boulder: Lynne Rienner Publishers, 159-179.

Huntington, Samuel (1993): "The Clash of Civilizations", in: *Foreign Affairs* 72 (3), 22-49.

IRELA, Instituto de Relaciones Europeo-Latinoamericanas (1995): *Argentina in the 1990s: Progress Prospects under Menem*, Madrid.

IRELA (1996): *II Diálogo Unión Europea - Grupo de Río sobre temas de seguridad*, Madrid.

Kurtenbach, Sabine/Bodemer, Klaus/Nolte, Detlef (Hrsg.) (2000): *Sicherheitspolitik in Lateinamerika. Vom Konflikt zur Kooperation?*, Opladen. Leske+Budrich.

Nolte, Detlef (1996): "Ein neuer Perón? Eine Bilanz der ersten Präsidentschaft von Carlos Menem (1989-1995)", in: Detlef Nolte/NikolausWerz (Hrsg.) (1996): *Argentinien. Politik, Wirtschaft, Kultur und Außenbeziehungen*, Frankfurt am Main: Vervuert, 98-124.

Paradiso, José (1993): *Debates y trayectoría de la política exterior argentina*, Buenos Aires: Grupo Editor Latinoamericano.

Puig, Juan Carlos (1984): „La política exterior argentina: incongruencia epidérmica y coherencia estructural", in: Puig, Juan Carlos (Hrsg.): *América Latina: Políticas exteriores comparadas*, Buenos Aires: Grupo Editor Latinoamericano, Vol. 2, 91-169.

Roett, Riordan (Hrsg.) (1999): *Mercosur: Integración regional y mercados mundiales*, Buenos Aires: Nuevohacer, Grupo Editor Latinoamericano.

Russell, Roberto (1990): „Los primeros pasos del gobierno Menem: Cambios o ajuste en la política exterior argentina?", in: *Cono Sur* (Santiago de Chile), 1-6.

Russell, Roberto (1991): „Demokratie und Außenpolitik. Der Fall Argentinien", in: Nohlen, Dieter/Fernández, Mario/Van Klaveren, Alberto (Hrsg.): *Demokratie und Außenpolitik in Lateinamerika*, Opladen: Leske + Budrich, 59-78.

Russell, Roberto/Zuvanic, Laura (1991): „Argentina: La profundización del alineamiento con el Occidente", in: Heine, Jorge (Hrsg.): *Hacia unas relaciones internacionales de mercado? Anuario de políticas exteriores latinoamericanas 1990-1991*, Caracas: Nueva Sociedad, 15-28.

Russell, Roberto (1999): *Las relaciones Argentina-UE en los años noventa: adelantos y perspectivas*, IRELA, Documento de Trabajo Nr.42, Madrid

Tulchin, Joseph S. (1996): „Continuity and Change in Argentine Foreign Policy", in: Muñoz; Heraldo/Tulchin, Josef S. (Hrsg.): *Latin American Nations in World Politics*, Boulder: Westview Press, 165-196.

Peter Birle

Parteien und Parteiensystem in der Ära Menem – Krisensymptome und Anpassungsprozesse

Einleitung

Die beiden großen argentinischen Parteien befanden sich in einer schwierigen Situation, als Carlos Menem im Juli 1989 inmitten einer tiefgreifenden wirtschaftlichen und sozialen Krise das Amt des Staatspräsidenten vorzeitig von seinem Vorgänger Raúl Alfonsín übernahm. Die bisherige Regierungspartei UCR (*Unión Cívica Radical*; Radikale Bürgerunion) hatte bei den im Mai durchgeführten Präsidentschafts- und Parlamentswahlen eine schwere Niederlage erlitten. Wegen der wirtschaftlichen, sozialen und politischen Krise und des chaotischen Endes der Regierungszeit von Präsident Alfonsín war sie bei der Bevölkerung stark diskreditiert und zudem innerlich zerstritten. Aber auch die aus den Wahlen als klarer Sieger hervorgegangene peronistische PJ (*Partido Justicialista*; Gerechtigkeitspartei) befand sich in einer Umbruchsituation. Der überraschende innerparteiliche Aufstieg des populistischen *outsiders* Menem seit 1987 bedeutete gleichzeitig das Ende der in den 80er Jahren entstandenen innerparteilichen „Erneuerungsbewegung". Zudem stieß Menem, der seinen Wahlkampf im Stil eines Provinzcaudillos des 19. Jahrhunderts geführt und in populistischer Manier viele Versprechen gemacht hatte, unmittelbar nach seinem Wahlsieg einen großen Teil der Partei vor den Kopf. Weder das von ihm berufene Kabinett noch sein Regierungsprogramm entsprachen den national-populistischen und etatistischen Traditionen des Peronismus und den im Wahlkampf geschürten Erwartungen seiner Anhänger.

Viele Beobachter befürchteten zu Beginn der 90er Jahre, dass sich die Personalisierung, De-Institutionalisierung und Informalisierung der argentinischen Politik unter Menem weiter verstärken und die Fähigkeit der Parteien zur Steuerung von Regierungsentscheidungen und zur Vermittlung zwischen Staat und Gesellschaft weiter verringern würde. Doch obwohl viele dieser Befürchtungen berechtigt waren, hatte sich das Parteiensystem nach zehn Jahren peronistischer Regierungszeit als überraschend anpassungsfähig erwiesen. Anders als in Ländern wie Peru, Ecuador oder Venezuela, wo die traditionellen Parteien innerhalb weniger Jahre weitgehend von der politischen Bühne verdrängt wurden, konnten PJ und UCR ihre zentrale Rolle innerhalb des Parteiensystems trotz einer sich verschärfenden Repräsentationskrise erhalten. Allerdings entstand mit der FREPASO (*Frente País Solidario*; Front Solidarisches Land) im Laufe der 90er Jahre eine neue relevante Kraft im Mitte-Links-Spektrum. Gemeinsam mit der UCR bildete sie 1997 das Wahlbündnis „Allianz für Arbeit, Gerechtigkeit und Bildung" (*Alianza para el Trabajo, la Justicia y la Educación*; im folgenden *Alianza*), das aus den Wahlen von 1997 und 1999 siegreich hervorging und mit Fernando de la Rúa ab 1999 den Staatspräsidenten stellte. Erstmals in der Geschichte des Landes kam es damit zu einer Koalitionsregierung. Diese verfügte jedoch von Anfang an über eine sehr fragile Machtbasis, denn die meisten Provinzen des Landes wurden weiterhin von peronistischen Gouverneuren regiert und auch im Senat behielt die jetzt oppositionelle PJ die Oberhand. Zudem blieb abzuwarten, inwiefern der innere Zusammenhalt der heterogenen *Alianza* über ein reines Wahlbündnis hinaus sichergestellt werden könnte.

Nach einem kurzen Blick auf traditionelle Merkmale des argentinischen Parteiensystems analysiert der folgende Beitrag zunächst die Entwicklung der wichtigsten Parteien während der Regierungszeit von Präsident Menem. Daran schließt sich eine Einschätzung der parteipolitischen Landschaft nach den Präsidentschafts-, Parlaments- und Gouverneurswahlen des Jahres 1999 an. Im letzten Abschnitt geht es um Kontinuität und Wandel, um Errungenschaften und fortbestehende Defizite des Parteiensystems in den 90er Jahren und um dessen Beitrag zum Funktionieren der repräsentativen Demokratie.

Traditionelle Merkmale des Parteiensystems

Parteien gehören seit Ende des 19. Jahrhunderts zu den zentralen Akteuren der argentinischen Politik. Sowohl die bereits 1891 gegründete UCR als auch die 1945 entstandene und seit 1973 unter dem Namen *Partido Justicialista* (PJ) auftretende peronistische Partei blicken auf eine lange Parteigeschichte zurück. Von einem funktionierenden Parteiensystem kann jedoch aus verschiedenen Gründen für den größten Teil des 20. Jahrhunderts nicht die Rede sein.

Sowohl die UCR als auch die PJ zeichneten sich über weite Phasen ihrer Geschichte durch eine Bewegungsmentalität aus. Sie verstanden sich nicht als Vertreter partieller Interessen im Rahmen einer pluralistischen Gesellschaftsordnung, sondern als alleinige Repräsentanten „des

Volkes" oder „der Nation" mit Anspruch auf eine hegemoniale Position (Rock 1987: 6ff.). Nur selten kam es zu einem Parteienwettbewerb zwischen Akteuren, die sich wechselseitig als legitime Teilnehmer an der politischen Auseinandersetzung anerkannt hätten. Der grundlegende gesellschaftliche Konflikt zwischen Peronismus und Anti-Peronismus führte zu einer starken Polarisierung des Parteiensystems und der argentinischen Politik insgesamt (Birle 1989).

Parteien und Parlament fungierten auch in Phasen ziviler politischer Herrschaft nicht als zentrale Kanäle zur Bearbeitung und Lösung gesellschaftlicher Konflikte. Dies hing nicht zuletzt damit zusammen, dass seit 1955 wiederholt – vergeblich – versucht wurde, den Peronismus vom politischen Leben des Landes auszuschließen. Dadurch kam es zu einer Vermischung von territorialer Repräsentation durch die Parteien und funktionaler Repräsentation durch Interessengruppen bzw. „Korporationen", denn die quasi als Ersatz für die nicht zu Wahlen zugelassene peronistische Partei handelnden Gewerkschaften, aber auch die Unternehmerverbände, die katholische Kirche und die Streitkräfte traten in Konkurrenz zu den Parteien und untergruben deren Legitimation und Funktionalität. Das daraus resultierende politische System wurde mit Metaphern wie „unmögliches Spiel" (O'Donnell 1977) oder „duales politisches System" (Cavarozzi 1983) umschrieben.

Das Parteiensystem zeichnete sich durch ungewöhnliche *cleavage*-Strukturen aus, wobei sozialstrukturell vermittelte Konfliktlinien eine untergeordnete Rolle spielten. Weder eine linke, sozialdemokratische oder sozialistische Arbeiterpartei, noch eine bürgerlich-konservative „Unternehmerpartei" konnte sich auf Dauer erfolgreich etablieren. Das Fehlen einer bedeutenden konservativen Partei wurde wiederholt als eine Ursache dafür bezeichnet, dass sich bei Teilen der Oberschicht eine Anti-Parteien-Mentalität und die Bereitschaft zur Unterstützung von Militärdiktaturen herausbildete (Di Tella 1998).

Die Links-Rechts-Dimension spielte zwar durchaus eine Rolle für die argentinische Politik, sie wurde aber seit Mitte des 20. Jahrhunderts durch eine von sozio-kulturellen und politisch-kulturellen Elementen geprägte Dimension gebrochen. Infolgedessen hingen die Differenzen zwischen den beiden wichtigsten Akteuren – Peronismus und Radikalismus – nicht in erster Linie mit programmatischen Vorstellungen, sondern mit divergierenden sozio-kulturellen Identitäten, Politikstilen und Demokratiekonzepten zusammen. Perón machte ab Mitte der 1940er Jahre nicht nur die Gewerkschaften zu wichtigen Stützen seiner Herrschaft, er etablierte sich auch als Repräsentant eines hemdsärmeligen, informellen politischen Stils, der auf formal-demokratische Spielregeln wenig Wert legte. Worauf es ankam war, dass die konkreten Probleme der Arbeiter und der Unterschicht – am besten durch einen starken Mann – mit Entschiedenheit angepackt würden. Die mittelschichtenbasierte UCR verstand sich dagegen stets als Fürsprecher von Rechtsstaatlichkeit, bürgerlichen Rechten, Pluralismus und republikanischen Institutionen. Dem „bürgerlichen" und „zivilisierten" politischen Diskurs und Stil der UCR stand ein an „das Volk" (*el pueblo*) appellierender „primitiverer", aber gerade deshalb oft auch „populärerer" Peronismus gegenüber. Die auf einer Links-Rechts-Achse zu messenden sozio-ökonomischen Präferenzen von Peronismus und Radikalismus unterschieden sich demgegenüber nicht grundlegend. Beide Parteien traten für einen starken, die Wirtschaft regulierenden Staat und für den Schutz der einheimischen Industrie gegenüber ausländischer Konkurrenz ein (Ostiguy 1998). Links-Rechts-Divergenzen *innerhalb* der beiden großen Parteien waren oft größer als *zwischen* ihnen. Da die argentinische politische Kultur ohnehin einen personalistischen Grundzug aufweist, erhielt der innerparteiliche Faktionalismus durch derartige Divergenzen zusätzliche Nahrung.

Damit ist ein „Erzübel argentinischer Politik" (Bodemer/Carreras 1997: 185) angesprochen – Personalismus und Klientelismus:

> Auslöser für parteiinterne Gruppierungen bzw. Abspaltungen sind somit nur selten von der Mehrheitslinie abweichende Grundsatzpositionen, sondern vielmehr vor allem neuaufkommende populistische Führungsfiguren, von deren politischen Vorlieben und Machtkalkülen Aufstieg und Niedergang solcher Klientel- und Gefolgschaftsnetze entscheidend abhängen. (Bodemer/Carreras 1997: 185f.)

Dritte Parteien spielten keine bedeutende Rolle, so dass unter formalen Gesichtspunkten von einem geringen Fragmentierungsgrad des Parteiensystems gesprochen werden konnte. Die fehlende wechselseitige Anerkennung und die stets manifest oder zumindest latent vorhandene Hegemonie einer der beiden großen Parteien verhinderten jedoch, dass sich aus dem Zusammenwirken der einzelnen Akteure ein funktionierendes Parteiensystem ergeben hätte. Einige Autoren sind aufgrund der geschilderten Merkmale sogar davon ausgegangen, dass von einem Parteien*system* in Argentinien lange Zeit überhaupt nicht die Rede sein konnte (Cavarozzi 1989). Demgegenüber ist jedoch zu Recht angemerkt worden, dass ein Parteiensystem im Sinne von mehr oder weniger stabilen Beziehungsmustern zwischen den Parteien sehr wohl existierte. Allerdings zeichneten sich die Parteien nicht durch Verhaltensmuster aus, die aus einer demokratisch-pluralistischen Perspektive wünschenswert gewesen wären, und die Funktionslogik des Parteiensystems trug mit zur Instabilität des politischen Systems bei (Abal Medina/Castiglioni 2000).

Mit der Rückkehr zur Demokratie Ende 1983 traten die Parteien nach einer mehr als siebenjährigen Militärdiktatur erneut ins Zentrum des politischen Lebens. In organisatorischer Hinsicht knüpften sie an die vorautoritären Strukturen an, erneut waren UCR und PJ die dominierenden Akteure. Im Unterschied zu früheren Jahren fand seit 1983 jedoch ein offener Parteienwettbewerb statt. Parteienverbote gehörten der Vergangenheit an und die Wahlergebnisse standen nicht durch etablierte Hegemonien von vornherein fest. Alle relevanten Parteien erkannten sich wechselseitig als legitime politische Akteure an und akzeptierten die grundlegenden Regeln des demokratischen Wettbewerbs, die Ergebnisse von Wahlen sowie den Parteienwettbewerb als zentrale Legitimationsquelle und als grundlegenden Mechanismus für den Zugang zur politischen Macht. Der Polarisierungsgrad des Parteiensystems erreichte trotz zahlreicher Konflikte zu keinem Zeitpunkt das Ausmaß früherer Jahrzehnte. Zwar kam es nach der verheerenden Niederlage des Peronismus bei den Wahlen von 1985 in Teilen der UCR zu einem Wiederaufflackern der Bewegungsmentalität, derartige Gedankenspiele erfuhren jedoch spätestens mit dem Verlust der absoluten Mehrheit bei den Parlamentswahlen von 1987 eine deutliche Absage.

Der Fragmentierungsgrad des Parteiensystems blieb gering. Auf UCR und PJ entfielen bis 1989 sowohl im Abgeordnetenhaus als auch im Senat stets mehr als 80% der Sitze. Die Stimmenanteile „dritter Parteien" nahmen im Verlauf der 80er Jahre leicht zu, sie verteilten sich aber auf eine Vielzahl kleiner, zumeist nur in einer Provinz relevanter Parteien, so dass sich daraus auf nationaler Ebene keine Herausforderung für die beiden großen Parteien ergab (De Riz/Adrogué 1990: 21f.).

Tabelle 1: **Stimmenanteile von PJ und UCR bei den Parlamentswahlen 1983, 1985 u. 1987 (in %)**

	1983	1985	1987
Partido Justicialista	33,5	34,6	41,5
Unión Cívica Radical	47,4	43,2	37,2
Andere	19,1	22,2	21,3
Quelle: De Riz 1998: 135			

Die UCR konnte sich im Zuge des Übergangs zur Demokratie von ihrem Image einer konservativ-kleinbürgerlichen Partei lösen und als Garant einer demokratischen Politik profilieren. Ihr Einfluss auf die Zusammensetzung des Kabinetts und auf die Politik der Regierung Alfonsín blieb jedoch gering (Birle 1989: 65 ff.). Präsident Alfonsín agierte weitgehend unabhängig von den Gremien der UCR und rekurrierte mit dem Argument, die Partei liefere keine zeitgemäßen Antworten auf drängende Probleme, auf eine kleine Gruppe von persönlichen Gefolgsleuten und nicht der Partei angehörende Fachleute. Alfonsín betrieb zwar einerseits eine Erneuerung der Partei von oben, indem er beispielsweise einige überkommene wirtschaftspolitische Vorstellungen der UCR in Frage stellte, die von ihm zu verantwortende „Deaktivierung" der Partei verschärfte jedoch letztendlich die Repräsentationskrise (Acuña 1998: 105ff.). Trotz knapper Mehrheitsverhältnisse im Parlament suchte Alfonsín nicht in erster Linie eine über öffentliche Diskussionen und Vereinbarungen abgesicherte Zusammenarbeit mit der parteipolitischen Opposition, sondern er setzte – ohne bleibende Erfolge – auf diskret ausgehandelte „Pakte" mit verschiedenen Gruppierungen aus dem Gewerkschafts- und Unternehmerlager. Erst nachdem die UCR bei den Parlamentswahlen von 1987 eine klare Niederlage erlitten und ihre absolute Mehrheit im Abgeordnetenhaus eingebüßt hatte, ging Alfonsín verstärkt auf die Opposition zu.

Tabelle 2: Zusammensetzung des Abgeordnetenhauses 1983 – 1989

	1983-85		1985-87		1987-89	
	Mandate	%	Mandate	%	Mandate	%
Unión Cívica Radical	129	50,8	129	50,8	113	44,5
Partido Justicialista	111	43,7	101	39,7	103	40,5
UceDé	2	0,8	3	1,2	7	2,7
PI	3	1,2	6	2,4	5	2,1
Andere	9	3,5	15	5,9	26	10,2
Total	254	100	254	100	254	100
Quelle: De Riz/Adrogué 1990: 66.						

Eine im Sinne der Konsolidierung der Demokratie wünschenswerte konstruktive Zusammenarbeit der Regierung mit der parlamentarischen Opposition wurde aber auch dadurch erschwert, dass auf Seiten der größten Oppositionspartei nur wenig Bereitschaft dazu vorhanden war. Die PJ erlitt bei den Wahlen von 1983 und 1985 schwere Niederlagen und konnte die seit dem Tod des Parteigründers Perón im Jahr 1974 schwelende Identitätskrise zunächst nicht lösen. Die innerparteilichen Auseinandersetzungen in der zweiten Hälfte der 80er Jahre waren geprägt vom Kampf zwischen „Orthodoxen" und „Erneuerern" um die innerparteiliche Vorherrschaft. Bei den Parlamentswahlen von 1987 konnte die Partei unter Führung des Erneuererflügels erstmals seit 1973 wieder einen Wahlsieg erringen. Der Einfluss der Erneuerer sank jedoch mit dem Sieg von Carlos Menem bei den innerparteilichen Vorwahlen zur Auswahl des Kandidaten für die Präsidentschaftswahlen 1989. In allen zentralen Politikfeldern der 80er Jahre vertrat die größte Oppositionspartei unterschiedliche, zum Teil widersprüchliche Positionen. Gleichwohl nahm sie großen Einfluss auf die politische Entwicklung jener Jahre und trug mit „ihren Handlungen und Unterlassungen [...] beträchtlich zum Scheitern der Regierung bei" (Carreras 1999: 285).

Das Verhältnis zwischen Parteiensystem und Zivilgesellschaft entwickelte sich negativ. Die „Wiedergeburt" der Zivilgesellschaft im Verlauf des Übergangs zur Demokratie hatte zu erheblichen Mobilisierungen in der Anfangsphase der Regierung Alfonsín geführt. Insbesondere die Menschenrechtsbewegung war in dieser Zeit sehr aktiv. Ab Mitte der 80er Jahre erlahmte jedoch das zivilgesellschaftliche Engagement, wobei Enttäuschung über die mangelnde Responsivität der Regierung sowie zunehmende ökonomische und soziale Krisensymptome eine wichtige Rolle spielten (Birle 2000). Mit den peronistisch dominierten Gewerkschaften fand die Regierung nur in kurzen Phasen zu einem tragbaren *modus vivendi*. Dreizehn Generalstreiks des Gewerkschaftsdachverbandes CGT (*Confederación General del Trabajo*), der in den ersten Regierungsjahren wiederholt als „Ersatz" für die wenig handlungsfähige PJ handelte, trugen mit dazu bei, die Regierbarkeit zu untergraben. Die außer Kontrolle geratene soziale Situation zwang Präsident Alfonsín letztendlich zum vorzeitigen Rücktritt.

In den ersten Jahren nach dem Ende der Diktatur stießen die politischen Parteien auf große gesellschaftliche Akzeptanz. Fast ein Drittel der Wahlberechtigten traten 1983 einer Partei bei (Catterberg 1989: 86). Meinungsumfragen zeigten bis in die zweite Hälfte der 80er Jahre bei ca. 70% der Befragten eine positive Einschätzung der politischen Parteien. Erst im Verlauf der sich ab 1987 verschärfenden wirtschaftlichen und sozialen Krise verschlechterte sich auch das Image der Parteien. Damit deutete sich eine Entwicklung an, die sich in den 90er Jahren weiter verstärken sollte. Dies gilt auch für einige andere Tendenzen, die sich bereits in den 80er Jahren abzeichneten: die sinkende Bedeutung der traditionellen Identitäten und kulturellen Milieus der beiden großen Parteien, die Zunahme der Wechselwähler, die Schwächung der Parteien als Massenorganisationen und die zunehmende Bedeutung der Massenmedien bei politischen Auseinandersetzungen und Wahlkämpfen (Carreras 1996: 248). Die institutionellen Ressourcen, derer sich die Parteien traditionell bedient hatten, gerieten im Verlauf der 80er Jahre verstärkt unter Druck. Dies betraf insbesondere die Aufrechterhaltung klientelistischer Netzwerke auf nationaler und regionaler Ebene durch Rückgriff auf öffentliche Gelder und Vergabe von Posten innerhalb der staatlichen Verwaltung. Derartige Praktiken waren angesichts der tiefgreifenden Struktur- und Finanzkrise des Staates immer schwerer aufrecht zu erhalten (Novaro 1998: 120f.) – was nicht heißen soll, dass sie verschwunden wären.

Die Entwicklung der PJ unter Menem

Die von Präsident Menem eingeleiteten grundlegenden Wirtschaftsreformen, insbesondere die Privatisierungspolitik, die Deregulierung der Wirtschaft und die Öffnung gegenüber dem Weltmarkt stießen in großen Teilen seiner Partei zunächst auf Ablehnung. Die ersten beiden Amtsjahre waren geprägt von Skepsis und Unbehagen der PJ gegenüber dem Kurs Menems. Dass es Menem trotzdem gelang, sich die Unterstützung der PJ zu sichern, war auf mehrere Ursachen zurückzuführen.

Erstens mutete Menem seiner Partei zwar in wirtschaftspolitischer Hinsicht einen „Rechtsrutsch" zu, er bot ihr aber gleichzeitig in soziokultureller und politisch-kultureller Hinsicht starke Kontinuität zum traditionellen Peronismus. Denn trotz der Abkehr von dem im Wahlkampf gepflegten populistischen sozio-ökonomischen Diskurs blieb Menem im Hinblick auf seinen politischen Führungsstil, seinen Pragmatismus, sein Charisma und die von ihm gepflegte Symbolik ein „echter Peronist" (de Riz 1998: 137; Ostiguy 1998: 29ff.).

Zweitens übernahm Menem die Macht inmitten einer schweren Krise, so dass auch die meisten Kritiker im eigenen Lager die Entscheidungen des Präsidenten aus Angst vor einer weiteren Destabilisierung zunächst nicht öffentlich in Frage stellten – zumal sie ihrerseits wenig konkrete Alternativen anzubieten hatten. Umso mehr hielten sich die Gegner des neuen Kurses mit Kritik zurück, als sich 1991 die ersten Stabilisierungs- und Wahlerfolge einstellten.

Drittens war Menem gegenüber seinen parteiinternen Kritikern von Anfang an in einer starken Position. Die Erneuerer hatten sich als interne Strömung nach ihrer Niederlage bei den Vorwahlen des Jahres 1988 aufgelöst. Zwar bekleideten einige von ihnen noch wichtige Positionen innerhalb der Partei, eine offene Konfrontation mit Menem scheuten jedoch die meisten. Menem verstand es seinerseits, viele seiner einstigen Gegner so zu integrieren, dass seine Autorität dadurch weiter gestärkt wurde. Die vor allem während des ersten Amtsjahrs gezeigte Toleranz gegenüber parteiinternen Kritikern machte ab 1990 aber auch einer gezielten Einforderung von Parteidisziplin Platz. Antonio Cafiero, einstmals führender Kopf der Erneuerer, trat nach einer von ihm gegen den Wunsch Menems initiierten – und gescheiterten – Volksabstimmung über eine Verfassungsänderung in der Provinz Buenos Aires im August 1990 als Parteivorsitzender der PJ zurück. Auch seine erneute Kandidatur als Gouverneur der Provinz Buenos Aires bei den Wahlen im Oktober 1991 konnte er nicht gegen den Widerstand Menems durchsetzen. Sein politisches Schicksal machte den Menem-Kritikern klar, wie gefährlich es sein konnte, einen unabhängigen Kurs gegenüber dem Präsidenten zu wagen (McGuire 1995: 231f.; Palermo/Novaro 1996: 217ff.).

Viertens profitierte Menem davon, dass der Einfluss der Gewerkschaften innerhalb der Partei bereits im Zuge der „Erneuerung" in der zweiten Hälfte der 80er Jahre gesunken war. Trotz starker Vorbehalte der Gewerkschaften gegen Menems Politik bildete sich keine geschlossene Ablehnungsfront. Ein Teil der Gewerkschaften war zur Zusammenarbeit mit der Regierung bereit und eine weitere Gruppe scheute zumindest die offene Konfrontation mit der Administration (Gutiérrez 1998; Levitsky 1997: 91f.).

Fünftens setzte Menem sowohl gegenüber den kooperationsbereiten Gewerkschaften als auch gegenüber den peronistischen Gouverneuren auf eine Politik von selektiven Anreizen und der Gewährung von Pfründen. Trotz der Wirtschafts- und Staatsreform verfügte die Exekutive über Ressourcen, die für die Pflege und den Erhalt von klientelistischen Netzwerken eingesetzt werden konnten. Dazu dienten beispielsweise Zugeständnisse gegenüber den Gewerkschaften bei den von diesen verwalteten Sozialwerken oder spezifische Sozialfonds. Die größte Aufmerksamkeit erfuhr der auf Verlangen von Eduardo Duhalde 1991 aufgelegte *Fondo de Reparación Histórica* für Sozialprogramme im Großraum Buenos Aires, durch den der Gouverneur der Provinz die Verfügungsgewalt über zusätzliche Mittel in Höhe von 400 bis 600 Millionen Dollar jährlich erhielt (Palermo/Novaro 1996: 437).

Sechstens konnte sich Menem gegenüber der Parteibasis auf einen fast im ganzen Land nach wie vor funktionierenden Organisationsapparat mit umfassenden Verbindungen zur Arbeiter- und Unterschicht und einer Vielzahl sozialer Organisationen verlassen. Damit stand ihm eine Infrastruktur zur Verfügung, über die nicht nur materielle Unterstützungsleistungen verteilt, sondern auch politische Entscheidungen implementiert und für Unterstützung gezielt geworben werden konnte (Levitsky 2001: 40ff.).

Die genannten Faktoren trugen dazu bei, dass die PJ Menems Reformkurs trotz zunächst starker Bedenken mittrug. Insbesondere nach dem erfolgreichen Abschneiden der Partei bei den Parlamentswahlen von 1991 bis zur Wiederwahl Menems im Jahr 1995 wurde die Hegemonie Menems und seiner Gefolgsleute innerhalb der Partei so gut wie nicht hinterfragt. Dies hing auch noch mit einem weiteren Faktor zusammen: zu Beginn seiner Amtszeit hatte Menem die PJ von der Besetzung von Regierungsämtern und von Regierungsentscheidungen weitestgehend ausgeschlossen. Nach einer ersten Phase, in der die Partei kaum eine Rolle spielte, eröffnete Menem ihr jedoch schrittweise Zugang sowohl zu politischen Entscheidungsprozessen als auch zur Besetzung von Posten (Novaro 1998: 123f.). Auch im Parlament ergaben sich neue Gestaltungs- und Beteiligungsmöglichkeiten für die Regierungspartei, vor allem im Laufe der zweiten Amtszeit Menems (siehe den Beitrag von Llanos in diesem Band). Die Beteiligung der Partei an grundlegenden Entscheidungen lief allerdings in den wenigsten Fällen über die eigentlich dafür vorgesehenen Parteigremien, sondern über informelle Gremien wie die „Liga der peronistischen Gouverneure", die Menem in seiner doppelten Eigenschaft als Staatspräsident und Parteivorsitzender regelmäßig einberief.

Diese Tendenz verstärkte sich im Verlauf der zweiten Amtszeit Menems, verursacht insbesondere durch den sich immer weiter ausdehnenden Konflikt zwischen Menem und Eduardo Duhalde. Ab 1989 hatte Duhalde zunächst für zwei Jahre das Amt des Vizepräsidenten bekleidet, bevor er auf Wunsch Menems im Oktober 1991 als Kandidat bei den Gouverneurswahlen in der Provinz Buenos Aires antrat. Duhalde gewann diese Wahlen und wurde nach einer ersten Amtszeit im Jahr 1995 als Gouverneur der wichtigsten Provinz des Landes wiedergewählt. Gleichzeitig machte er nach der Wiederwahl Menems 1995 seine Ambitionen für die Präsidentschaftswahlen von 1999 deutlich, bei denen Menem laut Verfassung, die nur eine einmalige Wiederwahl erlaubt, nicht mehr antreten durfte. Duhalde setzte dabei von Anfang an auf eine Distanzierung gegenüber der Politik Menems, die in der zweiten Hälfte der 90er Jahre aufgrund immer lauter werdender Korruptionsvorwürfe, wachsender Arbeitslosigkeit und gravierender sozialer Probleme verstärkt unter Beschuss geriet. Er kritisierte das Wirtschaftsmodell und forderte eine stärkere soziale Komponente. Innerhalb der Partei scharte Duhalde ab 1995 alle diejenigen um sich, die mit Menem unzufrieden waren. Ausgehend von seiner Heimatprovinz Buenos Aires kontrollierte er so relativ schnell einen großen Teil der PJ-Parlamentsfraktion und der Parteigremien.

Duhaldes Distanzierungsstrategie führte jedoch auch bei Menem und seinen Anhängern zu erbitterten Reaktionen. Menem setzte alles daran zu verhindern, dass die peronistischen Gouverneure, die Gewerkschaften und die Parteigremien der PJ frühzeitig einer Präsidentschaftskandidatur Duhaldes zustimmten. Nachdem die Opposition bei den Parlamentswahlen 1997 in Duhaldes Provinz Buenos Aires einen deutlichen Sieg errungen hatte, nahmen die Anhänger Menems dies zum Anlass, um – entgegen aller rechtlichen Bestimmungen und trotz miserabler Umfragewerte – eine erneute Wiederwahl Menems anzustreben. Der daraufhin ausbrechende offene Konflikt zwischen Menem und Duhalde zog sich bis kurz vor den Präsidentschaftswahlen 1999 hin und nahm immer groteskere Züge an. Menem brachte alternative Kandidaten ins Spiel, er bemühte sich um eine erneute Verfassungsreform oder zumindest um eine „Neuinterpretation" der geltenden Verfassung in seinem Sinne; Duhalde initiierte in der Provinz Buenos Aires eine – letztendlich nicht durchgeführte – Volksabstimmung, bei der die Bevölkerung ihre Meinung zu einer erneuten Wiederwahl Menems kundtun sollte (Clarín Digital, 10.7.1998); ein von Menem Mitte 1998 einberufener Parteitag wurde von Duhalde boykottiert, mit der Rechtmäßigkeit der dort getroffenen Entscheidungen mussten sich jahrelang die Gerichte beschäftigen (Clarín Digital, 14.7.1998). Mitte 1998 verkündete Menem zwar offiziell seinen Verzicht auf eine erneute Kandidatur, nach wie vor bemühte er sich jedoch darum, auch eine Nominierung Duhaldes zu verhindern. Selbst nachdem der von Menem als Kandidat ins Spiel gebrachte Ramón Ortega sich im Frühjahr 1999 gegenüber Duhalde bereit erklärte, als dessen Vizepräsidentschaftskandidat ins Rennen zu gehen, wollte Menem Duhaldes Präsidentschaftskandidatur noch nicht hinnehmen (Clarín Digital, 23.2.1999). Erst als mit Carlos Reutemann und Adolfo Rodríguez Saá auch die letzten von Menem als Kandidaten genannten Peronisten auf eine Kandidatur verzichtet hatten, wurde der für Anfang Juli 1999 vorgesehene Nominierungsparteitag abgesagt und Duhalde offiziell zum PJ-Kandidaten ernannt (Clarín Digital, 8.6.1999 u. 19.6.1999).

Phasenweise drohte der Konflikt Menem-Duhalde die PJ vollständig zu spalten. Im Juli 1998 gründete Duhalde mit seinen Anhängern eine eigene Parlamentsfraktion, den *Bloque Parlamentario Federal* (Clarín Digital, 19.7.1998). Nachdem Menem seine Wiederwahlmöglichkeiten schwinden sah, änderte er seine Strategie und setzte nun darauf, sich langfristig die Kontrolle über die Partei zu sichern. Obwohl seine Amtszeit als Parteivorsitzender erst im Jahr 2000 abgelaufen wäre, ließ er sich sein Mandat bereits 1998 vorzeitig bis zum Jahr 2003 verlängern. Wiederum diente ihm dazu eine Resolution, die auf einem von den parteiinternen Gegnern nicht anerkannten Parteitag getroffen worden war (Clarín Digital, 10.12.1998). Die Partei wurde durch den Konflikt an der Spitze nicht nur gelähmt, die wiederholte Umgehung und Instrumentalisierung der formalen Parteigremien führte auch dazu, dass die alternativen Machtzentren an Gewicht gewannen. Insbesondere die peronistischen Gouverneure der großen Provinzen Buenos Aires, Córdoba und Santa Fe kristallisierten sich als neues Machtzentrum heraus, was wiederum dazu führte, dass sich auch die peronistischen Gouverneure der kleineren Provinzen zu einer eigenen „Liga" zusammenschlossen. Am Ende der Ära Menem bot die PJ somit ein sehr heterogenes Bild.

Die UCR in der Krise

Die UCR durchlief in der ersten Hälfte der 90er Jahre eine schwere Krise. Nach dem vorzeitigen Ende der Regierung Alfonsín 1989 gelang es ihr zunächst nicht, zu einer einheitlichen und konsistenten Oppositionsrolle zu finden. Dies hing zum einen mit dem Misskredit zusammen, in den die Regierung Alfonsín in ihren letzten beiden Amtsjahren geraten war. Zum anderen war die Partei als Opposition damit konfrontiert, dass Präsident Menem jene Reformen durchführte, die Alfonsín in der Endphase seiner Regierungszeit vorgeschlagen und die auch der Präsidentschaftskandidat der UCR für den Fall eines Wahlsieges angekündigt hatte. Wütende Proteste gegen Menems Politik hätten daher wenig glaubwürdig gewirkt. Die Wahlniederlagen bei den Parlamentswahlen von 1991 (29% der Stimmen) und 1993 (30%) schwächten die nationale Parteispitze zusätzlich und führten zu einer Machtverlagerung zu den von der UCR gestellten Gouverneuren der Provinzen Córdoba, Catamarca, Chubut und Río Negro, die ihrerseits um ein nicht allzu konfliktives Verhältnis zur peronistischen Regierung bemüht waren (Palermo/Novaro 1996: 247f.).

Trotz des katastrophalen Endes seiner Regierung und trotz eines sehr negativen persönlichen Images gelang es Raúl Alfonsín, den Parteivorsitz und die Kontrolle über die UCR zu behalten. Eine dringend notwendige Auseinandersetzung mit den Ursachen des eigenen Scheiterns unterblieb damit ebenso wie eine personelle und programmatische Erneuerung der Partei. Vor eine Zerreißprobe wurde die UCR gestellt, nachdem Parteichef Alfonsín im November 1993 mit Präsident Menem den „Pakt von Olivos" unterzeichnete, durch den der Weg für eine Verfassungsreform – und damit auch für eine Wiederwahl Menems – geebnet wurde. Alfonsín selbst hatte Mitte der 80er Jahre vergeblich eine Verfassungsreform angestrebt. In der Anfangsphase der Regierung Menem schlug er dann erneut – vergeblich – eine Verfassungsreform vor, um die Machtfülle des Präsidenten durch die Einführung eines parlamentarischen Systems zu begrenzen. Die von Menem seit dem peronistischen Wahlsieg 1993 aus persönlichen Motiven angestrebte Verfassungsreform hatte er jedoch vehement abgelehnt. Umso erstaunter und erboster reagierten Partei und Öffentlichkeit, als ihnen – wie so oft als Ergebnis nichtöffentlicher Verhandlungen – der „Pakt von Olivos" präsentiert wurde.

Die Parteigremien der UCR stimmten dem Pakt zwar – wenn auch widerwillig – zu, aber gegenüber der UCR-Wählerschaft kam all dies zumindest auf kurze Sicht einem politischen Selbstmord gleich. Bereits zuvor war die UCR wegen ihrer schwachen Opposition gegenüber der Regierung Menem kritisiert worden, jetzt aber warf man ihr eine vollständige Kapitulation gegenüber den Machtambitionen des Statspräsidenten vor. Zudem verabschiedete sich die Partei durch die Übereinkunft mit Menem in den Augen vieler Wähler von ihrer Tradition eines Fürsprechers von Rechtsstaat, Demokratie und Ethik. Bei den Wahlen zur Verfassungsgebenden Versammlung im April 1994 erhielt die UCR nur noch 19,8% der Stimmen. Bei den Präsidentschaftswahlen im darauffolgenden Jahr kam ihr Kandidat Horacio Massaccesi sogar nur auf 16,4% (de Riz 1998: 139ff.) und lag damit weit abgeschlagen an dritter Position. Etwas besser schnitt die UCR Dank ihrer weiterhin funktionierenden lokalen und regionalen Parteistrukturen mit 21,7% bei den gleichzeitig stattfindenden Parlamentswahlen ab, und auch bei den 1995 abgehaltenen Gouverneurswahlen musste sie keine weiteren Einbußen hinnehmen. 1996 gelang es dann, mit Fernando de la Rúa als Kandidat die Bürgermeisterwahlen in Buenos Aires zu gewinnen.

Trotz der enormen Kosten des „Pakt von Olivos" für die Partei blieb Alfonsín zunächst weiter Parteivorsitzender. Erst Ende 1995 erfolgte mit der Wahl Rodolfo Terragnos eine Erneuerung der Führung. Terragno, ein politischer Quereinsteiger, der erst 1987 Mitglied der UCR geworden war, sollte der Partei ein moderneres Image und eine zeitgemäße Programmatik verschaffen. In Partei und Öffentlichkeit weckte seine Wahl große Erwartungen, letztendlich traf aber weiterhin Alfonsín die wichtigen Entscheidungen. Terragno verfügte nicht über eine Hausmacht innerhalb der Partei, während die durch traditionelle Treueverhältnisse und klientelistische Strukturmuster untermauerte Bindung vieler Aktivisten an Alfonsín fortbestand, obwohl dieser offiziell kein Parteiamt bekleidete (Acuña 1998: 113). Alfonsín gelang es auch, sich für die Parlamentswahlen des Jahres 1997 als Spitzenkandidat in der UCR-Hochburg, dem Hauptstadtdistrikt Buenos Aires, aufstellen zu lassen. Meinungsumfragen ließen jedoch erwarten, dass die UCR mit Alfonsín an der Spitze erneut eine klare Wahlniederlage zu erwarten hätte. Dies dürfte ein entscheidendes Motiv dafür gewesen sein, dass die Parteiführung sich entgegen der Parteitradition und gegen manchen Widerstand in den eigenen Reihen im August 1997 auf ein Wahlbündnis mit der zwischenzeitlich zur zweitstärksten politischen Kraft avancierten FREPASO einließ (Acuña 1998: 114f.).

Von der Gruppe der Acht zur FREPASO

Nach einem ersten Schock hatten sich viele Peronisten mit der Politik von Präsident Menem arrangiert. Eine Gruppe von acht peronistischen Kongressabgeordneten, die dem linken Parteiflügel angehörten und den Erneuerern zuzurechnen waren, distanzierte sich jedoch in zunehmendem Maße von der Regierung. Ab Juni 1990 traten sie als „Gruppe der Acht" (*Grupo de los Ocho*) öffentlich in Erscheinung und forderten eine Rückbesinnung auf den „wahren Peronismus". Führender Kopf der Gruppe war der Abgeordnete Carlos „Chacho" Álvarez. Nachdem die „Gruppe der Acht" ohne Erfolg versucht hatte, die Position Menems innerhalb der Fraktion zu schwächen, kehrten ihre Mitglieder der Partei ab Ende 1990 den Rücken. Zu den Parlamentswahlen im Oktober 1991 traten mehrere Gruppierungen an, die darauf bauten, dass das „peronistische Volk" den „Verrat Menems", den dieser durch das „Bündnis mit dem Liberalismus" begangen habe, bestrafen werde (Novaro/Palermo 1998: 81f.).

Diese Erwartung erwies sich jedoch als Irrtum, und nach dem überzeugenden Wahlsieg der PJ durchlebten die peronistischen Dissidenten zunächst eine schwierige Situation. Ein Teil kehrte in die Partei zurück, andere gaben die aktive Politik auf. Die „Bewegung für Demokratie und soziale Gerechtigkeit" (*Movimiento por la Democracia y la Justicia Social*; MODEJUSO) um Carlos Álvarez hatte sich bereits 1991 mit der Gruppe

„Volksdemokratie" (*Democracia Popular*) zur „Front für Demokratie und soziale Gerechtigkeit" (*Frente para la Democracia y la Justicia Social*; FREDEJUSO) zusammengeschlossen. Ab 1992 bemühte sie sich um ein breites Bündnis der gemäßigt linken Kräfte. Nicht zuletzt die traditionsreichen sozialistischen Parteien sollten dafür gewonnen werden, diese lehnten das jedoch lange Zeit ab (Abal Medina 1998: 4ff.).

Bei den Senatswahlen des Jahres 1992 unterstützte FREDEJUSO in der Stadt Buenos Aires die Kandidatur des bekannten linken Filmregisseurs Fernando „Pino" Solanas, dessen „Front des Südens" (*Frente del Sur*) aus Dissidenten der Kommunistischen Partei, der Christdemokratie und Unabhängigen bestand. Im Mai 1993 bildeten FREDEJUSO, *Frente del Sur* und einige weitere kleine Gruppierungen die „Große Front" (*Frente Grande*, FG). Das heterogene Bündnis aus tendenziell sozialdemokratischen Kräften um Álvarez und deutlich radikaleren linksnationalistischen Kräften um Solanas vermied jede programmatische Diskussion. Zusammengehalten wurde es in erster Linie von dem Wunsch, bei den Parlamentswahlen im Oktober 1993 ein akzeptables Ergebnis zu erzielen. Die Ergebnisse der Wahlen übertrafen die kühnsten Erwartungen. Die von Álvarez angeführte Liste im Hauptstadtdistrikt Buenos Aires erhielt fast 15% der Stimmen und stellte mit Álvarez und der Menschenrechtsaktivistin Graciela Fernández Meijide zwei Abgeordnete. Die von Solanas angeführte Liste in der Provinz Buenos Aires kam auf gut 4% der Stimmen. Damit verschoben sich die Mehrheitsverhältnisse innerhalb der FG zugunsten des gemäßigten Flügels um Álvarez. Die Medien schenkten „Chacho", der zum Repräsentanten einer neuen, modernen Linken hochstilisiert wurde, große Aufmerksamkeit (Abal Medina 1998: 10).

Eine unerwartete Profilierungsmöglichkeit bot sich der FG, nachdem die UCR unter Raúl Alfonsín dem „Pakt von Olivos" zugestimmt hatte. Die dadurch hervorgerufene Enttäuschung bei vielen traditionellen UCR-Wählern wusste die FG geschickt zu nutzen. Bei den Wahlen zur Verfassungsgebenden Versammlung im April 1994 öffnete sie ihre Listen für unabhängige Intellektuelle und Repräsentanten sozialer Bewegungen. Auch den Sozialisten bot Álvarez erneut – vergeblich – eine Zusammenarbeit an. Der Diskurs der FG hatte sich inzwischen deutlich geändert. Von der Rückkehr zum „wahren Peronismus" war längst nicht mehr die Rede und auch in wirtschaftspolitischer Hinsicht gab man sich weitaus gemäßigter als noch einige Jahre zuvor. Wichtigste Wahlkampfthemen waren der Kampf gegen die Korruption, die Krise der Justiz und des Erziehungssystems, das Versagen der UCR als Opposition und die Forderung nach einer funktionierenden Gewaltenteilung. Damit traf die

FG den Nerv der Bevölkerung, vor allem vieler Stammwähler der UCR: in der Stadt Buenos Aires wurde sie mit mehr als 37% der Stimmen zur stärksten politischen Kraft, selbst in der peronistischen Hochburg, der Provinz Buenos Aires, landete sie auf Platz zwei. Wiederum hatten die Medien nicht unerheblich zum Erfolg der Partei beigetragen, denn die FG verfügte zwar weder über eine ausgebaute Infrastruktur noch über eine große Anzahl von Aktivisten, ihre „mediale *Performance*" erwies sich jedoch als sehr erfolgreich (Castiglioni/Abal Medina 1998: 62f.).

Der zunehmend gemäßigtere und „bürgerlichere" Diskurs von Carlos Álvarez führte aber auch zu Auseinandersetzungen innerhalb der FG. Im November 1994 verließ Fernando Solanas das Bündnis im Streit. Einen Monat später erfolgte ein weiterer Schritt zur Bündelung der gemäßigt linken Kräfte. Gemeinsam mit der im September 1994 gegründeten Partei „Offene Politik für Soziale Integrität" (*Política Abierta para la Integridad Social*; PAIS) des aus der PJ ausgetretenen Senators José Octavio Bordón, den sozialistischen Parteien und einigen kleineren Gruppierungen rief die FG das Bündnis „Front für ein Solidarisches Land" (*Frente por un País Solidario*; FREPASO) ins Leben. Kurze Zeit später schloss sich auch eine Gruppe von enttäuschten UCR-Aktivisten (*Nuevo Espacio*) dem Bündnis an. Vor den Präsidentschaftswahlen 1995 führte FREPASO offene Vorwahlen durch, bei denen sich Bordón knapp gegen Álvarez als Kandidat durchsetzen konnte. Fast eine halbe Million Menschen hatten sich an der Wahl beteiligt. Bei den Präsidentschaftswahlen im Mai 1995 erhielt Bordón 28,8% der Stimmen, womit die UCR erstmals in ihrer mehr als 100jährigen Geschichte zur drittstärksten politischen Kraft degradiert wurde. Im Oktober 1995 konnte sich Graciela Fernández Meijide bei Senatswahlen in der Stadt Buenos Aires mit 45,7% der Stimmen durchsetzen (Abal Medina 1998: 12ff.; Novaro/Palermo 1998: 95ff.).

José Octavio Bordón verließ das Bündnis im Februar 1996, nachdem er vergeblich versucht hatte, den ehemaligen Innenminister der Regierung Menem, Gustavo Béliz, als FREPASO-Kandidaten für die Bürgermeisterwahlen in der Stadt Buenos Aires durchzusetzen. Wie schon beim Rückzug Fernando Solanas entschieden sich jedoch auch jetzt viele Anhänger Bordóns für einen Verbleib in FREPASO. Bei den im Juni 1996 durchgeführten Bürgermeisterwahlen in Buenos Aires erlitt FREPASO-Kandidat Norberto La Porta eine deutliche Niederlage gegen UCR-Kandidat De la Rúa. Erstmals seit 1993 war es der UCR wieder gelungen, einen Wahlsieg in ihrer traditionellen Hochburg zu erzielen. Für die weitere Entwicklung von FREPASO hatte das Wahlergebnis in zweierlei Hinsicht Konsequenzen. Erstens bemühte sich das Bündnis infolge der

Niederlage verstärkt um seine lange Zeit vernachlässigte Institutionalisierung und wandelte sich im Dezember 1996 in eine Parteienkonföderation um. Zweitens zeichnete sich ab, dass die FREPASO ihr Wählerpotenzial weitgehend ausgeschöpft hatte und die UCR mit geeigneten Kandidaten durchaus noch dazu in der Lage war, ihre Stammwähler zu mobilisieren. Dies hatte erhebliche Auswirkungen für die weitere Zusammenarbeit zwischen den beiden wichtigsten oppositionellen Kräften.

Zusammenfassend bleibt festzuhalten, dass es den gemäßigt linken Kräften der argentinischen Politik mit der FG und FREPASO im Laufe der 90er Jahre gelang, ein erhebliches Wählerpotenzial für sich zu mobilisieren. Die wichtigsten Repräsentanten der Gruppierung distanzierten sich im Laufe der Zeit von der Idee der „Verteidigung des wahren Peronismus" und dem Ziel einer „sozialen Front" gegenüber den neoliberalen Reformen der Regierung Menem. Stattdessen gewannen neben dem Kampf gegen die Korruption Themen wie Rechtsstaatlichkeit, Transparenz und Gewaltenteilung an Bedeutung für den Diskurs von FG/FREPASO. Damit griff man traditionelle UCR-Themen auf, die von den Radikalen infolge des „Pakt von Olivos" nicht mehr überzeugend verkörpert wurden – und gewann gleichzeitig wachsenden Zuspruch von Seiten der Mittelschichten und der öffentlichen Meinung (Novaro/Palermo 1998: 99).

Die schrittweise Mäßigung der wichtigsten FG/FREPASO-Repräsentanten und insbesondere deren grundsätzliche Akzeptanz der von Menem durchgeführten Wirtschaftsreformen wurde allerdings nur von einem Teil der Partei- bzw. Bündnisbasis mitvollzogen. Zwar kam es angesichts des wachsenden Wählerzuspruchs nicht zu öffentlich ausgetragenen Konflikten, aber die Kluft zwischen Führung und Basis wuchs. Auch die Tatsache, dass die Führungsriege bisweilen mehr Umgang mit den Medien als mit der eigenen Basis pflegte, trug nicht zur Stärkung des organisationsinternen Zusammenhalts bei.

Die schwachen Organisationsstrukturen und die weitgehend auf die Stadt und die Provinz Buenos Aires beschränkte territoriale Präsenz von FG/FREPASO konnte durch das Prestige einer kleinen Gruppe von Führungspersönlichkeiten und eine effiziente Kommunikationsstrategie ausgeglichen werden, zumal sowohl die Medien als auch die öffentliche Meinung große Aufnahmebereitschaft für den Diskurs der Gruppierung zeigten. Die schwache Institutionalisierung und starke Personalisierung ging jedoch auf Kosten der Herausbildung eines soliden politischen und programmatischen Konsenses (Novaro/Palermo 1998: 115ff.). Trotz des Anspruches, eine neue, fortschrittliche politische Kraft darzustellen und sich Offenheit gegenüber den zivilgesellschaftlichen Gruppierungen zu bewahren, unterschied sich FREPASO hinsichtlich ihrer personalistischen Grundmuster nicht von den traditionellen Parteien.

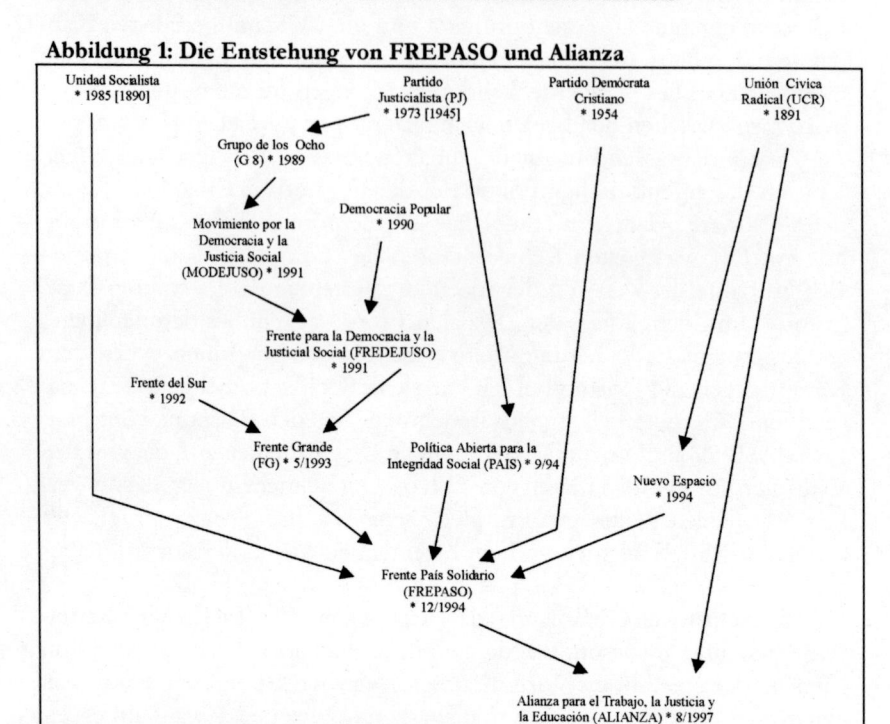

Abbildung 1: Die Entstehung von FREPASO und Alianza

```
Unidad Socialista      Partido               Partido Demócrata      Unión Civica
* 1985 [1890]          Justicialista (PJ)    Cristiano              Radical (UCR)
                       * 1973 [1945]         * 1954                 * 1891

              Grupo de los Ocho
              (G 8) * 1989

         Movimiento por la     Democracia Popular
         Democracia y la       * 1990
         Justicia Social
         (MODEJUSO) * 1991

              Frente para la Democracia y la
              Justicial Social (FREDEJUSO)
              * 1991
  Frente del Sur
  * 1992
              Frente Grande      Política Abierta para la
              (FG) * 5/1993      Integridad Social (PAIS) * 9/94
                                                          Nuevo Espacio
                                                          * 1994

              Frente País Solidario
              (FREPASO)
              * 12/1994

                      Alianza para el Trabajo, la Justicia y
                      la Educación (ALIANZA) * 8/1997
```

Anmerkung: Die Abbildung berücksichtigt nur die wichtigsten politischen Kräfte, die bei der Entstehung von FG/FREPASO und *Alianza* eine Rolle spielten. Die Pfeile weisen lediglich darauf hin, dass eine politische Kraft sich an einem Wahlbündnis / einer Parteienkonföderation beteiligt. Dies bedeutet nicht zwangsläufig, dass die betreffende Kraft darin vollständig aufgeht.
* = Gründungsdatum der Partei / des Bündnisses;
[ ] = Jahr, in dem erstmals eine politische Kraft der entspr. Tendenz entstand.

Die Alianza: Ein neuer Hoffnungsträger?

Trotz der 1995 bereits im ersten Wahlgang erfolgten Wiederwahl Präsident Menems, der im Verlauf des Wahlkampfs erfolgreich auf den Slogan „Ich oder das Chaos" gesetzt hatte, wuchs angesichts der zunehmend kritischeren ökonomischen und sozialen Situation des Landes schon bald nach den Wahlen der Unmut der Bevölkerung über die Regierung. Die Opposition hatte zwar bei den Wahlen insgesamt fast die

Hälfte der Wählerstimmen erhalten, diese verteilten sich jedoch auf zwei größere und einige kleinere Akteure, die bislang wenig Disposition zur Zusammenarbeit gezeigt hatten. UCR und FREPASO wurden sich zwar langsam bewusst, dass es nur vereint gelingen könnte, die peronistische Regierung bei den 1999 anstehenden Präsidentschaftswahlen abzulösen, aber in beiden Lagern gab es zahlreiche Widerstände gegen ein mögliches Bündnis. Auf Seiten der FREPASO glaubte man nicht nur, dass eine Zusammenarbeit mit der für viele Bürgerinnen und Bürger immer noch diskreditierten UCR auch auf das eigene Image einer „neuen und unverbrauchten politischen Kraft" abfärben könnte, man fürchtete auch, von der überlegenen Parteimaschinerie der Radikalen erdrückt zu werden. Auf Seiten der UCR galt es zum einen, die seit Gründung der Partei (1891) existierende und fest in der Parteitradition verankerte *intransigencia*-Tradition, d.h. die Ablehnung einer Koalition mit anderen politischen Kräften zu überwinden (Birle 1989). Zum anderen hielten viele Radikale die FREPASO nach wie vor für ein vorübergehendes Phänomen, dessen Existenz und Wahlerfolge vor allem auf Irrtümer der UCR zurückzuführen seien. Die eigene Profilierung schien ihnen daher wichtiger als eine Zusammenarbeit mit der FREPASO (Godio 1998: 166).

Im Vorfeld der Parlamentswahlen von 1997 und angesichts der Aussicht, bei getrenntem Antreten erneut eine Niederlage gegen die PJ zu erleiden, gelang jedoch im August 1997 in 13 von 24 Provinzen die Bildung des Wahlbündnisses „Allianz für Arbeit, Gerechtigkeit und Bildung" (*Alianza para el Trabajo, la Justicia y la Educación*). In den übrigen Provinzen traten UCR und FREPASO mit getrennten Listen an, da insbesondere die jeweiligen Verantwortlichen der UCR nicht zu einer Zusammenarbeit bereit waren. Für programmatische Debatten zwischen den beiden Bündnispartner blieb so gut wie keine Zeit. Für den Wahlkampf einigte man sich lediglich darauf, den von Menem eingeschlagenen wirtschaftspolitischen Kurs grundsätzlich weiterführen zu wollen, gleichzeitig aber einen entschlossenen Kampf gegen die Korruption, eine Reform der Justiz und des Bildungswesens und einen grundsätzlich anderen Regierungsstil (*good governance*) in Aussicht zu stellen (Acuña 1998).

Der Sieg über die PJ bei den Wahlen im Oktober 1997 machte deutlich, dass die *Alianza* auch dazu in der Lage sein könnte, die peronistische Regierung bei den Präsidentschaftswahlen von 1999 abzulösen. Der Erfolg sorgte gleichzeitig dafür, dass sich jetzt auch viele vorher skeptische Stimmen mit dem Bündnis identifizierten. Die institutionelle Absicherung des Bündnisses erfolgte über eine fünfköpfige nationale Leitungsinstanz und ähnliche Strukturen auf Provinzebene. Gleichwohl blieb die Praxis der Zusammenarbeit bestimmt durch informelle Übereinkünfte und Konflikte zwischen den wichtigsten Führungspersönlichkeiten: Alfonsín, De la Rúa und Terragno auf Seiten der UCR, Álvarez und Fernández Meijide auf Seiten von FREPASO. Erschwert wurde die Zusammenarbeit innerhalb der *Alianza* nicht nur durch die bereits angesprochenen – und nie vollständig überwundenen – Animositäten zwischen UCR und FREPASO, sondern auch durch die Tatsache, dass die führenden Repräsentanten des Bündnisses sehr unterschiedliche persönliche Projekte verfolgten (Novaro 2000).

Ihren Kandidaten für die Präsidentschaftswahlen von 1999 bestimmte die *Alianza* in offenen Vorwahlen, bei denen sich Fernando de la Rúa im November 1998 mit 63% der Stimmen deutlich gegen Graciela Fernández Meijide durchsetzen konnte. Da diese nicht als Vizepräsidentschaftskandidatin antreten wollte, einigte man sich im Frühjahr 1999 auf Carlos Álvarez für diese Kandidatur, während Fernández Meijide sich um den Gouverneursposten in der Provinz Buenos Aires bewerben würde. Die *Alianza* demonstrierte bis zu den Wahlen nach außen Harmonie und war geeint in dem Ziel, die peronistische Regierung abzulösen. Als entscheidendes Manko des Bündnisses sollte sich jedoch schon rasch erweisen, dass es nie zu einer Institutionalisierung von Entscheidungs- und Konfliktlösungsmechanismen und von Mechanismen zur Herausbildung von programmatischen Übereinkünften zwischen den nach wie vor sehr unterschiedlichen und zudem auch noch in sich heterogenen Bündnispartnern kam (Novaro 2000).

Die parteipolitische Landschaft nach den Wahlen des Jahres 1999

Das Jahr 1999 war für Argentinien ein Mammutwahljahr. Neben der Wahl von Präsident und Vizepräsident, Abgeordnetenhaus sowie einer Vielzahl lokaler Repräsentanten am 24. Oktober wurden in mehreren Einzelwahlen ab Dezember 1998 auch die Gouverneure und Provinzparlamente neu bestimmt. Bei den Präsidentschaftswahlen gelang *Alianza*-Kandidat Fernando de la Rúa (UCR) zusammen mit Vizepräsidentschaftskandidat Carlos Álvarez (FREPASO) mit 48,5% bereits im ersten Wahlgang ein deutlicher Sieg.¹ Der peronistische Kandidat Eduardo Duhalde kam dagegen mit 38,08% auf das schlechteste Ergebnis, das jemals ein peronistischer Präsidentschaftskandidat erzielt hatte. Der ehemalige Wirtschaftsminister Cavallo (AR) erhielt als Drittplatzierter 10,1 % der Stimmen.

Abbildung 2: Die Wahlen zum Abgeordnetenhaus 1983-1999

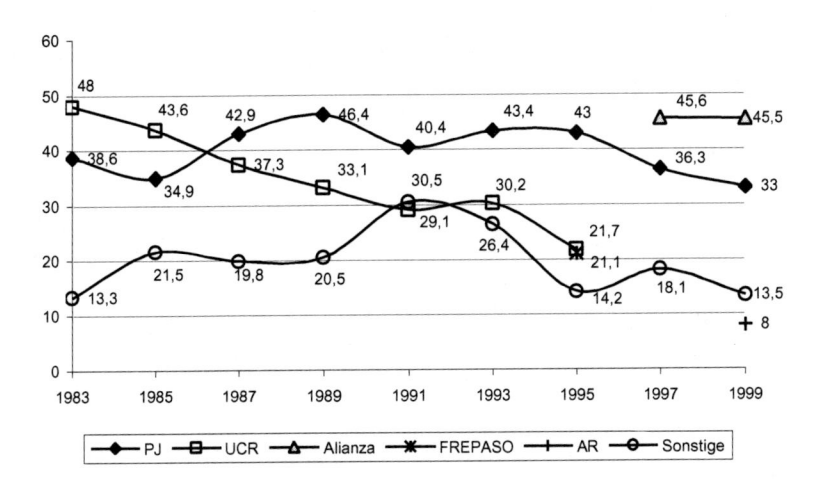

Quelle: de Riz 1998; Georgetown University: Political Database of the Americas www.georgetown.edu/pdba/Elecdata/Arg/Dip99.html)

Bei den Parlamentswahlen² kam die *Alianza* auf 45,5% der Stimmen, die PJ erhielt 33%, AR 8%, die übrigen Stimmen entfielen zum größten Teil auf Regionalparteien. Im Abgeordnetenhaus ergab sich damit eine Sitzverteilung von 124 Mandaten (48%) für das zukünftige Regierungsbündnis *Alianza*, wobei 84 Mandate auf die UCR und 38 auf die FREPASO

---

1 Die Artikel 97 und 98 der reformierten argentinischen Verfassung von 1994 sehen vor, dass ein Präsidentschaftskandidat im ersten Wahlgang gewählt ist, wenn er entweder mehr als 45% der Stimmen erhält oder wenn auf ihn mehr als 40% der Stimmen und gleichzeitig mindestens 10 Prozentpunkte mehr als auf den zweitplatzierten Kandidaten entfallen. Zu den Wahlen 1999 siehe Böhler 1999 und Nolte 1999, zum Wahlkampf Priess 1999.
2 Die Amtszeit der Abgeordneten beträgt vier Jahre. Alle zwei Jahre wird die Hälfte der Abgeordneten neu gewählt, so dass auch 1999 nur die Hälfte der Mandate zur Wiederwahl anstand.

entfielen. Die PJ kam auf 101 Abgeordnete, AR auf 12, die restlichen Mandate gingen weitestgehend an die Provinzparteien. Somit verfügte das Regierungsbündnis nicht über eine eigene absolute Mehrheit. Da die Zusammensetzung des Senats unverändert blieb (er wurde erst im Oktober 2001 neu gewählt) und die jetzt oppositionelle PJ dort über eine deutliche Mehrheit verfügte, war die zukünftige Regierung von Anfang an auf eine Zusammenarbeit mit der Opposition angewiesen.

Dies galt umso mehr, als die *Alianza* bei den Gouverneurswahlen schlechter abgeschnitten hatte als erhofft. Bereits im Dezember 1998 war es der PJ gelungen, in der traditionellen UCR-Hochburg Córdoba mit José Manuel de la Sota erneut den Gouverneur zu stellen. Entgegen den Erwartungen der *Alianza* gelang es 1999 nicht, die wichtige Provinz Buenos Aires zu gewinnen. Hier setzte sich der peronistische Kandidat Carlos Ruckauf gegen die *Alianza*-Kandidatin Graciela Fernández Meijide (FREPASO) durch. Auch die Provinz Santa Fe blieb in den Händen eines peronistischen Gouverneurs (Carlos Reutemann). Insgesamt regierte die PJ in 14 von 24 Provinzen, darunter mit Buenos Aires, Córdoba und Santa Fe in den drei wichtigsten. Die *Alianza* konnte sich dagegen nur in 8 Provinzen durchsetzen. In zwei Provinzen stellten Regionalparteien die Gouverneure.

Der neugewählte Staatspräsident De la Rúa hatte somit durch die Wählerinnen und Wähler zwar einen persönlichen Vertrauensbeweis erhalten, seine Regierung verfügte jedoch von Anfang an über eine weitaus schwächere Machtbasis als die Regierungen Alfonsín und Menem. Um die schwierigen Probleme des Landes anzugehen, musste daher nicht nur die Zusammenarbeit innerhalb der Regierungskoalition funktionieren, sondern auch die mit der Opposition im Parlament und in den Provinzen. Die Voraussetzungen dafür waren sehr ungünstig. Wie weiter oben dargestellt wurde, handelte es sich bei der *Alianza* um ein äußerst heterogenes und fragiles Bündnis, das – abgesehen von dem Wunsch, die Regierung Menem abzulösen – weder über einen von allen relevanten Akteuren geteilten programmatischen Konsens noch über formale Mechanismen verfügte, um einen derartigen Konsens herzustellen und um Konflikte zu lösen. Viel würde daher von Präsident De la Rúa abhängen. Zahlreiche Beobachter trauten diesem durchaus zu, eine integrierende und vermittelnde Rolle zu spielen – irrtümlicherweise, wie sich relativ rasch herausstellen sollte. Die oppositionelle PJ verfügte nach zehn Jahren Regierung unter Carlos Menem nicht mehr über eine anerkannte nationale Führung. Menem hatte sich zwar frühzeitig den formalen Parteivorsitz bis 2003 gesichert, aber die Partei drohte in konkurrierende

Machtzentren aus Duhalde-Anhängern, die gerade eine schwere Niederlage erlitten hatten, Menem-Anhängern, die sich bereits auf die Wahlen des Jahres 2003 vorbereiteten und eine größere Anzahl von Gouverneuren, denen zum Teil ebenfalls Ambitionen auf eine Präsidentschaftskandidatur im Jahr 2003 nachgesagt wurden, zu zerfallen.

Ein konsolidiertes Parteiensystem?

Die Argentinier begegneten ihren politischen Parteien am Ende der Amtszeit von Präsident Menem mehrheitlich mit Misstrauen. Sie hielten ihnen Korruption, Ineffizienz und Versagen bei der Lösung der drängendsten wirtschaftlichen und sozialen Probleme vor. Hatten sich noch 1984 88% und 1988 63% der Befragten bei Meinungsumfragen positiv geäußert, so sagten im Februar 2000 nur noch 15%, sie hätten Vertrauen in die Parteien.

Vier zentrale Ursachenbündel wurden für die Repräsentationskrise ausgemacht: die wirtschaftlichen Probleme, zu deren Lösung die Parteien nicht in der Lage waren, die Erschöpfung traditioneller Politikmuster (z.B. Klientelismus), der relative Bedeutungsverlust der Parteien gegenüber anderen Vermittlungsinstanzen (z.B. den Medien) und die Transformation der Beziehung zwischen Staat und Politik (Adrogue/Armesto 2001: 625). Neuere Umfragen bestätigen den Ansehensverlust der Parteien, sie zeigen aber gleichzeitig auf, dass die meisten Bürgerinnen und Bürger Parteien und Parlament nach wie vor für unverzichtbar halten. „Ohne Parteien kann eine Demokratie nicht funktionieren", dieser Ansicht stimmten 1995 71%, 1997 75% und Anfang 2000 immerhin noch 72% der Befragten zu. Zudem konnte nachgewiesen werden, dass die Parteiidentitäten trotz aller Personalisierung und Mediatisierung der Politik nicht in einem Ausmaß verschwunden waren, wie dies verschiedentlich angenommen wurde. Ein beträchtlicher Teil der Argentinierinnen und Argentinier sagte auch Ende der 90er Jahre noch von sich, einer politischen Partei nahe oder sehr nahe zu stehen. Untersuchungen zeigten zudem, dass das Image von Politikern nach wie vor in engem Zusammenhang mit der Partei beurteilt wurde, der sie angehörten (Adrogue/Armesto 2001: 627ff.).

Diese Bindekraft könnte erklären, warum das argentinische Parteiensystem trotz der in den 90er Jahren weiter eskalierenden Repräsentationskrise vergleichsweise stabil geblieben ist und es nicht zu peruanischen oder venezolanischen Zuständen, d.h. zu einem nahezu vollständigen Verschwinden der traditionellen Parteien kam. Neben den ausführlichen beschriebenen Tendenzen im gemäßigt linken politischen Spektrum spielten während der Regierungszeit von Präsident Menem auch im konservativen Lager verschiedene kleinere Parteien eine gewisse Rolle. Die bereits in den 80er Jahren entstandene wirtschaftsliberale „Union des Demokratischen Zentrums" (*Union del Centro Democrático*; UCeDé) unter Führung von Álvaro Alsogaray erreichte ihren Zenit bei den Wahlen von 1989. Sie unterstützte die von Menem eingeleitete Reformpolitik und besetzte phasenweise auch Posten innerhalb der Exekutive. Die Umarmungsstrategie Menems und interne Querelen führten jedoch dazu, dass ihre Wahlergebnisse ab 1991 stark rückläufig waren. Mitte des Jahrzehnts war die Partei in der Bedeutungslosigkeit versunken. Auch die Anfang der 90er Jahre entstandene rechtspopulistische „Bewegung für Würde und Nationale Unabhängigkeit" (*Movimiento por la Dignidad y la Independencia Nacional*; MODIN) unter Führung des ehemaligen Oberst Aldo Rico erwies sich als ein vorübergehendes Phänomen. 1997 gründete der kurz zuvor zurückgetretene Wirtschaftsminister Domingo Cavallo seine „Aktion für die Republik" (*Acción por la República*; AR), die bei den Parlamentswahlen von 1999 auf 8% der Stimmen kam. Daneben spielen in der argentinischen Politik traditionell die Provinzparteien eine gewisse Rolle. Im nationalen Parlament sind sie jedoch immer nur mit wenigen Abgeordneten vertreten (Jones 1997: 264).

Wie aus Tabelle 3 hervorgeht, erhöhte sich die effektive Anzahl der im Parlament vertretenen Parteien in den 90er Jahren von 2,8 (1989) auf 3,39 (1999). Der damit erreichte Fragmentierungsgrad des Parteiensystems war allerdings nicht besorgniserregend, ebenso wenig wie die leicht angestiegene Wählerfluktuation (Nolte 2000). Erinnert sei auch noch einmal an die seit den 80er Jahren vorhandene und in den 90er Jahren fortbestehende grundsätzliche wechselseitige Anerkennung der Parteien als legitime Teilnehmer der politischen Auseinandersetzung, an die gesunkene Polarisierung und die geringe Relevanz extremistischer Kräfte.

Trotz dieser positiv zu bewertenden Faktoren fiel die Gesamteinschätzung des Parteiensystems negativ aus, und zwar vor allem wegen der vielen „-ismen" der argentinischen Politik und deren katastrophaler Konsequenzen für die Demokratie: Peronismus, Menemismus, Alfonsinismus, Alvarismus, Cavallismus, DeLaRúismus ... – nicht Ideen und Programme bestimmten Ende der 90er Jahre das Denken und Handeln der argentinischen Parteien, sondern persönliche Projekte. Alle relevanten Parteien waren geprägt durch einen extremen Personalismus, fehlende programmatische Diskussionen und Festlegungen, eine große Distanz zwischen Führungseliten und Basis, zentralistische, klientelistische und oft wenig transparente Entscheidungsstrukturen und – von wenigen Ausnahmen abgesehen – ebenso wenig transparente Mechanismen zur Bestimmung von Kandidaten für Parteiämter und öffentliche Wahlämter.

Tabelle 3: Effektive Anzahl der Parteien und Mandatsverteilung im Abgeordnetenhaus (Mandate und Mandatsanteil der Regierungsparteien fettgedruckt)

Jahr	PJ	UCR	FG / Frepaso	Linke[a]	Zentrum[b]	Rechte[c]	Provinzparteien	PJ + UCR	Effektive Anzahl der Parteien[d]
1983	**111**	129 (51%)	-	3	1	2	8	94	2,22
1985	**101**	129 (51%)	-	6	4	3	11	91	2,39
1987	104	**115 (41%)**	-	6	6	7	16	86	2,64
1989	**120 (47%)**	90	-	6	7	12	18	83	2,80
1991	**120 (47%)**	84	-	11	6	14	22	79	2,96
1993	**126 (47%)**	85	3	4	3	12	23	82	2,75
1995	**129 (49%)**	68	23	2	7	8	20	76	2,96
1997	**119 (50%)**	66	38	-	5	6	23	73	3,21
1999	101	**84**	**38** 124 (48%)	-	3	17	14	72	3,39

[a] Linke Parteien: *Partido Socialista Popular* und *Partido Socialista Democrático* nur bis 1995, danach gehören sie FREPASO an; *Partido Intransigente, Partido Comunista, Movimiento al Socialismo, Corriente Grande, Grupo de los Ocho*.
[b] Zentrumsparteien: *Partidos Demócrata Progresista, Partidos Demócrata Cristiano, PAIS*.
[c] Konservative Parteien: UCeDé, *Fuerza Republicana, Acción por la República*, MODIN.
[d] Effektive Anzahl der Parteien errechnet auf Grundlage des Laakso-Taagepera-Index.
Quelle: Abal Medina/Castiglioni 2000: 9.

Diese Probleme waren weder neu noch mangelte es an Vorschlägen, um sie zu überwinden. Insbesondere das geltende Wahlrecht und das darin vorgesehene Listenwahlverfahren (*listas sábana*) wurde wiederholt als Problem ausgemacht. Die Parteien präsentieren sich ihren Wählern bei den Parlamentswahlen mit geschlossenen Listen, bei denen den Wählerinnen und Wählern oft nur die Listenführer bekannt sind. Die übrigen Kandidaten werden durch die Parteiführungen bestimmt, mit der Konsequenz, dass deren Loyalität in erster Linie den Parteicaudillos und nicht einer konkret auszumachenden Wahlkreisbevölkerung gilt. Das weitgehende Monopol der Parteiführungen zur Kandidatenauswahl trägt zum Erhalt verknöcherter Führungsstrukturen bei und schränkt die Wahlmöglichkeiten der Bevölkerung stark ein (Jackisch 1993).

Die nationalen Parteiführungen verfügen daneben noch über weitere „Disziplinierungsinstrumente" gegenüber ihren jeweiligen Distriktorganisationen. Sie können diese unter bestimmten Voraussetzungen „intervenieren", d.h. die lokalen/regionalen Verantwortlichen entmachten und die dortigen Strukturen der vorübergehenden Verwaltung durch die nationale Führung unterstellen. Von dieser Möglichkeit wurde in der Vergangenheit sowohl von der PJ als auch von der UCR Gebrauch gemacht. Oft reichte aber auch die Drohung mit einer Intervention, um aufmüpfige Provinzorgane zu disziplinieren (Jones 1997: 271ff.). Derartige Mechanismen tragen mit dazu bei, die parteiinternen Klientelstrukturen aufrechtzuerhalten und untergraben die innerparteiliche Demokratie.

Wiederholt angemahnt wurden auch Reformen der parteiinternen Mechanismen der Kandidatenauswahl, wie dies in Form von Direktwahlen unter Beteiligung der Basis seit den 80er Jahren vereinzelt – vor allem bei den Präsidentschaftskandidaturen – praktiziert wurde. Seit November 1991 schreibt das Wahlgesetz eine 30%ige Frauenquote für alle Wahllisten vor. Listen, auf denen die vorgeschriebene Mindestquote nicht erreicht wird, werden nicht zu den Wahlen zugelassen. Der Frauenanteil im Abgeordnetenhaus hat sich dadurch in den 90er Jahren deutlich erhöht (Tabelle 4).

Eine weitere Möglichkeit zur Demokratisierung der Parteien bestünde in einer Dezentralisierung im Sinne einer stärkeren Berücksichtigung lokaler und regionaler Kräfte im Rahmen der nationalen Führungsstrukturen. Derartige Reformen wurden seit den 80er Jahren immer wieder diskutiert und auch im Rahmen von Gesetzesinitiativen vorgebracht, ihre Verwirklichung scheiterte jedoch wiederholt am Widerstand derjenigen, deren Macht durch sie eingeschränkt würde: den Parteieliten. Die fehlende Bereitschaft der politischen Eliten zur Realisierung von Reformen, die von Seiten der Zivilgesellschaft wiederholt gefordert wurden, trug somit zum weiteren Ansehensverlust der politischen Klasse bei und verhinderte eine dringend notwendige Erneuerung derjenigen Institutionen, die auch von der argentinischen Verfassung als grundlegende Institutionen der Demokratie bezeichnet werden – der politischen Parteien.

Obwohl das Parteiensystem seit der Rückkehr zur Demokratie im Jahr 1983 in mancherlei Hinsicht positive Entwicklungen verzeichnete und im Hinblick auf einige der von der Politikwissenschaft als relevant erachteten Kriterien zur Konsolidierung eines demokratischen Parteien-

Tabelle 4: Der Anteil von Frauen im Abgeordnetenhaus, 1983-1995

Jahr	Sitze insgesamt	weibliche Abgeordnete	Anteil weiblicher Abgeordneter in %
1983	254	11	4,3
1984	254	13	5,1
1985	254	13	5,1
1985*	254	11	4,3
1986	254	12	4,7
1987	254	12	4,7
1987*	254	12	4,7
1988	254	12	4,7
1989	254	14	5,5
1989*	254	16	6,3
1990	254	16	6,3
1991	254	18	7,1
1991*	254	15	5,9
1992	257	15	5,8
1993	257	16	6,2
1993*	257	36	14,0
1994	257	38	14,8
1995	257	38	14,8
1995*	257	71	27,6

* = Zusammensetzung ab dem 10. Dezember des entsprechenden Jahres;
Quelle: Consejo Nacional de la Mujer (http://www.cnm.gov.ar/).

systems (Beyme 1997) durchaus zufriedenstellende Werte aufwies (Grad an Extremismus und Polarisierung, Wählerfluktuation, Fragmentierungsgrad), trug es mit dazu bei, dass die gravierenden ökonomischen, sozialen und politischen Probleme des Landes nicht in angemessener Art und Weise angegangen werden konnten. Nach zehn Jahren peronistischer Regierungszeit unter Carlos Menem waren weder die neue Regierungskoalition noch die größte Oppositionspartei für die auf sie zukommenden Aufgaben ausreichend vorbereitet. Die größten Defizite des Parteiensystems bestanden in Form des innerparteilichen Personalismus, Faktionalismus und Klientelismus sowie in der – in mancherlei Hinsicht damit zusammenhängenden – Unfähigkeit zur Bildung einer regierungsfähigen Koalition.

Literaturverzeichnis

Abal Medina, Juan Manuel (1998): *Viejos y nuevos actores en el escenario posmenemista: De Evita a Graciela, la experiencia del Frente Grande/FREPASO*, Vortragsmanuskript, Tagung der Latin American Studies Association, Chicago, 24.-26.9.1998.

Abal Medina, Juan Manuel/Castiglioni, Franco (2000): *Poliarquía inestable y sistema partidario estable: algunas hipótesis preliminares sobre el caso argentino*, Vortragsmanuskript, Tagung der Latin American Studies Association, Miami, 16.-18.3.2000.

Aboy Carlés, Gerardo (1996): „De Malvinas al menemismo, renovación y contrarenovación en el peronismo", in: *Sociedad* 10, 5-31.

Acuña, Marcelo (1998): „La crisis de representatividad de la UCR", in: *Revista Argentina de Ciencia Política* 2, 99-127.

Adrogué, Gerardo (1995): „El nuevo sistema partidario argentino", in: Acuña, Carlos H. (Hrsg.): *La nueva matriz política argentina*, Buenos Aires: Ediciones Nueva Visión, 27-70.

Adrogue, Gerardo/Armesto, Melchor (2001): „Aún con vida. Los partidos políticos argentinos en la década del noventa", in: *Desarrollo Económico* 40 (160), 619-652.

Beyme, Klaus von (1997): „Parteien im Prozeß der demokratischen Konsolidierung", in: Merkel, Wolfgang/Sandschneider, Eberhard (Hrsg.): *Systemwechsel 3. Parteien im Transformationsprozeß*, Opladen: Leske + Budrich, 23-56.

Birle, Peter (1989): *Parteien, Parteiensystem und Demokratie in Argentinien: die neuere Entwicklung der Unión Cívica Radical und ihre Stellung innerhalb des argentinischen Parteiensystems*, Universität Mainz (Abteilung politische Auslandsstudien und Entwicklungspolitik, Dokumente und Materialien Nr. 11).

Birle, Peter (1991): „Demokratie und Politik in Argentinien. Eine Bilanz der Jahre 1983-1990", in: *Jahrbuch für Politik* 1 (1), 41-75.

Birle, Peter (1999): „Die südamerikanischen Gewerkschaften und Unternehmerverbände im Systemwechsel. Eine historisch-vergleichende Betrachtung", in: Merkel, Wolfgang/Sandschneider, Eberhard (Hrsg.): *Systemwechsel 4. Die Rolle von Verbänden im Transformationsprozeß*, Opladen: Leske + Budrich, 181-219.

Birle, Peter (2000): „Zivilgesellschaft in Südamerika. Mythos und Realität", in: Merkel, Wolfgang (Hrsg.): *Systemwechsel 5. Zivilgesellschaft und Transformation*, Opladen: Leske + Budrich, 231-271.

Bodemer, Klaus/Carreras, Sandra (1997): „Die politischen Parteien im demokratischen Transitions- und Konsolidierungsprozess in Südamerika: Argentinien, Chile und Uruguay im Vergleich", in: Merkel, Wolfgang/Sandschneider, Eberhard (Hrsg.): *Systemwechsel 3. Parteien im Transformationsprozeß*, Opladen: Leske + Budrich, 171-213.

Böhler, Werner (1999): „Argentiniens Demokratie wird erwachsen", in: *KAS/Auslandsinformationen* 11, 16-48.

Carreras, Sandra (1996): „Die Entwicklung der Parteien seit Beginn der Demokratisierung", in: Nolte, Detlef/Werz, Nikolaus (Hrsg.): *Argentinien. Politik, Wirtschaft, Kultur und Außenbeziehungen*, Frankfurt am Main, 241-259.

Carreras, Sandra (1999): *Die Rolle der Opposition im Demokratisierungsprozess Argentiniens. Der Peronismus 1983-1989*, Frankfurt am Main: Vervuert.

Castiglioni, Franco/Abal Medina, Juan (1998): „Transformaciones recientes del sistema de partidos argentino", in: Manz, Thomas/Zuazo, Moira (Hrsg.): *Partidos políticos y representación en América Latina*, Caracas: Nueva Sociedad, 55-71.

Catterberg, Eduardo (1989): *Los argentinos frente a la política. Cultura política y opinión pública en la transición argentina a la democracia*, Buenos Aires: Planeta.

Cavarozzi, Marcelo (1983): *Autoritarismo y democracia*, Buenos Aires: Centro Editor de América Latina.

Cavarozzi, Marcelo (1989): „El esquema partidario argentino: partidos viejos, sistema débil", in: Cavarozzi, Marcelo/Garreton, Manuel (Hrsg.): *Muerte y resurrección. Los partidos políticos en el autoritarismo y las transiciones en el Cono Sur*, Santiago de Chile: FLACSO.

De Riz, Liliana (1994). *Radicales y peronistas: El congreso nacional entre 1983 y 1989*, Buenos Aires: Centro Editor de América Latina.

De Riz, Liliana (1998): „From Menem to Menem. Elections and Political Parties in Argentina", in: Tulchin, Joseph S./Garland, Allison M. (Hrsg.): *Argentina: The Challenge of Modernization*, Wilmington: Scholarly Resources Inc., 133-152.

De Riz, Liliana/Adrogué, Gerardo (1990): *Democracia y elecciones em la Argentina: 1983-1989*, Buenos Aires: CEDES (Documento de trabajo 52).

Di Tella, Torcuato S. (1998): „Evolution and Prospects of the Argentina Party System", in: Tulchin, Joseph S./Garland, Allison M. (Hrsg.): *Argentina: The Challenge of Modernization*, Wilmington: Scholarly Resources Inc., 117-132.

Godio, Julio (1998): *La Alianza. Formación y destino de una coalición progresista*, Buenos Aires: Grijalbo Mondadori.

Gutiérrez, Ricardo (1998): *Desindicalización y cambio organizativo del peronismo argentino, 1982-1995*, Vortragsmanuskript, Tagung der Latin American Studies Association, Chicago, September 1998.

Jackisch, Carlota (1993): *Los sistemas electorales, sus características y consecuencias políticas: el caso argentino*, Buenos Aires: Fundación Konrad Adenauer.

Jones, Mark P. (1997): „Evaluating Argentina's Presidential Democracy: 1983-1995", in: Mainwaring, Scott/Shugart, Matthew Soberg (Hrsg): *Presidentialism and Democracy in Latin America*, Cambridge: University Press, 259-299.

Jones, Mark P. (1998): *Explaining the High Level of Party Discipline in the Argentine Congress*, Buenos Aires: Fundación Gobierno y Sociedad (Documento 14).

Levitsky, Steven (1997): „Crisis, adaptación partidaria y estabilidad del régimen en la Argentina: el caso del peronismo, 1989-1995", in: *Revista de Ciencias Sociales* (Buenos Aires) 6, 85-131.

Levitsky, Steven (1998): „Institutionalization and Peronism. The Concept, the Case and the Case for Unpacking the Concept", in: *Party Politics* 4 (1), 77-92.

Levitsky, Steven (2001): *The Paradox of Menemism: Parties, Civil Society, and the Relative Success of Argentine Democracy in the 1990s*, Vortragsmanuskript, Tagung „Advances and Setbacks in the Third Wave of Democratization in Latin America", Kellog Institute for International Affairs, Notre Dame University, 23.-24. April 2001 (www.nd.edu/~kellogg /pdfs/levitsky.pdf).

McGuire, James (1995): "Political Parties and Democracy in Argentina", in: Mainwaring, Scott/Scully, Timothy R. (Hrsg.): *Building Democratic Institutions. Party Systems in Latin America*, Stanford: Stanford University Press, 200-246.

Nolte, Detlef (1999): "Was kommt nach Menem? Die argentinischen Präsidentschaftswahlen vom 24. Oktober 1999", in: *Brennpunkt Lateinamerika* 20, 173-182.

Nolte, Detlef (2000): "Lateinamerikas Parteien zwischen Volatilität und Beharrung", in: Bodemer, Klaus/Krumwiede, Heinrich-W./Nolte, Detlef/Sangmeister, Hartmut (Hrsg.): *Lateinamerika Jahrbuch 2000*, Frankfurt am Main: Vervuert, 9-29.

Novaro, Marcos (1998): "Los partidos argentinos en los '90. Los desafíos de la competencia, la sucesión y la alternancia", in: *Estudios Sociales* VIII (15), 117-147.

Novaro, Marcos (Hrsg.) (1999): *Entre el abismo y la ilusión. Peronismo, democracia y mercado*, Buenos Aires: Grupo Editorial Norma.

Novaro, Marcos (2000): *La Alianza y el Frepaso frente a los dilemas de su crisis* (http://www.politica.com.ar).

Novaro, Marcos/Palermo, Vicente (1998): *Los caminos de la centroizquierda. Dilemas y desafíos del Frepaso y de la Alianza*, Buenos Aires: Losada.

O'Donnell, Guillermo (1977): "Estado y alianzas en la Argentina. 1956-1976", in: *Desarrollo Económico* 64, 523-554.

Ostiguy, Pierre (1998): *The Double Political Spectrum: Party Identities and Political Strategy in Argentina* (Working Paper, The Helen Kellogg Institute for International Studies).

Palermo, Vicente/Novaro, Marcos (1996): *Política y poder en el gobierno de Menem*, Buenos Aires: Grupo Editorial Norma.

Palermo, Vicente/Novaro, Marcos (2000): "Los dilemas de la centroizquierda argentina. El ,Frente País Solidario' entre la identidad y la gobernabilidad", in: Mallo, Susana/Moreira, Constanza (Hrsg.): *La larga espera. Itinerarios de las izquierdas en Argentina, Brasil y Uruguay*, Montevideo: Banda Oriental, 15-59.

Priess, Frank (1999): "Zwischen Modernisierung und Tradition. Der argentinische Wahlkampf im lateinamerikanischen Vergleich", in: *KAS/Auslandsinformationen* 11, 49-73.

Rock, David (1987): *Argentina 1516-1987. From Spanish Colonization to the Falklands War and Alfonsín*, Berkeley, Los Angeles: University of California Press.

Sidicaro, Ricardo (1998): "Cambios del Estado y transformaciones del peronismo", in: *Sociedad* 12/13, 37-57.

Thibaut, Bernhard (1997): "Parteiensystem und Regierbarkeit im argentinischen Präsidentialismus", in: Sevilla, Rafael/Zimmerling, Ruth (Hrsg.): *Argentinien: Land der Peripherie?*, Unkel/Rhein, Bad Honnef: Horlemann, 137-156.

Héctor Palomino

Die Beziehungen zwischen Gewerkschaften, Unternehmern und Staat: Akteure und Spielregeln im Wandel

Einleitung

Die wirtschaftlichen und politischen Transformationsprozesse der 90er Jahre haben die gesellschaftlichen Grundlagen der gewerkschaftlichen und unternehmerischen Interessenrepräsentation in Argentinien tiefgreifend verändert und zu einer Modifikation der traditionellen Beziehungsmuster zwischen Gewerkschaften, Unternehmerverbänden, Staat und politischem System geführt. Die hohe Arbeitslosigkeit und die prekäre Arbeitsplatzsituation großer Teile der Bevölkerung schwächte die soziale und politische Kraft der Gewerkschaften. Die Krise stand im Zusammenhang mit der im Laufe des Jahrzehnts implementierten staatlichen Politik, die eine Marktöffnung sowie die Privatisierung der großen staatlichen Industrie- und Dienstleistungsunternehmen in Gang setzte und damit auch grundlegende Veränderungen der Unternehmensstrukturen herbeiführte. Die Kluft zwischen den Großunternehmen und den übrigen Wirtschaftsakteuren vergrößerte sich und es kam zu radikalen Veränderungen bei der Zusammensetzung der Spitze der wirtschaftlichen Macht. Die Bedeutung der nationalen Unternehmer innerhalb des wirtschaftlichen Establishments ging stark zurück.

Der Staat war in den 90er Jahren ebenfalls signifikanten Veränderungen unterworfen. Diese wiesen in eine ähnliche Richtung wie die in anderen lateinamerikanischen Ländern durchgeführten neoliberalen Reformen: Es handelte sich um die Reduzierung der produktiven und sozialen Rolle des Staates. Der Staatsabbau war allerdings in Argentinien, wo die externe finanzielle Abhängigkeit beispiellose Ausmaße erreicht hatte, besonders stark. Im Folgenden werden die angesprochenen Entwicklungen in groben Zügen beschrieben und ihre Auswirkungen auf die Sozialstruktur, die Arbeitsbeziehungen sowie auf die Repräsentationsformen der Gewerkschaften und der Unternehmer herausgearbeitet.

Die Veränderungen auf dem Arbeitsmarkt

Die während der Militärdiktatur von 1976 bis 1983 implementierten Wirtschaftspolitiken schränkten in den 80er Jahren die staatlichen Möglichkeiten zur Gestaltung der wirtschaftlichen Entwicklung stark ein (Galín/Novick 1990). Insbesondere die enorm gestiegene Auslandsverschuldung und die daraus resultierende Inflation stellten sich als Probleme dar, die schon frühzeitig auf die dann in den 90er Jahren erfolgten Reformen verwiesen (Schwarzer 1998: 174ff.). Das große Novum der 90er Jahre war ein nie zuvor erlebter Anstieg der Arbeitslosenraten in einem Land, das bis Ende des 19. Jahrhunderts kaum bevölkert war und dessen regierende Elite die Einwanderung fördern musste, um eine Agrarexportwirtschaft aufbauen zu können, die auf der Produktion von Rindfleisch und Getreide für den Weltmarkt basierte. Während eines großen Teils des 20. Jahrhunderts überstieg die Nachfrage das Angebot an Arbeitskräften oder es pendelte sich ein Gleichgewicht bei niedrigen Arbeitslosenzahlen ein. Von den 30er Jahren bis Mitte der 70er Jahre spielte die Industrie direkt und indirekt eine bedeutende Rolle bei der Nachfrage nach Arbeitskräften. Infolge des städtischen Wachstums vervielfachte sich die Nachfrage nach Arbeitskräften im Bereich der öffentlichen und privaten Dienstleitungen. Schließlich sorgte die Herausbildung einer breiten Schicht von unabhängigen Erwerbstätigen – auf eigene Rechnung tätigen Erwerbspersonen (*cuentapropistas*) sowie städtischen Klein- und Kleinstunternehmern – für ein Gleichgewicht auf dem Arbeitsmarkt.

In den 70er Jahren lag die offene Arbeitslosigkeit im Durchschnitt nicht über 4% der städtischen Erwerbsbevölkerung. In den 80er Jahren schwankten die Arbeitslosenzahlen trotz der wirtschaftlichen Stagnation um die 6%. Dagegen vervielfachte sich die Arbeitslosenrate von 1993 an, bis sie im Mai 1995 18% erreichte. Parallel dazu stieg der Anteil der geringfügig Beschäftigten – d.h. derjenigen Personen, die weniger als 35 Stunden in der Woche arbeiten; die Unterbeschäftigungsrate betrug Ende der 90er Jahre etwa 14%. Auch die Zahl prekärer Arbeitsverhältnisse nahm stark zu. Damit sind Arbeitsbedingungen gemeint, bei denen das Gehalt nicht mehr mit Garantien und Institutionen der sozialen Absicherung verbunden ist.

Diese Entwicklungen führten bei den Gewerkschaften zu einer rückläufigen Mitgliederentwicklung und sinkenden Beitragszahlungen. Noch wichtiger dürften die Auswirkungen der strukturellen Reformen auf das gesellschaftliche Bewusstsein gewesen sein, denn dadurch erhöhten sich die Schwierigkeiten der Gewerkschaften zur Anpassung ihrer Strategien an den neuen Kontext. Eine genauere Betrachtung der Veränderungen des rechtlichen Status der Arbeitnehmer verdeutlicht diesen Aspekt. Vergleicht man die Bestimmungen des Arbeitsvertragsgesetzes (*Ley del Contrato de Trabajo*, LCT) mit deren tatsächlicher Anwendung in der Arbeitswelt der 90er Jahre, so zeigen sich deutliche Diskrepanzen zwischen Norm und Realität. Das vom LCT propagierte Arbeitsvertragsmodell kann zusammenfassend als ein stabiles (oder zeitlich nicht eingeschränktes) und mit verschiedenen Sozialleistungen gekoppeltes Erwerbsarbeitsverhältnis beschrieben werden. Nach einer neueren Schätzung trifft dieses Modell jedoch nur auf jeden sechsten Arbeitnehmer tatsächlich zu (Godio et al. 1998: 74f.). Die Reichweite des LCT, das traditionell als zentrales Element des argentinischen Arbeitsrechtes galt, ist damit stark eingeschränkt, auch wenn dies nicht ausschließlich auf die Veränderungen im Laufe der 90er Jahre zurückgeführt werden kann.

Von Anfang an schloss das LCT bestimmte Gruppen aus, wie etwa die Beschäftigten der Öffentlichen Verwaltung, die Landarbeiter, die Hausangestellten und zum Teil auch die Bauarbeiter, für die jeweils besondere Vorschriften galten. Die Zahl der in diesen Kategorien erfassten Beschäftigten belief sich 1991 auf etwa vier Millionen Arbeitnehmer, d.h. auf die Hälfte der Lohnarbeiter. Zudem war die Mehrzahl der nicht im Rahmen eines Lohnarbeitsverhältnis Beschäftigten ebenfalls vom Geltungsbereich des LCT ausgeschlossen, was laut dem Zensus von 1991 mehr als vier Millionen der Erwerbsbevölkerung ausmachte. Darunter fielen die *cuentapropistas* sowie ein Teil der „Arbeitgeber", die in so unterschiedlichen Bereichen wie der Vermittlung von Dienstleistungen, Handelsaktivitäten oder handwerklichen Tätigkeiten aktiv sind; alle diese Berufsgruppen blieben bereits vor Beginn der 90er Jahre ganz oder teilweise außerhalb des Geltungsbereiches des LCT.

Die Zahl der durch das prototypische Modell des LCT abgedeckten Lohnarbeitsverhältnisse belief sich 1991 auf ca. vier Millionen, was nur etwa einem Drittel der Beschäftigten entsprach. Der Kontrast zwischen dem normativen Beschäftigungsmodell und den „real existierenden Arbeitnehmern" war also schon 1991 sehr ausgeprägt, obwohl dies wahrscheinlich damals noch nicht ins öffentliche Bewusstsein gerückt war. Grund dafür war die relativ große Bedeutung der Beschäftigung im öffentlichen Dienst, die etwa 17% der Gesamtbeschäftigung ausmachte. Während der 80er Jahre war es zu einer signifikanten Zunahme des Organisationsgrades und der Aktivitäten der Gewerkschaften der Staatsbediensteten und zu einer teilweisen Angleichung ihrer Organisation und ihres Vorgehens an die der Industriearbeiter gekommen. Im Laufe der 90er Jahre führte dies zur Konsolidierung der ATE (*Asociación de Trabajadores del Estado;* Vereinigung der Staatsbediensteten) als führender Kraft innerhalb der durch die CTA (*Central de los Trabajadores Argentinos;* Dachverband der Argentinischen Arbeiter) repräsentierten neuen Gewerkschaftsströmung. Die Zahl der nach dem Modell des LCT beschäftigten Lohnarbeiter betrug 1998 nur noch etwa 2,4 Millionen, 40% weniger als 1991. Diese Entwicklung kann auf die Veränderungen der arbeitsrechtlichen Regelungen im Verlauf der 90er Jahre zurückgeführt werden, durch die die Geltung des LCT noch weiter eingeschränkt wurde.

Arbeitsrechtsreformen in den 90er Jahren

Im Laufe der 90er Jahre wurden verschiedene Bestimmungen verabschiedet, welche die bis dahin gültigen arbeitsrechtlichen Regelungen modifizierten. Dies geschah, ohne dass die wichtigsten Arbeitsgesetze modifiziert worden wären, so dass es zu einer gewissen normativen Konfusion kam. Einige Änderungen wurden sogar auf dem Wege der Rechtssprechung verwirklicht, d.h. durch eine neue Auslegung älterer Normen. Mit Blick auf ähnliche Phänomene in anderen Ländern wurde dieses Phänomen als „eine Deregulierung [des Arbeitsmarktes] durch Hyperreglementierung" bezeichnet (Coutrot 1999: 15).

Unmittelbar nach ihrer Amtsübernahme im Jahr 1989 erhielt die Regierung Menem die Zustimmung des Kongresses zu dem von ihr eingebrachten Staatsnotstandsgesetz, wodurch die Entlassung zahlreicher Angestellter der öffentlichen Verwaltung ermöglicht wurde. Die entsprechende Norm und ihre Anwendung waren auch als Signal an das unternehmerische Establishment gedacht, dem man zeigen wollte, dass die Forderungen nach einer „Verkleinerung" des Staates auf offene Ohren stießen. 1990 erließ das Arbeitsministerium ein Dekret, mit dem das verfassungsmäßig garantierte Streikrecht im öffentlichen Dienst eingeschränkt wurde. Dahinter stand die Absicht, das Druckpotenzial der von den Privatisierungen der staatlichen Unternehmen betroffenen Gewerkschaften zu schwächen und gleichzeitig einer Forderung der zukünftigen Käufer dieser Unternehmen nachzukommen. Angesichts der starken Position der Gewerkschaften in den Leitungsgremien der zu privatisierenden Betriebe erleichterte diese Regelung die Umstrukturierung durch die neuen Besitzer. Die Verabschiedung dieser Norm geschah während der Privatisierung der staatlichen Telefongesellschaft ENTEL und wurde damit zu einer deutlichen Botschaft an die Investoren.

Ebenfalls im Jahr 1990 verabschiedete der Kongress ein neues Beschäftigungsgesetz, das von dem damaligen Arbeitsminister, dem Vorsitzenden der Gewerkschaft der Beschäftigten der Plastikindustrie, Jorge Triacca, entworfen worden war. Auch wenn die Anwesenheit von Triacca im Kabinett der alten peronistischen Tradition entsprach, dieses Ministerium mit einem Gewerkschaftsvorsitzenden zu besetzen, so war seine Berufung doch eher auf seine guten Beziehungen zum unternehmerischen Establishment als auf seine Eigenschaft als Gewerkschafter zurückzuführen. Das Beschäftigungsgesetz sah eine Reihe neuer Vertragsformen vor, beispielsweise Zeitverträge von sechs Monaten bis zu zwei Jahren. Dadurch war es den Unternehmen möglich, Personal unter Vertrag zu nehmen, ohne dass bei einer Beschäftigungsdauer von mehr als drei Monaten im Falle der Entlassung automatisch die im Arbeitsvertragsgesetz vorgeschriebenen Entschädigungszahlungen fällig wurden. Die neuen Vertragsformen befreiten die Arbeitgeber auch zum Teil von den Abgaben zur Renten- und Sozialversicherung.

1993 erließ die Regierung ein Dekret, das auf die Deregulierung zahlreicher Aktivitäten ausgerichtet war. Unter anderem eröffnete sich damit die Möglichkeit, Kollektivverhandlungen auf betrieblicher Ebene zu führen. Bislang hatten diese stets auf Branchenebene stattgefunden. Die Verordnung befähigte zudem den Arbeitsminister, die Repräsentation der Arbeitnehmer auf Unternehmensebene anzuerkennen. Den Betriebsräten konnte somit eine aktivere Rolle im Rahmen von Kollektivverhandlungen eingeräumt werden, was eine Dezentralisierung der Tarifverhandlungen zur Folge hatte.

Auf diese Weise hatte die Regierung im Laufe von nur vier Jahren Richtlinien geschaffen, die a) die Arbeitsplatzsicherheit der öffentlichen Bediensteten einschränkten, b) das Streikrecht im öffentlichen Dienst begrenzten, c) neue Formen „flexibler" Arbeitsverträge ermöglichten und d) Tarifverhandlungen auf Unternehmensebene erlaubten, wodurch das bislang vorherrschende Modell von Branchentarifverträgen in Mitleidenschaft gezogen wurde. Alle diese Richtlinien ergänzten den existierenden und nach wie vor gültigen normativen Rahmen, dessen Grundlagen durch das Arbeitsvertragsgesetz, das Tarifverhandlungsgesetz, das Gewerkschaftsgesetz und das Gesetz über die Sozialwerke gebildet werden.[1] Die große Anzahl neuer Richtlinien, die oft im Gegensatz zu bis-

---

1 Die Sozialwerke werden durch die Gewerkschaften geführt, welche die Beiträge der Arbeitnehmer und der Arbeitgeber verwalten. Alle Arbeitnehmer, egal ob sie gewerk-

her gültigen Normen standen, führte zu einer zusätzlichen Schwächung der alten arbeitsrechtlichen Regelungen, was sich in aller Schärfe in der Arbeitsrechtssprechung zeigte.

Während der zweiten Präsidentschaft Menems wurden weitere neue Richtlinien erlassen, etwa das Gesetz zur Gestaltung der Arbeitsverhältnisse in Klein- und Mittelunternehmen, worunter man in Argentinien Unternehmen mit bis zu 50 Beschäftigten und einem bestimmten Jahresumsatz versteht. Diese Unternehmen wurden von einem Teil der Abfindungszahlungen ausgenommen, die sonst bei Entlassungen fällig werden. 1998 wurde die Höhe der Abfindungssummen für Arbeitnehmer, die weniger als zwei Jahre in einem Betrieb beschäftigt waren, verringert. Gleichzeitig wurde allerdings die maximale Länge der Probezeit von drei Monaten auf einen Monat reduziert.[2] Mit dem neuen Gesetz verringerte sich auch die Zahl der gesetzlich geförderten Vertragstypen.

Grundsätzliches Ziel der neuen arbeitsrechtlichen Normen war die „Flexibilisierung" der Arbeitsverträge, wodurch Kosteneinsparungen für die Arbeitgeber ermöglicht werden sollten. Diesem Zweck galt auch die Reduzierung der Arbeitgeberbeiträge zu den Sozialleistungen. Die arbeitgeberfreundliche Reform der Arbeitsgesetzgebung zielte auf eine Anpassung der gesetzlichen Richtlinien an die neuen wirtschaftlichen Rahmenbedingungen. Dazu gehörte insbesondere die Öffnung gegenüber dem Weltmarkt und die damit verbundene verbesserte Wettbewerbssituation von Importgütern auf dem Binnenmarkt. Um die Wettbewerbsfähigkeit der einheimischen Unternehmen gegenüber der ausländischen Konkurrenz zu verbessern, sollten die Arbeitskosten reduziert werden.

Die neuen arbeitsrechtlichen Normen führten in Verbindung mit der wachsenden Arbeitslosigkeit und Unterbeschäftigung dazu, dass immer mehr Beschäftigte in Grenzbereichen der Erwerbsarbeit tätig waren. Für solche ambivalenten Arbeitsverhältnisse setzten sich Bezeichnungen wie „nicht registrierte Arbeit" und „Schwarzarbeit" durch. Da in Argentinien kein Sozialstaat nach europäischem Muster existiert, wurden die sozialen Kosten der Reformen für diejenigen Arbeitnehmer, die sich dadurch aus dem offiziellen Arbeitsmarkt verdrängt sahen, in keiner Weise umfassend abgefangen oder abgedeckt.

---

schaftlich organisiert sind oder nicht, müssen Beiträge entrichten, die automatisch nach festen Prozentsätzen von den Gehältern abgezogen werden.

2 Hierzu ist anzumerken, dass die Probezeit im Rahmen der auf Initiative der Regierung De la Rúa im Mai 2000 verabschiedeten Arbeitsrechtsreform wiederum auf sechs Monate verlängert wurde.

Die Erosion der faktischen Gültigkeit des Arbeitsvertragsgesetzes von 1974 hatte zur Folge, dass sogar ein großer Teil der gesetzlich geregelten Arbeitsverhältnisse nur noch zu prekären Beschäftigungsformen führte, die auf legale Weise von wichtigen traditionellen Sozialleistungen abgekoppelt waren. Die Beschäftigten akzeptierten im Kontext hoher Arbeitslosigkeit Einbußen an Arbeitsplatzsicherheit und Sozialleistungen, um zumindest noch ein gewisses Grundgehalt zu erhalten.

Gleichzeitig breiteten sich in den 90er Jahren andere Beschäftigungsformen außerhalb des Bereichs der Lohnarbeit aus. Dabei handelt es sich um „Dienstleistungen", die auf der Grundlage zivil- und handelsrechtlicher Normen geregelt werden, einhergehend mit einer beachtlichen Transformation des *Status* der Arbeit: während das Arbeitsrecht grundsätzlich von einer Asymmetrie zwischen Arbeitnehmern und Arbeitgebern ausgeht und den Arbeitnehmern infolgedessen gewisse Schutzrechte gewährt, nehmen das Zivil- und das Handelsrecht die Vertragspartner als gleichgestellt wahr. Diese Erosion des juristischen *Status* der Beschäftigten stellt die klassischen sozialen Vorstellungen hinsichtlich der Arbeitswelt in Frage – das, was einige Autoren als die soziale Konstruktion der Arbeitsmärkte bezeichnet haben (Bryn 1996). Schaubild 1 gibt einen Überblick zu verschiedenen Typen von Arbeitsformen, auf die in den folgenden Abschnitten näher eingegangen wird.

Veränderungen im Bereich der Lohnarbeit

Die starke Zunahme prekärer Lohnarbeitsverhältnisse führte zu beträchtlichen Auswirkungen für die Gewerkschaften, die große Schwierigkeiten hatten, Arbeitnehmer anzusprechen, die sich in einem unsicheren Beschäftigungsverhältnis befanden. Das Problem bestand darin, dass in Argentinien laut offiziellen Schätzungen etwa 40% der Beschäftigten 1999 als „nicht registriert" eingestuft wurden, während es Anfang der 90er Jahre nur 30% gewesen waren. Ein großer Teil der prekären Lohnarbeitsverhältnisse entfiel auf Branchen, in denen ansonsten Vertragsarbeit vorherrschte. Hinzu kamen verschiedene Tätigkeiten im Bereich der traditionellerweise informellen Dienstleistungen. Eine Kluft zwischen stabilen und instabilen Arbeitsverhältnissen herrschte auch in saisonabhängigen Aktivitäten vor, von den Ernten in der Landwirtschaft bis zu bestimmten Industrien, deren Produktion jahreszeitlichen Zyklen unterliegt (wie etwa die Herstellung bestimmter Getränke: Bier, Limonaden, etc.). In vielen Unternehmen entstanden Trennungslinien zwischen einer „zentralen" (stabilen) und einer „peripheren" (instabilen) Belegschaft. In

Schaubild 1: Verschiedene Typen von Arbeitsformen

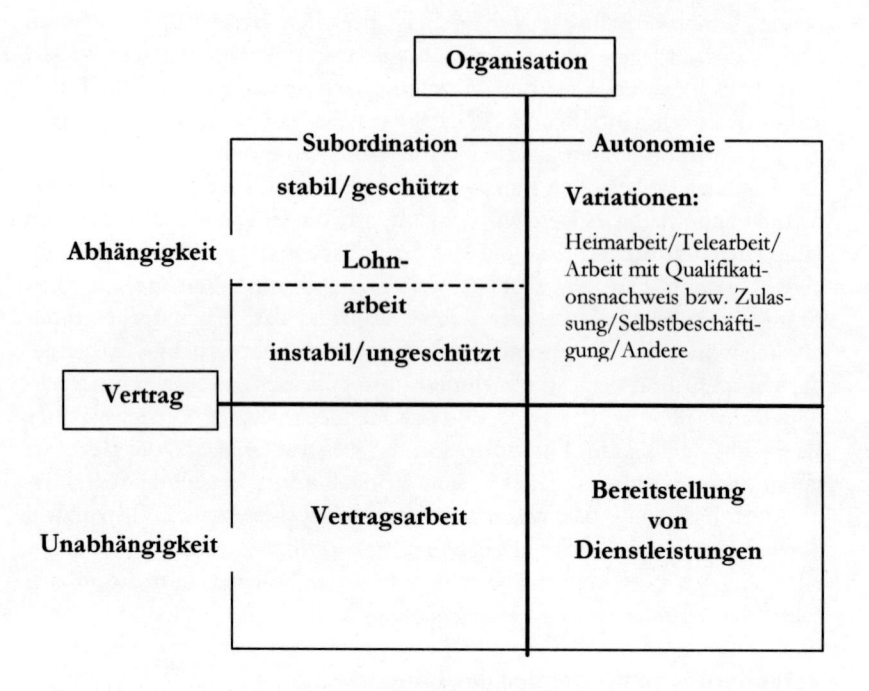

	Organisation	
	Subordination	Autonomie
Abhängigkeit	stabil/geschützt Lohn- - - - - - - - - - - arbeit instabil/ungeschützt	**Variationen:** Heimarbeit/Telearbeit/ Arbeit mit Qualifikationsnachweis bzw. Zulassung/Selbstbeschäftigung/Andere
Vertrag		
Unabhängigkeit	Vertragsarbeit	Bereitstellung von Dienstleistungen

gewisser Weise führten die vertikalen Repräsentations- und Organisationstraditionen der Gewerkschaften dazu, dass diese Trennungslinien in vielen Unternehmen als selbstverständlich erachtet wurden.

Stabile Lohnarbeitsverhältnisse fanden sich mehrheitlich im öffentlichen Sektor (in den nationalen, regionalen und lokalen Verwaltungen) und in verschiedenen staatlichen Dienstleistungsbereichen (wie im Bildungs- und Gesundheitswesen). In der Tat ergaben sich gerade in diesen Bereichen im Laufe der 90er Jahre zahlreiche gewerkschaftliche Konflikte, vor allem in jenen Provinzen und Gemeinden, in denen die Auswirkungen der Sparpolitik ab 1995 besonders deutlich zu spüren waren.

Dagegen ging der Anteil stabiler Lohnarbeitsverhältnisse in den meisten Branchen der Privatwirtschaft zurück, insbesondere in der Industrie. Lediglich im Handel zeigte sich eine gegenläufige Tendenz. Dies galt vor allem für den Bereich der Supermärkte, die im Verlauf des Jahrzehnts ein äußerst dynamisches Wachstum und einen starken Beschäftigungszuwachs verzeichnen konnten.

Als die Lohnarbeit noch die vorherrschende Form der Beschäftigung darstellte, fanden sich ihre Grauzonen insbesondere in Form der sogenannten „betrügerischen Vertragsverhältnisse", mittels derer abhängige Beschäftigungsverhältnisse innerhalb der physischen Grenzen einer Geschäftsniederlassung vertuscht werden sollten. Diese Situation veränderte sich insofern, als Prozesse betrieblicher Restrukturierung stattfanden, die die Auslagerung eines Teils der Produktion von Gütern oder Dienstleistungen an Dritte (*outsourcing*) förderten (Novick/Gallart 1998; Walter/Senén González 1996). Innerhalb der Betriebe koexistierten unter einem Dach verschiedene Arbeitstätigkeiten, die von unterschiedlichen Unternehmen wahrgenommen wurden, die untereinander durch Verträge und Unterverträge so vernetzt waren, dass es schwierig war, die jeweiligen Abhängigkeitsverhältnisse genau auszumachen. Gleichzeitig stimmten die Grenzen der Unternehmen immer weniger mit den physischen Grenzen der Niederlassungen überein. Dazu trugen separate Vermarktungs- und Distributionsnetze genauso bei wie die Ausgliederung von Tätigkeitsbereichen in Form von Telearbeit und ähnlichem.

Subunternehmer und Vertragsarbeit

Von Vertragsarbeit wird gesprochen, wenn die Beziehung zwischen einem Erwerbstätigen und dem Unternehmen, dem er seine Arbeit zur Verfügung stellt und dessen Organisationsstruktur er sich unterordnet, nicht in Form eines arbeitsrechtlichen Vertragsverhältnisses stattfindet. Es können verschiedene Modalitäten der Vertragsarbeit verortet werden. Sie sind zum Beispiel für die Bauindustrie typisch, wo die Eingliederung in die Arbeitsorganisation durch ad-hoc Vertragsklauseln gewährleistet wird. Wenn im Zusammenhang mit Vertragsarbeit von Unabhängigkeit die Rede ist, so bezieht sich dies auf Arbeitsleistungen, die in einem Unternehmen von Beschäftigten eines anderen Unternehmens erbracht werden. Dadurch entstehen „dreiseitige" Arbeitsverhältnisse, die je nach Anzahl der Subunternehmer äußerst komplex sein können. Der einzelne Beschäftigte ist der Arbeitsorganisation des beauftragenden Unternehmens unterworfen. Mit dem unter Vertrag genommenen Unternehmen ist er durch ein Lohnarbeitsverhältnis verbunden. Zwischen den Unternehmen wird dagegen ein Vertrag über die „Erbringung von Dienstleistungen" geschlossen (Schaubild 2).

Die Ausbreitung der Vertragsarbeit generierte Unterschiede in den gewerkschaftlichen Strategien. Einige Gewerkschaften versuchten, auch Vertragsarbeiter zu vertreten, indem sie sich um eine Gleichstellung der

Schaubild 2: Schematische Darstellung der Vertragsarbeit

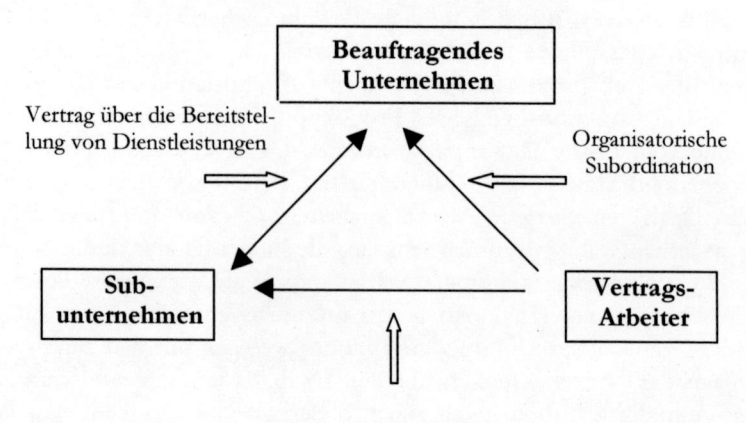

```
                    Beauftragendes
                     Unternehmen
Vertrag über die Bereitstel-      Organisatorische
lung von Dienstleistungen          Subordination

      Sub-                            Vertrags-
   unternehmen                         Arbeiter

                   Lohnabhängigkeit
```

Arbeitsbedingungen und -garantien unter dem Aspekt ihrer gemeinsamen organisatorischen Unterordnung bemühten.

Diese Strategie verfolgte beispielsweise die Mechanikergewerkschaft SMATA (*Sindicato de Mecánicos y Afines al Transporte Automotor*)[3] mit dem Ziel, die Arbeiter an den Fertigungsstraßen der Fahrzeugfabriken mit denen der Zulieferbetriebe von Autoteilen zusammenzuführen. Andere Gewerkschaften betrachteten Vertragsarbeiter als außerhalb ihres Bereichs agierende Beschäftigte. Sie akzeptierten das Primat von Dienstleistungserbringungsverträgen zwischen Unternehmen, bei denen ausschließlich von einer Lohnabhängigkeit des Vertragsarbeiters gegenüber dem Subunternehmen ausgegangen wird. Mit dieser Haltung resignierten die Gewerkschaften gegenüber der Aufteilung der Beschäftigten in „Interne" und „Externe".

Die Ausbreitung der Vertragsarbeit geht zu einem großen Teil auf Produktionsausgliederungen zurück, derer sich die großen Unternehmen

---

3 In Argentinien gibt es eine eigene gewerkschaftliche Vertretung der Arbeiter und Angestellten der Automobilindustrie (die auch jene einschließt, die als abhängig Beschäftigte bei den Lizenznehmern im Bereich des Fahrzeugverkaufs und des Vertriebs von Autoteilen tätig sind, ebenso wie die unabhängigen Werkstattbesitzer), und zwar die Mechanikergewerkschaft SMATA. Diese ist unabhängig von der Metallarbeitergewerkschaft *Unión Obrera Metalúrgica* (UOM).

aller Branchen im Verlauf der 90er Jahre zunehmend bedienten. Dieser Beschäftigungstyp findet auch im Arbeitsvertragsgesetz Erwähnung, dessen Artikel 29 eine Gleichbehandlung von direkt unter Vertrag genommenen Arbeitern und Vertragsarbeitern (die über ein drittes Unternehmen unter Vertrag genommen werden) vorschreibt. Die Verantwortlichkeiten des beauftragenden Unternehmens werden mit denen des Subunternehmens gekoppelt, wodurch für die Arbeiter beispielsweise die Zahlung von Abfindungen im Entlassungsfall garantiert wird. Diese Schutzfunktion erweist sich als zentral im Rahmen eines Wirtschaftssystems, in dem Subunternehmerbeziehungen in der Regel zwischen Firmen von sehr unterschiedlicher wirtschaftlicher Bedeutung aufgebaut werden. Die Richter neigten jedoch bei der Auslegung dieser Norm im Rahmen der Rechtssprechung dazu, die Verantwortung der beauftragenden Unternehmen zu negieren. Sie folgten dabei einem Urteil des Obersten Gerichtshofes von 1994, der sich für eine restriktive Interpretation der entsprechenden Bestimmung ausgesprochen hatte.

Aufgrund dieser Entwicklung griff der Einsatz von Vertragsarbeitern weiter um sich. Während er sich in der Vergangenheit vor allem auf Dienstleistungen in den Bereichen Sicherheit, Verpflegungswesen und Reinigung beschränkt hatte, ließen die Unternehmen jetzt auch eine Vielzahl von Aktivitäten von Subunternehmern ausführen, die zuvor mit eigenem Personal erledigt worden waren. Die Gewerkschaften bekamen diese Entwicklung insofern zu spüren, als sie im wesentlichen auf die Repräsentation der direkt unter Vertrag stehenden Arbeitnehmer beschränkt waren und Schwierigkeiten hatten, ihren Vertretungsbereich auf die Belegschaften der kleinen Subunternehmen auszudehnen.

Der Einsatz von Subunternehmern stand im Zentrum des von den privatisierten Dienstleistungsunternehmen praktizierten *outsourcing*. Deren Manager nutzten die Ausgliederung von Teilen der Produktion nicht nur als Instrument der Personalführung, sondern auch als Mittel, um die Basis der mächtigen Gewerkschaften zu schwächen, mit denen sie sich konfrontiert sahen. In den Gaswerken, bei der Produktion und dem Vertrieb von Erdöl, in den Stromkonzernen, bei den Eisenbahn- und Telefongesellschaften, etc., überall wurde die eigene Belegschaft stark reduziert. Die dabei verdrängten Arbeitskräfte konnten teilweise als Vertragsarbeiter in den neu entstehenden Subunternehmen Arbeit finden, teilweise reihten sie sich in die Schlangen der Arbeitslosen ein. Auf die eine oder andere Weise gaben sie jedoch ihre Gewerkschaftsmitgliedschaft auf.

Die in diesem neuen Kontext durchgeführten Tätigkeiten sind neuen Vertragsbedingungen unterworfen. Obwohl die Inhalte und die Art der

Aufgaben gleich bleiben, verändert sich die soziale Organisation der Arbeit und deren symbolische Repräsentation beträchtlich. Auf der Organisationsebene ist ein deutlicher Wandel des „Zugehörigkeitsgefühls" zu beobachten, denn denselben physischen Raum zu teilen oder der gleichen Firma seine Arbeitsergebnisse abzuliefern, reicht nicht mehr aus, um ein Zugehörigkeitsgefühl *zwischen* den Beschäftigten zu schaffen. Auf der symbolischen Ebene findet eine Spaltung zwischen der traditionellen Figur des „abhängigen Arbeitnehmers", der durch einen Arbeitsvertrag der von dem Arbeitgeber vorgegebenen Organisationsweise verpflichtet ist, und der Figur des „unabhängigen Arbeitnehmers" statt. Dieser ist „unabhängig" von dem Unternehmen, für das oder in dem er Tätigkeiten durchführt, seine zeitweise Bindung an dieses Unternehmen basiert nicht auf einem Arbeitsvertrag, sondern auf einem Handelsvertrag zwischen dem Unternehmen und einem Subunternehmen.

Die Auswirkungen dieser Prozesse auf die Gewerkschaften sind immens, betreffen sie doch den zentralen Kern der Arbeitsidentität und damit auch die Voraussetzungen für die Rekrutierung von Mitgliedern. Im Hinblick auf die Gründe für diese Entwicklungen existieren unterschiedliche Interpretationen. Während die einen die Auswirkungen des technologischen Wandels auf die Reorganisation der Arbeit betonen, heben andere den sozialen Charakter der organisatorischen Umstrukturierungsprozesse und der von den Unternehmern vorangetriebenen Flexibilisierung der Arbeit hervor. In der Realität wirken beide Faktoren häufig gleichzeitig und beeinflussen sich dabei gegenseitig.

Die neuen Management-Praktiken

Eine weitere Beschäftigungsform stellt eine Kombination aus vertraglicher Abhängigkeit und autonomer Arbeitsorganisation dar (Schaubild 1). Ein Beispiel dafür ist die Telearbeit, bei welcher der Arbeitnehmer zwar nach wie vor ein Gehaltsempfänger ist, seine Tätigkeit jedoch außerhalb der Kontrolle und direkten Überwachung durch den Arbeitgeber ausübt. In den 90er Jahren hat diese Art von Arbeit infolge moderner Personalführungsmodelle in den großen Unternehmen, wo „horizontalere" Beziehungen dominieren und die Arbeitnehmer sich selbständig und autonom organisieren können, deutlich zugenommen. Die Managementideologie, die solche neuen Arbeitsformen unterstützt, betont die größere Verantwortung und Autonomie der Arbeitnehmer in bezug auf Entscheidungen an ihrem Arbeitsplatz. Neben solchen Aspekten stehen für die Unternehmen dabei vor allem Kosteneinsparungen und Produktivitätssteigerungen durch eine intensivere Ausnutzung der Arbeitskraft im Vordergrund. Sie brauchen weniger Personal, können die Aufgaben zwischen den im Betrieb verbleibenden Beschäftigten neu verteilen und die für die traditionellen Arbeitsformen typischen Erholungszeiten – die „toten Zeiten" – reduzieren.

Die Gewerkschaften sahen sich im Zusammenhang mit den neuen Führungsmodellen mit verschiedenen Schwierigkeiten konfrontiert. Dies betraf nicht nur die Aufrechterhaltung der Kontakte mit den Unternehmen, sondern auch die Bewahrung der Loyalität der Arbeitnehmer. Vor allem in den großen Unternehmen wurde das Management zu einem mächtigen Rivalen der Gewerkschaften, und zwar um so mehr, wenn es diesen nicht gelang, eine hohe Qualität der traditionellen Ressourcen zur Anbindung der Mitgliedschaft (z.B. der Dienstleistungen der Sozialwerke) zu garantieren. Dies ist in verschiedenen Fallstudien zu den großen privatisierten Dienstleistungsunternehmen beobachtet worden, in denen die Arbeitnehmer den Austritt aus den Gewerkschaften im Gegenzug für von Unternehmensseite angebotene Dienstleistungen akzeptierten. Damit vertieft sich die Kluft zwischen dem Personal, das sich „innerhalb des Abkommens" (gewerkschaftlich organisiert), und dem, das sich „außerhalb des Abkommens" (nicht gewerkschaftlich organisiert) befindet. Darüber hinaus reduzieren die neuen Führungsmethoden, die eine größere Einbindung und eine stärkere Identifizierung der Arbeitnehmer mit dem Unternehmen verlangen, die Rolle der Gewerkschaften am Arbeitsplatz, ähnlich wie dies auch in anderen Gesellschaften beobachtet werden kann (Alaluf 1997: 469-491).

Die Tendenz, der Belegschaft durch eine immer größere Eigenverantwortung bei Entscheidungen mehr Autonomie zu übertragen, wirkte sich direkt auf die Abteilungsleiter und die mittleren Ebenen der in einem Umstrukturierungsprozess befindlichen Unternehmen aus, indem ihnen Weisungsbefugnisse und/oder ihre Stelle entzogen wurden. Die Möglichkeiten, eine neue Anstellung zu finden, waren angesichts steigender Arbeitslosigkeit nicht nur für weniger qualifizierte Arbeitssuchende beschränkt, sondern auch für die entlassenen Abteilungsleiter, Chefs und Manager von Unternehmen, die auf neue Formen der Personalführung setzten. Diese Entwicklungen verschärften den Bruch, der durch die Mittelschichten ging sowie das Auftauchen dessen, was man gemeinhin die „neuen Armen" zu nennen pflegt. Auf diese Weise wirkte sich die Arbeitsplatzunsicherheit und die daraus folgende Angst und Ungewissheit gegenüber der Zukunft neben den Arbeitern auch auf weitere soziale Schichten aus.

Eine dritte Variation dieses Beschäftigungstyps bezieht sich auf die Arbeit von *professionals* (Akademiker und Angestellte mit einer qualifizierten Berufsausbildung) und anderen Beschäftigten, die aufgrund eines Qualifikationsnachweises oder einer Zulassung für eine bestimmte Tätigkeit über eine gewisse Autonomie bei der Bereitstellung ihrer Arbeitskraft verfügen. Dies ist der typische Fall von *professionals*, die sich in einigen Tätigkeitsbereichen, beispielsweise dem als Arzt, nach und nach vernetzt organisierten Dienstleistungsunternehmen unterordnen mussten. Ein Beispiel dafür sind die mit Vorauszahlungen arbeitenden Gesundheitsunternehmen. Sie legen die Tarife fest und beschränken damit die Möglichkeiten der Einkommenssteigerung für die Ärzte. Deren Status zeichnet sich einerseits durch Gehaltsabhängigkeit und andererseits durch gewisse Spielräume bei der Ausübung ihrer Arbeit aus.

Die Bereitstellung von Dienstleistungen

Die Bereitstellung von Dienstleistungen ist unter vertraglichen Gesichtspunkten eine unabhängige Tätigkeit und aus organisatorischer Perspektive autonom. Hierbei handelt es sich nicht um Arbeitsverträge, sondern um Handelsverträge, die ganz unterschiedliche Formen annehmen können. Einige davon können von Seiten des Auftraggebers mit derart detaillierten Vorgaben ausgestattet sein, dass die Autonomie nur noch eine Illusion ist. Obwohl Dienstleistungen in die Kategorie der Handelsverträge fallen, ist in den großen Unternehmen eine Tendenz zu beobachten, Kontrollen und Überwachungsmechanismen derart zu spezifizieren, dass die vertragliche Unabhängigkeit des Auftragnehmers nur noch sehr gering ist; dies gilt etwa für den Hang zur genauen Festlegung von Qualitätsnormen, der eine mehr oder weniger ständige Überprüfung der Zulieferbetriebe durch den Auftraggeber mit sich bringt. In dem Maße, in dem sich der Vertragsabschluss nicht zwischen gleichberechtigten Partnern vollzieht, werden die Richtlinien für die Dienstleistung durch das auftraggebende Unternehmen diktiert. Verschiedene Studien belegen, dass die Autonomie des Arbeitnehmers in diesem Fall gering ist und dass sich in Wirklichkeit ein Abhängigkeitsverhältnis ergibt (Esquivel 1997). Vielleicht handelt es sich sogar um eines der schlimmeren Art, da es, quasi verkleidet in Form eines durch den Auftragnehmer akzeptierten Vertrages unter Gleichen, vom Vertragsnehmer akzeptiert wird, der im Allgemeinen auch das Risiko trägt.

Diese Vertragsform breitete sich in den 90er Jahren in zahlreichen Tätigkeitsbereichen aus, angefangen vom öffentlichen Sektor, der unter

Hinweis auf eine Professionalisierung seiner Arbeit und auf der Grundlage einer Vervielfachung externer Kredite von multilateralen Organisationen wie der Weltbank und der Interamerikanischen Entwicklungsbank immer mehr Personen im Rahmen von Dienstleistungsverträgen (Werkverträgen) beschäftigte. Die entsprechenden Arbeitnehmer müssen selbst für ihre Krankenversicherung sorgen und individuell Beiträge zur Sozialversicherung entrichten, was die Arbeitgeber von diesen Verantwortlichkeiten entbindet und einen Grenzfall der Individualisierung von Arbeit schafft. In gewissem Sinne stellte dies eine Form des *outsourcing* innerhalb des öffentlichen Sektors dar.

Die Ausbreitung solcher Arbeitsmodalitäten beeinträchtigte die Möglichkeiten gewerkschaftlicher Repräsentation und Mitgliederrekrutierung, da sich die Anbieter von Dienstleistungen nicht auf ein stabiles Vertragsverhältnis stützen können. Auch die Identität der Beschäftigten selbst war betroffen. Einen Grenzfall stellen in diesem Sinne die Taxifahrer der Stadt Buenos Aires dar, die sich bis in die 80er Jahre selbst als Lohnarbeiter ansahen. Gegenwärtig gelten sie als „Protounternehmer", die ein Fahrzeug – d.h. ein Kapitalgut – von dessen Eigentümer mieten. Aus Lohnabhängigen wurden auf diese Art und Weise Mikrounternehmer, ohne dass sich ihre Aufgaben und gewiss nicht ihre Einnahmen im geringsten verändert hätten. Der Unterschied besteht darin, dass diese Fahrer jetzt selbst eine Krankenversicherung und eine private Rentenversicherung abschließen müssen, während der Besitzer des Fahrzeuges von diesen Verpflichtungen entbunden ist.

Vielleicht enthüllen die beschriebenen Beispiele am deutlichsten das Ausmaß der durch die neoliberale Ideologie bewirkten Substituierung von Arbeitsverträgen durch Verträge zur Erbringung von Dienstleistungen im Laufe der 90er Jahre. Aufschlussreich ist auch, bis zu welchem Punkt sich diese Verschiebungen in zwei großen Tendenzen äußerten: in der Privatisierung der Gesundheitsfürsorge, die durch die Vergrößerung des Netzes privater ärztlicher Betreuungen erreicht wurde, und insbesondere in der Reform der Rentenversicherung, in deren Verlauf das alte Umlageverfahren durch ein individualisiertes Kapitaldeckungsverfahren ersetzt wurde. Zum gegenwärtigen Zeitpunkt zahlt allerdings nur ein Viertel der Erwerbstätigen regelmäßig Beiträge in die Renten- und Pensionsfonds der privaten Versicherungsgesellschaften ein, während mindestens 40% der aktiven Arbeitnehmer über keinerlei Art der Altersvorsorge verfügen. Dies wird ohne Zweifel über kurz oder lang zu einer Krise des Rentensystems führen.

Zusammenfassend kann festgestellt werden, dass die Fähigkeiten der Gewerkschaften zur Rekrutierung und zur Repräsentation von Mitgliedern erheblich zurückgingen. Ursachen dafür waren neben der hohen Arbeitslosigkeit und Unterbeschäftigung die prekäre Situation vieler Beschäftigten in einem Lohnarbeitsverhältnis, die Zunahme von Vertragsarbeit und Subunternehmertum und die Veränderungen von Loyalitäten im Zuge der Einführung neuer Führungs- und Managementmodelle. Dies war der entscheidende Unterschied zur Konsolidierungsperiode der peronistischen Gewerkschaften, als die Expansion der urbanen Arbeitsmärkte auf der Grundlage stabiler und geschützter Lohnarbeitsverhältnisse deren organisatorische Entwicklung förderte. Was Ende der 90er Jahre auf dem Spiel stand, war der symbolische Boden, aus dem die Idee des Arbeiters an sich erwächst.

Strategien gewerkschaftlichen Handelns

Die gewerkschaftlichen Strategien der 80er Jahre hatten sich auf die Wiederherstellung der durch die Militärdiktatur von 1976-83 beeinträchtigten Institutionen und der Arbeitsgesetzgebung konzentriert, so etwa in bezug auf die Kollektivverhandlungen und die gewerkschaftliche Kontrolle der Sozialwerke. Diese Ziele waren Gegenstand von Konflikten zwischen den Gewerkschaften und der von der UCR (*Unión Cívica Radical*) gestellten Regierung, was zwar die gewerkschaftliche Einheit förderte, aber gleichzeitig zu starken Spannungen unter den Gewerkschaften selbst führte. Die Strategie zur Wiederherstellung der vor Beginn der Diktatur gültigen Arbeitsgesetzgebung war weitgehend erfolgreich. Zwischen 1987 und 1989 wurden das Gewerkschaftsgesetz, das Kollektivverhandlungsgesetz und das Gesetz über die gewerkschaftliche Kontrolle der Sozialwerke verabschiedet, und zwar mit fast identischem Wortlaut wie in den von den Militärs außer Kraft gesetzten Regelungen.

Im politischen Bereich ermöglichten die Führungskrise des Peronismus nach seiner Wahlniederlage im Jahr 1983 und später die durch die Militärrebellionen aufgrund der Prozesse gegen die Verantwortlichen des Staatsterrorismus verursachte Regierungskrise den Gewerkschaften eine Protagonistenrolle innerhalb des politischen Systems. In der Praxis erschien die Gewerkschaftsbewegung häufig als ein Ersatz der peronistischen Partei (*Partido Justicialista*; PJ) auf der öffentlichen Bühne. Sie ging dabei deutlich in Opposition zu den Regierungspolitiken, wobei sie Allianzen mit den Unternehmern und anderen sozialen und politischen Kräften schmiedete. Diese Strategie führte zu einer Restrukturierung der

PJ und erlaubte einigen Gewerkschaftsführern während der Regierung Alfonsín eine Beteiligung an der Staatsmacht, von wo aus sie die Wiederherstellung der überkommenen Arbeitsgesetzgebung vorantrieben.

Die drastische Neuorientierung der staatlichen Politiken seit Beginn der Präsidentschaft Menems im Jahr 1989 drängte die Gewerkschaften in die Defensive und bewirkte eine Aufspaltung ihrer strategischen Orientierungen, die auch zu einer organisatorischen Spaltung führte:

- Erstens gaben die Gewerkschaften die Ausrichtung auf gemeinsame Ziele auf, da die neoliberalen Reformpolitiken des Staates bei einigen Gewerkschaften auf Akzeptanz und bei anderen auf Ablehnung stießen. Besonders offenkundig war dies im Fall derjenigen Reformen, welche die Arbeitnehmer direkt betrafen, wie etwa die an einer Flexibilisierung des Arbeitsmarktes orientierte Arbeitsgesetzgebung.
- Zweitens schwächten die neuen wirtschaftlichen Rahmenbedingungen die Erfolgsaussichten der traditionellen gewerkschaftlichen Handlungsstrategien. Die seit 1991 erreichte makroökonomische Stabilität sowie die Außenöffnung der Wirtschaft behinderten insbesondere die auf nominale Gehaltszuwächse ausgerichteten Strategien. Traditionell hatten sich die Gewerkschaften mit ihren Strategien der Inflation angepasst und bei Tarifverhandlungen Angleichungen der Nominallöhne erstritten. Jetzt sahen sie sich dazu nicht mehr in der Lage, da Lohnerhöhungen nicht auf die Preise umgelegt werden konnten.
- Drittens erodierte das Schema zentralisierter Kollektivverhandlungen an sich, da sich die großen Unternehmen aufgrund der Außenöffnung der Wirtschaft dazu gezwungen sahen, immer mehr Sonderkonditionen für ihre Niederlassungen auszuhandeln. Dies diente dem Zweck, die eigenen Preise den internationalen anzugleichen, statt sie wie zuvor, unter den Bedingungen einer abgeschotteten Wirtschaft, auf die Kosten zu übertragen. In den privatisierten öffentlichen Dienstleistungsunternehmen, die aufgrund der günstigen Verkaufsbedingungen keinem internationalen Wettbewerb ausgesetzt waren, wurden entsprechende Sonderkonditionen in der Verkaufsphase ausgehandelt und später zur Schwächung der Gewerkschaften beibehalten.
- Viertens beschränkte die politische Konsolidierung der Regierung den politischen Spielraum der Gewerkschaften, die nicht einmal ihre Forderung nach der Kontrolle des Arbeitsministeriums – ein traditionelles Element der peronistischen Regierungen – auf Dauer

durchsetzen konnten. Wie bereits erwähnt, handelte es sich nur beim ersten Arbeitsminister der Regierung Menem um einen Gewerkschaftsführer (Jorge Triacca). Zudem wurden die Gewerkschafter nach und nach von den Listenplätzen der PJ verdrängt. Im Vergleich zu der großen Gruppe von Gewerkschaftern, die noch 1983 im Nationalkongress vertreten waren, sind dort heute nur noch relativ wenige zu finden. Bei den Wahlen im Oktober 1999 gelangten sogar mehr Gewerkschaftsvertreter über die Parteilisten der *Alianza* in den Kongress als über die der peronistischen Partei.

- Auch wenn es fünftens den Gewerkschaften gelang, sich in bestimmten Konjunkturen – vor allem vor Wahlen – in staatliche Entscheidungsinstanzen zu inkorporieren, so blieb ihr Einfluss auf die staatlichen Politiken doch begrenzt. Dies war zum einen auf das Fehlen konkreter Politikvorstellungen zurückzuführen. Führende Gewerkschaftler unterstützten in Ermangelung eigener Pläne die Reformprojekte der Regierung. Zum anderen lag die Ursache auch in der Strategie der Regierung selbst, die Allianzen mit den Großunternehmern und dem Finanzestablishment einging.
- Sechstens spalteten die neoliberalen Reformen nicht nur die Haltung der Gewerkschaften in zustimmende und ablehnende Positionen, sondern sie verstärkten in vielen Organisationen auch die Kluft zwischen dem Gewerkschaftsapparat und den einfachen Mitgliedern. Das argentinische Gewerkschaftswesen galt aufgrund der starken Zentralisierung von Entscheidungen an der Führungsspitze, der Ausschaltung der inneren Opposition und der daraus folgenden Permanenz und Reproduktion der Gewerkschaftsführer an der Spitze der Organisationen gemeinhin als „bürokratisch". Es gibt kaum einen Wechsel unter den Gewerkschaftsführern und nur wenige Zugangsmöglichkeiten für Sektoren, die mit der Führung in Konkurrenz stehen. Diese Kluft zwischen Führung und Basis zwingt zu einer differenzierten Betrachtung ihrer jeweiligen Interessen.

Ein gutes Beispiel für die neue Stellung der Gewerkschaftsführungen gegenüber den Mitgliedern bieten die privaten Rentenversicherungsgesellschaften, die *Administradoras de Fondos de Jubilaciónes y Pensiónes*, (AFJP). Sie sind zentraler Bestandteil des neuen Rentenversicherungssystems, das auf einem individuellen Kapitaldeckungsverfahren basiert, welches das vorherige System der solidarischen sozialen Absicherung ersetzt hat. Die Reform, in deren Verlauf die AFJPs eingeführt wurden, eröffnete den

Gewerkschaften neue Handlungsfelder, und zwar auf der Grundlage eines neudefinierten Verhältnisses zu ihren Mitgliedern: Mehrere Gewerkschaften wurden selbst als AFJP tätig und nutzten ihr Vertretungsmonopol, um ihren Mitgliedern Versicherungsleistungen zu verkaufen. Die Gewerkschaften beteiligten sich auch an den Ausschreibungen zur Privatisierung einiger staatlicher Dienstleistungsunternehmen. Wo sie den Zuschlag erhielten, verwandelte sich das Verhältnis zu den Beschäftigten von dem zwischen Gewerkschaft und Mitgliedern zu einer Beziehung zwischen Arbeitgeber und Arbeitnehmern. Einen Extremfall stellt in dieser Hinsicht die Gewerkschaft der Elektrizitätsarbeiter *Luz y Fuerza* dar, die in mehreren Städten des Landesinneren den Zuschlag für die Stromversorgung erhielt und sich so in eine der mächtigsten Elektrizitätsgesellschaften verwandelte.

Im Hinblick auf diese neuen gewerkschaftlichen Strategien wurde auch von *business unions* oder *sindicalismo de negocios* gesprochen: Die Gewerkschaftsmitglieder werden als eine (durch das Repräsentationsmonopol der Gewerkschaften) „gefangene" Bevölkerung angesehen, der man Dienstleistungen verkauft. In gewissem Sinne existieren hier Parallelen zur auf Pflichtbeiträgen der Arbeitnehmer basierenden traditionellen gewerkschaftlichen Kontrolle über die Sozialwerke. Die Projekte zur Reform dieses Systems zielten auf eine Förderung des Mitgliederwettbewerbs zwischen den Sozialwerken ab. Mit Hilfe der Marktmechanismen sollten sich die leistungsfähigsten Sozialwerke durchsetzen und zudem sollten die zuvor „gefangenen" (da automatisch einem bestimmten Sozialwerk zugeordneten) Arbeitnehmer größere Wahlfreiheiten erhalten.

Welche Wege boten sich jedoch den Gewerkschaftsführern, die nicht mit dem neuen „Modell" übereinstimmten? Die meisten Gewerkschafter waren in die peronistische Bewegung eingebunden und hatten im Jahr 1989 für Menem gestimmt. Die Spannungen nahmen in dem Maße zu, wie sich die Regierung konsolidierte und vor allem, nachdem sich die makroökonomische Situation 1991 stabilisierte. Zum ersten Mal schien eine peronistische Regierung nicht dazu in der Lage zu sein, die Einheit der Gewerkschaften zu garantieren. Die Gegner des Modells wählten zunächst den Weg der politischen Opposition und bemühten sich darum, den „wahren", von der Regierung Menem „verratenen" Peronismus wiederherzustellen. Dies führte dazu, dass bei den Parlamentswahlen von 1991 einige Gewerkschafter auf Listen der Oppositionsparteien antraten. Die Strategie war jedoch wegen des Wahlerfolgs der Regierungspartei zum Scheitern verurteilt. Die gewerkschaftliche Opposition entschloss sich daher zu einer Ausweitung der sozialen Mobilisierung gegen die Regierungspolitiken und begann eine Diskussion über den Bruch der gewerkschaftlichen Einheit. Dazu kam es schließlich mit der Gründung der CTA (*Central de los Trabajadores Argentinos*) im Jahr 1997.

Im Prinzip stützte sich die soziale Mobilisierung auf die Erwartungen der „Verlierer" im Rahmen des neuen Wirtschaftsmodells: die Staatsbediensteten, die kleinen und mittleren Unternehmer, die in gefährdete regionale Wirtschaftsaktivitäten eingebundenen Beschäftigten. Mehrfach bemühten sich die oppositionellen Gewerkschaften um die Bildung umfassender Koalitionen der „Verlierer", während sie gleichzeitig zur Formulierung von Alternativen zu dem neuen Wirtschaftsmodell aufriefen.

Die größte Schwierigkeit bestand darin, die unterschiedlichen Situationen und Interessen der verschiedenen beträchtlich geschwächten Sektoren in eine gemeinsame Strategie umzusetzen. Eine erfolgreiche Fokussierung von Interessen fiel dagegen immer dann leichter, wenn die Voraussetzungen für die Anwendung von „bewegungsorientierten" Taktiken gegeben waren, d.h. wenn die Forderungen sich nicht auf die Durchsetzung von Partikularinteressen beschränkten, sondern sich auf die Gewährleistung von bürgerlichen und universellen Rechten bezogen. Die Lehrergewerkschaften beispielsweise stießen in dem Maße auf breite Zustimmung von Seiten der Bevölkerung, wie sie ihre Forderungen mit der Verteidigung des öffentlichen Schulwesens und mit dem Recht auf Bildung verknüpften. Diese Zustimmung und damit auch die Möglichkeit zur Bildung von Bündnissen verschwand, sobald partikulare Interessen die Verhandlungslogik der Gewerkschaften dominierten.

Eine andere Strategie der Gewerkschaftsopposition bestand in der Verteidigung der überkommenen arbeitsrechtlichen Errungenschaften gegenüber den entsprechenden Reformplänen der Regierung Menem. Auch wenn diese Strategie teilweise mit den regierungsfreundlichen Gewerkschaften gemeinsam verfolgt werden konnte, so fehlte den oppositionellen Gewerkschaften doch eine vergleichbare Rückversicherung (wie die Strategie der *business unions*, durch die die Interessen der regierungsnahen Gewerkschaftsführer gestärkt wurden). Die radikale Verfolgung dieser Strategie führte daher zu einer systematischen Erosion der Gewerkschaftseinheit.

Zusammenfassend kann festgestellt werden, dass die gewerkschaftlichen Reaktionen auf die neoliberalen Reformen zur Aufspaltung in konkurrierende Strömungen und Organisationen führten. Die vorherrschende Orientierung, vertreten durch die in der CGT (*Confederación General del Trabajo*; Allgemeine Arbeiterkonföderation) angesiedelte Mehrheitsströmung, bestand in einer „konservativ-angepassten" Antwort, bei der die

Verteidigung korporativer Privilegien zum Dreh- und Angelpunkt des Austauschs und der politischen Verhandlungen zwischen Gewerkschaften und Regierung wurde. Dabei ging es um folgende Aspekte:

- das auf der *personería gremial* basierende Repräsentationsmonopol;
- die Rolle der Gewerkschaften im Rahmen der Tarifverhandlungen und vor allem die diesbezügliche Position der Führungsgremien – einschließlich ihrer Fähigkeit, selbst bei dezentralisierten Verhandlungen den Ton anzugeben;
- die Kontrolle der Fonds der Sozialwerke – auch wenn die Arbeitgeberbeiträge zeitweise durch Anordnungen der Exekutive reduziert wurden;
- die Aufnahme von Gewerkschaftern in die Wahllisten der PJ und damit auch deren Vertretung in der peronistischen Parlamentsfraktion – vor allem in der Kommission zur Arbeitsgesetzgebung des Abgeordnetenhauses, deren peronistische Mitglieder mehrheitlich aus dem Bereich der Gewerkschaften stammen.

In einigen Fällen, wie zum Beispiel bei den Privatisierungen der Staatsunternehmen, bei der Rentenreform und bei der Reform der Arbeitsunfallversicherung erhielten die Gewerkschaftsführer im Gegenzug für ihre Unterstützung der Regierungsvorhaben die Möglichkeit, in den so entstandenen Unternehmensbereichen tätig zu werden. Derartige gewerkschaftliche Unternehmen im Bereich der Stromversorgung, des Brennstoffvertriebs, der privaten Rentenversicherung, der Versicherung von Arbeitsrisiken und anderen Tätigkeitsfeldern bezeichnet man in Argentinien als „*business unions*".

Worin bestanden die Zugeständnisse der regierungsnahen Gewerkschaften? Sie stimmten den auf die Flexibilisierung des Arbeitsmarktes abzielenden Reformen grundsätzlich zu: der Einführung von neuen Vertragsmodalitäten und von Ausnahmeregelungen für Klein- und Mittelunternehmen und der Reduzierung der Arbeitskosten durch Begrenzung der von den Unternehmen bei Arbeitsunfällen zu leistenden Entschädigungszahlungen. Vor allem aber akzeptierten sie die grundsätzliche Legitimität einer Regierung, deren Wirtschaftspolitiken eine tief greifende Neustrukturierung des Arbeitsmarktes verursachten.

Neue gewerkschaftliche Strömungen

Welche Kosten entstanden den regierungsnahen Gewerkschaften durch diese Strategie? Sie bestanden in der Herausbildung von alternativen Organisationen und Strömungen, die unterschiedliche Strategien einschlugen. Die neu organisierten Gewerkschaftsgruppen vertraten zwar keine einheitlichen Zielsetzungen, in ihrer Oppositionsrolle gegenüber den Regierungspolitiken waren sie sich jedoch alle einig.

Die „Bewegung Argentinischer Arbeiter" (*Movimiento de Trabajadores Argentinos*; MTA) strebte die „Rückeroberung" der CGT an, weshalb sie bei aller Opposition gegenüber deren amtierender Führungsspitze einen endgültigen Bruch vermied und sich darum bemühte, einen Richtungswechsel der CGT herbeizuführen. Die MTA konstituierte sich 1994 als Gewerkschaftsströmung mit Unterstützung von ungefähr 30 Organisationen, die sich im Verlauf einer gemeinsamen Kampfmaßnahme mit der damaligen oppositionellen Strömung CTA von der CGT gelöst hatten. In der MTA überwogen die Transportgewerkschaften. Andere Gewerkschaften, die dieser Richtung angehörten, waren die der Papierindustrie, der Gerichtsangestellten und der Apotheken. Gleichzeitig koordinierte die MTA auch die Zusammenarbeit zwischen verschiedenen Regionalverbänden der CGT aus dem Landesinneren, wodurch es ihr leichter fiel, Mobilisierungsstrategien zum Protest gegen die Sparpolitik in den Provinzen und wegen der kritischen Lage der regionalen Wirtschaften zu entwickeln. Dies ermöglichte auch eine Annäherung an die CTA, womit sie die selbstgewählte Rolle als „Scharnier" bestärken wollte.

Mit dem Ziel, zur Vereinheitlichung der gewerkschaftlichen Aktionen beizutragen, beteiligte sich die MTA sowohl an Protestmaßnahmen der CTA als auch an solchen der CGT. Während die CTA als eiserner Gegner der Regierungspolitiken auftrat, bemühte sich die CGT darum, die Regierung Menem unter Druck zu setzen, um an den Verhandlungen über die Reform des Arbeitsrechts beteiligt zu werden und um die Kontrolle über die Sozialwerke zu erhalten. Diese Strategie ermöglichte es der MTA phasenweise, in den Führungsstrukturen der CGT eine gewisse Rolle zu spielen (Juan Palacios wurde 1997 zum Stellvertretenden Generalsekretär der CGT gewählt) und gleichzeitig einen Runden Tisch mit der CTA zu bilden. Vor dem Hintergrund des Wahlsieges der *Alianza* spielte sie eine Schlüsselrolle bei der Suche nach einer Zusammenführung und Einigung der verschiedenen Gewerkschaftsströmungen.

Die MTA zeichnete sich durch etatistische Vorstellungen aus, ein typisches Element des peronistischen Gewerkschaftswesens. Bei ihren Aktionen ordnete sie sich jedoch nicht der PJ unter, denn in ihr waren Gewerkschaftsführer unterschiedlicher parteipolitischer Provenienz und auch Parteilose vertreten. Ihre Erwartungen richteten sich auf eine Neudefinition der Rolle des Staates gemäß der peronistischen Tradition, d.h. auf einen die Wirtschaft lenkenden Staat, der dazu in der Lage ist, zwischen Kapital und Arbeit zu vermitteln und der richtungsweisend für Verteilungspolitiken im Sinne einer Verbesserung der Löhne ist. Die Grenzen dieser Vorstellung lagen in der Schwierigkeit, vor dem Hintergrund der veränderten Beschäftigungs- und Sozialstrukturen weiterhin auf traditionelle Strategien zu setzen.

Die *Corriente Clasista Combativa* (CCC), eine linksorientierte Gewerkschaftsströmung, sorgte gegen Mitte der 90er Jahre unter Führung von Carlos Santillán, einem Gewerkschaftsführer aus dem Landesinneren, für Aufmerksamkeit, vor allem durch Proteste der Arbeiter in verschiedenen Provinzen, die damit auf die Anpassungsmaßnahmen im Zuge der Tequila-Krise von 1995 reagierten. Die Anführer dieser Strömung sahen sich als Erben der am Klassenkampf orientierten Gewerkschaften, die Ende der 60er und in der ersten Hälfte der 70er Jahre entstanden waren. Auch wenn sie nur in wenigen Gewerkschaften die Mehrheit stellte, war die CCC doch gerade im Landesinneren stark vertreten. Da sie verschiedene linke Gruppen repräsentierte, stellte sie auch eine nicht zu unterschätzende Minderheit in mehreren Gewerkschaften dar. Dazu gehörten u.a. die Gewerkschaften der Lehrer, der Nahrungsmittelindustrie, des Gesundheitswesens, des Versicherungswesens und der Banken.

Die Teilnahme von CCC-Funktionären an sozialen Mobilisierungsmaßnahmen und in gewerkschaftlichen Foren sowie der von einigen ihrer führenden Köpfe erreichte Bekanntheitsgrad ermöglichten ihr eine Präsenz in der Öffentlichkeit, die größer als ihre tatsächliche soziale Verankerung war. Sie erhob zwar den Anspruch auf Autonomie, ging aber auch Allianzen mit linksgerichteten politischen Parteien ein. Ihre Spitzenfunktionäre hielten die Etablierung enger Beziehungen zu ähnlichen Strömungen in anderen lateinamerikanischen Ländern für wichtig. Die marxistische Ideologie ihrer Funktionäre führte dazu, dass die Aktionen der CCC durch politische Inhalte geprägt waren. Die Tendenzen sozialer Ausgrenzung und die Marginalisierung eines wachsenden Teils der Bevölkerung innerhalb des Arbeitsmarktes veranlassten sie dazu, sich nicht nur als Repräsentanten der Arbeiterklasse zu verstehen, sondern sich generell um eine Einbindung aller unterprivilegierten Gruppen der Gesellschaft in ihre Aktionen zu bemühen.

Die wohl wichtigste Veränderung im argentinischen Gewerkschaftswesen in den 90er Jahren war die Entstehung der CTA (*Central de los Trabajadores Argentinos*; Dachverband der Argentinischen Arbeiter) als konkurrierender Dachverband gegenüber der CGT im Jahr 1997. Ihre Initiatoren wollten ein neues „autonomes, vom Staat, den politischen Parteien und den Unternehmen unabhängiges" Gewerkschaftswesen entwickeln. Um möglichst viele Arbeiter zum Beitritt zu bewegen, ermöglichte die CTA eine individuelle Mitgliedschaft und sah die Direktwahl der Führungsgremien durch die Mitglieder vor. Damit unterschied sich der neue Dachverband von der CGT, in der Einzelgewerkschaften und nicht Individuen vertreten waren und wo der Vorstand mittels indirekter Wahlen – durch die Delegierten – bestimmt wurde.

Eine weitere Neuerung der CTA bestand darin, dass in ihr nicht nur Gewerkschaften vertreten waren. Ihre ursprüngliche Basis wurde durch die „Vereinigung der Staatsbediensteten" (*Asociación de Trabajadores del Estado*, ATE) und den Lehrerverband *Confederación de Trabajadores de la Educación de la República Argentina* (CTERA) gebildet. Der CTA schlossen sich auch abtrünnige Sektionen der nationalen Industriegewerkschaften an, einige Einzelgewerkschaften, beispielsweise aus der Elektrizitätsbranche, und auch die Journalistengewerkschaft von Buenos Aires (*Unión de Trabajadores de Prensa de Buenos Aires*; UTPBA). Die CTA nahm auch nichtgewerkschaftliche Organisationen aus dem Bereich der Zivilgesellschaft auf, von den Rentner- und Arbeitslosenorganisationen bis zu Vertretern von Organisationen des „dritten Sektors" und Menschenrechtsgruppen. Einige davon sind auch im Vorstand der CTA vertreten.

Diese Organisationsform verband die traditionelle Vertretung von Arbeitern durch Gewerkschaften mit Repräsentationsformen, die aus den sozialen Bewegungen hervorgegangen waren. Die besten Beispiele dafür waren die CTERA und die UTPBA. Beide wurden in der zweiten Hälfte der 90er Jahre durch ihre führende Rolle bei großen sozialen Mobilisierungsmaßnahmen bekannt, die zentrale Themen auf die öffentliche Agenda brachten. Genau diese Mobilisierungen verdeutlichten auch die Unterschiede zu den traditionellen Strategien der Gewerkschaften: Nicht nur, dass in der CTA neben Gewerkschaften auch andere soziale Organisationen und Bewegungen mitarbeiteten; die in der CTA vertretenen Gewerkschaften selbst unterstützten auch Aktionen mit Bewegungscharakter, bei denen es um die Einforderung von Rechten und die Förderung von Aktivitäten zur Erfüllung von sozialen Ansprüchen ging, die über die sektoralen Interessen der Gewerkschaften hinausreichten.

Eine weitere von der CTA eingebrachte strategische Neuerung war die Einbeziehung von Intellektuellen, Sozialwissenschaftlern und *profesionals* in ihre Aktivitäten. Im Umfeld der CTA entstanden Forschungs-, Berufsausbildungs- und Weiterbildungszentren, Gruppen zur Analyse der aktuellen Situation des Landes, etc. Ebenso wurde auf der Grundlage von Vereinbarungen und *ad-hoc* Abkommen eine Zusammenarbeit mit den Universitäten und anderen Institutionen des akademischen Lebens mit dem Ziel begonnen, geeignete Informationsquellen und Qualifikationsmöglichkeiten zu erschließen. Die in der CTA zusammengeschlossenen Gewerkschaften betrachteten intellektuelle Beiträge als eine strategische Ressource für ihre Aktivitäten. Dies stimulierte ähnlich gelagerte Versuche von Seiten anderer Gewerkschaften. So bemühte sich auch die regierungsnahe CGT in den 90er Jahren mit einem eigenen Studienzentrum um die Unterstützung der Intellektuellen. Der Unterschied bestand darin, dass dies bei der CTA Bestandteil ihres ursprünglichen Konzepts war, während sich die CGT auf Verbindungen mit anderen Organisationen beschränkte, die jedoch kaum Einfluss auf den gewerkschaftlichen Alltag ausübten. Auf jeden Fall bedeutete das Zugehen der CTA auf die Akademiker und Intellektuellen eine grundlegende Neuorientierung in einem Ambiente, das seit Mitte des Jahrhunderts durch anti-intellektuelle Traditionen geprägt war.

Forschungsaktivitäten und sozialwissenschaftliche Studien wurden so zu einem festen Bestandteil der gewerkschaftlichen Arbeit. Ein gutes Beispiel dafür bietet die Metallarbeitergewerkschaft von Villa Constitución. Sie war von Anfang an Mitglied der CTA und initiierte Mitte der 80er Jahre mit der Gründung eines Zentrums für Forschung und gewerkschaftliche Weiterbildung einen regen Austausch mit Intellektuellen. Die beteiligten Forscher beschäftigten sich mit der Analyse der Transformationsprozesse in der Arbeitswelt und mit den durch die Unternehmen der Industrieländer angestoßenen Flexibilisierungstendenzen. Dieser Austausch schlug sich vor allem in Weiterbildungskursen nieder, die sich an die Spitzenfunktionäre der Gewerkschaft sowie an die Delegierten der wichtigsten metallverarbeitenden Unternehmen der Region richteten. Der Austausch von Ideen und Erfahrungen erlaubte es den Gewerkschaftsfunktionären, kreative Antworten angesichts des großen Konfliktes zu formulieren, der zwischen 1990 und 1991 in der Niederlassung des wichtigsten metallverarbeitenden Unternehmens von Villa

Constitución ausbrach. Dabei ging es um die Flexibilisierung der Arbeitsverträge und um die Mobilität innerhalb des Unternehmens.[4]

ATE gründete bereits 1984 ein eigenes Studienzentrum, das zunächst dem Einsatz von Intellektuellen und *professionals* bei der gewerkschaftlichen Fortbildung und später der Ausarbeitung von Studien zur sozio-politischen Situation des Landes diente. Dieses Institut war ein wichtiger Vorläufer des später von der CTA eingerichteten Forschungszentrums. Einige der beteiligten Intellektuellen wurden später zu wichtigen Protagonisten der argentinischen Politik.

Die UTPBA schuf in den 80er Jahren ein gewerkschaftliches Fortbildungs- und Qualifizierungszentrum, das zu einem grundlegenden Werkzeug der Ausrichtung der Gewerkschaft auf eine „Organisation neuen Typs" werden sollte. Die Arbeit der Journalisten wurde als eine der ersten von zwei der durch die neoliberalen Reformen ausgelösten Veränderungen erfasst: von der Flexibilisierung der Arbeit mittels neuer Vertragsformen und von der Globalisierung der Kommunikation. Daher mussten sie schon früh Antworten auf entsprechende Fragen finden. Die Journalisten verbreiteten ihre Rekrutierungsbasis über das fest angestellte Personal der Verlagshäuser hinaus, um der durch die Flexibilisierung der Arbeitsverträge verursachten Erosion der Mitgliedschaften entgegenzuwirken. Ebenso setzten sie sich schon früh mit ihnen nahestehenden internationalen Organisationen in Verbindung, um Antworten auf die Globalisierung zu finden. Zudem vertraten sie Positionen, die dem „Einheitsdenken" in Form des vorherrschenden Neoliberalismus etwas entgegensetzen sollten.

Die Unternehmerverbände

Die Unternehmerverbände der einzelnen Branchen sahen sich in den 90er Jahren mit sinkenden Möglichkeiten der Interessenaggregation und mit schlechter funktionierenden Gesprächskanälen mit der Regierung konfrontiert. Es ist paradox, dass sich dieses Phänomen ausgerechnet in einem Jahrzehnt entwickelte, in dem die nationale Regierung sich stets als dezidiert unternehmerfreundlich ausgab und ganz entschieden für die

---

4 Ein Merkmal des Konfliktes bestand darin, dass selbst die Unternehmer den Vorsprung der Gewerkschaft im Hinblick auf jene Führungsinnovationen, die das Unternehmen einführen wollte, anerkannten. Letztendlich gestand man der Gewerkschaft und dem Betriebsrat einen beachtlichen Grad an Autonomie und an Interventionsspielräumen in Bezug auf die Arbeitsorganisation des Unternehmens zu.

in der Privatwirtschaft vorherrschenden doktrinären und ideologischen Postulate eintrat. Die Außenöffnung der Wirtschaft, die auf eine Beschneidung der Gewerkschaftsmacht abzielenden Reformen des Arbeitsrechts, die Privatisierung der öffentlichen Unternehmen, die Deregulierung zahlloser Märkte und andere von der Regierung auf den Weg gebrachte Politiken fanden die Zustimmung der wichtigsten Unternehmerverbände. Trotzdem war die politische und soziale Präsenz dieser Verbände am Ende der Dekade wesentlich schwächer als in früheren Phasen. Dieses Paradoxon kann auf eine Reihe von Faktoren zurückgeführt werden, durch die sich die innere Zusammensetzung dieser Verbände veränderte. Sie konnten zwar ihre Kommunikationslogik gegenüber der Regierung aufrechterhalten, sich aber nicht mit dem gleichen Nachdruck wie früher für ihre branchenspezifischen Forderungen einsetzen. Stattdessen rückten die korporativen Partikularinteressen der Verbandsspitzen in den Vordergrund.

Ein wichtiger Grund für die Schwächung der Unternehmerverbände bestand in den traditionellen Merkmalen ihrer Verbindung mit der politischen Macht. Sie bestand in direkten Gesprächen zwischen den Spitzenfunktionären der Verbände und der nationalen Regierung. Hatten die Verbände in den 80er Jahren noch die Forderungen des Establishments gegenüber der Regierung kanalisiert, so büßten sie in den 90er Jahren einen beträchtlichen Teil dieser Vermittlungskapazität ein. Der Begriff Establishment wird hier zur Bezeichnung der Unternehmer- und Finanzelite verwendet, die in den Spitzengremien der Verbände angesiedelt ist und deren Interessen quer zu denen der einzelnen Sektoren verlaufen. Mehrere in den 80er Jahren entstandene Studien haben aufgezeigt, dass die Leitung der Branchenverbände sich aus relativ stabilen Gruppen von Unternehmern zusammensetzt, die in verschiedenen Wirtschaftsbereichen aktiv sind, wodurch ihre Interessen zugleich weiter und differenzierter gefasst sind als ihre jeweilige sektorale Verankerung. Diese Position des Establishments war von Vorteil, um die vom Staat in den 90er Jahren geschaffenen neuen Geschäftsmöglichkeiten auszunutzen, die sich unter anderem bei der Privatisierung öffentlicher Dienstleistungsunternehmen und der Reform des Rentenversicherungssystems ergaben.

Gleich zu Beginn der Regierung Menem war diese Entwicklung spürbar, als der Staatspräsident dem traditionsreichen Konzern *Bunge & Born* – einem der wichtigsten *global player* im Getreidehandel – die Leitung des Wirtschaftsministeriums übertrug. Auch bei der Privatisierung der staatlichen Unternehmen sowie bei der Vergabe von Konzessionen für Dienstleistungen spielte der direkte Kontakt eine wichtige Rolle. Nationale Konzerne wie Bulgheroni, Techint und Macri und namhafte Repräsentanten des Establishments, beispielsweise die Mitglieder der Familie Alsogaray, waren an der Ausarbeitung der Bedingungen für die Übertragung dieser Unternehmen an das private Kapital – also zum Teil an sich selbst – beteiligt. In der neuen Machtlogik verwandelte sich der Staat Schritt für Schritt in eine Arena zur Vermittlung der unternehmerischen Interessen, die sich um Positionsgewinne in Bezug auf die neuen, durch den Transfer der öffentlichen Dienstleistungen an private Träger entstehenden Geschäftsmöglichkeiten bemühten. Da sich der Staat gleichzeitig dem Druck der externen Gläubiger ausgesetzt sah, verwandelte er sich in einen Verbindungsknoten zwischen der lokalen Finanzelite und diesen Gläubigern. Den Branchenverbänden fiel es schwer, sich an die neuen Spielregeln anzupassen, denn nur ein kleiner Teil ihrer Führungsspitzen konnte darauf hoffen, bei dem Spiel dabei zu sein. Für das Gros der Mitglieder dieser Verbände konnte es um nichts anderes gehen als den Versuch, unter den neuen, durch die Außenöffnung der Wirtschaft und die ausländischen Wettbewerber entstandenen Bedingungen zu überleben.

Die Ergebnisse dieser neuen Funktionsweisen der Wirtschaft vor dem Hintergrund der Außenöffnung und der neuen Spielregel für die Kontakte mit der politischen Macht waren in gewissem Sinne paradox, sogar für die Mitglieder des Establishments:

- Erstens wurden verschiedene Unternehmen, deren Besitzer die Außenöffnung vorangetrieben und aktiv an der Privatisierung von Staatsunternehmen teilgenommen hatten, am Ende von ausländischen Konkurrenten aufgekauft. Im Nahrungsmittelsektor blieb der Süßwarenhersteller ARCOR als einziger größerer nationaler Konzern übrig, die anderen Großunternehmen dieses Sektors wurden an multinationale Konzerne verkauft. Diese Entwicklung wirkte sich auf den Industriedachverband *Unión Industrial Argentina* (UIA) aus. Innerhalb des Verbandes kam es zu einer wachsenden Fragmentierung zwischen den wenigen noch verbliebenen nationalen Großkonzernen (z.B. Techint und ARCOR), den großen Industrieunternehmen ausländischen Kapitals und der schrumpfenden Masse nationaler Klein- und Mittelunternehmer, die immer stärker von der Außenöffnung der Wirtschaft und der dadurch verursachten Krise der regionalen Ökonomien betroffen waren.

Ein ähnliches Phänomen ergab sich bei den großen inländischen Privatbanken, die an ausländische Banken verkauft wurden. Der Anteil an Banken in ausländischer Hand nahm derart zu, dass die beiden wichtigsten Verbände des Sektors – ADEBA (die Interessenvertretung der großen inländischen Privatbanken) und ABRA (die Interessenvertretung der ausländischen Privatbanken) – 1998 fusionierten. In der Bauindustrie fusionierten die wichtigsten Verbände erneut zur – in den 80er Jahren auseinandergebrochenen – *Cámara Argentina de la Construcción*. Diese Fusion wurde von den großen inländischen Baukonzernen vorangetrieben, die damit ihre Marktanteile angesichts der wachsenden Konkurrenz durch ausländische Bauunternehmen schützen wollten. Stand im Fall der Banken die Fusion der Interessenverbände in einem direkten Zusammenhang mit der zunehmenden Übernahme inländischer Banken durch ausländisches Kapital, so spiegelte die Fusion im Baugewerbe eher die Defensivstrategien der verbliebenen inländischen Großkonzerne wieder.

- Zweitens neigten einige Verbandsfunktionäre dazu, sich eigene Geschäftsmöglichkeiten zu schaffen. Das bemerkenswerteste Beispiel dafür fand sich im traditionsreichsten argentinischen Unternehmerverband, der *Sociedad Rural Argentina* (SRA), in der die wichtigsten Landbesitzer der Pamparegion, d.h. der reichsten Landwirtschaftszone des Landes, vertreten sind. Die Führung der SRA erhielt von Präsident Menem die Möglichkeit, das von dem Verband genutzte und dem Staat gehörende Grundstück im Stadtteil Palermo von Buenos Aires zu einem äußerst günstigen Preis zu erwerben. Die neuen Eigentümer überließen das Grundstück einem ausländischen, auf die Durchführung von Messen und Ausstellungen spezialisierten Unternehmen zur Nutzung. Der Konzessionsvertrag sah einen Preis vor, der um ein vielfaches über dem Kaufpreis für das Grundstück lag. Mehrere Mitglieder der SRA warfen der Verbandsspitze daraufhin vor, ihre Repräsentationsfunktion zur persönlichen Bereicherung missbraucht zu haben. Dieser Bruch innerhalb der SRA ereignete sich zur gleichen Zeit, als die Weltmarktpreise für Agrarprodukte (ab 1997/98) stark zurückgingen. Die Agrarproduzenten reagierten darauf mit Protestmaßnahmen. Sie behinderten die Lieferung ihrer Produkte an die lokalen Märkte und blockierten das Zentrum von Buenos Aires mit LKWs und Traktoren. Diese Situation schuf bei den Verbänden des Agrarsektors die Bedingungen für eine „Einigkeit im Kampf", was zu einem breiten Bündnis zwischen der SRA, CRA (*Confederaciones Rurales Argentinas*; große und mittlere Produzenten), FAA (*Federación Agraria Argentina*; kleine Produzenten) und einigen regionalen Verbänden führte.

- Drittens bildeten sich einige neue bzw. erstarkten einige existierende Verbände, die vor allem die im Zuge des neuen Modells entstandenen Großunternehmen vertraten. Die privatisierten Dienstleistungsunternehmen werden von einem eigenen Verband vertreten, ebenso wie die im Zuge der Einführung des Kapitaldeckungsverfahrens gegründeten privaten Rentenversicherungsgesellschaften (AFJPs). Einen starken Impuls erfuhr auch der die großen Supermarktketten vertretende Verband. Diese Ketten konnten ihre Umsätze beträchtlich steigern – mit verheerenden Auswirkungen für die Masse der kleinen Händler, die den Sektor bis in die 80er Jahre beherrscht hatten. Innerhalb der Verbände, die traditionell die Interessen des Handels- und Dienstleistungssektors vertraten, entwickelten sich Kammern mit einer großen eigenen Macht, welche die Positionen dieser Verbände zu bestimmen begannen. Dies war insbesondere bei der CAC (*Cámara Argentina de Comercio*) offenkundig, die aufgrund der zunehmenden Bedeutung der ihr angeschlossenen Supermärkte und privatisierten Dienstleistungsunternehmen nach und nach zur *Cámara de Comercio y Servicios* wurde. Eine ähnliche Entwicklung ergab sich beim Verband der Versicherungsunternehmen, der den Verband aufnahm, in dem sich die AFJPs zusammengeschlossen hatten. AFJPs, große Supermärkte und privatisierte Dienstleistungsunternehmen sind sehr personalintensive Unternehmen. Dies führte dazu, dass die Interessenverbände dieser Unternehmen sich erstmals aktiv an den Diskussionen über die Arbeitsgesetzgebung beteiligten und Verhandlungen mit den Gewerkschaften zu führen hatten. Traditionell waren diese Funktionen fast ausschließlich von der *Unión Industrial Argentina* und den Verbänden der Bauindustrie wahrgenommen worden.
- Viertens zogen sich gegen Ende der 90er Jahre ausgerechnet diejenigen nationalen Großkonzerne, die sich früh an den Privatisierungen im Dienstleistungssektor beteiligt hatten, von diesen Geschäften zurück und überließen sie dem ausländischen Kapital. Dafür gab es mehrere Ursachen. Der Rückzug von Konzernen wie Techint und Pérez Companc aus der Telekommunikationsbranche war Teil einer Restrukturierung der jeweiligen Holding, die auf eine Konzentration auf Kernbereiche hinauslief. Konzerne wie Bulgheroni konnten ihre Expansion und Diversifizierung nicht aufrecht erhalten und mussten ihre zu Beginn des Privatisierungszyklus erreichten Positionen aufgeben. Der Verkauf ihrer Aktien an ausländische Konzerne diente der Finanzierung von Zahlungsverpflichtungen und entsprach zu-

gleich einer Gewinnmitnahme infolge der stark gestiegenen Aktienkurse. Diese Strategie wurde auch von den großen nationalen Privatbanken und von mehreren Industrieunternehmen verfolgt.

Die Beispiele enthüllen einen strukturellen Umstand: Die Wirtschaftskraft der nationalen Großkonzerne mag zwar für einen oligopolisierten Markt wie den argentinischen groß erscheinen, sie erweist sich jedoch im Vergleich zu den im internationalen Wettbewerb stehenden multinationalen Konzernen als winzig. Deren finanzielle Kapazitäten ermöglichten es ihnen aufgrund der Liberalisierung der Zugangsbedingungen zum argentinischen Markt, die Aktiva der inländischen Konzerne aufzukaufen.

Insgesamt erfuhren die Einflussmöglichkeiten der Unternehmerverbände auf politische Entscheidungsprozesse eine Schwächung. Die Unternehmerelite, die sich von Anfang an für den von der Regierung verfolgten Kurs ausgesprochen hatte, war gegen Ende der 90er Jahre radikalen Veränderungen unterworfen. Von den zu Beginn des Jahrzehnts existierenden Großkonzernen nationalen Kapitals blieben nur wenige übrig. Viele von ihnen wurden in den Spitzengremien der Wirtschaft durch Führungskräfte ausländischer Unternehmen ersetzt. Demgegenüber verringerte sich das Gewicht der inländischen Großunternehmer aus dem Bereich der Produktion spürbar.

Gleichzeitig wurde die große Masse der Klein- und Mittelunternehmen, die als Mitgliederbasis der Verbände von grundlegender Bedeutung sind, durch eine Wirtschaftspolitik, die die Kapital- und Einkommenskonzentration förderte, dezimiert. Diese Entwicklung schwächte die Verbände. Der Schwerpunkt der Beziehungen zwischen Privatwirtschaft und Regierung verlagerte sich stärker als je zuvor zugunsten des Establishments. Dieser Prozess spiegelte sich in doppelter Weise innerhalb der Verbände wider. Auf der einen Seite hing deren Dynamik immer mehr von den Großkonzernen ab, wodurch die Möglichkeiten zur Aggregation unterschiedlicher Interessen sanken. Auf der anderen Seite tendierten viele durch die Kapitalkonzentrationsprozesse bedrohte Klein- und Mittelunternehmer zu direkten Aktionen, unabhängig von ihren Verbänden; in einigen Fällen ergaben sich sogar Bündnisse mit gegen das Wirtschaftsmodell protestierenden Gewerkschaften. Agrarproduzenten, Industrielle, Transportunternehmer und andere, sie alle griffen zu eher gewerkschaftstypischen Mobilisierungsmaßnahmen, um ihren jeweiligen Forderungen – nach Beihilfen, nach einer Senkung der Tarife und der Steuern, etc. – Nachdruck zu verleihen.

Aufgrund der strategischen Bedeutung der Industrie für die Arbeitsbeziehungen war die *Unión Industrial Argentina* (UIA) traditionell derjenige Unternehmerverband, der auf die Beziehungen mit den Gewerkschaften „spezialisiert" war. Aus diesem Grund besetzte die UIA auch im Rahmen der verschiedenen Regierungsinitiativen zur tripartären Konzertierung ihrer Politik stets den „Sitz" der Unternehmer, ebenso wie der den Gewerkschaften zustehende „Sitz" stets für die regierungsfreundliche CGT reserviert blieb. Tripartäre Verhandlungen mündeten 1994 in den Abschluss eines „Rahmenabkommens für Beschäftigung, Produktivität und soziale Gleichheit" zwischen der Regierung, den Gewerkschaften und den in der „Gruppe der 8" zusammengeschlossenen Unternehmerverbänden.[5] Auf der einen Seite wurden dadurch weitere tripartäre Verhandlungsinstanzen geschaffen: der Nationale Rat für Sozialversicherungsfragen, der Nationale Rat für die Berufsausbildung und die Beratergruppe des Nationalen Beschäftigungsfonds. Auf der anderen Seite trug dieses Abkommen zur Legitimierung der Regierung in einem Augenblick bei, in dem die Beratungen zur Verfassungsreform, die Menem die Wiederwahl ermöglichen sollte, ihren Höhepunkt erreicht hatten.

Die UIA unterstützte die auf die Flexibilisierung des Arbeitsmarktes ausgerichteten Regierungspolitiken, während sie der Außenöffnung und deren Auswirkungen auf die Klein- und Mittelindustrie kritisch gegenüberstand. Der Anteil der einheimischen Industrie am Bruttoinlandsprodukt ging beträchtlich zurück. Einige Produktionszweige wurden praktisch demontiert. Es gab jedoch einige bemerkenswerte Ausnahmen, wie zum Beispiel die Automobilindustrie, welche nach einem abrupten Rückgang der Produktion, der sich bis 1990 hinzog (in jenem Jahr wurden weniger als 100.000 Fahrzeuge und damit weniger als 1974 hergestellt), zu einem positiven Konjunkturzyklus zurückfand. Dies verdankte sich einem Handelsabkommen mit Brasilien, das die Produktion in dieser Branche in beiden Ländern regelte. Die Regulierung der Produktion und des Handels im Automobilsektor unterschied sich grundlegend von der ansonsten auf Öffnung und „Deregulierung" ausgerichteten Strategie, die fast im gesamten Industriesektor überwog und insbesondere die Klein- und Mittelindustrie stark in Mitleidenschaft zog.

---

5 Die „Gruppe der 8" bestand aus: *Sociedad Rural Argentina, Confederaciones Rurales Argentinas, Unión Industrial Argentina, Cámara de Comercio, Asociación de Bancos de la República Argentina, Cámara de Construcción, Unión de Empresas de la Construcción* und *Bolsa de Comercio*.

Die ambivalente Position der UIA, die die von der Regierung Menem in Angriff genommenen Politiken unterstützte, aber gleichzeitig von den Folgen dieser Politiken in Form einer Erosion ihrer Mitgliederbasis betroffen war, spiegelte sich in verbandsinternen Auseinandersetzungen zwischen „Gewinnern" und „Verlierern" des neuen sozioökonomischen Modells wider. In der Verbandsführung wurden die Vertreter einer authentischeren industriellen Tradition (Israel Mahler) nach und nach durch „Freunde" der Regierung abgelöst, deren Unternehmen in den Jahrzehnten zuvor im Zuge der Industrieförderung entstanden waren (Manuel Blanco Villegas). Der nächste Vorstandsvorsitzende nutzte seine Position für eine politische Karriere in der Regierungspartei (Claudio Sebastiani). Ihm folgte wiederum ein Vertreter der traditionellsten industriellen Strömung (J. Rial). Dieses Hin und Her in der Verbandsführung spielte sich vor dem Hintergrund der wohl gravierendsten Krise ab, die die argentinische Industrie jemals erlebt hatte.

Gegen Ende der 90er Jahre führte die Abwertung der brasilianischen Währung, des Real, zu einer heftigen Debatte zwischen der UIA und der Regierung. Die UIA forderte protektionistische Maßnahmen für die Industrie, vor allem zugunsten der am meisten durch die Öffnung der Wirtschaft betroffenen Sektoren. Bis zur Abwertung der brasilianischen Währung nutzten verschiedene Industriezweige den Außenhandel mit dem Mercosur – und vor allem mit Brasilien – um Produkte abzusetzen, die nicht auf dem Binnenmarkt verkauft werden konnten. Die Ankurbelung der brasilianischen Wirtschaft kompensierte tendenziell die Erosion des eigenen Marktes, aber mit der Abwertung des Real sahen sich die exportorientierten Industriezweige in ihrer Wettbewerbsfähigkeit eingeschränkt. Gleichzeitig fürchtete man eine Überschwemmung des Binnenmarktes mit brasilianischen Produkten. In Sektoren wie der Textil-, der Schuh- und der Bekleidungsindustrie veranlasste diese Situation die Unternehmer zu einer Allianz mit den Gewerkschaften. Bei gemeinsamen Protestmärschen forderten sie u.a. eine Anhebung der Importzölle und Exportbeihilfen.

Es kam zu einer politischen Krise innerhalb des Mercosur. Die durch die Regierungen Menem und Cardoso beschlossene Politik eines „forcierten Marsches" in Richtung Integration durch Stärkung der makroökonomischen Koordination erlebte einen abrupten Rückschlag, was nicht zuletzt dadurch verursacht wurde, dass die brasilianische Abwertung den Kern dieser Politiken betraf. Da die Dynamik des Mercosur stark vom politischen Willen der beteiligten Regierungen abhängig und nicht durch ein solides institutionelles Geflecht abgesichert war, reichte die Abwertung des Real aus, um sektorale Konflikte auszulösen. Diese verlagerten sich infolge der Eigendynamik des Mercosur unmittelbar auf die Regierungen und ließen die wettstreitenden Handelsinteressen einzelner Branchen zu „Staatsfragen" werden.

Schlussfolgerungen

Am Ende der 90er Jahre lebte ein beträchtlicher Teil der argentinischen Bevölkerung in Armut. Die Mittelschichten waren durch lang anhaltende wirtschaftliche Stagnation, hohe Arbeitslosigkeit und stark polarisierende Muster der Einkommensverteilung in Mitleidenschaft gezogen. Die Gewerkschaften waren geschwächt und in verschiedene ideologische Strömungen und rivalisierende Dachverbände gespalten. Die Agrarproduzenten, die kleinen und mittleren Industrieunternehmer und die Händler griffen häufig zu direkten Aktionsformen, um ihren Forderungen an die Regierung Nachdruck zu verleihen. Die Unternehmerverbände waren kaum dazu in der Lage, Einfluss auf das politische Spiel zu nehmen. Bevorzugter Gesprächspartner des Staates war das Finanzestablishment.

Nur das Finanzestablishment und die großen ausländischen Konzerne schienen sich im Rahmen des neuen Wirtschaftsmodells als Gewinner durchzusetzen. Ihre Ressourcen wuchsen, die Bedeutung und Vielfalt ihrer Geschäfte nahm zu – ebenso wie ihre Möglichkeiten zur Einflussnahme bzw. Druckausübung auf den Staat.

Im Rahmen des neuen Modells stießen die Gewerkschaften und Unternehmerverbände mit der traditionellen Strategie der Druckausübung auf den Staat zur Durchsetzung sektoraler Vorteile schnell an ihre Grenzen. Dafür waren nicht zuletzt die auf eine Bedienung der umfangreichen und wachsenden Außenverschuldung drängenden ausländischen Investoren verantwortlich. Sie verleibten sich jene Überschüsse ein, die im alten Wirtschaftsmodell je nach Ausgang der internen Verteilungskämpfe vergeben wurden.

Das alte Spiel sektoraler Druckausübung, das den Staat zur bevorzugten Arena der Schlichtung von Gruppeninteressen im Rahmen von Auseinandersetzungen und Verhandlungen werden ließ, existierte nach wie vor, aber seine Dynamik ließ aus zwei Gründen nach. Erstens agierten die Verbände in einem Umfeld, dessen bedeutendster Akteur – eine Allianz zwischen ausländischen Investoren und lokalem Finanzestablishment – leicht auf andere Alternativen ausweichen konnte. Zweitens erschwerte die Rezession die Erwirtschaftung von Überschüssen, und die einheimischen Akteure waren immer weniger dazu in der Lage, sich die Überschüsse anzueignen.

Die alten Akteure des aus der Zeit der Importsubstitution stammenden korporativen Modells erfuhren somit eine deutliche Schwächung. Erstens büßte der Staat immer mehr seine Möglichkeiten zur Kontrolle und Beeinflussung der Wirtschaft ein. Zweitens konnten sich die einheimischen Agrar- und Industrieunternehmer kaum gegenüber der internationalen Konkurrenz behaupten, wodurch auch die von ihnen unterstützten Verbände an Bedeutung verloren. Drittens sank der Organisationsgrad und der gesellschaftliche Rückhalt der Gewerkschaften, was deren Möglichkeiten zur Aufrechterhaltung von Beschäftigungs- und Gehaltsniveaus beeinträchtigte.

Paradoxerweise wurden die beschriebenen Entwicklungen in den 90er Jahren ausgerechnet von einer peronistischen Regierung gefördert, die sowohl vom Establishment als auch von den Unternehmerverbänden und den Gewerkschaften unterstützt wurde. Der Preis, den letztere für den Beitrag zur Legitimation der Regierung zahlten, bestand im Bruch mit ihrer Basis und dem Entstehen von konkurrierenden Organisationen, die mit Hilfe direkter Aktionen und ideologischer Diskurse ihre Unzufriedenheit ausdrückten und zum Teil versuchten, Alternativen zu dem neuen Modell zu formulieren.

Die alten Akteure der neokorporativen Dynamik Argentiniens – der Staat, die Unternehmer und die Gewerkschaften – waren somit am Ende des 20. Jahrhunderts geschwächt. Das Land zeichnete sich auch durch eine geschwächte und fragmentierte Gesellschaft aus, deren Energien sich immer mehr in Gruppen kanalisierten, die auf eine Verteidigung von Partikularinteressen ausgerichtet waren und denen das politische System nur geringe Aggregations- und Einflussmöglichkeiten bot. Ungeachtet dieser allgemeinen Diagnose waren auch Entwicklungen zu verzeichnen, die Chancen zur Konstruktion zukunftsfähiger sozio-politischer Alternativen boten. Dazu gehörte die Entstehung einiger neuer Organisationen im gewerkschaftlichen und sozialen Bereich, der durch den Mercosur eröffnete Horizont, das Scheitern der neoliberalen Option hinsichtlich der Konsolidierung eines stabilen sozioökonomischen Modells sowie die langsame Wiederaufwertung der Rolle des Staates.

Literaturverzeichnis

Acuña, Carlos H. (Hrsg.) (1995): *La nueva matriz política argentina*, Buenos Aires: Nueva Visión.

Alaluf, Mateo (1997): „Modernización de las empresas y política de empleo", in: Villanueva, Ernesto (Hrsg.): *Empleo y globalización. La nueva cuestión social en la Argentina*. Quilmes: Universidad Nacional de Quilmes.

Bryn, Jones (1996): „The Social Constitution of Labour Market", in: Crompton, Rosemary/Gallie, Duncan/Purcell, Kate (Hrsg.): *Changing Forms of Employement*, London: Routledge.

Coutrot, Thomas (1999): *Trabajo, empleo, actividad* (Papéis do Trabalho do RP GT-CUT N° 7), Rio de Janeiro: CUT.

Esquivel, Valeria: „La flexibilización laboral en tiempos de reestructuración económica. Un estudio sobre las estrategias de flexibilización laboral en firmas grandes del sector industrial", in: *Estudios del Trabajo* N° 14.

Galín, Pedro/Novick, Marta (Hrsg.) (1990): *La precarización del empleo en Argentina*, Buenos Aires: Centro Editor de América Latina.

Godio, Julio/Cortina, R./Rizzi, S./Robles, A.J. (Hrsg.) (1998): *La incertidumbre del trabajo*, Buenos Aires: Corregidor.

Instituto de Estudio y Formación de la CTA (1998): *Boletín de coyuntura*, Buenos Aires: CTA.

Novick, Marta/Gallart, María A. (Hrsg.) (1998): *Competitividad, redes productivas y competencias laborales*, Buenos Aires: CINTERFOR/Organización Internacional del Trabajo/Red de Educación y Trabajo del Consejo Latinoamericano de Ciencias Sociales.

OIT (1998): Informe V (2B) Addendum. *Comisión del Trabajo en Subcontratación. 86ª reunión*, Genf: OIT.

Palermo, Vicente/Novaro, Marcos (1996): *Política y poder en el gobierno de Menem*, Buenos Aires: Grupo Editorial Norma.

Palermo, Vicente/Saraiva, Miriam Gomes (1999): *Racionália política: Plan Real y crisis financiera en Brasil*, Buenos Aires: Instituto Torcuato Di Tella (unv. Man.).

Palomino, Héctor (2000a): „Articulaciones entre formalidad e informalidad en la Industria de la Construcción", in: Carpio, Jorge/Klein, Emilio/Novacovsky, Irene (Hrsg.): *Informalidad y Exclusión Social*, Buenos Aires: Fondo de Cultura/SIEMPRO/Organización Internacional del Trabajo.

Palomino, Héctor (2000b): *Unions and Civil Society in Contemporary Argentina*. Lima: Fundación Ford (unv. Man.).

Palomino, Héctor/Díaz Aloy, Viridiana (2000): „Sobre las fronteras jurídicas y sociales del trabajo asalariado en Argentina. Análisis realizado sobre una selección de fallos de la jurisprudencia laboral en Argentina entre 1993 y 1997", in: *Revista Sociologias* N° 2.

Pawlowski de Pose, Ana (1998): „La ajenidad del riesgo como factor tipificante", in: *Revista Derecho del Trabajo* N° 5.

Schvarzer, Jorge (1996): *La industria que supimos conseguir. Una historia político-social de la industria argentina*, Buenos Aires: Planeta

Schvarzer, Jorge (1998): *Implantación de un modelo*. Buenos Aires: A-ZZ Editora.

Supiot, Alain (1993): *¿Por qué un derecho del trabajo?* (Documentación Laboral N° 39), Universidad de Alcalá de Henares.

Torre, Juan Carlos (1998): *El proceso político de las reformas económicas en America Latina*, Buenos Aires: Paidós.

Walter, J./Senén González, C. (1996): *Modernización tecnológica sistémica, políticas de recursos humanos y relaciones laborales en la telefonía argentina tras la privatización* (Documento presentado en el II Congreso Latinoamericano de Sociología do Trabalho), São Paulo (unv. Man.).

Frank Priess

Medien und Politik

Neidvoll müssten deutsche und nordamerikanische Journalisten auf Argentinien blicken, zumindest oder vielleicht auch nur, was die öffentliche Wertschätzung des Berufsstandes angeht. Die Medien in Argentinien sind es, die neben der Katholischen Kirche die Rangliste der Institutionen anführen, in die die Bevölkerung besonderes Vertrauen setzt. Erst mit weitem Abstand folgen die Streitkräfte, das Parlament, die Unternehmer, ganz zu schweigen von politischen Parteien, der Justiz oder den Gewerkschaften (Tabelle 1). In Krisenfällen, auch juristisch relevanten, wendet sich nach einer Umfrage des *Centro de Estudios Unión para la Nueva Mayoría* fast die Hälfte der Bürger eher an einen Journalisten als an einen Richter: Macht sich ein Medium das Problem zu eigen, wird eine Durchsetzungschance gesehen; für die Justiz gilt das Gegenteil, insbesondere, wenn man nicht zum Kreis derer gehört, die sich einen guten Anwalt leisten können oder sonstige Möglichkeiten haben, dem „Recht" zum Nachdruck zu verhelfen (Barros 1996: 111). Manchen Journalisten aber wird diese Rolle mittlerweile unheimlich. Luis Majul etwa gab in einem Interview mit der Zeitung *La Nación* am 18.1.1998 zu bedenken:

> Das ist gefährlich. Angesichts der fehlenden Transparenz im Justizsektor erwarten die Leute von den Journalisten, dass sie *Robocop* sind. Das ist so, als wenn man ohne Fallschirm aus dem 23. Stock springt.

Es fällt auf, dass die Medien auch sonst Funktionen übernommen haben, die eher Polizisten, Staatsanwälten und Richtern zukommen, allerdings nicht immer ganz freiwillig. Der ehemalige Innenminister Gustavo Béliz etwa nennt den argentinischen investigativen Journalismus den großartigen Akteur in der argentinischen Justiz im vergangenen Jahrzehnt, ohne den viele dunkle Fragen der Macht nicht ans Licht der Öffentlichkeit gekommen wären. Die Medien füllten geradezu ein „institutionelles Vakuum" und seien effizienter als Staatsanwälte und Richter, die eher am Tisch der Herrschenden säßen (Béliz 1997: 41, 44). Vor der Wertung dieser Einschätzung lohnt ein Blick in die Historie, denn der Weg der Medien auf dieses Akzeptanzniveau war keineswegs vorgezeichnet.

Tabelle 1: Das Ansehen der Institutionen im Lichte der öffentlichen Meinung

Institutionen	Positiv	Gemischt	Negativ	Weiß nicht	Pos./ Neg.	Total
Kommunikationsmedien	65,0	24,7	7,6	2,6	8,52	100,0
Katholische Kirche	50,7	29,2	17,9	2,3	2,84	100,0
Streitkräfte	27,2	37,6	28,2	7,0	0,96	100,0
Parlament	14,2	40,0	38,0	7,8	0,37	100,0
Unternehmer	11,6	39,2	33,7	15,4	0,34	100,0
Politische Parteien	10,2	42,0	43,2	4,6	0,24	100,0
Justiz	11,3	33,9	48,2	6,6	0,23	100,0
Gewerkschaften	6,0	27,9	59,8	6,3	0,10	100,0

Quelle: *Centro de Estudios Unión para la Nueva Mayoría* 1997

Staatseinfluss und Abhängigkeiten

Der argentinische Medienanalytiker Silvio Waisbord stellt für die lateinamerikanische Presse in ihrer Geschichte seit der spanisch-portugiesischen Kolonialzeit einen traditionell starken Staatseinfluss fest: „Politische Logik", so Waisbord, „dominierte die wirtschaftliche Logik" (Waisbord 1996: 348). Vergünstigungen seitens des Staates wie zum Beispiel vereinfachter Import von Maschinen, Rabatte und Steuervergünstigungen, subventionierte Papierproduktion oder staatliche Werbung waren für die Eigentümer lange Zeit attraktiver als durch Unabhängigkeit und kritischen Journalismus zu erreichende hohe Auflagen- und Verkaufszahlen. Ein investigativ zu nennender Journalismus konnte sich so nie nennenswert entwickeln. Hinzu kamen Zensur und Selbstzensur, für die sich Argentinien ebenfalls als gutes Beispiel anbietet. Karin Finkenzeller: „Die aufgrund der Regierungsverhältnisse autoritär geprägte Pressegeschichte Argentiniens lässt generell den nötigen Abstand zur Administration vermissen" (Finkenzeller 1998: 54). Für die jüngere Geschichte und insbesondere die Zeit nach dem Militärputsch von 1976 konstatiert sie einen „Schmusekurs" mit den Militärmachthabern, deren Machtübernahme von den Medien „unisono" begrüßt worden sei (ebd.: 63). Selbst der Krieg um die Falkland-/Malvinen-Inseln, Anfang der achtziger Jahre von den Generälen zur Mobilisierung der öffentlichen Meinung angezettelt, fand den patriotischen Beifall auch von Journalisten, die sich heute gar nicht gerne an diese Aufwallungen erinnern.

Allerdings gilt es zu differenzieren, insbesondere zwischen „den Medien", repräsentiert vor allem durch die noch zu schildernde Eigentümerstruktur, und den Journalisten. Gerade unter ihnen forderte die Militärdiktatur einen hohen Blutzoll. Zwischen 1976 und 1978 sind laut *Amnesty International* 40 Journalisten spurlos verschwunden, 29 wurden getötet und 70 verhaftet, zahlreiche weitere gingen ins Exil (Finkenzeller 1998: 65). Diese Zeiten haben sich nachhaltig geändert. „Wir erleben eine Periode von Pressefreiheit in Argentinien, wie wir sie seit vielen Dekaden unserer Geschichte nicht gekannt haben", fasst der Vorsitzende der Kommission für Pressefreiheit des argentinischen Verlegerverbandes ADEPA, Luis H. Tarsitano (*La Nación*, 8. April 2000) die aktuelle Situation zusammen, und sein Pendant Santiago Cantón von der Organisation Amerikanischer Staaten (OAS) ergänzt: „Argentinien zeichnet sich durch ein starkes Engagement der Gesellschaft für die Pressefreiheit, eine weniger restriktive Gesetzgebung und einen Journalismus aus, der sich der Zensur widersetzt." (*La Nación*, 21. März 2000).

Der Hinweis auf die Gesetzgebung muss dadurch ergänzt werden, dass Argentinien nicht über ein eigentliches Presserecht verfügt, wie sich dies in Deutschland zum Beispiel in den Landespressegesetzen manifestiert. Vielmehr gelangte die Pressefreiheit rechtlich über die Ratifizierung internationaler Abkommen nach Argentinien, insbesondere durch die Amerikanische Erklärung der Menschenrechte, festgeschrieben im „Pakt von San José", als nationales argentinisches Gesetz 23.054 im März 1984 verabschiedet. In Artikel 13.1 heißt es:

> Jeder hat ein Recht auf die Freiheit der Gedanken und der Meinungsäußerung. Dieses Recht schließt die Freiheit ein, Informationen und Meinungen jeder Art frei und ohne Einschränkung zu suchen, zu empfangen und zu verbreiten, seien sie mündlicher, schriftlicher oder der Art künstlerischen Ausdrucks oder jeder anderen gewählten Form.

Zensur wird ausdrücklich ausgeschlossen. Allerdings finden sich in Artikel 14 durchaus Einschränkungen einer unbegrenzten Pressefreiheit, insbesondere mit Blick auf den Schutz der Privatsphäre Dritter und deren persönlicher Ehre. Auch im argentinischen Strafrecht gibt es presserelevante Artikel, zum Beispiel bezogen auf Geheimnisverrat, die nationale Sicherheit, Verleumdung oder die Verbreitung „unzüchtiger" Inhalte. Dass diese rechtlichen Vorschriften keineswegs abstrakt bleiben und auch gegen Journalisten und Medien gewendet werden können, bewiesen verschiedene Prozesse der jüngeren Zeit, etwa die Klage des ehemaligen Präsidenten Carlos Saúl Menem gegen den Journalisten Horacio Verbitsky wegen Verleumdung und Verletzung seiner Privatsphäre. Bisher hat die keineswegs immer als unabhängig zu bezeichnende argentinische Justiz eher „pro Presse" entschieden und die Meinungsfreiheit weit ausgelegt. Aber drohende Geld- oder Freiheitsstrafen werden seitens der Pressevertreter zumindest als latente Bedrohung eingestuft. Politiker stehen bei ihnen – keineswegs immer ganz unbegründet – unter dem Generalverdacht, „Knebelungsgesetze" auf den Weg zu bringen.

Dass die beste Medienpolitik im Verzicht auf Medienpolitik besteht, diese aus den USA kommende Haltung findet auch in Argentinien viele Anhänger, vor allem unter den Medieneignern und ihren Verbänden. Regelungsdefizite nimmt man bewusst in Kauf. Ein solches stellt aus deutscher Sicht und angesichts der inzwischen erreichten Machtfülle der Medien insbesondere das Fehlen eines wirksamen Nutzerschutzes dar. An ein leicht zugängliches Recht auf Gegendarstellung etwa ist in Argentinien nicht zu denken, Richtigstellungen oder gar Wiedergutmachung sind die Ausnahme. Die Beschreitung des Rechtsweges ist langwierig, unsicher und kostspielig. Zahlreiche Fälle und ein weit verbreiteter „Gerüchtejournalismus" zeigen gleichwohl, wie schnell auch der sprichwörtliche „Mann auf der Straße" Gegenstand und Opfer von Medienberichterstattung werden kann. Völlig üblich ist es etwa, die Namen von Verdächtigen bei Straftaten inklusive des jeweiligen Wohnortes breit zu veröffentlichen. Die Möglichkeit, dazu erst einmal eine Gerichtsentscheidung abzuwarten und Qualifizierungen mit dem Begriff „mutmaßlich" zu versehen, wird von vielen Journalisten gar nicht erst in Erwägung gezogen. Auch Verursacher schwerer Verkehrsunfälle finden ihre Namen und Adressen schnell in den Zeitungen wieder, geradezu eine Aufforderung zu Übergriffen und Stigmatisierung. Ebenso wenig hat sich die Idee, dass Minderjährige als Gegenstand der Berichterstattung einer besonders vorsichtigen Behandlung bedürfen, bis in alle Redaktionsräume herumgesprochen. Angesichts fehlender Sanktionen bei gravierenden Verstößen ist dies, vor allem, wenn es in sensationalistischer Absicht der Auflagen- und *rating*-Steigerung dient, mindestens verständlich.

Trotz solcher Defizite genießen die Medien hohe Akzeptanz und gerade der Zivilgesellschaft kommt als Wächter der Pressefreiheit besondere Bedeutung zu. Dass sie dieses Amt auch ausübt, zeigt der Fall der Ermordung des Fotojournalisten José Luis Cabezas vom Nachrichtenmagazin *Noticias* am 25. Januar 1997, ein Datum, das in der argentinischen Pressegeschichte von besonderer Bedeutung ist: Im Gegensatz etwa zu Kolumbien, wo Journalistenmord an der Tagesordnung und damit schnell vergessen ist, mobilisierte diese Tat die argentinische Öffentlichkeit in nicht gekannter Weise: Wochenlang kam es zu Massendemonstrationen, fanden sich überall Protestplakate und -aufkleber, mussten in der Folge Minister ihren Hut nehmen, gerieten Politik und Polizei ins Zwielicht. Jetzt, nach mehr als drei Jahren, wurden die materiellen Täter verurteilt. Der nach Ansicht des Gerichts intellektuelle Urheber der Tat, ein bedeutender Unternehmer, hatte sich bereits vor Prozeßbeginn das Leben genommen. Eine Kettenreaktion, die sicher ohne die Solidarität der Bevölkerung mit den Medien und ohne deren machtvolles Auftreten nicht möglich gewesen wäre.

Die Verteidigung der Pressefreiheit ist allerdings auch in Argentinien ein permanenter und keineswegs unumkehrbarer Prozess. Dass Wachsamkeit angebracht bleibt, zeigen die vielen nur auf den ersten Blick „unspektakulären" Fälle, die die Organisation *Periodistas*, ein Zusammenschluss namhafter argentinischer Journalisten, etwa für 1998 aufgelistet hat. Da ist die Rede von 35 direkten Aggressionen gegen Journalisten, 55 Fällen von Bedrohungen, 32 als Zensur verstandenen Maßnahmen der Behörden, 40 Einschüchterungsversuchen oder Fällen, in denen Journalisten ihre Arbeit unmöglich gemacht wurde sowie 44 Fällen von juristischen Klagen gegen Journalisten und Medien, die von der Organisation als unbegründet angesehen und als Bedrohung empfunden wurden. Auch spricht *Periodistas* von 14 aktenkundig gewordenen Versuchen der Politik, per Gesetzesinitiative oder Dekret Einschränkungen der Pressefreiheit vorzunehmen. Allerdings gingen im gleichen Zeitraum auch 24 Rechtsstreite zugunsten der Journalisten oder Medien aus und wurden sieben Gesetzesinitiativen angenommen, die eine freie Presse und die freie Meinungsäußerung begünstigen (Periodistas 1999: 35-37).

Gleichwohl sagten bei einer Befragung im Großraum Buenos Aires immerhin 32,5% der Journalisten, in Argentinien existiere keine Pressefreiheit, 67,5% sahen diese als gegeben an. Dagegen sahen die Meinungsführer aus Politik, Wirtschaft und Justiz die Pressefreiheit zu 90% als gewährleistet. Die Bevölkerung insgesamt wiederum liegt nahe bei den Journalisten: 60% sahen Pressefreiheit als gegeben an, 27% nicht und 13% hatten keine Meinung (Fraga 1997: 98-99).

Offenkundig bezogen viele Journalisten ihre negative Einschätzung zur Gewährleistung der Pressefreiheit auf ihre ganz persönliche Situation, d.h. auf die Frage, ob sie sich in ihrem eigenen Medium uneingeschränkt und ungehindert journalistisch entfalten können. Und dies ist augenscheinlich nur sehr begrenzt möglich. Viel stärker als man dies aus deutschen Redaktionen kennt, bestimmen Meinung und Maßgabe der Eigentümer eines Mediums nicht nur die grundsätzliche Tendenz, sondern oft auch die Tagesberichterstattung. So liegt vielfach fest, welche Themen mit einem Tabu belegt und welche Personen als mögliche Interviewpartner persona non grata sind. „Sage mir für wen Du arbeitest, und ich sage Dir, worüber Du schreiben kannst", dieses für Kolumbien zitierte Beispiel ist auch für Argentinien keineswegs abwegig (Waisbord 1997: 128).

Journalismus: kein einfacher Beruf

Die Probleme beginnen bereits beim Berufszugang. Immer mehr Studentinnen und Studenten verlassen inzwischen die auf mehrere Dutzend angewachsenen Studiengänge für *Comunicación Social* (Soziale Kommunikation), vielfach auf die Erfordernisse konkreter Redaktionsarbeit ungenügend vorbereitet, aber mit dem festen Ziel, in einem der wichtigen Medien Fuß zu fassen. Die Ausbildung erfordert selten eine Spezialisierung, Kombinationen mit anderen Fächern wie in deutschen Diplom- oder Magisterstudiengängen sind weitgehend unbekannt. Hinzu kommt, hier ist sich der journalistische Nachwuchs einig, dass Beziehungen auch in Argentinien wichtiger sind als eine gute Ausbildung. So beginnt die „Ochsentour" mit unbezahlten Praktika und freier Mitarbeit. Immer häufiger besetzen selbst namhafte Medien Redakteursarbeitsplätze mit Praktikanten, die mit viel Enthusiasmus aber wenig Praxiserfahrung pro Tag zehn Stunden und mehr arbeiten, für Gotteslohn und in der Hoffnung, irgendwie aufzufallen und einen der frei werdenden Plätze zu ergattern. Da aber auch in Argentinien Redaktionen eher verkleinert und journalistische Leistungen bei Bedarf zugekauft werden, bleibt das Verhältnis von Angebot und Nachfrage auf dem journalistischen Arbeitsmarkt grotesk.

Ebenso wie in anderen Ländern Lateinamerikas mehren sich Forderungen, den bislang freien Berufszugang zu reglementieren, und insbesondere die Hochschulabgänger versuchen, Exklusivrechte einzuklagen. Die sogenannte *Colegiatura*, die Organisation von Journalisten in einem Kammersystem nach dem Muster der Apotheker und Anwälte, muss jedoch inzwischen auch dort als gescheitert angesehen werden, wo sie lange existierte. In Costa Rica etwa erklärte das Verfassungsgericht eine solche Zwangsmitgliedschaft als unvereinbar mit dem Recht auf Presse- und Meinungsäußerungsfreiheit, auch in Chile und Venezuela, traditionellen Hochburgen der *colegios de periodistas*, mussten diese einen Bedeutungsverlust hinnehmen.

Wer es zu einer Festanstellung bringt, aber nicht das Glück hat, bei einem der wichtigen Leitmedien unterzukommen, stellt fest, dass sich vom gezahlten Gehalt kaum leben lässt. Entsprechend häufig sind, besonders in den Provinzen, Doppel- und Dreifachbeschäftigungen: Morgens Radiosprecher, mittags Pressesprecher, abends Schlussredakteur bei der Zeitung! Die damit verbundenen Loyalitätskonflikte sind offensichtlich. Im Hörfunk findet sich zudem die Besonderheit, dass Journalisten „ihre" Sendestunde vom Sender kaufen und sich über den Verkauf von Werbezeit refinanzieren. Auch dies führt zu Verhaltensweisen, die mit Professionalität und Berufsethik nur begrenzt zu tun haben, oft aber den Sachverhalt der strukturellen Korruption durchaus erfüllen. Bezeichnenderweise geben zwar 78% der von Luis Majul (1999) befragten Journalisten an, persönlich Korruptionsfälle im Journalismus zu kennen, die Medien berichten aber so gut wie nie über Korruption im Journalismus.

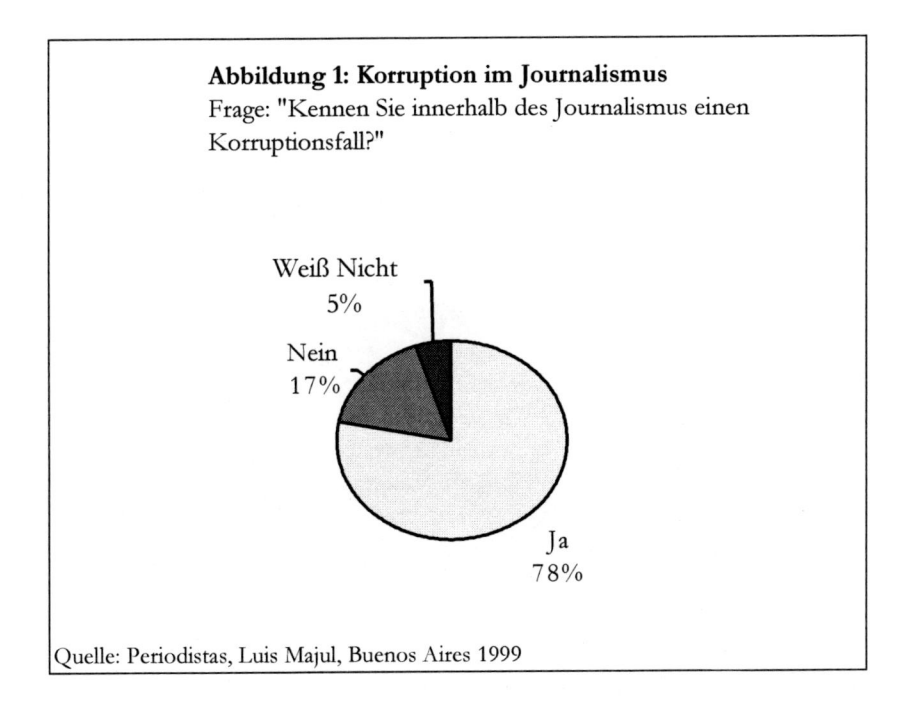

Abbildung 1: Korruption im Journalismus
Frage: "Kennen Sie innerhalb des Journalismus einen Korruptionsfall?"

Weiß Nicht 5%
Nein 17%
Ja 78%

Quelle: Periodistas, Luis Majul, Buenos Aires 1999

Auch für Argentinien gilt, gerade angesichts des eingangs erwähnten Vergleichs zum öffentlichen Vertrauen in Institutionen, was Hans Mathias Kepplinger nicht nur für Deutschland konstatiert:

> Mit den Massenmedien ist zum ersten Mal eine Institution entstanden, die erfolgreich ein moralisches Wächteramt über das Verhalten beansprucht und zugleich selbst geringeren moralischen Anforderungen genügen muss. (Kepplinger 1992: 167)

Hinzu kommt, wie auch anderswo, eine überaus gering ausgeprägte Bereitschaft, Kollegen öffentlich für Fehlverhalten zu kritisieren. Obwohl fast zwei Drittel der Journalisten in der Umfrage von Luis Majul angeben Kollegenkritik zu bejahen, findet sich davon, von Ausnahmen abgesehen, kaum etwas in den argentinischen Medien (Abbildung 2).

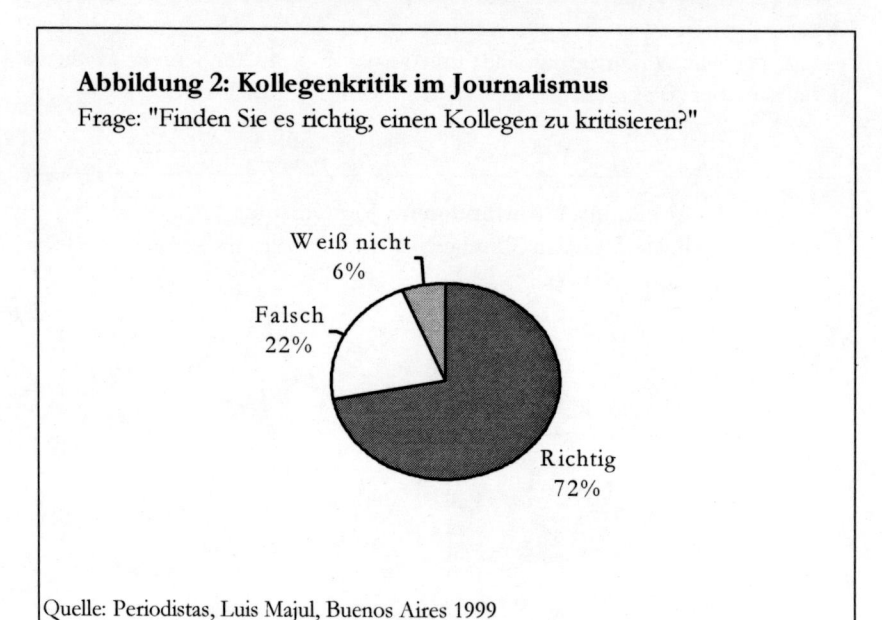

Abbildung 2: Kollegenkritik im Journalismus
Frage: "Finden Sie es richtig, einen Kollegen zu kritisieren?"

Weiß nicht 6%
Falsch 22%
Richtig 72%

Quelle: Periodistas, Luis Majul, Buenos Aires 1999

Nur wenige Medien leisten sich einen „Ombudsmann" als Anwalt des Lesers, vergleichbare Institutionen zum Deutschen Presserat gibt es nicht. Auch die berufsständischen Organisationen oder Gewerkschaften übernehmen keine Verantwortung bei der Wahrung ethischer Standards, ebenso wenig übrigens wie die Organisationen der Medieneigner. Nur zögernd wird Medienkritik zum Thema, etwa in der Zeitschrift *Un ojo avizor en los medios* eines jungen Journalistenteams um Herausgeberin Daniela Blanco, wo regelmäßig selbstkritische Reflexion über den Zustand journalistischer Berufsausübung stattfindet und sich das immer verzwickter werdende Gestrüpp wirtschaftlicher und politischer Verflechtungen in der Medienlandschaft ein wenig öffnet. Vor allem dem öffentlichen Interesse ist es zu verdanken, wenn eine Ethikdebatte langsam in Gang kommt, wie der angesehene Hörfunkjournalist Santo Biasatti bestätigt:

> Die Leute sind ja nicht dumm, sie entscheiden selbst, welche Themen sie interessieren. Bis vor kurzer Zeit war über Ethik zu sprechen, als wenn man chinesisch gesprochen hätte. Heute interessiert diese Frage sehr, speziell die jungen Leute. (Noticias, 5. Juli 1997)

Nicht zuletzt ein Blick auf die Machtzusammenballungen macht deutlich, wie nötig Selbstreflektion und Selbstkritik innerhalb der Medien sind.

Trend zu multimedialen Medienstrukturen

Auch in Argentinien geht die Entwicklung zu multimedialen Strukturen immer weiter. Längst sind die meisten bedeutenden Medien Teil eines größeren Verbundes, der in der Regel Tagespresse, Wochenpresse, Hörfunk, Fernsehen und *online*-Angebote umfasst und sowohl die Hauptstadt als auch die Provinzen abzudecken versucht. Ein gutes Beispiel dafür ist die *Clarín*-Gruppe, mit der gleichnamigen Tageszeitung Marktführer, aber auch vielfältig in den anderen erwähnten Bereichen präsent. Mit 11.600 Mitarbeitern setzt sie jährlich rund zwei Milliarden Dollar um.

Rund eine halbe Million Exemplare verkauft *Clarín* werktäglich an den Kiosken, wobei anzumerken ist, dass Zeitungs- und Zeitschriftenabonnements in Argentinien, wie in ganz Lateinamerika, wenig üblich sind. An Sonntagen, auch das ein allgemeiner Trend im Kontinent, liegt die Verkaufsauflage noch erheblich höher, nicht zuletzt wegen illustrierter Beilagen und den nach wie vor bestehenden Lesegewohnheiten der Bürger. Bei allen genannten Zahlen gilt, dass auch die Daten des *Instituto Verificador de Circulaciones* (IVC) mit einer gewissen Vorsicht zu genießen sind: Nach wie vor werden Auflagenzahlen von vielen Verlagen wie Staatsgeheimnisse behandelt. Auch lassen sie nicht unbedingt Rückschlüsse auf die Zahl der verkauften Exemplare zu. Seit 1946 arbeitet die als private Gesellschaft ohne Gewinninteresse organisierte IVC auf diesem Feld und bezieht derzeit 196 Medien alle sechs Monate in ihr Datensystem ein, häufig der Kritik derer ausgesetzt, die sich der Organisation nicht angeschlossen haben. Getragen wird IVC nämlich von den

Herausgebern von Zeitungen und Zeitschriften, die ihre Auflagenzahlen per notariell beglaubigter Erklärung angeben, und den Werbeagenturen, die die Medien nutzen. In der Hauptstadt Buenos Aires etwa gehören nur *Clarín, La Nación* und die gratis in den S- und U-Bahnen verteilte *La Razón en el Transporte* dem System an. Es verwundert, dass die werbetreibende Wirtschaft noch nicht auf einheitliche und transparentere Verfahren gedrungen hat, um die tatsächliche Reichweite aller Zeitungen und damit auch ihrer Anzeigen zu überprüfen. Die Liste der IVC-Auflagenzahlen und ein Blick auf die Größenverhältnisse macht zumindest die Tendenzen deutlich.

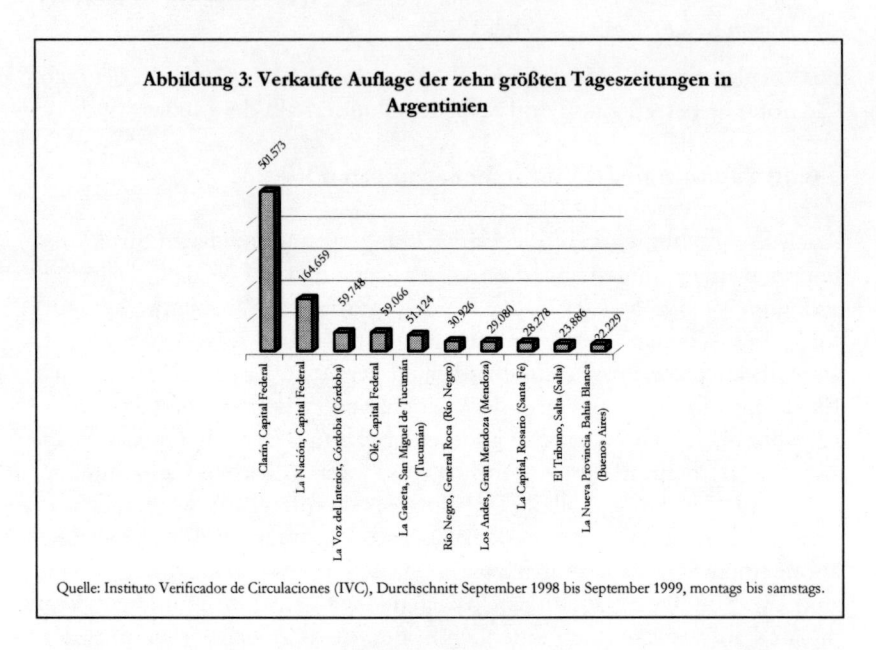

Abbildung 3: Verkaufte Auflage der zehn größten Tageszeitungen in Argentinien

Clarín, Capital Federal	501.573
La Nación, Capital Federal	164.659
La Voz del Interior, Córdoba (Córdoba)	59.748
Olé, Capital Federal	59.066
La Gaceta, San Miguel de Tucumán (Tucumán)	51.124
Río Negro, General Roca (Río Negro)	30.926
Los Andes, Gran Mendoza (Mendoza)	29.080
La Capital, Rosario (Santa Fé)	28.278
El Tribuno, Salta (Salta)	23.886
La Nueva Provincia, Bahía Blanca (Buenos Aires)	22.229

Quelle: Instituto Verificador de Circulaciones (IVC), Durchschnitt September 1998 bis September 1999, montags bis samstags.

Unbestritten ist der weite Abstand, mit dem *Clarín* vor *La Nación* und allen anderen Mitbewerbern liegt, wobei man beim Begriff „Mitbewerber" durchaus zögert. Verflechtungsverhältnisse zwischen Medien sind so undurchsichtig, dass selbst dort, wo auf den ersten Blick Konkurrenz zu herrschen scheint, wirtschaftliche Eintracht dominiert. Hier ist etwa die Kooperation von *Clarín* mit *La Nación* zu nennen, zum Beispiel bei gemeinsamen Beteiligungen im Landesinneren. Dort gehören den beiden im Pressebereich vor allem Anteile an den Blättern *La Voz del Interior* in Córdoba und *Los Andes* in Mendoza. Zu 36,9% ist man am Papierversorger *Papel Prensa* beteiligt, gemeinsam mit *La Nación* und dem Staat.

Zusammen kommen *Clarín* und *La Nación* auf einen Anteil von 57% an der insgesamt in Argentinien verkauften Auflage der Tageszeitungen.

Mit dem Fernsehkanal 13 verfügt *Clarín* über einen der reichweitenstärksten Sender und zusätzlich über die Kabel-Kanäle *Todo Noticias* und *Volver*. Im Radiobereich gehören *Radio Mitre*, *FM 100* und *Top 40* zur Gruppe, die vom Konkurrenten Julio Ramos in seiner Wirtschaftszeitung *Ambito Financiero* nur als „das Monopol" bezeichnet wird. Zu 100% gehört *Clarín* zudem auch der Kabelnetzbetreiber *Multicanal*, mit 33% ist man an *Supercanal* und zu 51% über *Galaxy Argentina* an *DirecTV* beteiligt, dem direkt abstrahlenden Satellitenfernsehsystem.

Ein immer wichtigerer Teil des Unternehmens ist der Internet-Bereich: *Ciudad Internet*, so heißt die entsprechende Tochter, bietet dem Nutzer Internet-Zugang, produziert digitale Inhalte und stellt auch sonst Serviceleistungen für die Netz-Nutzung bereit. Auf 70.000 beläuft sich zwar erst die Zahl der Abonnenten, auf 18 Millionen Dollar der Jahresumsatz 1999, das Wachstum aber ist exponentiell. Insgesamt sind derzeit knapp drei Prozent der Argentinier *online*, allerdings steigt der Anteil drastisch unter denen, die einen abgeschlossenen Gymnasialabschluss haben, bei den Jüngeren, den Wohlhabenderen und den Einwohner städtischer Zentren. So befinden sich nach einer Studie der *Cámara Argentina de Comercio Electrónico* 87% der Internet-Angebote im Großraum Buenos Aires, während selbst bedeutende Provinzen wie Santa Fe auf weniger als vier Prozent Anteil kommen. Auch der sogenannte *e-commerce* kommt langsam in Schwung: Waren nach Angaben der *Boston Consulting Group* im Juli 1999 erst 37 argentinische Web-Sites mit entsprechenden Angeboten im Netz, hatte sich deren Zahl schon ein halbes Jahr später fast vervierfacht. Die hohe Zahl von rund fünf Millionen Kabelhaushalten stellt eine gute Voraussetzung für weiteres Wachstum dar, trotz nach wie vor hoher Kosten, die die *surfer* behindern.

Auch wenn die Spaltung zwischen Hauptstadt und Provinz unübersehbar ist, gehört Argentinien neben Brasilien und Mexiko zu den für die Teilnahme an der *new economy* am besten positionierten lateinamerikanischen Ländern. Um auch künftig in den Wachstumsmärkten Fernsehen, Internet und Telekommunikation mithalten zu können, hat sich *Clarín* jetzt erstmals mit einem internationalen Partner verbündet: Für rund 500 Millionen Dollar erwarb die nordamerikanische Investmentbank Goldman Sachs 18% des Aktienkapitals des Familienunternehmens, dessen Führungsfigur nach wie vor die inzwischen 70jährige Ernestina Herrera de Noble ist, die nach dem Tod ihres Mannes Roberto Noble, des Gründers von *Clarín*, 1969 das Kommando übernahm.

Auf der anderen Seite des Spielfeldes, allerdings mit deutlicher Konzentration auf den audiovisuellen Bereich und ohne eine vergleichbare Pressebasis wie *Clarín*, positioniert sich immer mehr der argentinische Ableger der spanischen *Telefónica*. Nach heftigen internen Problemen der *CEI CitiCorpHolding* teilten deren bisherige Aktionäre, vor allem der nordamerikanische Investitionsfond *Hicks, Muse, Tate & Furst* und eben *Telefónica* das Imperium neu auf. *Telefónica* Spanien erwarb die alleinige Kontrolle über die argentinische Tochterfirma zurück und ist jetzt Alleineigentümer des starken Fernsehkanals *Telefe*, eines Netzwerkes von acht reichweitenstarken Fernsehsendern im Landesinnern und der AM- und FM-Angebote von *Radio Continental*. Eine fünfzigprozentige Beteiligung am Fernsehkanal *Azul TV* kommt hinzu. Insgesamt betrug das Volumen der Aktion 500 Millionen Dollar. Darüber hinaus bedient *Telefónica* Argentinien 18 Millionen Telefon-Festnetzkunden und fünf Millionen Mobilfunker. Mit den Fernsehbeteiligungen und den dazugehörigen Produktionseinrichtungen verfügt *Telefónica* über eine Plattform, von der aus auch eine Expansion in andere lateinamerikanische Fernsehmärkte möglich ist. Und hier liegt das erklärte Ziel von Juan Villalonga, Präsident der *Telefónica*-Gruppe. Die spanische Mutterfirma beabsichtigt, die attraktiven Medientöchter als *Telefónica Media* an die Börse zu bringen. Dazu soll das lateinamerikaweite Engagement durch Zukäufe und Bündnisse noch erheblich ausgeweitet werden. Erste erfolgversprechende Kontakte scheint es insbesondere mit der mexikanischen *TV Azteca* zu geben.

Die ehemaligen Bündnispartner des Investmentfonds *Hicks, Muse, Tate & Furst* sowie Minderheitsgesellschafter Constancio Vigil gelangten nach dem *deal* zur alleinigen Kontrolle des Kabelfernsehanbieters *Cablevisión* und der Zeitschriftenmacht der *Editorial Atlántida*. Lediglich Raúl Moneta, lange Zeit Präsident und über eine von ihm kontrollierte Holding Anteilseigner von CEI, scheint weitgehend leer auszugehen: Nachdem er über Schulden- und Steuerprobleme gestolpert war und sich monatelang vor der Justiz versteckt hielt, sieht er jetzt zahlreichen Verfahren entgegen. Für *Telefónica* indes scheint selbst der Abschied vom Kabelfernsehen nur ein vorläufiger zu sein: Jüngsten Gerüchten zufolge strebt die Firma einen Einstieg bei *Multicanal* an, bei dem Konkurrent *Clarín* das Sagen hat. Es zeigt sich einmal mehr, dass Konkurrenz in einem Segment die Kooperation in einem anderen keineswegs ausschließen muss.

Ein Blick auf die durchschnittlichen Zuschauerzahlen der fünf terrestrisch verbreiteten Fernsehsender macht aber die Konzentration deutlich:

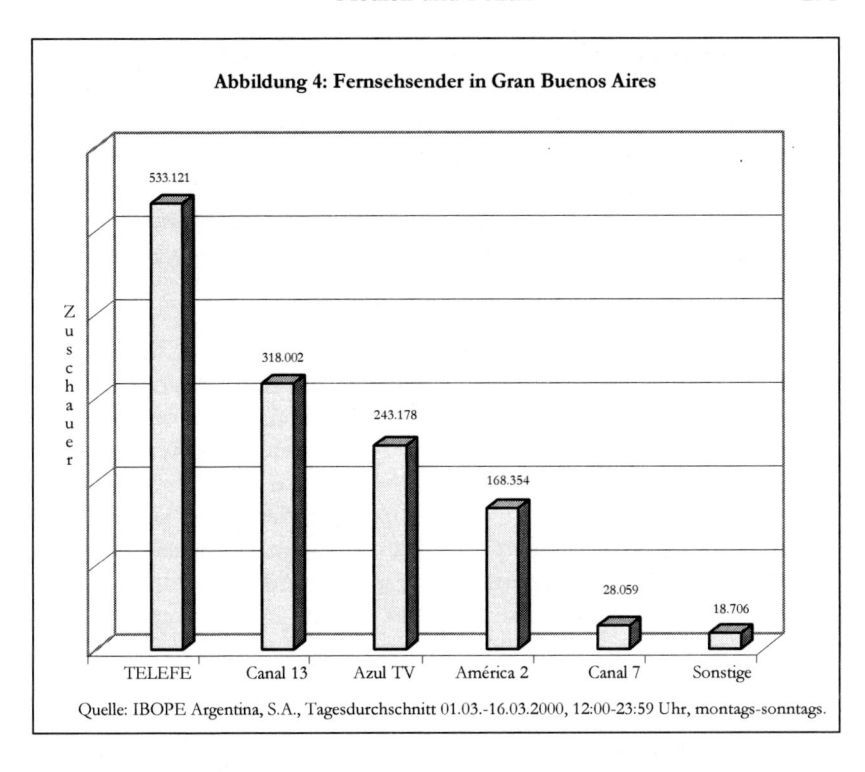

Abbildung 4: Fernsehsender in Gran Buenos Aires

Sender	Zuschauer
TELEFE	533.121
Canal 13	318.002
Azul TV	243.178
América 2	168.354
Canal 7	28.059
Sonstige	18.706

Quelle: IBOPE Argentina, S.A., Tagesdurchschnitt 01.03.-16.03.2000, 12:00-23:59 Uhr, montags-sonntags.

Der von *Clarín* beeinflusste *Canal 13* und der zu *Telefónica* gehörende Kanal *Telefe* liefern sich ein permanentes Kopf-an-Kopf-Rennen um die größte Reichweite, um den dritten Platz balgen sich *América TV*, hinter dem der Medienmogul Eduardo Eurnekian steht, und der ebenfalls zum Einflussbereich von *Telefónica* zählende *Azul TV*, der frühere Kanal 9. Für den Staatskanal *ATC*, von dem noch die Rede sein wird, bleiben da nur noch Krümel des gewaltigen Werbekuchens übrig. 80% der Fernsehwerbung in terrestrischen Kanälen entfällt allein auf *Canal 13* und *Telefe*. Die Attraktivität lässt sich daran messen, dass der Gesamtwerbeumsatz 1999, einem Rezessionsjahr, mit 3,837 Milliarden Dollar angegeben wurde. Davon konnte sich das Fernsehen satte 35,73% abschneiden, übertroffen allerdings von einem 43,79%igen Anteil der graphischen Medien. Dabei ist es dann nicht verwunderlich, wenn die alles entscheidenden *rating*-Ziffern hart umkämpft und nicht selten umstritten sind. Nach diversen Zusammenschlüssen verfügt die Bewertungs-Firma IBOPE über eine marktbeherrschende Stellung und nährt den Verdacht, diese Macht zugunsten der *Telefónica*-nahen Sender, insbesondere *Telefe* einzusetzen. Genaues lässt sich von den Protagonisten selten in Erfahrung bringen, die Verdachtsmomente aber brachten im April 1999 die Zeitschrift *Noticias* dazu, zu titeln: „Die Lügen der ratings".

Von finanziellen Sorgen haben auch gute Einschaltquoten die terrestrischen TV-Sender nicht befreit. Selbst bei *Telefe* ist von deutlichen Verlusten die Rede. Sogar die Zugnummern populärer Shows wie Susana Giménez merkten dies bereits an ihren Honoraren. Die Konkurrenz der Kabelsender ist gewaltig und die Kosten steigen, nicht zuletzt für die unentbehrliche Programmware, zum Beispiel die Übertragungsrechte für Sportsendungen. Hier etwa hat sich Carlos Avila positioniert und seiner Firma *TyC* die Exklusivität für den argentinischen Profi-Fußball bis 2014 gesichert. Sein Vermarktungskonzept ist eindeutig: „Die Zukunft des Fernsehfußballs liegt in der Show. Man muss an das Spektakel und an die Künstler denken." (Interview mit *La Nación* am 27.2.2000) Auch in Argentinien ist man sich der Möglichkeit bewusst, den Sport als Türöffner für das Bezahlfernsehen einzusetzen und in seinem Sog zusätzliche Programme an den Kunden zu bringen.

Die Machtstellung weniger Anbieter lässt sich durch die *ratings* der populärsten Hörfunkprogramme abrunden, wobei hier deutlich mehr Konkurrenz besteht, insbesondere durch die zahlreichen kleinen FM-Stationen, die oft nur im Umkreis von wenigen Kilometern zu empfangen sind, gleichwohl aber über ein treues lokales Publikum verfügen.

Eindeutig ist so das Radio auch in Argentinien das demokratischste und vor allem das partizipativste Medium. Mit oft geringen Etats und einer kleinen, meist aber hochmotivierten Schar von Mitarbeitern wird versucht, die Sichtweise der Zeitungen zu ergänzen und zusätzliche Aspekte in die Debatte einzuführen. Dabei ist es wichtig, eine Besonderheit im täglichen Medienrhythmus hervorzuheben: Meist sind es die Tageszeitungen, die mit ihren Schlagzeilen und Berichten die Marschzahl für den Tag vorgeben. Viele Hörfunksender beginnen ihre Frühprogramme mit einer erweiterten Presseschau und informieren ihre Hörer über die Presseschwerpunkte, versuchen dann allerdings, durch eigene Interviews mit den Protagonisten oder den Einsatz mobiler Reporterteams an den Schauplätzen der Nachrichten diese zu erweitern. Das Fernsehen hingegen visualisiert im Laufe des Tages just jene Meldungen und kann auf die „Vorarbeiten" von Presse und Hörfunk aufbauen. Daher ist nicht unbedingt von der Dominanz eines Mediums auszugehen, viel eher zeigt sich ein verwobenes Miteinander, bei dem die Eigentümerstrukturen natürlich ihrerseits eine Rolle spielen.

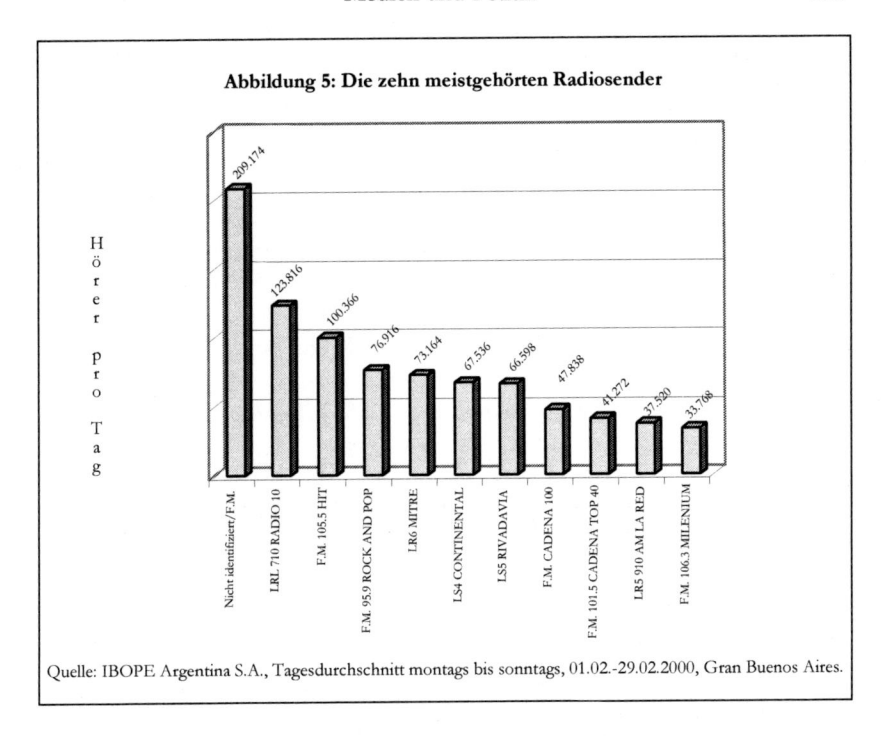

Abbildung 5: Die zehn meistgehörten Radiosender

Hörer pro Tag:
- Nicht identifiziert/F.M.: 209.174
- LR1 710 RADIO 10: 123.816
- F.M. 105.5 HIT: 100.366
- F.M. 95.9 ROCK AND POP: 76.916
- LR6 MITRE: 73.164
- LS4 CONTINENTAL: 67.536
- LS5 RIVADAVIA: 66.598
- F.M. CADENA 100: 47.838
- F.M. 101.5 CADENA TOP 40: 41.272
- LR5 910 AM LA RED: 37.520
- F.M. 106.3 MILENIUM: 33.768

Quelle: IBOPE Argentina S.A., Tagesdurchschnitt montags bis sonntags, 01.02.-29.02.2000, Gran Buenos Aires.

Umso nötiger wäre eine wirksame Konzentrationskontrolle, eine Gesetzgebung, die zumindest im Ansatz versucht, Überkreuzbeteiligungen zu verhindern und der fortschreitenden „Fusionitis" Einhalt zu gebieten. Immer wieder hört man auch von prominenten Politikern die Absicht, die Medien in die Anti-Monopolgesetzgebung einzubeziehen, passiert ist allerdings bisher nichts. Wie in ganz Lateinamerika ist auch in Argentinien die Gegenwehr gegen entsprechende Vorhaben heftig. Der Vorwurf der Medieneigner, Politiker versuchten nur, die Pressefreiheit einzuschränken, hat sich bisher stets als erfolgreiches Totschlagargument erwiesen. So argumentiert der venezolanische Medienzar Gustavo Cisneros, dessen Holding auch in Argentinien Fuß zu fassen versucht, folgendermaßen:

> Im heutigen wirtschaftlichen Umfeld überholen sich manche Projekte schon, ehe sie Gesetzeskraft erlangen. Die Gesetzgeber unserer Region sollten vielleicht mehr darüber nachdenken, wie der Wohlstand unserer Völker durch Wirtschaftswachstum gesteigert werden kann, statt sich Sorgen darüber zu machen, wer das eine oder andere Feld beherrscht. Die Wirklichkeit verändert sich so schnell, dass jemand, der heute eine marktbeherrschende

Stellung hat, morgen durch eine neue Technologie vom Markt verschwunden sein kann.

Kabel und Direkt-TV auf dem Vormarsch

Beim Fernsehen können es viele Länder Lateinamerikas längst mit der industrialisierten Welt aufnehmen. So beträgt der Fernsehversorgungsgrad der Bevölkerung in Argentinien 97,8%, in Mexiko 91% und in Brasilien 86,7%. Gleiches gilt für den Markt der Videorecorder oder das Pay-TV, wo einige lateinamerikanische Staaten sogar Vorreiterrollen spielen: Während etwa in Argentinien 54,7% der Bevölkerung Pay-TV-Angebote nutzen, sind es in Spanien nur 14,8%. Parallel dazu haben sich Werbemärkte entwickelt, die Milliarden Dollar umsetzen. So fließen in Brasilien jährlich rund zwei Milliarden und in Mexiko rund eine Milliarde Dollar an Werbegeldern allein den freien Fernsehkanälen zu, im wesentlich kleineren Argentinien immerhin noch 720 Millionen.

Dieser Zustrom und die damit verbundene Dominanz der *ratings* haben Auswirkungen auf Firmen- und Programmstrukturen. Einerseits nimmt die Konzentration auf den Medienmärkten zu, verbinden sich lokale Anbieter mit internationalen Konsortien, andererseits aber dominiert stärker als je zuvor die Unterhaltungsorientierung, vornehmlich mit Spielshows, billigen Serien und Sport. Immerhin aber schafft das inzwischen umfangreiche Kabelangebot – in Argentinien bieten die beiden großen Anbieter *Cablevisión* und *Multicanal* dem Nutzer Zugang zu jeweils 65 Kanälen – eine gewisse Kompensation. Hier finden sich etwa die Auslandssender *CNN*, *RAI*, *tve* und die *Deutsche Welle*, aber auch Kultur-, Kinder- und Reisekanäle. Auch Nischensender für politische und ökonomische Angebote haben sich etabliert, mit *Crónica* und *Todo Noticias* etwa existieren zwei rein nationale 24-Stunden-Nachrichtenprogramme. Der Trend geht in Richtung Spartenkanal. Mindestens 38 Dollar bezahlt der Durchschnittsargentinier für diese Offerte, die im Bedarfsfall noch um sogenannte Premium-Angebote angereichert wird: Sport, Erotik, Spielfilm. Und die Tendenz ist steigend.

Zu den Kabelangeboten gesellen sich immer mehr auch Satellitenangebote. In Argentinien versucht *DirecTV*, eine Gemeinschaftsfirma des größten argentinischen Medienunternehmens *Clarín* mit der spanischen *Telefónica*, mit aggressivem Marketing die Angriffe des Newcomers *Sky-LatinAmerica* abzuwehren, bei dem sich die *NewsCorp*-Gruppe von Rupert Murdoch mit der mexikanischen *Televisa*, der *O Globo*-Gruppe aus Brasilien, AT&T und *Telecom Argentina* verbündet haben. Lateinamerikaweit spielt auch die von *Hughes Electronics*, der venezolanischen Cisneros- und der brasilianischen *Abril*-Gruppe kontrollierte *Galaxy Latin America* eine wichtige Rolle, an der wiederum *Clarín* beteiligt ist und deren argentinische Lizenz *DirecTV* ausübt. Immerhin geht es um ein Potenzial von 45 Millionen Haushalten, von denen bisher gerade einmal ein Prozent erreicht wird. Entsprechend hart ist auch der Kampf um attraktive Programme. Waren etwa die Senderechte für Argentinien an der Fußballweltmeisterschaft 1994 in den USA noch für fünf Millionen Dollar und für den Wettbewerb in Frankreich 1998 für 7,5 Millionen Dollar zu haben, stieg der Preis für die gemeinsam von Korea und Japan ausgerichtete Weltmeisterschaft 2002 auf atemberaubende 90 Millionen. Selbst für ein Freundschaftsspiel der argentinischen Nationalmannschaft werden inzwischen 800.000 Dollar bezahlt, eine Verzehnfachung seit 1985.

Ein Trauerspiel bietet in Argentinien, aber nicht nur dort, das Angebot, das sich der Staat mittels eigener Sender im Hörfunk und Fernsehbereich und über Beteiligungen an Nachrichtenagenturen und Papierversorgern gesichert hat. Weder entstehen hier konkurrenzfähige Angebote für den jeweiligen Markt noch wird dem Programmauftrag der Promotion der eigenen Kultur erfolgreich Rechnung getragen. Vielmehr dominieren Missmanagement, Vetternwirtschaft, veraltete Technik und überbordende Schulden. Gerade erst nimmt die neue argentinische Regierung einen Anlauf, den Staatskanal *ATC* wieder flott zu machen, den eine Schuldenlast von 107,6 Millionen Dollar drückt. Auf ein *rating* von 0,9% kommt ATC zwischen Montag und Freitag, was bei 30.000 Zuschauern pro *rating*-Punkt bedeutet, dass praktisch niemand anschaut, was die 730 Fest-Angestellten des Senders mit einem Jahreshaushalt von 13 Millionen Dollar produzieren. Zur „staatlichen Gruppe" gehören ferner *Radio Nacional* und die Agentur *TELAM*, die jetzt von einem Unternehmer, der nicht aus dem Mediengeschäft kommt, auf Kurs gebracht werden sollen: Juan Carlos Abarca. Die größte Herausforderung neben der Beseitigung der Altlasten aber ist, aus dem staatsabhängigen Verlautbarungssystem eines zu machen, das eine breite Partizipation der Bevölkerung zulässt und das als programmatisches Gegengewicht zu den rein von den Werbemärkten abhängigen Anbietern wirken kann.

Viele Fernseh- und Hörfunkkanäle allein und ihre Konkurrenz gewährleisten, wie sich zeigt, weder Qualitätsjournalismus noch Meinungspluralismus. Vielmehr zeichnet sich zwischen den Kanälen ein Wettlauf zu immer niedrigeren Standards ab. Im allgemeinen Rauschen der Reizüberflutung bleibt die Vermittlung von Sinn und Inhalt auf der Strecke. Den gezeigten Konzentrationstendenzen steht der Staat größtenteils hilflos gegenüber: Ansätze einer Antimonopol-Gesetzgebung sparen die Medien ausdrücklich aus.

Medienpolitik unter Menem

Seit dem Ende der letzten Diktatur war es nicht möglich, ein Telekommunikationsgesetz zu verabschieden, das modernen Erfordernissen genügt und die gesellschaftlichen Veränderungen berücksichtigt. Das bestehende Mediengesetz stammt aus dem Jahr 1981, erlassen unter General Videla als Dekret 286. Gleichwohl wird es bei Bedarf angewendet oder nicht berücksichtigt, wie die zehn Regierungsjahre Carlos Menems eindrucksvoll zeigten:

Kraftvoll begann der Präsident 1989 seine Amtszeit mit der Privatisierung der bis dahin staatlichen Fernsehkanäle 11 und 13: die Summe von 10,5 Milliarden Australes, die Währungsreform mit der Peso-Dollar-Parität war noch nicht geboren, musste das Konsortium *Televisión Federal S.A.* für ersteren aufwenden, 7,2 Milliarden Australes die mit *Clarín* verbundene *Artear* für den zweiten. Nach Worten des Geschäftsführers von *Canal 13*, Hugo di Gilielmo, öffnete dies den Weg zu mehr Konkurrenzfähigkeit der argentinischen Sender, zu mehr Effizienz und auch zu einer höheren Eigenproduktionsquote. Die dann folgenden Veränderungen, in erster Linie Ausdruck gesellschaftlicher Veränderungen sowie internationaler Rahmenbedingungen und -trends und nicht staatlich-argentinischer Politik, gingen vielen Beobachtern zu weit. Die Kulturkritikerin Beatriz Sarlo etwa blickt wie folgt zurück:

> In diesen zehn Jahren haben sich Marktkriterien eindeutig durchgesetzt, sowohl in den privaten Kanälen als auch bei den Mafias von ATC. Deshalb berücksichtigt die Qualitätskontrolle audiovisueller Produktionen auch ausschließlich noch die *ratings*. Eine Idee von *public service* gibt es nicht mehr. (Interview mit *La Nación* vom 22.8.1999)

Von weitgehender Frivolisierung und einem sich ausbreitenden „Versace-Stil" ist die Rede, begleitet vom exhibitionistischen Vorgehen der sich inflationär ausbreitenden Talk-Shows.

Wiederum per Dekret weitete Menem kurz vor Ende seiner Amtszeit im September 1999 die Möglichkeiten von Einzelanbietern aus, statt bisher vier jetzt 24 Lizenzen für den Hörfunkbetrieb in einer Hand zu konzentrieren, verbunden mit der Option, diese auch an Dritte weiterzugeben, ohne solche Verknüpfungen offen legen zu müssen. Damit wird die vorher ausgeschlossene Strategie, „Netzwerke" zu bilden und

Sender im Landesinnern als reine Abspielstationen für hauptstädtische Zentralprogramme zu benutzen, ausdrücklich ermöglicht, ein Zugeständnis vor allem gegenüber den großen Medienimperien. Zusätzlich, und auch das dient den letztgenannten ganz besonders, bleiben ausländische Anbieter und Konsortien ausgeschlossen. Gleichzeitig wurden die Werbezeitbeschränkungen, zuvor zwölf Minuten pro Sendestunde, ausgehebelt: Statt auf Stundenbasis werden die Werbeminuten jetzt für einen jeweils dreistündigen Zeittakt berechnet, was Verschiebungen zwischen *prime time* und seher-/hörerarmen Zeiten zulässt.

Ein Dilemma stellt seit eh und je die Vergabe und Freigabe neuer Lizenzen für Hörfunk und Fernsehen dar, die von den Regierenden bisher nach Gefühl und Wellenschlag, nicht eben zum Nachteil politisch befreundeter Gruppen und Firmen, geregelt wurde. Die für den Hörfunk, für seine Kontrolle, die Registrierung von Sendern und für die Lizenzerteilung zuständige Direktion COMFER (*Comité Federal de Radiodifusión*) ist direkt von der Regierung abhängig. Artikel 95 des Rundfunkgesetzes regelt die Zuständigkeit der Organisation, die Lizenzen normalerweise für 15 Jahre vergibt, wobei eine zehnjährige Verlängerung zugunsten gesicherter Investitionsgrundlagen als normal angesehen wird. Lizenzinhaber können Argentinier werden, die eine entsprechende „moralische Qualität und kulturelle Eignung besitzen" müssen (Meinecke 1992: 51), eine zweifellos interpretierbare Klausel.

An COMFER und seiner Arbeit entzündete sich auch in den letzten Amtstagen Menems und nach Übernahme durch die Administration de la Rúa heftiger Streit: Gleich 438 Lizenzen hatte Menem zwischen August und Dezember 1999 per Dekret noch zugeteilt, einmal 230 an einem Tag! Insbesondere die begehrten FM-Frequenzen hatte der Chef der Organisation, José Aiello, im Rahmen eines „Planes zur Normalisierung der FM-Radios" freigegeben, Anlass für vielfältige Spekulationen. De la Rúa und die neue COMFER-Führung unter Gustavo López setzten dieses Dekret umgehend außer Kraft und ordneten eine Überprüfung aller bestehenden Hörfunklizenzen an.

López sah sich nach eigenen Angaben bei der Amtsübernahme mit einer Situation konfrontiert, die nur Kopfschütteln auslösen konnte: So besteht für Argentinien kein brauchbares Hörfunkregister, aus dem eine Übersicht über alle bestehenden Hörfunksender gewonnen werden könnte. Gegenüber der Tageszeitung *Página 12* erklärte der COMFER-Chef, schätzungsweise 80% der in Argentinien operierenden 6000 Radiostationen funktionierten illegal. Es gehe jetzt zunächst darum, „das Spektrum zu säubern" (21.1.2000), vor allem angesichts der Existenz rechtsfreier Räume. So hätten Firmenübernahmen, Käufe und Verkäufe bisher stattgefunden, ohne bei COMFER um entsprechende Genehmigungen nachzusuchen. López: „Die Geschäfte laufen eben schneller als die Bürokratie." Besonders gemeinnützigen, sogenannten „kommunitären" Radios wolle man jetzt eine Chance der Legalisierung bieten. Deren Verband *ARCO* (*Asociación de Radios Comunitarias*) vertritt nach eigenen Angaben rund 1000 Sender, von denen 25% im Gebiet der Hauptstadt Buenos Aires ansässig sind (Meinecke 1992: 53).

Gelegenheit dazu gibt es genug. Angeblich schlummern rund 10.000 Anträge bei COMFER (*La Nación*, 22.1.2000), das sich bisher aus Abgaben der terrestrischen (8% der Einnahmen) und der Kabel-Sender (6% der Einnahmen) sowie Strafgebühren etwa für Werbezeitverstöße finanziert. Diese *multas* allerdings brauchten in der Vergangenheit rund zwei Jahre, um eingetrieben zu werden, wenn sie nicht überhaupt gegen staatliche Werbezeit bei den Sendern verrechnet wurden, zu Lasten des COMFER-Haushaltes. Die letzte spektakuläre Aktion dieser Art war die Spot-Reihe *Menem lo hizo*, bei der der Präsident seine Leistungen vom brasilianischen Werbefachmann Duda Mendonça würdigen ließ. Kostenpunkt der Aktion: Geschätzte acht Millionen Dollar. Das generelle Vorhaben eines Schuldentauschs gegen Werbung, der sogenannte *perdonazo*, von Menem mit dem Dekret 1520/99 noch vier Tage vor Ende der Amtszeit herausgegeben, kassierte de la Rúa einstweilen, wobei zu bemerken ist, dass von einer solchen Regelung nicht zuletzt die staatlichen Medien profitieren würden.

„Kloaken-Journalismus" auf dem Vormarsch?

Medienkritiker sehen trotz der ausgeweiteten Wahlmöglichkeiten für das Publikum eine galoppierende Programmverflachung, vom „Erfolg des Kloaken-Ratings" spricht etwa die Zeitschrift *Noticias*. Parallel dazu sorgen schon seit vielen Jahren die so genannten *Movileros* für Schlagzeilen: Reporter, die mit Mikrofon und Kamera bewaffnet an allen Schauplätzen meist in Massen auftreten und selten durch kluge Fragen auffallen. Vom Wunsch getrieben, möglichst als erster zu Live-Statements von Zelebritäten oder Opfern zu gelangen oder doch zumindest nicht hinter der Konkurrenz herzuhinken, ist dabei scheinbar jedes Mittel recht. 1999 waren es in Argentinien mehrere Ereignisse, die hier besonders hervorstachen und die Ethik-Debatte neu entfachten:

Bei einer Geiselnahme im Städtchen Ramallo, bei der sowohl Geiseln als auch Geiselnehmer zu Tode kamen, verfolgten die Kameras gierig auch das kleinste Detail menschlichen Schmerzes. Den Krankenwagen gelang es kaum, mit Verletzten am Pulk der Reporter vorbeizukommen. Die Ambulanz musste sogar einen anderen als den geplanten Weg einschlagen, um die Überlebende Flora Lacave in die Poliklinik zu bringen. Selbstkritisch meinte Osvaldo Menéndez, seit vierzehn Jahren als Reporter von *Radio Mitre* unterwegs: „Heute verspüre ich wirkliche Scham über das eigene Tun. Wir Journalisten haben uns wie Vandalen benommen. Wir haben jegliche ethische Verantwortung des Berufs außer acht gelassen." (*XXII*, 7.10.1999) Ähnliches, wenn auch mit unblutigem Verlauf, spielte sich ab, als ein offenbar geistesverwirrter Täter fünf Stunden lang sechs Geiseln in den Räumen des Wissenschaftsrates in Buenos Aires festhielt. Hier versuchten Journalisten, ähnlich wie man es in Deutschland vor einigen Jahren beim Geiseldrama in Gladbeck sehen konnte, in eine Vermittlerrolle zwischen Täter und Polizei zu schlüpfen. Auch die Begründungen der Journalisten ähnelten sich: Eine beruhigende Rolle habe man spielen wollen, zur Entschärfung der Situation beitragen. Noch nicht einmal diese flaue Entschuldigung konnte gelten, als ein Pulk von Reportern auf den gerade genesenen ehemaligen Staatspräsidenten Raúl Alfonsín einstürmte, als dieser nach einem schweren Autounfall das Krankenhaus verlassen konnte. Beinahe wurde der alte Mann umgeworfen, seine Tochter Mara und Sicherheitsbeamte wurden Opfer von Tätlichkeiten. Die Zeitschrift *XXII* titelte selbstkritisch: „La patria movilera", was frei übersetzt etwa heißt: Das Vaterland der rasenden Reporter. „Rasend" ist dabei nicht unbedingt nur im Sinne Egon Erwin Kischs zu verstehen.

Betrachtet man die Programmschemata in jedem beliebigen lateinamerikanischen Land, dominieren Billigproduktionen aus den USA, Talk- und Spielshows sowie die nach wie vor beliebten *Telenovelas*: Seifenopern in endloser Fortsetzung. Mit Besorgnis sehen Elternorganisationen, wie trotz Bestimmungen für den Jugendschutz während des ganzen Tages Programme ausgestrahlt werden, die vor allem für Kinder kaum geeignet sind. Bei einer Elternumfrage im Auftrag der Partei *Nueva Dirigencia* bezeichneten 50% der Befragten das TV-Programm für ihre Kinder als „schlecht", den zu hohen Gewaltanteil kritisierten sogar 90%. Gleichzeitig räumten 32% ein, dass das Fernsehen den größten Einfluss auf ihren Nachwuchs ausübe, 46% nannten die Eltern, nur 3% die Schule und 6% Idole aus der Musikszene. Zeichentrickfilme mit brutalsten Figuren und aggressiver Dramaturgie wirken nachhaltig auf die Psyche Minderjähriger, auch wenn sich Verantwortliche immer wieder mit zu wenig eindeutig nachgewiesenen Wirkungen herauszureden verstehen.

Auch die enge Verbindung von Medieninhalten und beworbenen Produkten, von Schleichwerbung zu sprechen wäre bereits ein Euphemismus, ist kaum gesellschaftsverträglich: Elternberichte über markenfixierte *Youngster*, entsprechenden Gruppendruck in Schule und Kindergarten und quengelnde Kleinkinder im Angesicht von Tele-Tubbie-Puppen, der Glückschachteln von McDonalds und Pokemon-Videos füllen den alten Begriff des Konsumterrors mit neuem Inhalt. Wer da gerade in Zeiten der Rezession nicht mithalten kann oder mithalten will, ist ganz schnell ein Außenseiter.

Medieneinfluss auf die Politik

Spätestens die Parlamentswahlen von 1997 und die Präsidentschaftswahl von 1999 haben in Argentinien deutlich gemacht, welchen Stellenwert die Medien inzwischen in der Politik einnehmen: Ohne einen detailliert orchestrierten Medienwahlkampf, ohne Vorbereitung der Spitzenpolitiker auf ihre Auftritte insbesondere im Fernsehen, ohne Fachleute, die innerhalb weniger Stunden auf Angriffs-Spots der Gegenseite reagieren können, kommt heute kaum noch eine moderne Kampagne aus. Bei allen nationalen Unterschieden und der hohen Bedeutung, die der jeweils nationalen politischen Kultur, den gesellschaftlichen Rahmenbedingungen und gesetzlichen Schranken zukommt, hat sich in Lateinamerika ein Stil etabliert, der sich Kampagnen in den USA zum Vorbild nimmt. Dass zahlreiche nordamerikanische *Spin-Doctors* als Wahlhelfer in Lateinamerika im Einsatz sind, verstärkt diesen Trend. Hier, im *political marketing and consulting*, zeichnet sich ein echter Wachstumsmarkt ab. Fritz Plasser, Professor am Zentrum für Angewandte Politikforschung in Wien und Beobachter der Szene, schreibt in einer international vergleichenden Studie:

> Präsidentschaftswahlen in Lateinamerika sind inzwischen für die nordamerikanischen Consultants ein ebenso attraktives Geschäft wie Parlamentswahlen in Israel, Süd-Afrika oder den post-kommunistischen Staaten Osteuropas oder Rußland selbst.

Für die Medien sind Wahlkämpfe ebenfalls ein gutes Geschäft, bedenkt man, dass sich die Wahlkampfkosten vor allem aufgrund der steigenden Ausgaben für Fernsehwerbung von Mal zu Mal potenzieren. Die Werbung hat sich in erster Linie ins Fernsehen verlagert, Presse und Hörfunk sind dagegen weit zurückgefallen. Die von der Nicht-Regierungsorganisation *Poder Ciudadano*, dem argentinischen Ableger von *Transparency International* auf der Basis eines Medien-Monitorings im

Wahlkampfjahr 1999 genannten Zahlen sind beeindruckend: So gaben die argentinischen Präsidentschaftskandidaten allein zwischen August und Oktober rund 80 Millionen Dollar für Medienwerbung aus. Der Kandidat der Peronisten, Eduardo Duhalde, führte den Ausgabenreigen mit 40.398.147 Dollar an, gefolgt von Fernando de la Rúa mit 33.727.944 Dollar und Domingo Cavallo mit 4.593.435 Dollar. Hinzu kamen im gleichen Zeitraum Ausgaben der Parteien von rund 30 Millionen Dollar. Auch die Regierungen aller Ebenen hielten sich im Wahljahr keineswegs zurück: Mit rund 19 Millionen Dollar warb das Präsidialamt, mit 81 Millionen die Regierung insgesamt. Die Provinz des Kandidaten Duhalde betrieb mit rund 22 Millionen Dollar Imagewerbung und der vom Gegenkandidaten De la Rúa geführte Hauptstadtbezirk kaufte öffentliche Aufmerksamkeit für fast acht Millionen Dollar.

Die Politik bemüht sich, wichtige Medien in einem stark konzentrierten Medienmarkt nicht zu Feinden zu haben. Entsprechend stark ist deren Lobby, wenn es um Eigeninteressen geht: Ein gutes Beispiel dafür ist der erfolgreiche Kampf der Medien, Steuervorteile zu verteidigen, zum Beispiel bei Befreiungen vom kompletten Mehrwertsteuersatz. Politische Werbung, vor allem im Fernsehen, wird großzügig eingesetzt und als Staatsausgabe abgerechnet. Hinzu kommen fragwürdige Werbegewohnheiten: Werbespots finden sich etwa direkt im Anschluss an Nachrichtensendungen, bedienen sich des gleichen Formats und verzichten auf den Hinweis, dass es sich nicht um einen redaktionellen Beitrag handelt. Der unbedarfte Zuschauer hält dann leicht die Nachricht über den Gouverneur, der wieder einmal ein neues Hospital, eine Straße oder eine Sportstätte einweiht, für einen Teil der Sendung. Werbeagenturen und ihre Klienten nutzen diesen Glaubwürdigkeitsvorsprung und die Sender bestehen angesichts der hohen Einnahmen nicht auf einer eindeutigen Trennung. Es fehlt eine Gesetzgebung, die ein solches Verfahren im Interesse der Bürger wirksam unterbindet.

Ganz generell stellt sich die Frage, welche Auswirkungen Etats für Medienwerbung haben und wie diese eingesetzt werden, eine Debatte, die aus Deutschland im Umfeld der Maßnahmen des Presse- und Informationsamtes der Bundesregierung nicht unbekannt ist. Bedrohlich wird es, wenn mit solchen Etats Freunde belohnt und Gegner bestraft werden, wie es am deutlichsten in jüngster Zeit in Peru zu beobachten war. Hier ist der Staat mittlerweile wichtigster Werbetreibender, weit vor den lange Zeit führenden Brauereien, und seine Mittel halten nicht zuletzt den Teil der Sensationspresse am Leben, der systematisch Oppositionspolitiker und kritische Journalisten diffamiert. So augenfällig ist die Sache in Argentinien nicht, symbiotische Verbindungen zwischen Medien und politischen Strömungen sind allerdings auch nicht gänzlich unbekannt.

Dominante Produktionslogik

Die Medien und insbesondere das Fernsehen zwingen der politischen Auseinandersetzung mehr und mehr ihre Produktionslogik auf: Parteitage werden auch in Lateinamerika vor allem für das Fernsehen inszeniert, der Andrang von Politikern in die Talk-Shows ist enorm und die Anwesenden der üblichen Wahlveranstaltungen vor Ort dienen in aller Regel nur noch als Staffage für die weit größere Fernsehöffentlichkeit. Hinzu kommt, dass die Schwäche der Parteien den Medien bei der Politikvermittlung zu einem klaren Vorsprung verhilft, wie Oscar Landi feststellt:

> Die Medien haben bei bestimmten Gelegenheiten und Fragen die Parteien substituiert, vielfach sind sie privilegierte Empfänger der Forderungen gesellschaftlicher Bewegungen, seien sie nachbarschaftlicher, ökologischer, feministischer oder kultureller Art. (Landi 1992: 42-43)

Und er ergänzt:

> Die Repräsentationskrise in weiten Teilen der lateinamerikanischen Parteien im Umfeld der finanziellen Krise der Staaten und der Härte der Restriktionen unserer Wirtschaften hat es dem Fernsehen erleichtert, sich als vorrangiger Schauplatz und wesentlicher Akteur von Politik zu etablieren. (ebd.: 37)

Ein makabres Beispiel dafür findet sich sogar aus dem Bereich der Kriminalität: „Wir sprechen nur mit Journalisten", ließ sich einer der Geiselnehmer in der Nationalbank des Städtchens Ramallo mitten im Präsidentschaftswahlkampf 1999 vernehmen, als ein Moderator des Hörfunkkanals *Radio 10* ihn über die bestehende Telefonverbindung mit dem Generalsekretär des Präsidialamtes in Verbindung bringen wollte, um eine Vermittlung für eine friedliche Lösung zu eröffnen.

Politiker ihrerseits versuchen, sich die Produktionslogik der Medien zunutze zu machen. Dabei kommt ihnen oft die Unerfahrenheit der Reporter zu Hilfe, die der Senator Jorge Yoma so charakterisiert:

> Das sind nette Jungs, sympathisch ... Manchmal verstehen sie nicht, was sie fragen sollen und wenn es nichts Greifbares zu berichten gibt sagen sie mir schon mal: ‚Na komm schon, Yoma ... denk Dir was aus, um Stimmung zu machen.' Und natürlich tue ich ihnen den Gefallen ... . (*XXII*,7.10.1999)

Ausgeprägt war diese Suche nach *der* Tagesnachricht auch bei Menems langjährigem Innenminister Carlos Corach: Er versammelte jeden Morgen vor seinem Haus die Reporter zu einer Statement- und Fragerunde. Auch wenn sie für die Beteiligten nicht immer ergiebig war, hatte der Minister meist für den Rest des Tages seine Ruhe. Mit der Inszenierung von Medienereignissen bemüht sich jetzt die Marketing-Truppe Fernando de la Rúas, dem Präsidenten den Rücken freizuhalten. Gleichzeitig versuchen inzwischen fast alle Parteien, über das Internet den Direktkontakt zum Wähler zu finden und damit die klassischen Medien zu umgehen. Bisher allerdings lassen sich diese ersten Gehversuche im neuen Medium nicht mit dem vergleichen, was etwa die nordamerikanische Politikszene im Vorfeld der Präsidentschaftswahlen 2000 auf die Beine stellt: Dort ist das Internet für Politik längst nicht mehr nur ein Informationsmedium, sondern zusätzlich ein wichtiges Instrument des *Fundraisings* und der Rekrutierung von Wahlhelfern. Erfahrungsgemäß dürfte es nicht lange dauern, bis dieses Beispiel auch im Cono Sur Schule macht.

Der hohe Nachrichtenwert von Umfragen

Beliebt ist auf beiden Seiten des Spektrums, bei Medien und Politik gleichermaßen, der Einsatz von Umfragen. Wahlkämpfe gleichen auch in Argentinien immer mehr Pferderennen, bei denen die täglichen Daten über sich verändernde oder auch gleichbleibende Abstände zwischen den Kandidaten den Rhythmus vorgeben. Wissenschaftliche Präzision des demoskopischen Instrumentariums bleibt da oft auf der Strecke. Auch hierfür lieferte das Wahljahr 1999 schlagende Beweise: Bei der Provinzwahl in Tucumán etwa ging der Herausforderer, der Kandidat der Peronisten, abends enttäuscht ins Bett, als ihm die Meinungsforscher auf der Basis ihrer „Nachfrage" an den Wahlurnen die Niederlage bescheinigten. Am nächsten Morgen wachte er als Sieger auf. Die Demoskopen lagen kräftig daneben. Haarsträubende Fehler in Methodik und Durchführung kennzeichnen vielerorts die Realität: So wird von manchen Instituten sogar in Regionen mit einer Telefondichte von unter zehn Prozent auf Telefoninterviews gesetzt. Klare Konsequenz: Fehlende Repräsentativität der Befragten, da vor allem Bürger der oberen Mittel- und Oberschicht erreicht werden. Hinzu kommt, dass zwar Marktforscher Schichten ohne adäquate Kaufkraft ignorieren können, Wahlforscher beim gleichen Verhalten allerdings Schiffbruch erleiden.

Die Konsequenzen ließen sich bei der Gouverneurswahl 1999 in der Provinz Buenos Aires beobachten, die am gleichen Tag wie die Präsidentschaftswahl stattfand. Bei der seit 1987 üblichen Wähler-Nachbefragung, der sogenannten *boca de urna* direkt nach deren Stimmabgabe, hatten die Meinungsforscher darauf verzichtet, die rund zwei Millionen Wähler im Umland der Hauptstadt zu berücksichtigen, die unter miserablen Lebensbedingungen in sogenannten *villas* leben. Gerade bei ihnen aber ist nach wie vor eine besondere Bindung an die peronistische Bewegung vorhanden, die sie in besonderer Weise zu mobilisieren versteht: Entsprechend galt die Kandidatin der Allianz, Graciela Fernández Meijide, fast bis Mitternacht auf der Basis von Umfragedaten als klare Wahlsiegerin, die Auszählung aber ergab einen Vorsprung des peronistischen Kandidaten Carlos Ruckauf von rund sieben Prozent! In der größten Stadt dieser Provinz, La Matanza, feierte die Allianz-Kandidatin Lidia „Pinky" Satragno bereits ihren Sieg, den sie vor jubelnden Anhängern ihrer Mutter widmete, während nach Auszählung der Stimmen der peronistische Kandidat Alberto Balestrini triumphierte, mit immerhin fünf Prozent Vorsprung. Wo Auftraggeber keine Qualität verlangen und vor allem auf den Preis der Umfrage schauen, bleibt selbst ein solches Desaster ungeahndet. Debatten am Wahltag und kurz danach sind schnell vergessen. Immerhin konfrontierte nicht nur die Wirtschaftszeitung *Ambito Financiero* die Umfrager mit ihren Irrtümern: bei der Prognose des Ausgangs der Präsidentschaftswahl irrten sich die Institute zwischen vier und sieben Punkten, immerhin aber sagten sie im Gegensatz zur Provinzwahl des gleichen Abends wenigstens alle den Gewinner richtig voraus. Allerdings betrug der Abstand De la Rúas zu Duhalde schließlich 10,6% und nicht zwischen 14 und 17% wie vorausgesagt. „Bei Durchsicht aller Umfragen", so die Zeitung, „findet sich nicht ein einziges Institut, das die Resultate des Sonntags auch nur annähernd richtig vorausgesagt hat."

Die Medien widmen Umfrageergebnissen weit größeren Raum als früher und treten immer häufiger als Auftraggeber eigener Umfragen in Erscheinung. Die größte Zeitung des Landes, *Clarín*, sicherte sich die exklusiven Dienste ihrer Umfrage-Tochterfirma CEOP, die Konkurrenz von der Tageszeitung *La Nación* setzte auf eine Zusammenarbeit mit dem argentinischen Ableger von *Gallup*. Viele kleinere Zeitungen aber veröffentlichten das, was der Markt hergab, mit allen Defiziten. Auch im Fernsehen haben Umfragen Konjunktur, dagegen ist inhaltliche Komplexität auf dem Rückzug. So resümierte der argentinische Politiker Gustavo Béliz:

> Die Form triumphiert über die Substanz, das Vorurteil über das Konzept, die Unmittelbarkeit über die Tiefenschärfe, die unersättliche Suche nach

dem Skandalösen über die seriöse Suche nach dem Inhalt von Vorschlägen und Projekten. (Béliz 1997: 29)

Defizite finden sich wiederum auch bei den Journalisten: Oft sind sie nicht hinreichend qualifiziert, die richtigen Fragen an eine Umfrage zu stellen und ihren Wert zu beurteilen. Gerade von ihnen aber wäre im Interesse der Öffentlichkeit eine sorgfältige Prüfung und Vorsicht bei der Veröffentlichung zu erwarten. Immerhin gibt Oscar Obregon, Nachrichtenchef des Fernsehsenders *América TV* mit Blick auf die Vorkommnisse am Wahltag in der Provinz Buenos Aires zu:

> Mir scheinen Informationen auf der Basis der *boca de urna* gefährlich zu sein. Ich stelle mir die Desillusionierung der Leute vor, die den Triumph von *Pinky* schon feierten. Um allerdings auf dieses Instrument zu verzichten, müsste wohl die offizielle Stimmenauszählung beschleunigt werden.

Und sein Kollege Ricardo Cámara, Produzent von *Azul TV* differenziert:

> Das System der *boca de urna* ist ein wertvolles Informationsinstrument, trotz der Fehler, die passieren können. Der Schlüssel liegt in der verantwortlichen und vorsichtigen Handhabung. Wenn wir das bedenken, können wir es weiter benutzen.

Angesichts des Informations-Wettlaufs und der Konkurrenz unter den Medien bleibt abzuwarten, ob sich diese Konsequenzen auch einstellen. Immerhin könnten Fehler, die in ruhigen Zeiten, bei glaubwürdigen Wahlergebnissen und verantwortungsvollen Kandidaten „nur" Ärger und Enttäuschung hervorrufen, in anderen Momenten zu Aufruhr, Opfern und massiver Beschädigung der Demokratie führen. Auch dafür gibt es weltweit Beispiele.

Konsequenzen hat mittlerweile die Stadtverordnetenversammlung von Buenos Aires gezogen und für die Bürgermeisterwahl am 7. Mai 2000 die Veröffentlichung von Umfragen ab 48 Stunden vor der Wahl bis drei Stunden nach Schließung der Wahllokale verboten. „Es hat sich gezeigt" so der UCR-Abgeordnete Christian Caram, Ko-Autor des Gesetzesprojekts, „dass die Verbreitung der Resultate auf der Basis der *boca de urna* zu Konfusion führt und die Leute irrtümlicherweise zum Feiern auf die Straße gehen. Die Methode hat in den vergangenen Monaten mehrfach versagt und das müssen wir begrenzen." Dass Regeln allein nicht genügen, zeigte der Wahltag am 24. Oktober 1999: Nicht einmal die gesetzlich bestehende 18-Uhr-Grenze zur Veröffentlichung der Wahlnachfrage wurde von den Medien respektiert, auch nicht vom

Staatskanal *ATC*. Im Kampf um die Zuschauergunst und mögliche *rating*-Gewinne ist mittlerweise eben jedes Mittel recht.

> Wir sind stolz auf unseren Sieg: Schon um 17.12 Uhr haben wir De la Rúa als Gewinner bekannt gegeben. Kein anderer Kanal hat sich entschlossen, das so schnell zu vermelden,

bekennt Félix Molina, Direktor des Nachrichtenkanals *Crónica TV*. Die Falschmeldung über den Wahlsieg Fernández Meijides in der Provinz hingegen bringt ihn nicht um den Schlaf. Molina zur Tageszeitung *La Nación*:

> Nach so vielen Übertragungsstunden kann das schon mal passieren. Das ist allen Kanälen passiert. Das war ganz ähnlich wie bei der Wahl in Tucumán vor einigen Monaten ... .

Auch ein Verständnis von journalistischer Professionalität.

Vordergründige Entpolitisierung der Medien

Wie die Beispiele deutlich machen sollten, liegt die eigentliche Macht bei den Medien, nicht unbedingt bei den Journalisten, die in ihnen beschäftigt sind. Natürlich kennt jedes Land seine Stars in diesem Genre, Journalisten, deren Tun und Lassen selbst Gegenstand journalistischer Berichterstattung geworden ist. Sie, die für hohe Einschaltquoten garantieren, sind meist immer noch in der Lage, weitgehend ihre Bedingungen durchzusetzen und sich einen hohen Grad an Unabhängigkeit zu erhalten: Auch sie aber richten den Blick ängstlich auf *ratings* und die Reaktion des Publikums, sehen sich zu Kompromissen zwischen Qualität und Massengeschmack gezwungen.

Als Beispiel lassen sich in Argentinien etwa die politischen Magazine anführen, die inzwischen häufig einen „Journalismus light" anbieten, der Allerweltsthemen aus dem Umfeld der Schönen, Reichen und Berühmten neben harte politische Fakten und Analysen stellt. Nur so halten sie sich im Programm. Mariano Grondona etwa, der mit seiner Sendung *Hora Clave* jahrelang als Vorbild für dieses Genre galt, gerät besonders dann unter Druck, wenn er seine Sendung auf primär politische Inhalte ausrichtet. *Ratings* von unter fünf Prozent sind dann keine Seltenheit. Im Gegensatz dazu erlebte er unbekannte Einschaltquoten, als er sich in seinem Programm dem Ehestreit der Fernsehdiva Susana Giménez widmete. Hier betrug die Einschaltquote nie wieder erreichte 25%. Dass Nachdenklichkeit wenig gefragt ist – Grondona etwa ist gleichzeitig anerkannter Analytiker und Kommentator der Zeitung *La Nación* und Hochschulprofessor – beweist das Konkurrenzprodukt *Día D* von Jorge Lanata, gleichzeitig Herausgeber der Zeitschrift *XXII*. Lanata gelingt es mit einem Stil, der den deutschen Zuschauer an den frühen Friedrich Küppersbusch erinnern dürfte, fast doppelt so viele Menschen vor den Fernsehapparat zu locken wie Grondona. Analyse aber ist nicht unbedingt sein Metier, eher der kurzfristige politische Skandal, die griffige Formulierung, auch sprachlich die bewusste Verletzung etablierter Umgangsformen. Dies trägt ihm dann Kommentare wie den des Medienkritikers Pablo Sirven ein, der schreibt: „Manche Skandaljournalisten sind wie die Schweine: wenn sie keinen Müll zum Fressen finden, spucken sie alles Mögliche aus." (*Noticias*, 1.4.2000) Dies soll nicht in Abrede stellen, dass es gerade Lanata und seinem Team gelingt, die politische Tagesordnung mitzubestimmen, zum Beispiel in Form von Enthüllungsgeschichten, die von *XXII* ausgehen und in *Día D* ausgeweitet und visualisiert werden.

Als politische Bühne haben sich auch in Argentinien immer mehr eigentlich unpolitische Sendungen etabliert. Seit der saxophonspielende Bill Clinton außerhalb traditioneller Vermittlungskanäle im Fernsehen Erfolg hatte, drängen auch lateinamerikanische Politiker in Formate, die eine deutliche Unterhaltungsorientierung aufweisen. Sich als „Mensch wie Du und ich" zu präsentieren hat einen Charme, dem sich kaum ein politischer Akteur verschließen kann. Da fallen leicht die Schranken zum Privatleben, dessen Schutz wiederum reklamiert wird, wenn es einmal die Schattenseiten menschlichen Zusammenlebens zu berichten gilt. Auch für diesen Zusammenhang steht der frühere Staatspräsident Carlos Menem nach wie vor synonym: die Trennung von seiner Frau Zulema, das Leben seiner Tochter Zulemita, der Tod des Sohnes Carlitos, seine Begeisterung für Golf, den Rennsport und die angenehmen Seiten des Lebens insgesamt waren immer für eine Titelgeschichte gut, nicht immer allerdings zur Freude des Betroffenen. Die Auseinandersetzungen mit bestimmten Medien, vorrangig mit der Zeitschrift *Noticias*, sind in Argentinien unvergessen. Nicht von ungefähr sahen sich viele Journalisten und nicht zuletzt die Karikaturisten nach dem Ende der Regierung Menem einer Nachrichtenquelle beraubt, war doch Fernando de la Rúa ein Präsident, der im Wahlkampf erfolgreich den Fernsehspot: „Man sagt, ich sei langweilig ..." einsetzte und damit versuchte, ihm zugeschriebene Charakterzüge offensiv aufzunehmen und selbstironisch zu vermarkten.

Politische Präferenzen der Journalisten

Der bereits erwähnte Jorge Lanata ist ebenfalls ein gutes Beispiel dafür, dass auch in Argentinien das Herz vieler Journalisten nach wie vor links schlägt. So stuften sich in der Umfrage von Rosendo Fraga (1997: 126) 66,6% der befragten Journalisten als „links" oder „mitte-links" ein, während nur 15% sich als „rechts" oder „mitte-rechts" bezeichneten. Dies schlägt sich auch in Parteipräferenzen nieder, wie ein Blick auf das Journalistenvotum bei den Präsidentschaftswahlen 1995 zeigt. Diese wurden bekanntlich von Menem mit absoluter Mehrheit gewonnen. Bei den Journalisten kam er nach deren Bekunden aber nur auf einen Stimmenanteil von 9,2%, während 62,5% für den Kandidaten der Linkspartei FREPASO gestimmt haben wollten. Kein Wunder also, dass Menem nach dieser Wahl stolz darauf war, sie vor allem gegen „die Medien" gewonnen zu haben. Spätere Umfragen, zum Beispiel von Luis Majul und Enrique Zuleta Puceiro, bestätigten Fragas Daten.

Ein durchaus gespanntes Verhältnis zwischen Exekutive und „vierter" Gewalt begleitete folgerichtig Menems zweite Amtszeit, auch wenn Verallgemeinerungen immer mit Vorsicht zu genießen sind. Einen Höhepunkt erreichte es vor der Parlamentswahl 1997 und angesichts einer sich abzeichnenden Niederlage der Peronisten: Wirtschaftsminister Roque Fernández sah hier einen drohenden *golpe de estado mediático*, einen Medienstaatsstreich kommen, ein Begriff, den er allerdings auch aufgrund von Interventionen Menems zurücknehmen musste. Dieser selbst wiederum zog sich den Zorn der Medien zu, als er im gleichen Monat unter Verwendung eines Zitats von Benjamin Franklin den Eindruck erweckte, den Journalisten die Prügelstrafe angedroht zu haben. Sogar die *New York Times* nahm sich in einem überaus kritischen *editorial* der Sache an und titelte: „Krieg gegen Argentiniens Medien". Mariano Grondona qualifizierte die Beziehung Regierung-Medien in der Menem-Zeit wie folgt: „Die Regierung nimmt alle Journalisten, mit denen sie nicht befreundet ist, automatisch als Feinde wahr." (*Noticias*, 5. Juli 1997)

Auch im Wahlkampf 1999 war es der Kandidat der Peronisten, Eduardo Duhalde, der sich konfrontativ der Medien annahm. Wieder war die Zeitschrift *Noticias* einer der Hauptgegner. Unter der Überschrift „Die Korruption Duhaldes" hatte sich *Noticias* unter anderem der Situation der Polizei und der Sozialausgaben in Duhaldes Provinz Buenos Aires gewidmet, was ihr seitens des Kandidaten den Vorwurf eintrug, von de la Rúa gekauft worden zu sein. „Ich habe keine Zweifel daran, dass es Medien gibt, die ihre Titelseiten verkaufen und andere, die das dann in guter

Absicht nachdrucken", ließ sich Duhalde laut *Página 12* (27.9.1999) vernehmen, ein Vorwurf, den sowohl *Noticias* als auch de la Rúas „Allianz" vehement zurückwiesen. Auch wenn man die Situation des Wahlkampfes mit dem üblichen Theaterdonner ebenso in Rechnung stellt wie die vergleichsweise hoffnungslose Situation des Kandidaten Duhalde, versinnbildlicht der Vorgang doch, wie gestört das Verhältnis von Medien und Politik vielfach ist. Bestätigungen findet man in Gesprächen mit Politikern vor allem dann, wenn diese keine Veröffentlichung des Gesagten fürchten müssen.

Mit Ausnahme der Wirtschaftszeitung *Ambito Financiero* machte zwar kein Medium eine ausgeprägte Parteilichkeit in der Berichterstattung während des Wahlkampfes aus und kein Politiker reduzierte den Wahlausgang auf bestimmte Medienpräferenzen, zu denken aber gibt es doch, wenn *Ambito* schreibt:

> Die Vorwahl-Presse reflektierte nichts anderes als das wiederholte und absolute Fehlen von Objektivität im nationalen Journalismus, bedroht durch permanente Zweifel und befruchtet durch finanzielle Pakte und die Suche nach Beteiligung an der Macht und einer künftigen finanziellen Bonanza, sei es mit der augenblicklichen oder einer zukünftigen Regierung. Natürlich führt diese Partei-Politisierung der argentinischen Presse, abgesehen vom damit einhergehenden Niveauverlust, zu einer Belastung der öffentlichen Haushalte. (*Ambito Financiero*, 26.10.1999)

Unterstellt wird nicht die permanente Begünstigung einer Partei, sondern der Tausch positiver Nachrichten gegen entsprechende wirtschaftliche Vorteile für das Medium, unabhängig davon, wer gerade regiert.

Menems Nachfolger De la Rúa konnte zumindest in den ersten Monaten seiner Amtszeit auf ein entspannteres Verhältnis zu wichtigen Leitmedien und vor allem auf eine freundlichere Presse blicken. 80% der Überschriften in *Clarín*, die sich mit der Regierungsarbeit beschäftigten, waren nach einer Studie der Consulting *Germano&Giacobbe* zwischen dem 10. Dezember 1999, dem Tag des Amtsantritts De la Rúas, und dem 23. Februar 2000 positiv, bei *La Nación* waren es immerhin noch 73 Prozent. Vom Präsidenten geschickt inszenierte Medienereignisse, zum Beispiel seine politischen Fernreisen in Linienmaschinen statt im von Menem viel genutzten Präsidentenjet „Tango 01" und seine auch sonst bewusst zur Schau gestellte Bescheidenheit fanden freundliche Aufnahme und wurden nicht hinterfragt. Kein Wunder, wenn ein Anhänger des früheren Präsidenten schäumte: „Diese Regierung braucht (den Staatssender, F. P.) ATC nicht für eine Kampagne, sie hat schließlich *Clarín* und *La Nación*.

Fraglich ist allerdings, ob dieser *honeymoon* andauert und auch stürmische Phasen überstehen kann. Für zahlreiche Beobachter erklärt sich die eingangs erwähnte Sympathie vieler Journalisten für FREPASO nicht zuletzt aus deren Oppositionsrolle gegen das Etablierte, vor allem gegenüber einem lange als sehr medienkritisch geltenden Peronismus. „Journalismus ist Opposition", fasst Carlos Ben diese Haltung zusammen. Auch die Regierung De la Rúa konnte somit leicht in den Sog einer allgemeinen Politikverdrossenheit geraten, die die Medien mehr denn je kultivierten.

Literaturverzeichnis

Barros, Carolina (1996): „Medios de comunicación en Argentina: de espectadores a protagonistas del cambio", in: *Contribuciones* 2, 105-128.

Béliz, Gustavo (1997): „Periodismo y política en los noventa: tendencias, riesgos y oportunidades", in: *Contribuciones* 2, 25-52.

Cantón, Santiago/Loreti, Damián (2000): *Libertad de Expresión en América Latina*, La Plata: Ediciones de Periodismo y Comunicación Social Universidad Nacional de La Plata.

Finkenzeller, Karin (1998): *Das fünfte Bein der Katze - Pressefreiheit in Argentinien zwischen 1989 und 1995 / Eine Fallstudie unter besonderer Berücksichtigung der Medien bei der Konsolidierung der Demokratie*, Saarbrücken: Verlag für Entwicklungspolitik.

Fraga, Rosendo (Hrsg.) (1997): *Autopercepción del Periodismo en la Argentina*, Buenos Aires: Editorial de Belgrano.

Kepplinger, Hans Mathias (1992): *Ereignismanagment - Wirklichkeit und Massenmedien*, Zürich: Edition Interform.

Landi, Oscar (1992): „Proposiciones sobre la videopolítica", in: Schmucler, Héctor/Mata, Maria Cristina (Hrsg.): *Política y Comunicación - ¿Hay un lugar para la política en la cultura mediática?*, Buenos Aires: Cataloga S.R.L.

Loreti, Damián (1995): *El derecho a la información*, Buenos Aires/Barcelona/México: Paidós.

Loreti, Damián (1998): „Situación regional sobre normativa referente a la libertad de expresión, prensa, información y derechos autorales de los periodistas", in: *Contribuciones* 2, 127-154.

Majul, Luis (1999): „Chocolate por la noticia", in: *Un ojo avizor*, Junio-Agosto 1999.

Majul, Luis (unter Mitarbeit von Viviana Gorbato) (1999): *Periodistas - Qué piensan y qué hacen los que deciden en los medios*, Buenos Aires: Editorial Sudamericana.

Meinecke, Stefanie (1992): „Massenmedien in Argentinen", in: Wilke, Jürgen (Hrsg.): *Massenmedien in Lateinamerika, Band 1: Argentinien, Brasilien, Guatemala, Kolumbien, Mexiko*, Frankfurt am Main: Vervuert.

Osorio Meléndez, Hugo A. (1997): *Políticas de Información y Derecho - Estudio Comparativo Argentina, Brasil, Colombia, Chile, Nicaragua, Perú*, Santiago de Chile: Impresos Universitaria S.A.

Pagés, Verónica/Bonacchi, Verónica (1996): „La política es de control remoto", in: *La Nación*, 8.12.1996.

Periodistas - Asociación para la defensa del periodismo independiente (1999): *Ataques a la Prensa – Informe 1999*, Buenos Aires: Planeta.

Priess, Frank (1996): „'Vierte Gewalt' oder Prügelknabe: Lateinamerikanische Medien auf Identitätssuche", in: *KAS-Auslandsinformationen* 4, 63-77.

Priess, Frank (1998): „Pressefreiheit in Lateinamerika – Eine Bilanz mit Licht und Schatten", in: *KAS-Auslandsinformationen* 3, 44-66.

Priess, Frank (1999): „Medien in Lateinamerika. Zwischen Kontrollfunktion und Kommerzorientierung", in: *KAS-Auslandsinformationen* 4, 4-22.

Waisbord, Silvio R. (1996): „Investigative Journalism and Political Accountability in South American Democracies", in: *Critical Studies in Mass Communication* 13, 343-363.

Waisbord, Silvio R. (1997): „Can Investigative Reporting Tell the Truth? The Modernity of Journalism in Latin America, in: *Ecquid Novi* 18 (1), 115-131.

Rut Diamint

Streitkräfte und Demokratie

Einleitung

Mitte der 1980er Jahre fanden in Argentinien drei Erhebungen der Streitkräfte statt, die trotz ihres beschränkten Erfolges Zweifel hinsichtlich der Konsolidierung der Demokratie und der Möglichkeit eines erneuten Staatsstreiches aufkommen ließen. Der vorerst letzte Aufstand fand 1990 statt, wurde rasch gewaltsam unterdrückt und hinterließ ein Saldo von mehreren Toten. Seitdem nahm die Überzeugung zu, dass die Nation damit den Zyklus von Staatsstreichen überwunden habe. Die Spielräume der Streitkräfte wurden eingeschränkt, sie sind nicht dazu in der Lage, die allgemeine politische Tagesordnung gemäß ihren Interessen zu gestalten und können auch in sicherheitspolitischen Fragen keinen dominierenden Einfluss ausüben. Trotzdem bedeutet dies weder, dass autoritäre Konzeptionen vollständig aus den militärischen Institutionen verschwunden wären, noch dass die Streitkräfte sich durch tiefe Überzeugungen im Sinne einer Verteidigung der Demokratie auszeichnen würden.

Bei den folgenden Betrachtungen wird sich zeigen, dass sich die Streitkräfte nach wie vor in die nationale Politik einmischen. Zwar haben die Streitkräfte die Spielregeln der Demokratie akzeptiert, sie halten sich selbst als politischen Akteur jedoch nicht für völlig unentbehrlich. Diese Haltung ist insofern beunruhigend, als sie an die in autoritären Phasen kultivierten Praktiken anknüpft und der Ungewissheit über die demokratischen Überzeugungen der Militärs neue Nahrung gibt. Ein Staatsstreich ist allerdings deswegen nicht am Horizont auszumachen. Dies hängt auch mit den globalen Demokratisierungstendenzen, mit den durchgeführten Staatsreformen im Sinne von Modernisierung und Marktöffnung sowie mit den Auswirkungen beständigen Drucks von Seiten der Zivilgesellschaft zusammen. Zweifellos wurden bei der Demilitarisierung der argentinischen Gesellschaft Fortschritte gemacht, auch wenn ein Vergleich der Realität mit theoretischen Konzepten von Autoren wie Huntington und Stepan bedeutende Schwächen im Hinblick auf das Idealmodell ziviler Suprematie belegt.

Die Transformation der Rolle der Streitkräfte ist auch im Zusammenhang mit deren Scheitern bei der Führung des Staates sowie auf militärischer Ebene zu sehen. Hinzu kommen externe Faktoren wie die Unsicherheiten nach dem Ende des Kalten Krieges und interne Aspekte wie die Auswirkungen der Kürzungen im Militärhaushalt. Zur Mission der Streitkräfte gehört es nicht mehr, Wächter der Nation gegenüber einem hypothetischen Vordringen des Kommunismus im Inneren zu sein. Auch im Hinblick auf die Landesverteidigung gegenüber externen Bedrohungen hat sich die Situation grundlegend verändert, denn die Gegner von einst sind heute Partner im Rahmen eines integrierten Marktes.

Allerdings bleiben einige Fragen offen, beispielsweise: Welche Auswirkungen haben die nicht eliminierten Vorrechte der Militärs auf die demokratischen Institutionen? Welcher Strategien bedienen sich die Streitkräfte, um zumindest einen Teil ihrer Macht zu bewahren? Welche Haltung würden die Offiziere im Falle einer Krise der Demokratie einnehmen? Beeinträchtigt die Identitätskrise der Streitkräfte die Stabilität der Demokratie? Vielleicht müssen wir erkennen, dass die demokratischen Gesellschaften trotz des Fortbestehens einer wenig liberalen und toleranten politischen Kultur in vielen Ländern Lateinamerikas selbst dann Fortschritte verzeichnen können, wenn weiterhin Praktiken existieren, die gegen das Regime gewandt sind.

Selbst in Ländern, in denen die Militärs noch über beachtliche Vorrechte verfügen, ist es der Demokratie gelungen, Fortschritte auf Gebieten zu erzielen, die von den Streitkräften mit besonderer Aufmerksamkeit beobachtet werden; dies betrifft u.a. die Anklagen wegen Menschenrechtsverletzungen, Kürzungen in den Militärhaushalten, die Partizipation der Parlamente bei Fragen der Verteidigungspolitik und die Absetzung von führenden militärischen Amtsträgern (Diamint 1999). Solche Entscheidungen wurden von den argentinischen Zivilregierungen getroffen und sprechen für einen Strategiewechsel der herrschenden Eliten, die nicht länger als Verbündete der Streitkräfte angesehen werden können. Im Verlauf des vergangenen Jahrzehnts hat sich in Argentinien eine neue politische Matrix herausgebildet, eine neue Form der wechselseitigen Beziehungen zwischen Akteuren und Institutionen (Acuña 1995). Zur Beilegung von Interessenkonflikten zwischen den verschiedenen Akteuren gelten heutzutage die Spielregeln der Demokratie und nicht Garantien von Seiten der Militärs. Angesichts dieser neuen Konstellation mussten auch die Streitkräfte nach neuen Formen suchen, um sich einen gewissen Grad der Einflussnahme auf das politische und soziale Geschehen zu bewahren. Ihre erste Priorität gilt dabei der Verteidigung der eigenen Institution (Zagorski 1992).

Im folgenden Abschnitt wird geschildert, wie man in Argentinien während des Übergangs zur Demokratie mit dem Thema Streitkräfte umgegangen ist. Anschließend wird die Strategie der Regierung Menem gegenüber den Streitkräften untersucht. Im dritten Abschnitt erfolgt eine Analyse der militärpolitischen Entscheidungsprozesse. Der vierte Abschnitt bezieht sich auf die zivil-militärischen Beziehungen. Als fünfter Aspekt wird die Verteidigungspolitik analysiert.

Der Umgang mit den Streitkräften unter Alfonsín

Die letzte Militärdiktatur (1976-1983) hatte sich selbst als „Prozess der nationalen Reorganisation" bezeichnet und war mit dem Anspruch angetreten, die „Ordnung wiederherzustellen", doch als sich die Militärs 1983 in die Kasernen zurückziehen mussten, waren sie sowohl politisch als auch militärisch auf der ganzen Linie gescheitert. Der Anfang vom Ende der Diktatur begann mit dem verhängnisvollen Fehler, sich auf eine kriegerische Auseinandersetzung mit der wichtigsten Militärmacht Westeuropas einzulassen und machte deutlich, wie sehr sich die Militärs hinsichtlich der internen und externen politischen Situation geirrt hatten. Die Bilanz der Diktatur war aber auch sonst in jeder Hinsicht katastrophal. Eine zerrüttete Verwaltung, das moralische Versagen, die Erhöhung der Auslandsschulden von 7 Milliarden US$ (1976) auf 44 Milliarden US$ (1984), die Verstöße gegen die Menschenrechte, die heftigen Angriffe gegen die Rechtsordnung, dies sind einige Beispiele für das Erbe der Diktatur, die erklären können, warum die Rolle der Streitkräfte von der argentinischen Gesellschaft grundlegend in Frage gestellt wurde. Die Militärs sahen sich mit einer ganzen Palette von Vorwürfen konfrontiert: Korruption, Bürokratisierung, Ineffizienz und Disziplinlosigkeit. Nach der Niederlage gegen Großbritannien blieb den Streitkräften ein Jahr, um ihren Rückzug in die Kasernen zu organisieren. Die Streitkräfte waren besiegt worden, aber nicht vernichtet, weshalb es ihnen auch während der Regierungszeit von Raúl Alfonsín wiederholt gelang, ihren korporativen Interessen Gehör zu verschaffen.

Sieben Jahre Militärdiktatur hatten in vielerlei Hinsicht ihre Spuren hinterlassen, von den politischen Parteien, den Gewerkschaften und Berufsverbänden bis hin zu den Universitäten und den Praktiken des täglichen Zusammenlebens (Rouquié 1988). Die neue zivile Regierung musste nicht nur ein zerrüttetes Land verwalten, sondern gleichzeitig die Rekonstruktion eines sozialen Geflechts unterstützen, dessen Institutionen stark in Mitleidenschaft gezogen waren. Die Regierung Alfonsín (1983-

1989) tat sich schwer damit, eine kohärente und entschiedene Politik in Militärfragen zu verfolgen. Die Zivilgesellschaft verfügte ihrerseits nicht über die notwendigen Kräfte und Ressourcen, um sich an der Lösung der entsprechenden Probleme zu beteiligen. Die Regierung war nicht dazu in der Lage, den Konflikt mit den Streitkräften zu lösen und noch weniger, eine zwischen Militärs und Zivilisten abgestimmte Verteidigungspolitik auf den Weg zu bringen.

Alfonsín begann sein Mandat mit zwei Dekreten, die bereits während des Präsidentschaftswahlkampfes angekündigt worden waren: Am 12. Dezember 1983 wurden gerichtliche Untersuchungen gegen die führenden Köpfe der in den 1970er Jahren aktiven Guerillaorganisationen angeordnet (Dekret No. 157), einen Tag später Untersuchungen gegen die Mitglieder der drei Militärjuntas, die seit 1976 an der Macht gewesen waren (Dekret No. 158). Gleichzeitig legte der Präsident dem Parlament einen Gesetzentwurf vor, der die Außerkraftsetzung und Annullierung der von den Militärs im September 1983 verkündeten Selbstamnestie vorsah.[1]

Im Zentrum der Militärpolitik der UCR-Regierung stand die Stärkung des Verteidigungsministeriums und die Verabschiedung eines neuen Verteidigungsgesetzes. Das Ministerium sollte eine effektive Kontrolle sowohl über die Führung der Streitkräfte als auch hinsichtlich des Militärhaushaltes, der Gehälter und der Produktion von Rüstungsgütern ausüben. Ein anderes Element, mit dessen Hilfe die Legitimität der Streitkräfte erneuert werden sollte, war die Militärreform. „Die Militärreform [...] muss einen neuen moralischen Ton im Rahmen des vollständigen Respekts gegenüber der verfassungsmäßigen Ordnung gewährleisten", sagte Präsident Alfonsín in einer Rede vor der Kameradschaft der Streitkräfte aus Anlass der Feierlichkeiten zum Unabhängigkeitstag am 9. Juli 1985. Er fügte hinzu:

> Statt Verteidiger der nationalen Gemeinschaft zu sein, haben sich die Streitkräfte in deren Führer und Verwalter verwandelt, was einer Negation des entscheidenden Kerns der Rolle der Streitkräfte in einer zivilisierten, modernen und komplexen Nation entspricht [...]. (zitiert nach *Clarín*, 6. Juli 1985: 3)

---

1 Das als „Gesetz zur nationalen Befriedung" bekannte Dekret 22.924 vom 22. September 1983 stellte den letzten Versuch der Streitkräfte dar, die zukünftige verfassungsmäßige Regierung auf eine ihren Interessen gemäße Politik festzulegen.

Der Grundtenor dieser Kritik verdeutlicht den konfliktiven Stil, durch den sich die Beziehungen zwischen Streitkräften und Regierung nach dem Übergang zur Demokratie auszeichneten. Um diese Beziehungen auf den rechten Weg zu bringen, setzte die Regierung auf folgende Maßnahmen:

1.) Abschaffung der Posten der Oberkommandierenden der drei Teilstreitkräfte, wodurch der Generalstabschef zum höchstrangigen Offizier aufgewertet wurde;
2.) Etablierung des Verteidigungsministeriums als politische Führungsinstanz der Streitkräfte;
3.) Umwandlung des Gemeinsamen Generalstabs in ein Organ zur Integration und Zentralisierung der Teilstreitkräfte;
4.) Reform der Militärrechtsordnung und des zivilen Strafprozessrechtes, die v.a. Berufungen gegen von Militärtribunalen ausgesprochene Urteile vor den Zivilgerichten ermöglichen sollte. Mit dem im Februar 1984 verabschiedeten Gesetz 23.049 wurde der Tätigkeitsbereich der zivilen Bundesgerichte als Appellationskammer ausgeweitet. In erster Instanz behielt jedoch die Militärjustiz ihre Zuständigkeit. Die Regierung verfolgte die Idee eines Selbstreinigungsprozesses innerhalb der Streitkräfte. Dies setzte aber voraus, dass diese die Illegitimität der im Kampf gegen die Subversion angewandten Mittel anerkennen würden. Die Reaktion der Militärgerichte entsprach diesen Erwartungen ganz und gar nicht.
5.) Einrichtung gemeinsamer Regionalkommandos, um die Zusammenarbeit zwischen den Waffengattungen zu verbessern.

Die Reformvorschläge trafen auf diverse Schwierigkeiten. Dazu gehörten die wirtschaftlichen Probleme, das Fehlen von Humanressourcen zur Verwirklichung des Wandels, vor allem aber der Widerstand von Seiten der Streitkräfte, die nicht dazu bereit waren, die Legitimität der zivilen Kontrolle anzuerkennen.

Mit dem Präsidialdekret 187/83 wurde die CONADEP geschaffen, eine Kommission zur Untersuchung des Verschwindens von Personen während der Diktatur. Ihr gehörten anerkannte Persönlichkeiten des öffentlichen Lebens sowie aus unterschiedlichen parteipolitischen Richtungen an.[2] Die Exekutive vertrat die Ansicht, dass „die Menschenrechtsfra-

---

2 Es handelt sich um Ricardo Colombres, René Favaloro, Hilario Fernández Long, Carlos G. Gattinoni, Gregorio Klimovsky, Marshall Meyer, Jaime F. de Nevares, Eduardo Rabossi, Magdalena Ruiz Guiñazú und Ernesto Sábato.

ge nicht nur die öffentlichen Institutionen angeht, sondern die Zivilgesellschaft und die internationale Gemeinschaft betrifft", weshalb sie nicht dazu bereit war, der Forderung nach Einrichtung einer parlamentarischen Untersuchungskommission zu entsprechen. In der Tat fürchtete die Regierung die parteipolitische Instrumentalisierung einer derartigen Kommission.

Die Streitkräfte zeigten ein korporatives Verhalten und sahen sich durch die Regierung herausgefordert, die sie global als Feind qualifizierten. Das Gefühl, von der Gesellschaft angegriffen zu werden, verstärkte sich, als im April 1985 der öffentliche Prozess gegen die ehemaligen Kommandanten der Militärregierung begann. Die Kluft zwischen Zivilisten und Militärs vertiefte sich, während die Regierungspartei die Verabschiedung eines Verteidigungsgesetzes verzögerte, das als Rahmen für die zivil-militärischen Beziehungen dienen sollte. Unerklärlicherweise wurde nicht versucht, sich auf eine gemeinsame Strategie mit der Opposition zu einigen. Die Regierungspolitiken, welche die Verantwortlichen der Militärdiktatur zur Rechenschaft ziehen sollten, führten zur Schwächung der Institution Militär als solche und provozierten unerwünschte Effekte. Die Militärs konnten – und wollten – nicht die Vorzüge einer konstitutionellen Demokratie erkennen sowie der Möglichkeit, sich ohne politische Verpflichtungen zu professionalisieren, auch wenn sie durchaus ihre Defizite im Hinblick auf die Verteidigungsaufgabe anerkannten.

Die übereilte Antwort der Regierung auf die Spannungen bestand darin, „eine Situation der Rechtsunsicherheit zu beenden, was zur Befriedung der Gemüter und zur Sicherung des Zusammenlebens zwischen allen Argentiniern beitragen" werde; per Gesetz schränkte sie den Zeitraum für die Aufnahme neuer Prozesse wegen Menschenrechtsverletzungen während der Diktatur stark ein (*Ley de Punto Final*; „Schlusspunktgesetz").[3] Es blieben lediglich zwei Monate Zeit, um alle Anklagen wegen Delikten im Zusammenhang mit dem Kampf gegen die Subversion zu erheben. Nach Ansicht der Verfechter des Gesetzes würden sich dadurch die Gemüter der Streitkräfte beruhigen lassen. Gleichzeitig verbliebe der Bevölkerung noch eine gewisse Zeit, um Anzeigen gegen die Militärs einzureichen. In einer verantwortlichen und für die Streitkräfte überraschenden Art und Weise bemühten sich die Bundesgerichte jedoch darum, innerhalb des durch das Gesetz konzedierten Zeitraumes

---

3 Dieses Gesetz (23.492) verfügte die Einstellung der Strafverfolgung gegen jede Person, die nicht innerhalb von 60 Tagen nach Inkrafttreten des Gesetzes durch ein zuständiges Gericht zur Vernehmung vorgeladen wurde.

alle Militärs, gegen die Verdachtsmomente vorlagen, gerichtlich vorzuladen. Damit war die Hoffnung der Regierung hinfällig, mit dem Schlusspunktgesetz könne man die Ruhe innerhalb der Streitkräfte wiederherstellen. Die Flut von innerhalb kürzester Zeit auf den Weg gebrachten Strafverfahren führte eher noch zu einer Verstärkung der Unruhe.

Dieses Klima gab den Rahmen ab für ein anderes Phänomen, das der ersten post-diktatorialen Regierung großes Kopfzerbrechen bereitete: die militärischen Erhebungen. Der erste Aufstand fand in der Osterwoche 1987 durch eine Gruppe von Offizieren unter Führung von Oberstleutnant Aldo Rico statt. Er begann mit der Weigerung des Majors Ernesto Barreiro, der Vorladung durch das Bundesgericht mit Sitz in Córdoba Folge zu leisten. Die Aufständischen selbst bezeichneten ihr Handeln als „Operation Würde" und betrachteten es als ihre Mission, die Ehre wiederzuerlangen und die Disziplin wiederherzustellen. Sie sahen sich als Helden des Malvinas-Krieges und als Märtyrer des Kampfes gegen die Subversion. Sie bildeten eine Gruppe, die gegen das System, d.h. gegen das republikanische und demokratische Regime agierte und sich durch stark nationalistische und fundamentalistische Tendenzen auszeichnete.

Im Mai 1987 wurde ein zweites auf Initiative der Regierung erarbeitetes Gesetz mit Konsequenzen für die juristische Aufarbeitung der Menschenrechtsverletzungen während der Diktatur verabschiedet, das sogenannte „Gesetz über die Gehorsamspflicht" (*Ley de Obediencia Debida*; Gesetz 23.521).[4] Damit sank die Anzahl der Prozesse wegen Menschenrechtsverletzungen, die sich infolge des Schlusspunktgesetzes bereits auf 450 reduziert hatte, weiter, und zwar auf etwa 100 Fälle. Im Verlauf der Verhöre ging die Zahl auf 20 Fälle zurück und zuletzt blieben nur noch 18 übrig.

Im April 1988 wurde nach langen Verhandlungen und Debatten mit den Militärs und ihren zivilen Verbündeten das Verteidigungsgesetz (Gesetz 23.554) verabschiedet. Damit wurden die Aufgaben der Streitkräfte bei der Landesverteidigung definiert und ihre Partizipation bei Fragen

---

[4] In Artikel 1 des Gesetzes heißt es: „[...] können nicht strafrechtlich verfolgt werden wegen Delikten, auf die sich Art. 10, Absatz 1 des Gesetzes 23.049 bezieht, weil sie in Ausübung der Gehorsamspflicht gehandelt haben. [...] In solchen Fällen wird es als vollständig mit dem Recht übereinstimmend betrachtet, dass die genannten Personen in einer Zwangssituation bei Unterordnung unter eine übergeordnete Autorität und in Erfüllung von Befehlen operierten, ohne die Fähigkeit oder die Möglichkeit zur Untersuchung, der Opposition oder des Widerstandes gegen diese, hinsichtlich ihrer Angemessenheit oder Legitimität."

der inneren Sicherheit eingeschränkt. Ein Nationaler Verteidigungsrat (*Consejo de Defensa Nacional*, CODENA) unter Vorsitz des Staatspräsidenten wurde eingerichtet. Die Aufgaben des Gemeinsamen Generalstabs wurden neu definiert. Es wurde festgelegt, dass binnengerichtete nachrichtendienstliche Tätigkeiten keine Aufgabe der militärischen Einrichtungen sein durften.

Paradoxerweise wurden trotz der Konfrontation zwischen Regierung und Streitkräften in dieser Phase Pläne für eine strategische Bewaffnung entwickelt. Am Beispiel des Raketenprojekts *Condor II*, welches mit geheimen Fonds, deutscher Technologie und finanziert durch arabische Länder vorangetrieben wurde, zeigt sich, dass es konkrete Planungen für die Streitkräfte gab. Die Regierung betrachtete es als notwendig, mit irgendeinem Sektor der Streitkräfte ein Bündnis einzugehen. Der Luftwaffe fiel dabei eine privilegierte Rolle zu. Sie war von allen Waffengattungen im besten Zustand und sah sich den geringsten Anschuldigungen ausgesetzt. Weniger in Frage gestellt hinsichtlich des Kampfes gegen die Subversion und erfolgreicher im Malvinen-Krieg, konnte sich die Luftwaffe vom negativen Image der anderen Teilstreitkräfte abgrenzen und es gelang ihr, ihre Bedeutung innerhalb der Militärstruktur zu erhöhen.

Bemüht man sich um eine Bilanz der Verteidigungspolitik der UCR-Regierung, so sind auf der Habenseite zu verbuchen: die Aufwertung des Gemeinsamen Generalstabs, die Übertragung des militärisch-industriellen Komplexes an das Verteidigungsministerium, die einheitliche Gestaltung des Militärhaushaltes, die Übertragung der Funktion des Oberkommandierenden auf den Staatspräsidenten. Dazu kamen weitere Maßnahmen, die nicht vollständig umgesetzt werden konnten, beispielsweise die Umstrukturierung von Grenz- und Wasserschutzpolizei sowie deren Beziehungen zu den drei Teilstreitkräften. Auch im Bereich der militärischen Ausbildung wurden einige Veränderungen im Sinne einer Öffnung gegenüber den zivilen Institutionen angestoßen. Auf der Sollseite kommt man jedoch nicht umhin zu betonen, dass eine transparente Verhandlungspolitik fehlte, die zur Überwindung der wechselseitigen Feindseligkeiten beigetragen und zu einer Debatte unter Einschluss der gesamten Gesellschaft geführt hätte.

Die von Alain Rouquié 1988 gezogene Bilanz richtet den Blick auf eine weitere Konsequenz der Übergangsphase:

> Ich habe den Eindruck, dass die Militärs aufgrund dessen, was sie in der Osterwoche, in Monte Caseros, etc. erlebt haben und auch wenn Nostalgien hinsichtlich einer starken Macht fortbestehen (und das ist in allen Gesell-

schaften so, egal wie stabil und demokratisch sie auch sein mögen), keine Anziehungskraft mehr auf bedeutende zivile Sektoren ausüben, wie dies vor 1976 der Fall war, und man spürt mehr Bewusstsein dafür, dass die Institutionen verteidigt werden müssen, denn alle, aus allen politischen Parteien, aus allen Sektoren, aus allen Ideologien sind sich darüber klar geworden, dass es keine guten Diktaturen gibt. Ich glaube, dass dies ein kultureller Wandel ist. (zitiert nach *Página 12*, 16. 11.1988: 10)

Als Carlos Menem 1989 die Regierungsgeschäfte übernahm, waren die später erfolgten Veränderungen im Bereich der zivil-militärischen Beziehungen in keiner Weise absehbar. Ausgehend von einer Kontinuitätslinie zwischen dem historischen Peronismus, der aus den Reihen der Streitkräfte hervorgegangen war, und den Vorwürfen eines Paktes zwischen Gewerkschaften und Streitkräften, die der spätere Präsident Alfonsín im Wahlkampf 1983 gegen den Peronismus erhoben hatte, konnte man damit rechnen, dass die Militärs in der neuen peronistischen Regierung über einen Verbündeten für die Verwirklichung ihrer Vorstellungen verfügen würden. Doch obwohl eine der ersten Maßnahmen von Präsident Menem in der Begnadigung zahlreicher wegen Menschenrechtsverletzungen verurteilter Militärs bestand, veränderten sich die Beziehungen zwischen Zivilgesellschaft und Streitkräften beträchtlich. Mit der Niederwerfung des letzten *Carapintada*-Aufstandes ergab sich eine Wende, die zum Teil auf interne Faktoren zurückzuführen war, wie Acuña/Smulovitz (1995: 103-107) betonen:

Der wiederholte Bruch der Befehlskette sowie die Tatsache, dass die Unterstützung für die Anführer der Carapintadas zum größten Teil aus untergeordneten Rängen kam, verdeutlichten der Heeresführung die Gefahren, die ein Erfolg der Rebellen für das Überleben der Institution mit sich gebracht hätte.

Beide demokratischen Regierungen sahen sich mit Streitkräften konfrontiert, die zwar fragmentiert, aber nicht ohne weiteres dazu bereit waren, auf ihre traditionellen Machtbereiche zu verzichten. Die vier bewaffneten Aufstände waren ein Reflex des Bemühens um eine stärkere Legitimation durch eine Infragestellung der politischen Macht. Sie spiegelten auch die vielfältigen internen Brüche innerhalb der Streitkräfte wider. Die Erhebungen wurden von Obersten angeführt, die größtenteils dem Heer angehörten und erkennbar regional verortet waren. Einerseits mag die Tatsache, dass es sich bei denjenigen, die die korporativen Forderungen auf gewaltsame Art und Weise vorbrachten, um Oberste handelte, eine gewisse beruhigende Wirkung haben, denn es ist schwer vorstellbar, dass ein von der mittleren Hierarchie getragener Staatsstreich Erfolg haben könnte; andererseits sorgt die Offensichtlichkeit des fehlenden institutionellen Gehorsams für Ungewissheit hinsichtlich der langfristigen Verpflichtung der Streitkräfte gegenüber den demokratischen Normen und Institutionen. Der neue Grundton, mit dem die Regierung Menem die Außenbeziehungen des Landes versehen sollte,[5] entsprach auch einem veränderten internationalen Kontext und einer dringenden Notwendigkeit, sich in die globale Gemeinschaft einzugliedern. Die Regierung Alfonsín hatte dies nicht als prioritäre Aufgabe angesehen.

Die Strategie der Regierung Menem gegenüber den Streitkräften

Die Regierung Menem hoffte einerseits, dass die Streitkräfte zu einem Prozess der Selbstreinigung finden würden, indem sie diejenigen ausgrenzten, die die Befehlsstruktur missachtet hatten, und diejenigen bestraften, die einen Angriff auf die Bürgerrechte unternommen hatten. Die Ergebnisse des Selbstreinigungsprozesses waren minimal, aber sie führten erneut zu internen Auseinandersetzungen, denn die jungen Offiziere wollten nicht mit den Kosten von Operationen belastet werden, mit denen sie selbst nichts zu tun gehabt hatten.[6] Aber vor die Alternative gestellt, die ehemaligen Vorgesetzten zu kritisieren und damit die internen Divergenzen in die Öffentlichkeit zu tragen oder das Image einer hierarchischen und strukturierten Organisation aufrechtzuerhalten, entschieden sie sich für die Verteidigung der Korporation.[7]

Zum anderen war die Regierung der Ansicht, dass die Streitkräfte sich modernisieren und reformieren müssten, um die politische Stabilität zu gewährleisten. Der neue politische Ansatz der Regierung Menem und die Kursänderungen im Bereich der Außenpolitik zwangen die Streitkräf-

---

5   Zur Außenpolitik siehe den Beitrag von Bodemer in diesem Band.
6   Dies wurde beispielsweise deutlich, als man Admiral Massera den Eintritt zum *Círculo del Mar* verweigerte, einer Organisation, der aktive und im Ruhestand befindliche Offiziere angehören (*Clarín*, 31.3.1998).
7   Diese korporative Logik erklärt die gemeinsame Reaktion der Streitkräfte angesichts der Weigerung des Kongresses, den Marineoffizieren Rolón und Pernía die anstehende Beförderung zu gewähren. Gleiches gilt für die Vertuschung der inneren Auseinandersetzungen innerhalb des Heeres, als man verhindern wollte, dass die öffentliche Meinung von den Vorbehalten vieler Offiziere angesichts der Reden von General Balza erführe, in denen dieser die Verantwortlichkeiten des Heeres im Rahmen des Schmutzigen Krieges anerkannt hatte.

te dazu, sich Gedanken über ihre zukünftigen Aufgaben zu machen (Diamint 1995).

Obwohl sie explizit die demokratischen Regeln anerkannten, zeigten die Ausdrucksformen der Streitkräfte, dass sie nicht immer dazu bereit waren, sich der Regierung sowie den demokratischen Institutionen und Normen unterzuordnen. Dies wurde anlässlich der Vorstellung der „Strategischen Konzeption der Marine" deutlich. Die entsprechende Direktive nützte eine vom Verteidigungsministerium nicht bedachte Gesetzeslücke und interpretierte diese im Sinne autonomer Spielräume ohne politische Kontrollen. Die Marine arbeitete einen strategischen Plan aus, in dem sie selbst ihre Aufgaben und die diesen zugrundeliegenden Kriterien definierte. Man hatte ein Treffen vorbereitet, an dem Regierungsfunktionäre, Parlamentarier und Medienvertreter teilnahmen und bei dem eine Publikation vorgestellt werden sollte, die diese Planungen öffentlich machte. Das Treffen wurde zwei Tage vor dem vorgesehenen Termin aufgrund einer Intervention durch Mitglieder der Verteidigungskommission des Kongresses abgesagt. Interessanterweise wurde der für die vorzeitige Veröffentlichung verantwortliche Konteradmiral José Roberto Fernández, dem man eine glänzende Karriere vorausgesagt hatte, in den vorzeitigen Ruhestand versetzt. Diese Entscheidung führte erneut zu einem Zerwürfnis innerhalb der Marine (*Clarín*, 30.10. 1993; *Página 12*, 31.10.1993).

Dieses Ereignis verdeutlichte die fehlende Kommunikation zwischen den Kommandanturen der Teilstreitkräfte sowie zwischen diesen und dem zuständigen Ministerium. Auch das Fehlen einer parlamentarischen Kontrolle wurde sichtbar. Ein Ausweg aus der verfahrenen Situation wurde durch eine Stärkung der institutionellen Struktur und Hierarchie gesucht. Dabei spielten sowohl Marinechef Kommandant Molina Pico als auch die Entscheidungen von Präsident Menem eine wichtige Rolle.[8] Ein größerer Konflikt konnte vermieden werden, aber diese Mini-Krise brachte wenig transparente Verhaltensformen und überkreuzte Loyalitäten ans Licht. Zudem zeigte sich, dass das Verteidigungsministerium

---

8   Molina Pico betonte, dass Fernández ohne seine Erlaubnis zu einer Pressekonferenz in das Marinegebäude eingeladen habe. Angesichts der Art und Weise, wie innerhalb des Militärs mit Hierarchien umgegangen wird, ist dies jedoch unwahrscheinlich. Fernández bat um ein Ehrengericht, welches letztendlich zu der Ansicht kam, dass Molina Pico nichts vorzuwerfen sei; es verhängte eine leichte Sanktion gegen Konteradmiral Fernández und zeigte damit, dass die Institution über allen anderen Überlegungen steht (*La Nación*, 28.10. 1993; *El Cronista Comercial*, 2.11. 1993; *El Cronista Comercial*, 8.12.1993; *El Litoral*, 12.12.1993).

nicht der wichtigste Ansprechpartner der Streitkräfte war. Die militärischen Führungsstäbe verließen sich nicht auf den formalen Dienstweg, sondern suchten den direkten Kontakt zum Präsidenten.

Während der Amtszeit von Präsident Menem fühlten sich die Streitkräfte dazu veranlasst, im Rahmen der von der Exekutive festgelegten Bedingungen zu verhandeln. Man erkannte, dass direkte Kontakte mit dem Präsidenten, Einflussversuche bei wichtigen außenpolitischen Themen oder die Nähe zur „Umgebung" des Präsidenten bessere Ergebnisse versprachen als die Einhaltung des Dienstweges und der offizielle Dialog mit der Regierung. Beispielsweise war die UCR-Opposition im Kongress nicht dazu bereit, die Entsendung von Kriegsschiffen in den persischen Golf zu unterstützen, da man die dortigen Auseinandersetzungen als Teil der nordamerikanischen Ölinteressen und nicht als eine Bedrohung für den Weltfrieden betrachtete. Zudem fand die Entsendung der Schiffe an den Grenzen der Verfassungsmäßigkeit statt, insofern jede Kriegserklärung vom Kongress autorisiert werden muss. Für die Armee dagegen bot sich eine Möglichkeit, die Verbindungen zur Regierung zu verbessern und ihre Rolle als Profession zu stärken. Die Verantwortlichen zeigten keine Skrupel angesichts der Nichtbeachtung der verfassungsmäßigen Normen (*Página 12*, 22.8.1990 u. 24.8.1990; *Clarín*, 19.9.1990).

Menem wandte eine Strategie von Zuckerbrot und Peitsche an. Er war sich bewusst, dass die Regierbarkeit von seinem Geschick abhing, sich die traditionellen Korporationen der argentinischen Gesellschaft – die Streitkräfte, die Kirche und die Gewerkschaften – nicht offen zu Feinden zu machen. Die Militärs ihrerseits nutzten die wenigen Möglichkeiten, in denen sie die privilegierten Akteure einer staatlichen Politik waren. So übten sie Druck auf den Verteidigungsminister aus, um diesen von der Unmöglichkeit der Einführung eines freiwilligen Militärdienstes zu überzeugen, wenn die Haushaltszuweisungen nicht erhöht würden. Ebenso erklärten sie, dass die menschlichen und materiellen Ressourcen für eine Teilnahme an internationalen Friedensmissionen nicht zur Verfügung stünden, wohlwissend, dass dies eine außenpolitische Priorität war.[9] Ein Offizier der Luftwaffe äußerte die Ansicht, dass der Regie-

---

9 „Wir werden ein Bataillon mit 300 Männern [nach Haiti] entsenden, wie dies auch mit Zypern geschehen ist, wenn die finanziellen Voraussetzungen für eine solche Aufgabe gegeben sind." Letztlich wurden 350 Mann entsandt, die mit Mitteln außerhalb des normalen Haushaltes finanziert wurden. Die Streitkräfte wussten sehr genau, dass für prioritäre Ziele immer die erforderlichen Mittel gefunden werden und dass dafür nicht auf die formale Struktur des Staatshaushaltes zurückgegriffen wird (*Las Andes*, 22.10.1994).

rungsstil von Präsident Menem – das häufige Rekurrieren auf Dekrete und das caudillistische Gehabe – für die Streitkräfte ein Anreiz gewesen sei, ihre eigenen Machtsphären entgegen den vorgesehenen Regeln neu zu ordnen (Interview am 20.8.1998).

Die Strategie der Luftwaffe blieb stärker den Bedingungen des überkommenen Staatsmodells verhaftet, weshalb sie unter Menem die am wenigsten erfolgreiche der drei Teilstreitkräfte bei dem Bemühen war, ihre institutionellen Spielräume zu verteidigen. Hinsichtlich des Raketenprogramms *Condor II* nutzten die Verantwortlichen alle ihnen zur Verfügung stehenden Ressourcen, von der bürokratischen Legalität bis zum Lobbyismus und der Anmaßung. Ähnliche Verhaltensweisen zeigten sie, als es um den Kauf von Flugzeugen des Typs A4M ging. Zwischen dem Chef der Luftwaffe, Brigadegeneral Paulik, der von Rechts wegen dazu befugt ist, über die Ausrüstung seiner Streitkraft zu entscheiden, und den Verantwortlichen im Verteidigungs- sowie im Wirtschaftsministerium entwickelte sich ein Kompetenzkonflikt. Paulik war Verpflichtungen gegenüber der US-Luftwaffe eingegangen, während die Ministerien sich für ein Angebot des Unternehmens Lockheed entschieden. Auch in dieser Situation wandte sich der Luftwaffenchef unter Umgehung des Verteidigungsministeriums direkt an den Staatspräsidenten. Erneut wurde der Konflikt im Sinne der Luftwaffe und unter Nichtbeachtung der ministeriellen Kritiken gelöst.[10]

Die Haushalts- und Ausrüstungsfragen führten zu angespannten und schwierigen Verhandlungen. Zur gleichen Zeit, als die Sparmaßnahmen im Rahmen der Steuerreform beschlossen wurden, ließ man es zu, dass die Streitkräfte über Ressourcen außerhalb der parlamentarischen Kontrolle verfügten und so ihre eigene Beschaffungspolitik betreiben konnten. Beispielsweise kam aufgrund des Gerichtsfalles Yabrán die Beziehung zwischen der Luftwaffe und den Unternehmen Interbaires, Intercargo und Edcadassa ans Licht, die im Bereich Lagerhaltung, Lasten-

---

10 Um den Kauf der Flugzeuge des Typs *Skywaks 4AM* zu finanzieren, wurde ein zusätzlicher Haushaltsposten in Höhe von 315 Millionen Dollar nachträglich in das Budget für 1995 aufgenommen. Gleichzeitig wurde die Luftwaffenfabrik *Área Material Córdoba* an die nordamerikanische Firma Lockheed verkauft (*La Nueva Provincia*, 17.2.1994). Angeblich bewahrte nur Präsident Menem Luftwaffenchef Paulik vor der Versetzung in den Ruhestand, die bereits durch Verteidigungsminister Oscar Camilión ausgefertigt worden war (*Clarín*, 20.2.1994).

transport und *Duty Free Shops* an Flughäfen tätig waren.[11] Diese Geschäftsverbindung basierte auf Ressourcen, deren Verwendung weder durch die Legislative noch durch die Kontrollorgane der Exekutive überwacht wurde und die verschiedene Formen illegaler Transaktionen ermöglichten. Einige dieser Gelder stammten aus illegalen Waffenverkäufen: Während die Regierung im „Verzeichnis Konventioneller Waffen" (*Registro de Armas Convencionales*) den Ankauf von Ausrüstungsgütern nicht angab, wurden US-amerikanische Unterlagen bekannt, aus denen der Umfang der durch Argentinien getätigten Käufe hervorging.[12] Daneben gab es andere Formen der Ressourcenbeschaffung, die zwar nicht illegal waren, aber ebenfalls nicht aus normalen Haushaltmitteln herrührten. Dies galt beispielsweise für den Verkauf von Reparatur- und Bestandserhaltungsdienstleistungen, wodurch Kapitaleinkünfte mittels des privaten Verkaufs von Dienstleistungen erzielt wurden.[13]

Diese Entscheidungen der Streitkräfte waren weder transparent, noch wurden sie im Kongress debattiert oder basierten auf formellen Übereinkünften mit den verantwortlichen Ministerien. Die Möglichkeit zu entsprechenden Geschäften ergab sich nicht aufgrund von korporativem Druck, sondern als Ergebnis eines wechselseitigen Entgegenkommens zwischen Regierung und Militärs. Auf nicht-institutionelle Wege griffen somit sowohl die Streitkräfte als auch die politischen Entscheidungsträger zurück. Diese Strategien zeigen eine Präferenz zur Umgehung von Regulierungsmaßnahmen und institutionellen Verfahrensweisen. Das Handeln sowohl ziviler als auch militärischer Funktionsträger

---

11 Der Unternehmer Yabrán, welcher schließlich Selbstmord beging, war ein Paradebeispiel für die Korruption unter Beteiligung von Regierungen, Korporationen und illegitimen Wirtschaftsinteressen: Drogenhandel, Waffenschieberei, Bestechung und Veruntreuung (*Clarín*, 16.6.1998; *La Nación*, 3.7.1998). Auch die Beziehungen zwischen dem Bruder des Luftwaffenchefs Juliá und einem Waffenschieber standen damit in Verbindung (*Clarín*, 3.7.1998).

12 Die Tageszeitung *La Nación* veröffentlichte am 4. Juni 1998 folgende Meldung: „Der Tageszeitung *La Nación* liegen Informationen einer hochrangigen gerichtlichen Quelle vor, aus denen hervorgeht, dass die Situation des Heeres hinsichtlich der illegalen Versendung von Kanonen und Munition nach Kroatien sehr kompromittierend ist." Siehe auch *La Nación*, 6. u. 23.6.1998. Die Explosion der Militärfabrik in Río Tercero war absichtlich herbeigeführt worden, um die illegale Verschickung von Rüstungsgütern zu vertuschen (*La Nación*, 3.11.1997). Siehe auch den Bericht von Douglas Farah, „A Tutor to Every Army in Latin América", in: *The Washington Post*, 13.7.1998.

13 Die Marine führt beispielsweise die Wartung der Turbinen für die brasilianischen Streitkräfte durch. Durch ein günstiges Angebot konnte sie Großbritannien, das diese Aufgabe zuvor wahrnahm, aus dem Geschäft drängen. Auch die Ausbildung von Offizieren wird als Dienstleistung angeboten.

zeichnet sich durch fehlende *accountability* und Praktiken am Rande der Legalität aus. Wir haben es hier auch mit einem Erbe des Autoritarismus zu tun, der parteilichen und verdeckten Handlungsweisen auf Kosten der Kontrollrechte zivilgesellschaftlicher Repräsentanten Schutz gewährte.

In den vergangen Jahren haben sich die Militärs zudem in gewandte und flexible Funktionäre verwandelt, die es verstehen, sich an sich ändernde interne und externe Rahmenbedingungen anzupassen. Sie können genauso als internationale Förderer des Friedens auftreten wie als Katastrophenhelfer. Gleichzeitig entstand ein neues Risiko für die Konsolidierung der Demokratie: zu den militärischen Missionen kamen polizeiliche Aufgaben hinzu, die die traditionellen Missionen der Landesverteidigung überlagerten, und dies in einer Gesellschaft, in der das Bedürfnis nach größeren Sicherheitsmaßnahmen stieg, weil die alltägliche Gewalt zunahm.[14] Für die Militärs bot sich damit die Möglichkeit, neue Funktionen zu bekleiden, eine Quelle für Arbeitsplätze zu erschließen und ihre Rolle zu legitimieren. Die Dringlichkeit von Lösungen für die Gewährleistung der öffentlichen Ordnung verschaffte den Militärs größere Verhandlungsspielräume mit den zivilen Entscheidungsträgern.

Militärpolitische Entscheidungsprozesse

Eines der zentralen Themen, das wiederholt Anlass zu Konflikten zwischen Militärs und Regierung gab, war der Entscheidungsprozess in verteidigungspolitischen Fragen und hinsichtlich der Umstrukturierung des Militärhaushaltes. Die Neuordnung der öffentlichen Finanzen war der Ausgangspunkt für eine Kürzung der Verteidigungsausgaben und damit auch für die Definition des neuen Stellenwertes der Streitkräfte innerhalb der staatlichen Institutionen. Aus einer institutionellen Perspektive betrachtet, musste sich die Überwindung der autoritären Militärtradition in einer eindeutigen Unterordnung der Streitkräfte unter das für die Verteidigungspolitik verantwortliche Ministerium niederschlagen. Seit der Rückkehr zur Demokratie wurde das Verteidigungsministerium von Zivilisten geleitet, aber in den Führungsetagen fanden sich in der Regel zahlreiche Offiziere im Ruhestand. Die Loyalität dieser Funktionäre galt in erster Linie ihrer jeweiligen Waffengattung, in zweiter Linie den Streit-

---

14 Im Jahr 1996 gab es 171.000 Polizisten und 32.000 Sicherheitskräfte der Präfekturen und Gendarmerien, die dem Innenministerium unterstehen; dem standen 76.000 Militärangehörige gegenüber, die dem Verteidigungsministerium unterstellt sind (*El Porteño* 1, September 1996: 11).

kräften insgesamt und erst an dritter Stelle der zivilen Regierung.[15] Die Verantwortung dafür, dass sich das Ministerium nicht an die Notwendigkeiten der Demokratie anpasste und den Militärs weiterhin große Spielräume bot, lag allerdings bei den zivilen Entscheidungsträgern. Ähnlich sah es mit den Zuwendungen im Rahmen des Verteidigungshaushaltes aus. Das Finanzverwaltungsgesetz sieht vor, dass die Ressourcen auf Anforderung des Verteidigungsministers durch den Finanzminister zugewiesen werden, wobei die Zustimmung des Bundesparlamentes notwendig ist. In der Realität erfolgen die Zuwendungen auf der Grundlage überkommener Kriterien und von den Kommandanten der Teilstreitkräfte vorgelegter Anträge. Die tatsächlichen Möglichkeiten des Verteidigungsministers, über die Verwendung der Gelder zu verfügen, sind minimal. Wenn es hoch kommt, kann er die von den Teilstreitkräften präsentierten Anforderungskataloge an der einen oder anderen Stelle kürzen, je nachdem, wie hoch die Zuwendungen durch das Finanzministerium sind (Diamint 1994). Infolgedessen bestimmt nicht der zuständige Minister in erster Linie über die Ausgaben der Teilstreitkräfte und die damit zu finanzierenden Aktivitäten, sondern das Militär selbst.

Doch auch wenn es den Streitkräften nach der Rückkehr zur Demokratie gelungen ist, weitgehend selbst über die Verwendung ihrer Ressourcen zu entscheiden, so sahen sie sich doch mit rigiden Positionen hinsichtlich des Anteils des Verteidigungshaushaltes an den Gesamtausgaben des Staates konfrontiert. Die Streitkräfte treten mit anderen staatlichen Institutionen, die sich in der gleichen Situation befinden, in einen Wettbewerb um die Verteilung des Haushalts. Auch zwischen den Waffengattungen gibt es ein Tauziehen um die finanziellen Zuwendungen. Jede Streitkraft muss sich Strategien überlegen, um ihre eigenen finanziellen Bedürfnisse so effizient wie möglich darzustellen. Hochrangige Offiziere (insbesondere der Marine) belegten sogar Kurse an prestige-

---

15 Noch 1996 erhoben einige der teilnehmenden Delegationen aus Anlass der zweiten Konferenz der Verteidigungsminister Amerikas Einwände dagegen, dass eine der Arbeitsgruppen „Die Rolle der Streitkräfte in der Demokratie" betitelt werden sollte. Sie forderten, dies durch „Die Rolle Der Streitkräfte im 21. Jahrhundert" zu ersetzen (Information des *Ministerio de Relaciones Exteriores, Comercio Internacional y Culto*, 12. Juni 1996). Ein anderer Fall war der eines ehemaligen Generals, der die Abteilung Militärpolitik des Verteidigungsministeriums leitete. Anlässlich eines bilateralen Treffens mit Brasilien legte er ein informelles Papier (*non-paper*) vor, in dem ein Schema für gemeinsame Militärinterventionen in Fragen des Drogenhandels vorgeschlagen wurde. Dies widersprach den rechtlichen Bestimmungen und führte zum erzwungenen Rücktritt des Abteilungsleiters.

trächtigen Bildungseinrichtungen wie dem *Massachussets Institute of Technology* oder der *Naval Postgraduate School* in Monterrey, um sich selbst in die Lage zu versetzen, ihre Haushaltsentwürfe gemäß den komplizierten Mechanismen des neuen Haushaltsrechts ausarbeiten zu können.

Parallel zu dieser zurückhaltenden Akzeptanz der Spielregeln bemühten sich die Streitkräfte darum, jede Verantwortung für eine defizitäre Verwendung der erhaltenen Ressourcen von sich zu weisen. In einem Schreiben des Heeres an das Verteidigungsministeriums war zu lesen: „Das Funktionieren des Heeres darf nicht durch Sparzwänge und sinkende Mittelzuweisungen, die oftmals ohne vorhergehende Konsultation stattfinden und zu schwierigen Situationen führen, in Mitleidenschaft gezogen werden." (*La Nación*, 24.11.1994) In diesem Schreiben wies das Heer jede Verantwortung für eine Nichterfüllung seiner öffentlichen Aufgaben in dem Maße zurück, wie ihm nicht die notwendigen Ressourcen für die Realisierung seiner in der Verfassung festgelegten Funktionen zugebilligt würden. Dementsprechend könne die Gesellschaft dem Heer weder Nachlässigkeit vorwerfen, noch es für die fehlende Sorgfalt bei der Instandhaltung seiner Ausrüstung verantwortlich machen. Die Sparpolitik wird als den nationalen Interessen widersprechend dargestellt, obwohl es vor allem die Interessen der Streitkräfte als eines privilegierten Akteurs sind, die dadurch Einschränkungen erfahren.

Die zivil-militärischen Beziehungen

Die meisten Studien über die Militärkultur verweisen nachdrücklich auf die Prägung der Streitkräfte durch die verschiedenen Ausbildungseinrichtungen im Verlauf der Offiziersausbildung. Infolgedessen legte man während der Amtszeit von Präsident Alfonsín besonderen Wert auf die Vermittlung und Internalisierung demokratischer Werte und hoffte darauf, dass dadurch die autoritären Tendenzen aus dem kulturellen Horizont des Militärs verschwinden würden. Das Verteidigungsministerium bemühte sich insbesondere um die Erarbeitung neuer Ausbildungsprogramme, deren Inhalte demokratischen Regeln und Konzeptionen entsprechen und Respekt gegenüber den Bürgern vermitteln sollten. Aber die Militärinstitutionen lehnten eine Einmischung von außen ab und neutralisierten die neuen Inhalte dadurch, dass sie an ihren Schulen weiterhin die alten Professoren beschäftigten. Dementsprechend waren die Erfolge in diesem Bereich nur begrenzt.

Ähnliche Versuche wurden, allerdings weniger systematisch, während der Präsidentschaft von Carlos Menem initiiert. Verteidigungsminister Camilión wollte die Nationale Verteidigungsakademie (*Escuela Nacional de Defensa*; END) „zivilisieren" und griff dazu auf ähnlich geartete Ansätze zurück wie die UCR-Regierung. Zum Direktor der END ernannte er einen Diplomaten aus seinem persönlichen Freundeskreis, der die nicht gerade als Hort der Demokratie bekannte Einrichtung zur Keimzelle einer neuen Generation von Funktionären machen sollte, die eine zentrale Rolle im Rahmen der zukünftigen Verteidigungspolitik spielen würden. Als Modell diente die Verteidigungsuniversität der Vereinigten Staaten von Amerika, aber das Vorhaben scheiterte an der Weigerung des Heeres, der zivilen Verwaltung eine Institution zu „übergeben", die als die eigene betrachtet wurde.[16]

Auf der Suche nach mehr gesellschaftlicher Anerkennung präsentierten die Streitkräfte ihrerseits mehrere Vorschläge, die zu einer Annäherung zwischen Zivilisten und Militärs führen sollten. Das Heer organisierte Kurse für Journalisten,[17] bot Filmvorführungen zu militärischen Themen an, bereitete eine Modenschau im traditionsreichen Regiment von Patricios vor und lud Familien mit Kindern zu einem Freizeitvergnügen ein, bei dem im Regiment von Palermo Kriegsspiele simuliert wurden. Zudem wurden zwischen dem Sekretariat für Menschenrechte und der Nationalen Gendarmerie Abkommen über Erziehungsmaßnahmen im Bereich Menschenrechte unterzeichnet (*La Nación*, 19.4.1998). Die Marine schickte einen Flottenverband in den Hafen von Buenos Aires und regte Kinder dazu an, Soldaten zu spielen.

Die entscheidende Frage für die Beziehungen zwischen Militärs und Gesellschaft bleibt jedoch die Behandlung des Themas Menschenrechte. Die Reden, in denen General Balza die institutionelle Verantwortung des Heeres für Folter und Repression während der Militärdiktatur anerkannte, bedeuteten einen spektakulären Wandel im Vergleich zu den traditionellen Positionen der Streitkräfte. Über die Gehorsamspflicht der Soldaten äußerte er sich in einer Rede anlässlich der Abschlusszeremonie des Jahrgangs 1998 in der nationalen Kadettenanstalt folgendermaßen:

---

[16] Die DNG ist funktional und haushaltsmäßig dem Verteidigungsministerium unterstellt, aber die Abschlüsse werden durch die Provinzuniversität des Heeres (*Universidad Provincial del Ejército*) vergeben.

[17] Im Rahmen seines Abschlussvortrages sagte General Balza: „Die alte Vorstellung, nach der die Militärs eingeschlossen in ihrer Festung lebten, hat an Gültigkeit verloren, denn jetzt stehen die Kasernentore für jedwede journalistische Recherche offen." (*La Nación*, 3.12.1994).

Gehorsam schuldet man nur legitimen Befehlen, die von legitimen Autoritäten gegeben werden. Erinnern Sie sich daran, dass man Ihnen das Recht gibt, Waffen zu tragen [...], aber dieses Recht gründet auf der Verfassungsnorm, welche die Rolle der Streitkräfte als Zwangsinstrument legitimiert. Nur wer an die Verfassung und an die Gesetze glaubt, kann verstehen, dass die legitime Regierung aus dem souveränen Willen des Volkes entspringt, welches seinen Repräsentanten sein eigenes Recht überträgt. Denken Sie deshalb daran, dass diese Waffen nur dann benutzt werden dürfen, wenn die verfassungsmäßige Macht es so verfügt. (zitiert nach *La Prensa*, 13.12.1994).

Die Erklärungen des Heereskommandanten stießen auf die Zustimmung der Zivilgesellschaft und auf deutliche Ablehnung bei den Offizieren im Ruhestand. General Balza ging es um eine Versöhnung zwischen dem Heer und der Gesellschaft. Gleichzeitig sollte die Einheit des Heeres wiederhergestellt werden, aber es gelang ihm nicht, die Brüche zwischen den Offizieren und ihren Vorgesetzten zu überwinden (*Clarín*, 5.5.1995).

Sowohl Präsident Menem als auch General Balza bemühten sich um eine Erneuerung der Beziehungen zwischen Streitkräften und Gesellschaft. Aber dem Heereskommandanten ging es auch darum, das Unbehagen einiger seiner Untergebenen und vieler Offiziere im Ruhestand zu minimieren, denn sein vorrangigstes Interesse galt der Erneuerung und dem Erhalt der Einheit seiner Teilstreitkraft. Gegenüber seinen Gegnern innerhalb des Heeres reagierte er mit großer Entschiedenheit. Er zeigte sich davon überzeugt, dass die öffentliche Reue das Heer erneuern und stärken und zur Neudefinition seiner Rolle im politischen Leben beitragen werde. Diese Anstrengungen wurden jedoch durch zwei andere Ereignisse in Mitleidenschaft gezogen, durch die die guten Absichten und die Glaubwürdigkeit des Heeres in Frage gestellt wurden. Es handelte sich um den Tod eines Soldaten in Folge von Misshandlungen durch seine Vorgesetzten sowie um den Verkauf von Waffen nach Kroatien und Ecuador. Beide Fälle ließen Zweifel hinsichtlich der moralischen Integrität des Heereskommandanten aufkommen.

Während Balza öffentlich Reue zeigte, suchte die Marine die Schuld bei anderen und räumte der Verteidigung ihrer Mitglieder Priorität ein. Dies war schon im Fall der Offiziere Rolón und Pernía so gewesen, als deren Beförderung von Menschenrechtsorganisationen und Abgeordneten der Radikalen Partei in Frage gestellt worden war. Der Oberkommandierende der Marine, Admiral Molina Pico, stellte sich hinter die Forderungen seiner Streitkraft und brachte die Angelegenheit an höchster Stelle vor. Auch wenn er damit keinen Erfolg hatte, so sorgte sein

Verhalten doch dafür, dass er von Kritik aus den eigenen Reihen verschont blieb. Die Selbstkritik von Molina Pico, die dieser im Namen des Admiralsrats vortrug und nicht in persönlicher Form wie im Falle von General Balza, zeichnete sich durch einen stärker rechtfertigenden Charakter aus. Von ihm waren Sätze zu hören wie: „Das Vorgehen der Streitkräfte darf nicht so analysiert werden, als ob sie die einzigen Beteiligten an der Angelegenheit gewesen wären." (*Clarín*, 4.5.1995) oder „Die Nation wurde angegriffen und hat sich verteidigt." (*La Nueva Provincia*, 4.5.1995). Die halbherzige Selbstkritik der Marine stand in besonderem Kontrast zu der Tatsache, dass die Vorwürfe des Kapitäns Scilingo, der die Krise ins Rollen gebracht hatte, insbesondere die Marine kompromittierten. Die mit dieser Streitkraft in Verbindung stehenden Fälle hatten den stärksten Nachhall in der Öffentlichkeit gefunden.

Was die Luftwaffe angeht, so verband General Paulik die Auseinandersetzung mit den Verbrechen während des „Schmutzigen Krieges" mit Forderungen an die Regierung, für ein akzeptables Funktions- und Ausrüstungsniveau seiner Streitkraft zu sorgen. Seine Selbstkritik ging nicht auf eine interne, von den Waffenkameraden geteilte Revision zurück, sondern auf eine Aufforderung durch die Regierung.

Kurze Zeit nach diesen Reden nahm die Gesellschaft mit Überraschung die Erklärungen des ehemaligen Kapitäns Alfredo Astiz zur Kenntnis, der ausführlich die während der Diktatur begangenen Gräueltaten schilderte und diese als Teil einer institutionellen Politik der Marine bezeichnete (Cerruti 1998; *Clarín*, 16.4.1998). Diese Tatsache, genauso wie die spätere Anklage gegen General Videla wegen Kindesraubes, legt die nach wie vor tiefgreifenden Brüche innerhalb der Gesellschaft offen. General Balza selbst erkannte dies in einer Rede an:

> Das Heer ist sich seiner institutionellen Verantwortung bewusst, es bemüht sich darum, einen schmerzhaften, nicht geführten Dialog in Gang zu bringen über eine Vergangenheit, die nach wie vor eine offene Wunde im kollektiven Bewusstsein der Argentinier darstellt (12.2.1998).

Die Begrenztheit der Reuegefühlte und die Fortexistenz autoritärer Konzeptionen zeigte sich im Fall Carrasco. Der Soldat Carrasco, ein Rekrut, der einer Familie aus dem Süden des Landes entstammte, starb infolge brutaler Misshandlungen, denen er wegen seiner religiösen Überzeugungen ausgesetzt war. Der Leichnam wurde erst Tage nach einer durch seine Familie aufgegebenen Vermisstenanzeige gefunden. Es kam zu einem Prozess, in dessen Verlauf eine ganze Kette von Vorgängen aufgedeckt wurde, durch die die Ehrenhaftigkeit und die ethischen Überzeugungen der Heeresangehörigen erneut in Zweifel gezogen wurden. General Balza antwortete auf den Vorfall im Namen des Heeres: „Es handelt sich um ein abscheuliches Verbrechen [...] Ich empfinde große Scham und ich werde sie noch viel stärker empfinden, wenn sich Beweise dafür finden – was ich glaube – dass Angehörige der Streitkräfte in den Fall Carrasco verwickelt sind." (*Clarín*, 19.9.1995). Trotzdem hatte die Gesellschaft das Gefühl, dass Willkürakte und Verbrechen vertuscht werden sollten, zumal sich schnell zeigte, dass es sich nicht um einen Einzelfall handelte. Die Auswirkungen waren derart negativ, dass Präsident Menem daraufhin beschloss, per Dekret die Wehrdienstpflicht abzuschaffen. Dies entsprach einer Forderung der Bevölkerung, deren Umsetzung über die institutionellen Kanäle nicht möglich gewesen war. Sowohl die Parteilichkeit, die im Verlauf der Verfahren vor der lokalen und der Militärjustiz deutlich wurde, als auch die Art und Weise, wie über die Schaffung eines Freiwilligen Militärdienstes entschieden wurde, verweisen auf die starke Personalisierung der argentinischen Politik.

Fehlende Transparenz und zweifelhafte Ethik kompromittierten das Heer auch im Falle der Waffenverkäufe nach Kroatien und Ecuador, während beide Länder sich im Krieg befanden. Die juristische Aufarbeitung dieser Angelegenheit ist noch nicht abgeschlossen, aber zweifellos handelt es sich um Beispiele für ungesetzliche Praktiken der Streitkräfte, für Korruption und für Klientelismus. Sowohl der Tod des Soldaten Carrasco als auch die Waffenverkäufe sind Belege für autoritäre Verhaltensweisen der Streitkräfte, die auf Praktiken zurückgehen, wie sie während der Militärdiktatur üblich waren. Wie in den Jahren der Diktatur spüren die Militärs auch angesichts ziviler Regierungen keine Verpflichtung, der Gesellschaft Rechenschaft über ihre Handlungen abzulegen. Verschlimmert wird das Ganze noch dadurch, dass die Korruptionsfälle von den zivilen Regenten toleriert werden, die sich damit dem Hochmut der Macht anschließen.

Die Verteidigungspolitik

Als Ergebnis der Demokratisierungswelle und des Endes der Spannungen im Rahmen des Kalten Krieges verflüchtigten sich die wichtigsten Konflikthypothesen, auf denen die argentinischen Streitkräfte ihr Selbstverständnis aufgebaut hatten. Eine Reihe von Konflikten, die in früheren Zeiten fast zum Ausbruch kriegerischer Auseinandersetzungen geführt hätten, konnten auf friedliche Art und Weise beigelegt werden. Dazu gehörten die Abkommen über die Beilegung der Grenzstreitigkeiten zwischen Chile und Argentinien und das gemeinsame argentinisch-brasilianische Nuklearprogramm.

Gleichzeitig kam es zu einer Ausweitung gemeinsamer militärischer Unternehmungen. Dies gilt beispielsweise für die Einsätze im Rahmen von UNITAS, an der auch Militärs aus den USA, Brasilien und Uruguay beteiligt waren und die zu einer Stärkung des gegenseitigen Vertrauens innerhalb der Region beitrugen. Die gemeinsamen Flottenmanöver Argentiniens und Chiles im Südatlantik, die zunächst auf beiden Seiten auf Widerstand gestoßen waren, entwickelten sich zu einem historischen Schritt für die bilateralen Militärbeziehungen. Auch das gemeinsame Auftreten argentinischer und chilenischer Militärs auf Zypern ist in diesem Rahmen zu sehen. Zweifellos reduzieren diese neuen Beziehungsmuster zwischen den Streitkräften der Region die Gefahr bewaffneter Auseinandersetzungen. Auch die Schaffung des Mercosur mit den Mitgliedern Argentinien, Brasilien, Uruguay und Paraguay sowie Chile und Bolivien als assoziierten Mitgliedern trug dazu bei, aus alten Feinden Partner zu machen.

Dadurch konnten die Beziehungen zu den Vereinigten Staaten gestärkt und die Einbindung des Landes in den internationalen Kontext verbessert werden. Viele Experten gehen auch davon aus, dass die Durchführung begrenzter militärischer Einsätze im Ausland zu einer Stärkung der zivilen Kontrolle über die Streitkräfte beiträgt (Pion-Berlin/Arceneaux 2000). Sie weisen aber auch darauf hin, dass dies nicht automatisch geschieht. Damit derartige Erfolge tatsächlich erzielt werden, müssen die entsprechenden Entscheidungen durch die zivilen Amtsträger getroffen und von den Streitkräften akzeptiert werden.

Die unter Menem erfolgten Beteiligungen an internationalen Friedensmissionen waren derjenige Bereich, in dem die stärkste Kontrolle über die Streitkräfte ausgeübt werden konnte und die besten Erfahrungen hinsichtlich der Zusammenarbeit zwischen verschiedenen Verwaltungsbehörden gemacht wurden. Die Entscheidungen über die Beteiligung an Auslandseinsätzen wurden auf ministerieller Ebene getroffen und mit den Streitkräften abgestimmt. Allerdings war das Außenministerium mit den entsprechenden Verhandlungen beauftragt, was damit zusammenhängt, dass dieses Ministerium auch für die Beziehungen mit den Vereinten Nationen zuständig ist. Es deutet aber auch darauf hin, dass das Außenministerium es besser als das Verteidigungsressort verstand, mit den Militärs umzugehen.

Seit 1990 verlagerte sich das Gravitationszentrum der Entscheidungen über die Sicherheitspolitik ins Außenministerium, dessen zentrale

Zielsetzungen im militärischen Bereich lauteten: Nichtverbreitung von Kernwaffen, friedliche Lösung von Konflikten und Kooperation im Bereich der globalen Sicherheit. Zur Verwirklichung dieser Ziele diente sowohl die Beteiligung an den Friedensmissionen der Vereinten Nationen als auch die Mitarbeit im Rahmen der Rüstungskontrolle. Diese Politik war erfolgreich und führte zu einer Annäherung Argentiniens an die westlichen Länder, sie stieß aber auch auf nicht zu übersehende interne Widerstände.

Das Verteidigungsministerium ergänzte die Aufgaben des Außenministeriums, es ließ dabei allerdings klar durchblicken, dass nicht die Bevölkerung, sondern das Militär seine wichtigste Klientel sei. Obwohl es die Direktiven der Exekutive unterstützte, war es wesentlich weniger effektiv bei der Definition seiner Politik und bei der Verdeutlichung seiner Ziele. Die mangelhafte Koordination zwischen den Funktionären des Ministeriums und den Streitkräften lähmte manche Initiative und führte zu Spannungen innerhalb des Kabinetts. Das Ministerium bemühte sich kaum darum, eine Gruppe von Fachleuten auszubilden und dadurch eine Aufwertung der Verteidigungsaufgabe im Rahmen der allgemeinen politischen Richtlinien der Regierung durchzusetzen. Im neuen Gesetz zur Neuordnung der Streitkräfte wurde das Thema nicht einmal erwähnt. Zwar schreibt das Gesetz vor, dass das Verteidigungsministerium über Aufrüstung und Logistik bestimmen soll, entsprechende Maßnahmen wurden jedoch nicht getroffen.

Am 27. Juni 1995 wurde das *Centro Argentino de Entrenamiento Conjunto para Operaciones de Paz* (CAECOPaz) geschaffen, in dem die argentinischen Militärs auf ihren Einsatz im Rahmen von Friedensmissionen der UNO vorbereitet werden. Auch Soldaten aus anderen lateinamerikanischen Ländern kommen hierher, weshalb das Zentrum auch als Instrument zur Verbesserung der Beziehungen mit den Streitkräften der Nachbarländer dient.

Abschließende Überlegungen

Die Umgehung vorgeschriebener rechtlicher Kanäle durch die Streitkräfte, Einflussversuche mittels direkter Kontakte zum Präsidenten und der Einsatz halb-legaler Ressourcen zur Durchsetzung militärischer Interessen – derartige Restbestände militärischer Selbstherrlichkeit untergraben die demokratischen Institutionen. Eine solche Vorgehensweise unterscheidet sich allerdings nicht allzu sehr von der Logik der Machtakkumulation, wie sie die zivilen politischen Kräfte betreiben. Im Ergebnis nehmen die Auseinandersetzungen zwischen verschiedenen Fraktionen innerhalb des Staates zu, wobei es nicht in erster Linie um institutionelle Errungenschaften, sondern um persönliche Vorteile geht. Nimmt man zu diesem Panorama Gefahren bzw. Herausforderungen wie den Drogenhandel, die Umweltverschmutzung, den Terrorismus und die organisierte Kriminalität und eine zukünftige Beteiligung der Militärs an Aufgaben im Bereich der inneren Sicherheit hinzu, so ist unbedingt eine Stärkung der parlamentarischen Kontrollmechanismen notwendig, wenn es nicht zu einer weiteren Verschlechterung der Beziehungen zwischen Zivilgesellschaft und Streitkräften kommen soll.

Die bislang auf diese Herausforderungen gegebene Antwort, nämlich der Versuch einer stärkeren (staatsbürgerlichen) Erziehung der Militärs, ist in diesem Zusammenhang zwar ein wichtiger, aber lediglich ein sekundärer Aspekt, der die zentrale Problematik ausblendet. Dies zeigt sich auch an den bislang nicht besonders erfolgreichen Bemühungen des *Comando Sur*, zur staatsbürgerlichen Erziehung der lateinamerikanischen Militärs und damit zur Demokratisierung der Streitkräfte innerhalb der Region beizutragen. Die Militärs beten die Lektionen über Menschenrechte nach, aber wenn sie dann nicht mehr im Klassenraum sitzen, sondern konkrete Aufgaben realisieren, greifen sie erneut auf die traditionellen Repressions- und Zwangsmaßnahmen zurück. Der Wandel darf sich daher nicht auf erzieherische Maßnahmen beschränken, sondern vor allem müssen Machtressourcen entwickelt werden, um die zivile Suprematie über die Streitkräfte effektiv zur Geltung zu bringen.

Nun wäre es ebenfalls falsch zu glauben, dass die Streitkräfte nach wie vor voll und ganz ihren überkommenen Konzeptionen treu geblieben sind. Ihre wichtigste Forderung lautet heute, als legitime Akteure im Rahmen der Entscheidungsprozesse über Sicherheitsfragen anerkannt zu werden. Die Militärs haben die Erfahrung gemacht, dass die einzige Möglichkeit zur Bewahrung ihrer Institution in einer Welt, in der der militärische Faktor an Gewicht verliert und die politische und ökonomische Effizienz des Staates die wichtigste Machtquelle ist, darin besteht, über einen modernen Staat zu verfügen, der ausreichende Ressourcen für die Unterhaltung der Streitkräfte bereitstellt. Carlos Acuña und Catalina Smulovitz (1996: 192) betonen, dass „die Unterordnung der Streitkräfte unter die konstitutionelle Macht nicht aufgrund von entstehenden demokratischen Werten geschieht, sondern durch die Erkenntnis, dass bei Überschreitung gewisser Grenzen das Überleben des Akteurs an sich in Gefahr gerät." Die durch die Anpassungspolitiken, die Öffnung der Märkte und die politische Stabilität etablierten Rahmenbedingungen lassen den Streitkräften keinen Spielraum, um ihre Forderungen losgelöst von dem neuen Staatsmodell zu entwickeln.

Es existiert ein Spannungsverhältnis zwischen der Rechtfertigung einer Zwangsgewalt, die den Streitkräften von der Gesellschaft zu ihrem eigenen Schutz zuerkannt wird, einerseits, und dem Widerstreben der Militärs zu gehorchen, das auf der gleichen Gewaltbefugnis basiert, andererseits (Zagorski 1992; Feaver 1996). Auch wenn die Streitkräfte nicht daran denken, einen Staatsstreich durchzuführen, können ihre politische Autonomie und das Fehlen gesetzlicher Kontrollen zu einer systematischen Einschränkung der zivilen Kontrolle führen. Notwendig ist die vollständige Etablierung ziviler Suprematie, d.h. die Fähigkeit der demokratisch gewählten Regierung, über die nationale Verteidigung zu bestimmen und die Durchführung der von ihr angeordneten Maßnahmen zu überwachen (Aguero 1995: 41-52). Nur so kann die Unsicherheit hinsichtlich der langfristigen Treue der Streitkräfte gegenüber den zivilen Herrschaftsträgern beseitigt werden.

In den gegenwärtigen marktwirtschaftlich orientierten Demokratien ist es wenig wahrscheinlich, dass die Ziele der Regierung mit den Interessen der Streitkräfte übereinstimmen. Beispielsweise nimmt ein Teil der Militärs das Voranschreiten der regionalen Integrations- und Kooperationsprozesse als Gefahr für die nationalen Interessen wahr. Auch in Argentinien hat ein Sektor der Streitkräfte sich um eine Annäherung an Politiker bemüht, die sich für eine Rückkehr zu einer stärker nationalistisch orientierten Politik aussprechen (Rico 1997). Solange die Militärs die Verteidigung der eigenen Korporation als ihr wichtigstes Ziel betrachten, wird es schwierig sein, zu einem dauerhaften Konsens hinsichtlich gesellschaftlicher Normen und Institutionen zu gelangen. Mehr noch, solange die Subordination der Streitkräfte unter die zivilen Machthaber nicht auf der Grundlage legal-rationaler Kriterien geschieht, sondern informell, in Funktion von Machtpfründen, büßen die Militärs Spielräume für institutionalisierte Verhandlungen ein und verfügen über weniger Mittel, um ihre gemeinsamen oder je nach Waffengattung spezifischen Interessen durchzusetzen. Aber auch wenn die institutionellen Forderungen geschwächt werden, erlauben es ihnen die persönlich geführten Verhandlungen über den Austausch von Gefälligkeiten, ihre korporativen Vorrechte innerhalb des demokratischen Rahmens zu bewahren.

Die Theorie geht davon aus, dass ein durch Zusammenbruch der Militärherrschaft erfolgter Übergang zur Demokratie die Streitkräfte als politischen Akteur eliminiert. Aber wie wir gesehen haben, verschwanden die Streitkräfte in Argentinien weder von der politischen Bühne, noch fand ein grundlegender Wandel ihrer korporativen Kultur statt. Es stellt sich die Frage, inwiefern die Fortexistenz autoritärer Legate eine Bedrohung für die Stabilität der demokratischen Institutionen darstellt. Worin besteht das Risiko? Die Militärs passten sich an die Strukturreformen und die Anpassungspolitiken auf patrimoniale Art und Weise an und konnten ihre Machtquellen erhalten. An die Demokratie passten sie sich in korporativer Manier an und bemühten sich darum, ihre Privilegien zu bewahren. Sie verfügen heute über weniger Ressourcen als in früheren Zeiten, um die zivile Macht in Frage zu stellen, aber es ist nicht gelungen, genügend gesellschaftliche Kapazitäten zu entwickeln, die zu einer institutionellen Stärkung der Demokratie und zum Abbau spezifischer Vorrechte der Streitkräfte beitragen könnten.

Die neoliberalen Anpassungspolitiken und Staatsreformen haben zu einer stärkeren politischen Kontrolle der Streitkräfte beigetragen. Die neue Staatsstruktur sorgt dafür, dass die Militärs nur noch eine Randposition innerhalb des Herrschaftsmodells einnehmen. Infolge der Sparpolitik sehen sich die Streitkräfte zunehmend in einer Verhandlungsposition, die sich nicht sonderlich von der anderer gesellschaftlicher Akteure unterscheidet. Aber auch wenn in Argentinien die Macht der Streitkräfte zur Durchführung eines Staatsstreiches gebrochen werden konnte, so gilt dies nicht für autoritäre Verhaltensweisen und Legate, die das politische Regime abqualifizieren und Defizite im Hinblick auf das Funktionieren der Demokratie nach sich ziehen. Letzten Endes hat sich die Demokratie konsolidiert, ohne eine zufriedenstellende Lösung für die Frage der zivil-militärischen Beziehungen zu finden.

Literaturverzeichnis

Acuña, Carlos/Smulovitz, Catalina (1996): „Ajustando las Fuerzas Armadas a la democracia: Las Fuerzas Armadas como actor político en la experiencia del cono sur", in: *Agora. Cuaderno de estudios políticos* 5, 97-133.

Acuña, Carlos (Hrsg.) (1995): *La nueva Matriz Política Argentina*, Buenos Aires: Nueva Visión.

Agüero, Felipe (1995): *Militares, Civiles y Democracia. La España postfranquista en perspectiva comparada*, Madrid: Alianza Editorial.

Agüero, Felipe (1992): „The Military and the Limits to Democratization", in: Mainwaring, Scott/O'Donnell, Guillermo/Valenzuela, J. Samuel (Hrsg.): *Issues in Democratic Consolidation: The New South American Democracies in Comparative Perspective*, Notre Dame: University of Notre Dame Press, 153-198.

Barkey, Henri J. (1990): „Why Military Regimes Fail: The perils of Transition", in: *Armed Forces and Society*, Winter.

Cerruti, Gabriela (1998): „El asesino está entre nosotros", in: *Tres Puntos* 28, 14.1.

Diamint, Rut (1994): „Gasto militar y ajuste económico en Argentina", in: Rojas Aravena, Francisco (Hrsg.): *Gasto Militar en América Latina. Procesos de decisión y actores claves*, Santiago de Chile: FLACSO/CINDE, 139-181.

Diamint, Rut (1995): „Política exterior, seguridad regional y medidas de confianza mutua", in: Cáceres, Gustavo/Sheetz, Thomas (Hrsg.): *Defensa no provocativa. Una propuesta de reforma militar para la Argentina*, Buenos Aires: Editora Buenos Aires, 325-363.

Diamint, Rut (1997) (Hrsg.): „*La toma de decisión en asuntos de seguridad*", Buenos Aires: Universidad Torcuato Di Tella (Working Paper No. 39).

Diamint, Rut (1997a): *El gobierno norteamericano ante el caso del Cóndor II. Sistema burocrático y toma de decisiones*, Washington: Woodrow Wilson International Center for Scholars (Working Paper 224).

Diamint, Rut (Hrsg.) (1999): *Control civil y fuerzas armadas en las nuevas democracias latinoamericanas*, Buenos Aires: Editorial GEL.

Estévez, Eduardo (1990): „Aspectos salientes de la relación gobierno-fuerzas armadas 1983-1989", in: *Hacia una nueva relación, el papel de las Fuerzas Armadas en un gobierno democrático*, Buenos Aires: National Democratic Institute for International Affairs.

Feaver, Peter D. (1996): „The Civil-Military Problematique: Huntington, Janowitz, and the Question of Civilian Control", in: *Armed Forces and Society*, 23 (2), 149-178.

Huntington, Samuel (1957): *The Soldier and the State: The Theory and Politics of Civil-Military Relations*, Cambridge: Harvard University Press.

Pion-Berlin, David/Arceneaux, Craig (2000): „Decision-Makers or Decision Takers? Military Missions and Civilian Control in Democratic South America", in: *Armed Forces and Society*, 26 (3), 413-436.

Rico, Aldo (1997): *El retorno al proyecto nacional*, Buenos Aires: Ediciones del MODIN.

Rouquié, Alain (1988): „Demilitarization and the Institutionalization of Military-Dominated Politics in Latin America", in: O'Donnell, Guillermo/Schmitter, Philippe C./Whitehead, Laurence (Hrsg.): *Transitions From Authoritarian Rule. Comparative Perspectives*, Baltimore/London: The Johns Hopkins University Press, 108-136.

Stepan, Alfred (1988): *Rethinking Military Politics: Brazil and the Southern Cone*, Princeton: Princeton University Press.

Varas, Augusto (1990): „Las relaciones cívico-militares en un marco democrático", in: Goodman, Louis/Mendelson, Johanna/Rial, Juan (Hrsg.): *Los Militares y la Democracia*, Montevideo: Peitho.

Zagorski, Paul (1992): *Democracy vs. National Security: Civil-Military Relations in Latin America*, Boulder: Lynne Rienner Publishers.

Peter Thiery

Demokratie und Rechtsstaatlichkeit – auf dem Weg zur Konsolidierung?*

Der Sieg von Fernando de la Rúa bei den Präsidentschaftswahlen im Oktober 1999 wurde als Zeichen dafür gewertet, dass die argentinische Demokratie sich gefestigt habe und autoritäre Rückschläge weit jenseits des Vorstellbaren lägen. Noch nie war es in der Geschichte des Landes vorgekommen, dass vier Mal in Folge der Präsident in freien und fairen Wahlen bestimmt wurde. Auch wechselte dabei zum zweiten Mal reibungslos die politische Couleur, nachdem 1989 die Peronisten die Radikalen aus der Macht verdrängt hatten. Zum ersten Mal in der Geschichte des Landes wurden die Peronisten aus dem Präsidentenamt gewählt, selbst wenn dem nicht mehr die gleiche sensationelle Bedeutung beigemessen wurde wie den Wahlen 1983, die gezeigt hatten, dass die Peronisten durchaus an der Wahlurne besiegt werden konnten.

Auch die Begleitumstände der Präsidentschaftswahlen 1999 sprachen für eine Festigung der Demokratie: Anders als bei den vorhergehenden Präsidentschaftswahlen blieben populistische und messianische Auftritte im Stile Menems aus. Dies mag auch daran gelegen haben, dass die Argentinier dieses Politikertypus mittlerweile überdrüssig geworden sind. Jedenfalls präsentierten sich die Wahlen als geradezu „langweilig", ein weiteres Indiz dafür, dass sie auch in Argentinien längst zur Routine geworden sind. Damit unterscheidet sich Argentiniens neue Demokratie nicht nur von einigen gegenläufigen Entwicklungen auf dem Subkontinent (Peru, Paraguay, Venezuela, Kolumbien), sondern vor allem von den Turbulenzen der eigenen Geschichte.

Diese positiven Schlaglichter stehen in deutlichem Kontrast zu der skeptischen und bisweilen pessimistischen Haltung, die sich vor allem in der ersten Hälfte der neunziger Jahre breitgemacht hatte. Paradigmatisch

---

* Dieser Beitrag entstand im Rahmen eines von der Volkswagen-Stiftung finanzierten Forschungsprojektes „Demokratische Konsolidierung und ‚defekte Demokratien': Ein interregionaler Vergleich ausgewählter Länder in Osteuropa, Lateinamerika und Ostasien", Heidelberg/Frankfurt a.M. Ich danke meinen Kollegen Claudia Eicher und Aurel Croissant sowie insbesondere den beiden Projektleitern, Wolfgang Merkel (Heidelberg) und Hans-Jürgen Puhle (Frankfurt/Main) für ihren Rat und kritische Kommentare. Selbstverständlich bin ich alleine für den Inhalt verantwortlich.

hierfür war Guillermo O'Donnells These einer delegativen Demokratie, die er beispielhaft an Brasilien, Peru und eben Argentinien darlegte (O'Donnell 1994). Demnach setzten sich zwar Wahlen als alleiniger Modus zur Besetzung der zentralen Herrschaftspositionen in Exekutive und Legislative durch, doch würde die so generierte politische Macht danach in plebiszitären und populistischen Politikstilen genutzt. Neben einer gezielten Abkoppelung von rechtsstaatlichen Kontrollmechanismen und einer generellen Schwäche der politischen Institutionen sei deshalb mit erratischen Politiken, wachsenden Regierbarkeitsproblemen und weiteren Krisenzyklen zu rechnen.

So umstritten diese These hinsichtlich ihrer Treffsicherheit vor allem in Lateinamerika war, so fand sie im Laufe der 90er Jahre doch viele Befürworter – und sie ließ sich im übrigen auch auf andere Länder und Regionen anwenden. Andere Beobachter schlossen sich mit ähnlichen Argumenten an (de Riz 1996; Linz/Stepan 1996: 190-204; Ferreira Rubio/ Goretti 1998a; kritisch dazu: Palermo/Novaro 1996: 475-524). Denn während sich unter Alfonsín die Probleme der demokratischen Konsolidierung zu verdichten begannen und in den letzten Monaten seiner Amtszeit zu einer Staatskrise zuspitzten, konnte Menem zwar die Regierbarkeit wiederherstellen, doch löste er dies mittels delegativ-illiberaler Regierungspraktiken, exekutiver Machtkonzentration und plebiszitärer Legitimierung. Vereinzelt sprachen Beobachter gar von einer „Mexikanisierung" insofern, als die Gefahr einer Hegemoniestellung der Peronisten um Menem im Stile der mexikanischen PRI gewittert wurde.

Viele dieser Befürchtungen erschienen durch die politische Entwicklung zu Ende der neunziger Jahre überholt oder wenigstens überakzentuiert. Denn kaum war Menem nicht mehr im Amt sondern durch einen nüchternen, traditionsverhafteten Berufspolitiker ersetzt, der sich in unspektakulären und erneut freien und fairen Wahlen durchgesetzt hatte – so galt Argentiniens Demokratie als konsolidiert (Levitsky 2000: 66) bzw. „erwachsen" (Böhler 1999). Dieser neuerliche Pendelausschlag in der Bewertung scheint jedoch voreilig, wie die folgende Analyse zeigen soll. Ihr Tenor lautet, dass die argentinische Demokratie gewiss insofern gestärkt aus der Ära Menem hervorgegangen ist, als sich nicht mehr die Frage eines Rückfalls in ein autoritäres Regime stellt – sei es offen wie in Kuba oder verdeckt wie in Peru. Wesentliche Funktionselemente einer Demokratie haben sich gefestigt und werden nicht mehr in Frage gestellt, was zweifelsohne eine Errungenschaft darstellt. Dies ist das freundliche Gesicht der argentinischen Demokratie. Ihre Schattenseiten haben sich aber unter Menem ebenso ausgebreitet und derart verfestigt, dass – wenn überhaupt – nur mittel- bis langfristig mit ihrem Zurückdrängen zu rechnen ist. Ihr Signum ist die Schwäche rechtsstaatlicher Strukturen, die die Einhegung politischer und gesellschaftlicher Machtquellen zunehmend prekärer werden ließ. Die mangelnde Kontrolle und Kontrollierbarkeit der Exekutive sowie ein hybrides Rechts- und Justizsystem begünstigten die Herausbildung undurchsichtiger Machtgeflechte, die parallel zum demokratischen Institutionensystem operierten und es teilweise auch unterliefen. Allerdings haben starke demokratische Gegenkräfte und die besondere politische Dynamik der neunziger Jahre ein Überhandnehmen dieser Schattenseiten eingedämmt.

Die politische Dynamik der Demokratieentwicklung

Die zehnjährige Amtszeit Menems lässt sich grob in zwei Phasen unterteilen, denen auch eine unterschiedliche Bedeutung für die Demokratieentwicklung zukommt. Die erste Phase bis zur Verfassungsreform 1994 war geprägt von außerordentlich zugespitzten wirtschaftlichen, gesellschaftlichen und politischen Problemlagen, die auch jede andere Demokratie unter enormen Leistungsdruck gesetzt hätten. In dieser Phase gelang es Menem und seiner Equipe, ein relativ erfolgreiches Krisenmanagement zu betreiben und die drohende Systemkrise abzuwenden. Diese Erfolge trugen wesentlich zur Legitimierung des „Menemismus" (*menemismo*) bei und führten zu seiner Konsolidierung sowohl auf nationaler Bühne wie innerhalb der eigenen Partei. Mit dem Pakt von Olivos und schließlich mit der Verfassungsreform von 1994 kommt diese Phase zum Abschluss. Es gilt als unumstritten, dass die Wiederwahl Menems und die formale Festigung der präsidentiellen Prärogativen das zentrale Motiv der neuen Verfassung darstellten.

Zu diesem Zeitpunkt, als Menem sich auf dem Höhepunkt seiner Macht befand und 1995 seine Wiederwahl erreichte, begann die zweite Phase, die von einer schleichenden Erosion des *menemismo* gekennzeichnet war. Zur anfänglichen Stärke trug noch bei, dass sich die Opposition im Prozess der Neuformierung befand. Bei den Präsidentschaftswahlen erreichten die Kandidaten von UCR und FREPASO zusammen zwar über 40% der Stimmen, doch verfehlte der zweitplazierte FREPASO-Kandidat die Stichwahl deutlich. Dieses Szenario änderte sich allerdings infolge der Verschleißerscheinungen der Regierung, der Anzeichen einer eher stagnierenden sozioökonomischen Entwicklung sowie vor allem der erfolgreichen Neuformierung der Opposition.

Mit Blick auf die Demokratieentwicklung bestand das Signum der ersten Phase in der Herausbildung der unten näher analysierten delegativen Züge, die die Krisenpolitik Menems prägten. In der Stabilitätskrise am Ende der Amtszeit Alfonsíns flossen zwar verschiedene Elemente zusammen, doch war sie im wesentlichen eine Krise des erschöpften Wirtschaftsmodells, das angesichts des starken gesellschaftlichen und politischen Drucks nur schwierig zu reformieren war. Die wirtschaftspolitische Alternativlosigkeit, u.a. bedingt durch den Druck internationaler Geldgeber, erklärt die Bereitschaft zu den radikalen Reformen, die wiederum – nach Einschätzung fast aller Akteure – für eine effektive Umsetzung umfangreiche und gezielt koordinierte Maßnahmebündel erforderten. Aufgrund des Erfolgs dieser Maßnahmen wurden die damit verbundenen Defekte zunächst toleriert.

Die Beibehaltung und Ausweitung der delegativen Regierungspraktiken im Rest der ersten sowie in der zweiten Phase sind hingegen auf die dadurch geschaffenen Opportunitätsstrukturen sowie die politischen Machtverhältnisse zurückzuführen. Zum einen war Menems Führungsposition in der eigenen Partei lange Zeit unanfechtbar, weshalb Kritik daran einer Selbstmordstrategie gleichgekommen wäre. Zum andern hatte sich die Opposition noch nicht wieder erholt und bot der Bevölkerung keine glaubhafte Alternative zu den Erfolgen Menems. Schließlich hatten Menem und sein Clan gewissermaßen das leichte Regieren per Dekret und die Umgehung der Rechtsstaatlichkeit gelernt, was nicht zuletzt auch den Machtambitionen Menems entgegenkam. Sein Wahlsieg 1995 schien ihm darin Recht zu geben, doch weisen die Umstände darauf hin, dass er eher trotz und nicht wegen seines Führungsstils wiedergewählt wurde. Ihm selbst gab dies allerdings Anreize, mit Blick auf eine erneute Wiederwahl 1999 die Bandbreite seines delegativen Stils noch auszuweiten (u.a. Eingriffe in die Pressefreiheit mittels strafrechtlicher Verfolgung). Nicht zuletzt die Rivalitäten in der eigenen Partei bereiteten diesen Ambitionen dennoch ein Ende.

Zum Verlust an politischem Rückhalt trug zum einen die wachsende Glaubwürdigkeit der Oppositionsparteien bei, zum anderen waren es die aus den delegativen Praktiken resultierenden Fehlentwicklungen in Politik, Wirtschaft und Gesellschaft. Insbesondere die Konsequenzen der zunehmend kritischeren wirtschaftlichen Lage für weite Teile der Bevölkerung (Armut, Kriminalität), die Vernachlässigung eines effektiveren Staatsapparates (Polizei, Justiz) sowie das Antreiben der Korruptionsspirale sind wesentliche Faktoren dafür, dass sich einige der demokratischen Defizite nicht abgeschwächt und andere tendenziell verstärkt haben. Paradoxerweise können auch die wichtigen (Teil-)Erfolge der Politik Menems für diesen politischen Klimaumschwung verantwortlich gemacht werden. Denn mit dem Abklingen der Krise ließen sich auch die damit verbundenen Ambitionen und Politikstile nicht mehr hinreichend legitimieren. Andere Themen wie Bildung, Armut, Korruption und Justiz begannen, für die Argentinier wieder eine zentralere Rolle zu spielen, und sie konnten von der Opposition erfolgreich in eine politische Alternative umgemünzt werden. Ihre zunehmenden Wahlerfolge auf nationaler und regionaler Ebene spielten dabei zusammen mit Friktionen innerhalb der peronistischen Partei, wie sie nicht zuletzt in der Polemik über eine erneute Wiederwahl Menems zutage traten. Mit dem Sieg De la Rúas trat die argentinische Demokratie zweifelsohne in eine neue Phase. Eine zentrale Frage war dabei, ob die positiven und negativen Tendenzen der Ära Menem struktureller Natur oder eher als personengebunden anzusehen waren.

Wahlen, politische Freiheiten und effektive Regierungsgewalt

Zu den Kernelementen einer Demokratie zählen jene institutionellen Minima, wie sie der amerikanische Politologe Robert Dahl (1971; 1989) in seinem Konzept der Polyarchie formuliert hat und die in der Demokratieforschung weithin Anwendung finden. Sie betonen die vertikale Legitimationsdimension einer Demokratie und sind auch für jene unverzichtbar, die eine Ergänzung des Demokratiekonzeptes um rechtsstaatliche Elemente für unabdingbar halten. Gebündelt umfassen diese Minima ein funktionsfähiges Wahlregime (universelles aktives und passives Wahlrecht, gewählte Mandatsträger, freie und faire Wahlen) sowie die Grundbausteine einer öffentlichen Arena (Meinungs-, Presse-, Organisations- und Versammlungsfreiheit). Zu ergänzen ist – wie gerade in der Lateinamerikaforschung wiederholt betont wurde – dass auch eine effektive Regierungsgewalt gewährleistet sein muss, also insbesondere die Abwesenheit spezieller Vorrechte etwa für das Militär. Diese vertikale Dimension der Demokratie geht aus der Ära Menem nicht nur ungeschwächt, sondern vielmehr gestärkt hervor. Dies gilt sowohl im Vergleich zur vorangehenden Regierung unter Alfonsín als auch im lateinamerikanischen Vergleich, wie dies etwa die Daten von *Freedom House* andeuten (Freedom House 2000a).

Wahlen

Das Wahlregime in Argentinien ist uneingeschränkt gültig und überdies als stabil anzusehen. Auf Grundlage eines universellen Wahlrechts gehen gewählte Mandatsträger aus freien und fairen Wahlen hervor. Mittlerweile vier Präsidentschaftswahlen seit der Rückkehr zur Demokratie, etwa doppelt so viele Wahlen zum Abgeordnetenhaus sowie eine Fülle von Provinz- und Kommunalwahlen sind ohne nennenswerte Beeinträchtigungen verlaufen. Fälle politischer Gewalt im Umfeld von Wahlen stellen ebenso isolierte Einzelphänomene dar wie gelegentliche Vorwürfe des Wahlbetrugs. Dies wird auch nicht durch die allseits gängige Praxis beeinträchtigt, vor allem die ärmeren Sektoren der Gesellschaft mit Geschenken zur Stimmabgabe zu ködern. Die Stabilität des Wahlregimes ist um so bemerkenswerter, als Wahlen seit 1930 und insbesondere seit dem Eintritt des Peronismus in die politische Arena nie als alleingültige Spielregel zur Bestimmung der Herrschaftsträger anerkannt waren. Die damit verknüpften Zyklen von temporären demokratischen bzw. autoritären Regimen scheinen in der gegenwärtigen Phase aber durchbrochen. So haben die Wahlen 1983 bzw. 1999 den Mythos widerlegt, wonach die Peronisten nicht an den Wahlurnen besiegt bzw. aus der Regierung wieder vertrieben werden könnten. Umgekehrt hat die Ära Menem trotz der unten analysierten Defekte gezeigt, dass eine peronistische Regierung nicht zwangsläufig zur „Tyrannei der Mehrheit" umgemünzt wird.

Wahlen sind als Modus zur Bestimmung der zentralen politischen Ämter in Exekutive (Präsident) und Legislative unumstritten. Mit der Verfassung von 1994 wurde darüber hinaus das Wahlrecht weiter demokratisiert. So entfiel die Bestimmung, dass der Präsident katholischen Glaubens sein müsse (die Menem durch Übertritt zum Katholizismus noch umgehen musste). Zusätzlich entfiel fortan die Wahlmännerpraxis, d.h. es entscheidet unmittelbar das Votum der Wählerschaft. Seit 2001 werden auch die Senatoren direkt von der Bevölkerung gewählt und nicht mehr von den Parlamenten der 24 Provinzen bestimmt.

Öffentliche Arena

Eine ähnlich progressive Entwicklung ist in der Entfaltung der weiteren politischen Freiheitsrechte zu erkennen. Völlig uneingeschränkt gilt dies für die Rechte politischer Organisation, also Assoziations-, Versammlungs- und Demonstrationsfreiheit. Politische wie gesellschaftliche Organisationen sind in ihrer Bildung und Entfaltung nicht behindert und ergeben eine aktive politische und zivile Gesellschaft. Hervorzuheben ist insbesondere die explizite Aufwertung der Parteien durch Aufnahme eines entsprechenden Artikels in die neue Verfassung. Dies spiegelt auch – trotz Personalismus, Klientelismus und Partizipationsdefiziten – die gesellschaftliche Verankerung der Parteien wider, ein Element, das dem „reinen" Typus der delegativen Demokratie im Sinne O'Donnells klar widerspricht.

Ein getrübteres Bild ergibt hingegen die Analyse der Meinungs- und Pressefreiheit. Hier sind nach 1983 zwei Etappen zu erkennen: Unter Alfonsín, der dezidiert mit dem Anspruch der Demokratiefestigung antrat, entwickelte sich rasch eine vielfältige, professionelle und kritische Medienlandschaft. Sie operierte unabhängig und ohne Einschränkungen und bildete so die Grundlage einer lebhaften Öffentlichkeit, die für Transparenz und hohe Meinungsvielfalt sorgte. Dieses Szenario veränderte sich seit dem Amtsantritt Menems, dessen politische Ambitionen (größtmögliche Handlungskapazität, Imagepflege, Wiederwahl) sich wenig vertrugen mit der oft radikalen Kritik und der Schaffung von Transparenz durch die Medien. Durch Menems Übergriffe gegenüber der Justiz und die dadurch bewirkte geringere Funktionsfähigkeit konstitutioneller Kontrolle insbesondere der Exekutive wuchsen die Medien in eine Rolle als vierte Gewalt hinein. Neuralgische Punkte stellten stets die Kritik an der Amtsführung des Präsidenten sowie vor allem die bis heute nur in Umrissen zu erahnenden, direkt ins engere Umfeld Menems reichenden Tentakel der Hyperkorruption dar. Während der argentinische Journalismus unbeirrt die Aufdeckung von mindesten zwei Dutzend Skandalen vorantrieb, sind bis heute nur wenige (kleinere) Fälle von Korruption und damit verbundener Verbrechen von der Justiz aufgegriffen bzw. gar sanktioniert worden. Entsprechend fällt das Urteil der argentinischen Bevölkerung über diese beiden Institutionen aus: Während die Justiz – nach den Gewerkschaften – die geringste Zustimmung erhält, wird umgekehrt die Presse nach wie vor am höchsten geachtet.

In der ersten Amtsperiode Menems konzentrierten sich die Eingriffsversuche in die Pressefreiheit vor allem auf – später allesamt gescheiterte – Gesetzesprojekte die die journalistische Arbeit drastisch erschweren sollten (Androhung unverhältnismäßig hoher Geldstrafen für „Verleumdungen" etc.). Begleitet wurde dies von einem Trommelfeuer verbaler Aggressionen, um die Presse in der öffentlichen Meinung zu diskreditieren – ebenso erfolglos. Vielmehr hat sich die Presse in diesen sechs Jahren weiter stabilisiert und profiliert. Aufgrund ihrer verstärkten Gegenmacht ist die öffentliche Arena in dieser Ära als nicht bis wenig eingeschränkt zu bezeichnen. In der zweiten Amtszeit Menems – nachdem er „die Opposition und die Kommunikationsmedien besiegt" hatte und noch immer von einer erneuten Wiederwahl 1999 träumte – zeichnete sich ein Strategiewechsel ab: Zu der weiterhin permanenten Abqualifizierung trat nun der Versuch, die wenigstens in Teilen abhängige und diskreditierte Justiz gegen Journalisten und Medienunternehmen einzusetzen. Trotz einiger bedenklicher Urteile schien diese Strategie jedoch nicht zu verfangen, eher wurde in zahlreichen Fällen die Geltung positiver internationaler Standards der Pressefreiheit bekräftigt. 1998 hingegen verkündete der Oberste Gerichtshof elf restriktive Urteile, deren Begleitumstände bezeichnend waren: Sie wurden ausnahmslos von den Richtern der Menem-Mehrheit gezeichnet, sieben Angelegenheiten betrafen Menem, seine Familie, sein Kabinett oder den Obersten Gerichtshof. Aber auch nachgeordnete Gerichte ohne diese politische Motivation zeigten in ihren Urteilen eine geringere Neigung, die Pressefreiheit zu schützen.

Zwar gab es auch 1998 und 1999 Gegentendenzen zu diesen Negativentwicklungen. Doch insgesamt scheint im Zuge dieser permanenten, zunehmend von Teilen der Justiz gedeckten Angriffe aus dem Umfeld vor allem der Exekutive die Bereitschaft auch bei anderen Akteuren (Polizei, Mafia, vereinzelt auch Parteipolitiker und Unternehmer) gewachsen zu sein, kritische Journalisten unter Druck zu setzen bzw. gelegentlich auch zu gewaltförmigen Mitteln zu greifen. Dass Argentiniens Presse von *Freedom House* erneut als nur „teilweise frei" eingestuft wird (Freedom House 2000b), weist darauf hin, dass sich diese Beschränkungen zu einem Syndrom verfestigen könnten – v.a. dann, wenn sich die neue richterliche Praxis fortsetzt und auch bei „Nicht-Menemisten" Schule macht; wofür einige Indizien aus den Provinzen sprechen. Bis dato sind die skizzierten negativen Tendenzen jedoch (noch) nicht als grundsätzliche Beeinträchtigung für den Kern der Pressefreiheit anzusehen; sie dürften zudem nach der Ära Menem – eine Zeitlang evtl. mit der Ausnahme des Korruptionskomplexes – weitgehend der Vergangenheit angehören.

Effektive Regierungsgewalt und Vetomächte

Die positive Entwicklung der argentinischen Demokratie zeigt sich auch darin, dass das klassische Problem der effektiven Regierungsgewalt weitgehend gelöst ist. Gemeint sind damit die in Lateinamerika wohlbekannten Machtgruppen, die demokratischer Kontrolle nicht unterworfen sind bzw. sich gar als Tutelarmacht von Verfassung und Demokratie verstehen wie das Militär in Chile. Dadurch ist nicht gewährleistet, dass die demokratisch legitimierten Amtsträger auch tatsächlich die Verfügungsgewalt über alle politischen Materien besitzen (Schmitter/Karl 1991: 81; Collier/Levitsky 1997: 442).

Zu den herausragenden Leistungen Menems zählt neben der Bändigung der Hyperinflation zweifelsohne, dass er die Gefahr einer Enklavendemokratie beseitigt und damit auch eines der Konsolidierungsprobleme aus dem Weg geräumt hat. Die Militärs spielen in der argentinischen Politik so gut wie keine nennenswerte Rolle mehr. Dies gilt jedoch nicht für den gesamten Untersuchungszeitraum. Denn obwohl die Militärs 1982 jegliches Ansehen und auch einen Großteil ihrer Machtposition verspielt hatten, besaßen sie noch immer genügend Machtressourcen, um im Zweifelsfall ihre ureigensten institutionellen Interessen zu schützen. Während ersteres dazu führte, dass die demokratische Regierung – einzig in Lateinamerika – Militärangehörige rechtlich zur Verantwortung ziehen konnte, erklärt letzteres, warum das Militär in diesem Punkt als Vetoakteur agieren konnte. Daraus resultierten Spannungen, die sich in der zweiten Hälfte der Amtszeit Alfonsíns zuzuspitzen drohten und mit zum generellen Krisenszenario 1988/89 beitrugen. Menem beseitigte dieses Problem durch eine weitreichende Amnestie, die auch die Revolten gegen Alfonsín einschloss, und sicherte sich so die Loyalität der Militärführung. Dies war mit entscheidend, um dem erneuten Aufbegehren der *carapintadas*, die sich zunehmend von den institutionellen Interessen der Militärhierarchie entfernt hatten, bedingungslos ein Ende setzen zu können. Die so erreichte Überordnung der zivilen über die militärische Macht hat sich bis heute weiter stabilisiert. Die Kehrseite dieser Medaille bildet allerdings die Erblast, die sich aus der legalisierten Straflosigkeit für die zahlreichen Menschenrechtsverletzungen ergibt und keineswegs aus der öffentlichen Agenda verbannt ist.

Neben Uruguay dürfte Argentinien das einzige Land Südamerikas sein, das dieses klassische Problem der effektiven Regierungsgewalt gelöst hat. Weniger eindeutig müssen die Aussagen allerdings zu jenen Restriktionen bleiben, die sich aus der externen Abhängigkeit des Landes ergeben. Vor allem IWF und Weltbank haben sich in der Ära Menem zu derart dominanten Akteuren für die argentinische Politik entwickelt, dass sie nur bei Strafe des (wirtschaftlichen) Untergangs umgangen werden können. Gewiss ist darauf hinzuweisen, dass Argentinien wie andere Länder auch sich diese Problematik durch früheres Missmanagement selbst eingehandelt hat. Allerdings ist die Frage zu stellen, wo die Grenze liegt zwischen selbstverschuldeter Abhängigkeit und einer externen Dominanz, die einen ähnlichen Verlust der effektiven Regierungsgewalt bedeutet wie beim Vorhandensein unkontrollierbarer Machtgruppen auf nationaler Bühne. So forderte der IWF in der Hochphase des Präsidentschaftswahlkampfes 1999 weitere harte Anpassungsmaßnahmen, die auch die Provinzen einschließen müssten. Durch die Abhängigkeit von neuen Krediten und vor allem vom Vertrauen der internationalen Wirtschaftsakteure besaß die Regierung nur geringe Entscheidungsspielräume im Bereich der Wirtschafts-, Sozial- und Haushaltspolitik.

Die Entwicklung des Rechtsstaates

Das Abdriften in eine Demokratie mit delegativen und illiberalen Zügen stellt die markanteste regressive Tendenz der Regimeentwicklung unter Menem dar. Die größten Probleme bestehen hinsichtlich der Funktionsweise des Rechtsstaates (Cheresky 1999; Sabsay/Onaindia 1998; Gargarella 1996). Trotz strukturell günstigerer Voraussetzungen bildet Argentinien hier keine Ausnahme im lateinamerikanischen Kontext (Garzón Valdés 1999; O'Donnell 1998). Gewiss unterscheidet sich das Land von deutlich autoritären Entwicklungen wie in Peru und Venezuela oder einer Belanglosigkeit des Rechtsstaates wie in Kolumbien. Dennoch ist die Logik, die eine Aushebelung rechtsstaatlicher Kontrollen und Garantien mit sich bringt, in allen Fällen eine ähnliche. Sofern die Schwächen im Bereich der Gewaltenteilung und -kontrolle liegen, fördert dies die Verselbständigung einer der Gewalten – in der Regel ist es die Exekutive – und führt zur Gefahr eines Amtsmissbrauchs. Liegen die Defizite in mangelnder Gewährleistung der individuellen Schutz- und Freiheitsrechte, so stellt dies den Rechtsstatus und damit die Autonomie der einzelnen Bürger in Frage. Selbst wenn Wahlen und politische Freiheitsrechte gewährleistet sind, beschädigen diese Defekte den Kern einer Demokratie, weil sie die Volkssouveränität gewissermaßen „halbieren": Zwar geht die Staatsgewalt vom Volke aus, indem sie von ihm über konstitutionell verankerte Verfahren legitimiert wird, doch findet ihre Ausübung, also die Herrschaft über das Volk, nicht die notwendigen Schranken vor. Daraus resultieren Spielarten einer „illiberalen" Demokratie (Zakaria 1997), da die vom Liberalismus „erfundenen" Kontrollinstanzen eines gezügelten Herrschaftsgebrauchs unterlaufen werden.

Im Argentinien der Ära Menem traten solche illiberalen Tendenzen vor allem in Form des Hyperpräsidentialismus sowie der Domestizierung der Justiz auf. Deren mangelnde Eigenständigkeit strahlte auch auf die

Problembereiche Korruption und Straflosigkeit aus und akzentuierte überdies die traditionellen Funktionsmängel zu einem verbreiteten Klima der Rechtsunsicherheit. Gleichwohl existierten auch Faktoren, die diese Logik konterkarierten, nämlich der föderale Aufbau des politischen Systems, der eine zusätzliche und wirksame Ebene politischer Auseinandersetzung einzieht; die relative Stärke von politischer und ziviler Gesellschaft im Verbund mit einer agilen Medienlandschaft, die teilweise die rechtsstaatlichen Kontrollschwächen kompensieren konnten; sowie nicht zuletzt die konkurrierenden Politikverständnisse von Peronismus einerseits und Liberalismus – v.a. UCR – andererseits, was auf tieferreichende historische Muster und die politische Kultur verweist. Dies lässt bereits erahnen, dass die zukünftige Entwicklung des argentinischen Rechtsstaates und damit der Demokratie von der Wirksamkeit dieses Faktorenbündels abhängen.

„Hyperpräsidentialismus" und Decretazo

Die gravierendsten Fehlentwicklungen im Bereich der Gewaltenteilung betreffen die formal und informell gestärkte Rolle des Präsidenten (insbesondere seine Dekret- und Vetomacht) und die Eingriffe in die Judikative, insbesondere den Obersten Gerichtshof (*Corte Suprema*). Die häufige Nutzung der Dekret- und Vetomacht bedeutet nichts anderes als die effektive Umgehung des Parlamentes, sprich die Aneignung legislativer Kompetenzen durch die Exekutive. Dabei unterscheidet das argentinische Verfassungsrecht zwischen unterschiedlichen Dekretarten. Bis zur Verfassungsreform 1994 waren lediglich „gewöhnliche" Dekrete vorgesehen, wie sie auch in anderen Präsidialsystemen üblich sind (Verordnungen zur Implementierung von Gesetzen sowie zur Ausführung präsidentieller Amtspflichten). Daneben existierte informell, aber weitgehend akzeptiert, die delegierte Dekretmacht, wodurch das Parlament per Gesetz der Exekutive für bestimmte Dauer und für bestimmte Materien das Recht zum Regieren per Dekret überträgt. Die beiden wichtigsten Reformen der Anfangsphase, das Gesetz zur Staatsreform und das Wirtschaftsnotstandsgesetz, zählten hierzu. Sie wurden von Menem dazu genutzt, wesentliche Teile des wirtschaftlichen Liberalisierungsprogrammes auf den Weg zu bringen. Delegierte Dekretmacht kann zwar problematisch werden, wenn ihre Praxis nicht kontrolliert wird, doch ist sie letztlich parlamentarischen Ursprungs. Sie rechtfertigt sich u.U. aus Sachgründen, wenn etwa dringliche wirtschaftspolitische Maßnahmen kontraproduktive Effekte erzeugen, sobald sie einen parlamentarischen – und damit langwierigen und öffentlichen – Beratungsweg durchlaufen.

Zum fragwürdigsten Instrument legislativer Usurpation wurde hingegen Menems Rekurs auf Notstands- und Dringlichkeitsdekrete. Wie die delegierte Dekretmacht besaßen sie bis zur Reform keine Verfassungsgrundlage, wurden faktisch allerdings auch schon vor Menem eingesetzt. Während dies zwischen 1853 und 1983 lediglich ca. fünfzehn Mal der Fall war, griff Alfonsín bereits acht Mal darauf zurück, so u.a. für den Plan Austral. Menem ließ von Anfang an keinen Zweifel daran, dass er dieses Instrument bevorzugt zur Sicherung seiner Regierungsgewalt einzusetzen gewillt war. Die besondere Situation des Krisenjahres 1989 verschaffte ihm sowohl unter den politischen Parteien wie vor allem in den Augen der Bevölkerung, die von der neuen Regierung entschlossenes Handeln erwartete, die nötige Legitimation für eine solche Regierungspraxis. In den fünf Jahren bis zur Verfassungsreform (Juli 1989-August 1994) wurden 336 solcher Dekrete erlassen, gegenüber einer Anzahl an regulären Gesetzen von ca. 800 im gleichen Zeitraum. Geregelt wurden damit so unterschiedliche Materien wie Steuerwesen, Löhne und Pensionen, Transportwesen, Staatsverschuldung bis hin zur Privatisierung und Deregulierung der Wirtschaft. Nach Ansicht des damaligen Wirtschaftsministers Cavallo hätten insbesondere die notwendigen Wirtschaftsreformen nur zu einem Fünftel implementiert werden können, wenn sie den vorgesehenen parlamentarischen Weg durchlaufen hätten (Ferreira Rubio/Goretti 1998a: 36).

Die von Beginn an umstrittene Dekretpraxis wurde dadurch begünstigt, dass Menem in beiden Kammern des Parlaments wie auch in den Provinzen auf Mehrheiten zählen konnte. Der rechtsfreie Raum, in dem sich die Regierung anfangs damit bewegte, wurde durch ein Urteil des Obersten Gerichtshofes im Jahr 1990 beendet, das die Dekretmacht in den Rang einer para-konstitutionellen Kompetenz des Präsidenten erhob. Zum Zeitpunkt der Verfassungsreform konnte sie so bereits als habitualisierte Regierungspraxis gelten. Dabei wurden nicht alle Notstandsdekrete, die letztlich Gesetzescharakter trugen, von der Exekutive als solche anerkannt (Ferreira Rubio/Goretti 1998b: 6-8). Überdies war oft auch der Notstandscharakter selbst mehr als fraglich, wie etwa die 1991 verfügte Asphaltlieferung an Bolivien oder 1993 ein Dekret zu den Fernsehübertagungsrechten für Spiele der Fußballnationalmannschaft.

Durch die Verfassungsreform wurden die Notstands- und Dringlichkeitsdekrete mit Verfassungsrang ausgestattet, indem sie ausdrücklich als Kompetenz des Präsidenten aufgeführt werden (Art. 99.3). Ihre Formalisierung wurde jedoch an strenge Auflagen gebunden. So ist explizit die Bestimmung vorgeschaltet: „Die Exekutivgewalt kann in keinem Fall, bei Strafe absoluter und unwiderruflicher Nichtigkeit, Anordnungen mit legislativem Charakter treffen." Dies verstärkt den dezidierten Ausnahmecharakter, der solchen Dekreten zukommen soll. Weiterhin werden sensible Materien wie Strafrecht, Steuern, Wahlangelegenheiten und Parteiengesetz ausdrücklich ausgenommen. Schließlich verfügt derselbe Artikel, dass Notstandsdekrete innerhalb von zehn Tagen einer ständigen Parlamentskommission vorzulegen sind, um über die weitere Verfahrensweise zu entscheiden.

Tabelle 1: Notstandsdekrete und Vetopraxis 1989-1998

	1989	1990	1991	1992	1993	1994	1995	1996	1997	1998
Notstandsdekrete	30	63	85	69	62	35	37	36	37	18
davon anerkannt	18	32	59	36	15	7	7	11	26	13
Teil- und Totalvetos	4	14	21	26	11	12	20+15	21	19	k.A.
verabschiedete Gesetze	114	160	139	122	119	147	164	153	161	k.A.

1989: Juli-Dezember; 1998: Januar-August. (Quelle: Ferreira Rubio/Goretti 1998b: 6; Molinelli et al. 1999: 415, 480-481, 626)

Die Absicht, die Kompetenzen in ein strikteres Kontrollnetz einzubinden und dadurch zu begrenzen, muss zumindest für die weitere Amtszeit Menems als gescheitert angesehen werden. Zwar ging die Anzahl der Dekrete mit Gesetzescharakter zurück, doch wurden noch immer – je nach Zählweise – im Schnitt jährlich ca. 20-40 solcher Dekrete verabschiedet (bei einem Durchschnitt von ca. 140 regulär verabschiedeten Gesetzen jährlich). Berücksichtigt man, dass insbesondere in den Jahren der Strukturreformen der Wirtschaft – um 1991 – Menem hiervon geradezu exzessiven Gebrauch machte, so fällt der Rückgang noch weniger ins Gewicht. Neben der Anzahl sprechen auch die geregelten Materien für eine weitere Habitualisierung des Dekretgebrauchs durch Menem, denn auch nach der Reform wurden sie häufig nicht in tatsächlichen Notsituationen eingesetzt. Zudem existierte die nach der neuen Verfassung vorgesehene Kongresskommission zur Prüfung der Dekrete bis zum Ende der Amtszeit Menems nicht; erst De la Rúa ließ einen Entwurf für das dazu nötige Gesetz ausarbeiten. Die Frage, ob sich Menem somit nicht neuerlich auf zweifelhaftem Verfassungsgrund bewegte, entschied unterdessen der Oberste Gerichtshof im Sinne der Exekutive: So dürften der Exekutive per Verfassung zugestandene Kompetenzen nicht aufgrund legislativer Versäumnisse verwehrt werden. Andererseits dürfe sich die Justiz nicht in die Angelegenheiten der „politischen" Gewalten Exekutive und Legislative einmischen, da dies die Gewaltenteilung gravierend beeinträchtigen würde (Sabsay/Onaindia 1998: 338-339).

Die legislativen Kompetenzen des argentinischen Präsidenten erschöpfen sich jedoch nicht in dieser fragwürdigen Dekretmacht. Denn zusätzlich besitzt er die Kompetenz, Gesetzesvorlagen mit einem vollständigen oder partiellen Veto zu belegen (letztere waren vor der Verfassungsreform de facto akzeptiert). Diese Vetos können vom Kongress nur mit einer Zweidrittel-Mehrheit in beiden Kammern überstimmt werden. Tabelle 1 zeigt, dass Menem über beide Amtszeiten hinweg auch hiervon systematisch Gebrauch machte (zwischen 10% und 15% der Gesetzesvorlagen). Für sich nichts Ungewöhnliches in Präsidialsystemen, stellen sie in Kombination mit der Dekretmacht eine komplementäre, reaktive Möglichkeit zur Gestaltung des Gesetzgebungsprozesses dar. Vieles spricht somit dafür, dass Menem sowohl Dekret- als auch Vetomacht eher zur „Erleichterung" des Regierens und für einen autokratischen Regierungsstil genutzt hat (Mustapic 1998: 14-19). Eine Rolle spielte dabei auch die nicht immer gesicherte Disziplin der eigenen Partei im Parlament. Insbesondere in der Anfangsphase traf gerade die neoliberale Reformpolitik nicht auf ungeteilte Zustimmung innerhalb der PJ.

Dieses Szenario macht deutlich, dass die Ausübung der Dekretmacht und damit die Aneignung legislativer Kompetenzen zum einen mit den Ambitionen und dem Regierungsstil des Machthabers variieren, zum andern mit den konkreten politischen Konjunkturen (Parlamentsmehrheiten, Fraktionsdisziplin, Problemlösungskapazität). Zugrunde liegt jedoch eine Opportunitätsstruktur, die sich aus den formellen Bestimmungen der Verfassung und den etablierten Praktiken und Routinen ergibt. Für eine Beurteilung der Langzeitfolgen für die argentinische Demokratie ist somit das Zusammenspiel dieser Faktoren zu berücksichtigen.

Die Eigenständigkeit der Justiz und die Rolle des Obersten Gerichtshofes

Die Unabhängigkeit der Justiz, die auch nach der neuen Verfassung formal gewährleistet ist, war in der Praxis seit jeher beeinträchtigt durch

Einmischungen seitens der beiden anderen Gewalten, insbesondere der Exekutive (Carrió 1997; Gargarella 1996: 228-236). Deren Bestrebungen zur informellen Macht- bzw. Kompetenzausweitung und somit des Kontrollentzugs trafen dabei nicht selten auf entsprechende Dispositionen innerhalb der Justiz selbst, sich in ihrer Doktrin daran anzupassen. Diese generell problematische Abhängigkeitssituation hat sich seit 1983 nicht verbessert und seit 1989 graduell verschlechtert (Nino 1992). Sie betrifft sowohl das Agieren des Obersten Gerichtshofes als auch nachgeordnete Instanzen, insbesondere Verwaltungskontrollorgane und die Strafjustiz. Die vor allem in der Anfangsphase der ersten Regierung Menem erfolgten Struktureingriffe schufen eine Situation, in der gerichtliche Hindernisse für die Exekutive bzw. mit ihr verbundene Akteure weitgehend ausgeräumt waren und so auch dubioseste Praktiken ermöglicht wurden. Das Vertrauen in Justiz und Rechtsstaatlichkeit wurde dadurch insgesamt weiter geschädigt.

Deutlichstes Beispiel hierfür ist die Rolle des Obersten Gerichtshofes (*Corte Suprema*), der Spitze des argentinischen Rechtssystems. Bereits wenige Monate nach seinem Amtsantritt hatte Menem es durchgesetzt, die Zahl der Richter von fünf auf neun zu erhöhen. Das von ihm eingebrachte Gesetz wurde in der entscheidenden Sitzung des Abgeordnetenhauses nach exakt 41 Sekunden beschlossen, an der Abstimmung nahmen laut Vorwurf der Opposition auch *diputados truchos* teil – Strohmänner, die gar nicht dem Parlament angehörten. Auch das Verfahren zur Ernennung der neuen Richter im Senat verlief unter zweifelhaften Umständen (Verbitsky 1993: 52). Eingriffe dieser Natur scheinen dabei noch am ehesten in der argentinischen Rechtstradition zu stehen: Für gewöhnlich wurde der OGH zu Beginn jeder neuen Regierung neu besetzt; dies fiel unter Alfonsín weniger auf, da er nach dem Ende der Diktatur das unbestrittene Privileg der Neubesetzung hatte. Die Aufstockung des OGH nutzte Menem, um ihm getreue Richter zu berufen. Innerhalb kurzer Zeit hatte er es so geschafft, die Mehrheitsverhältnisse in diesem Gremium deutlich zu seinen Gunsten umzukehren.

Menems Gespür, auch in den krisengeschüttelten Anfangsmonaten über die konjunkturellen Probleme hinauszublicken und auf die ihn umgebenden Machtstrukturen einzuwirken, beschränkte sich nicht auf die Spitze des Rechtssystems. Vielmehr bezog er in seine Strategie der Machtarrondierung auch weitere Institutionen der Gewaltenkontrolle ein, um für seine Regierung möglichst wenig Restriktionen erdulden zu müssen (Verbitsky 1993: 77-131; Gargarella 1998; Rodríguez 1998):

Der oberste Verwaltungsrichter (*Fiscal Nacional de Investigaciones Administrativas*), Ricardo Molinas, wurde Anfang 1991 durch einen regierungstreuen Vertreter ersetzt. Der *Fiscalía* oblag die Aufgabe, vermuteten Unregelmäßigkeiten staatlicher Amtsträger und Einrichtungen nachzugehen und gegebenenfalls Anklage zu erheben. Molinas ermittelte gegen einige Hauptfunktionäre der Regierung, war aber auch selbst in ein anderes Verfahren verwickelt. Menem nutzte die Gelegenheit, Molinas per Dekret abzusetzen, also ohne das vorgesehene Verfahren und unter Umgehung des Kongresses. Der von Molinas präsentierten Klage gegen seine Absetzung (Umgehung des Verfahrens, Verstoß gegen die Unschuldsvermutung) wurde in erster Instanz sowie vor der Berufungskammer stattgegeben und seine Wiedereinsetzung verfügt. Die Regierung ignorierte dies und wurde darin vom OGH bestätigt (s.u.). Die Fiscalía verlor nachfolgend ihre Wirksamkeit fast vollständig, wie ein Autor lakonisch bemerkt: „Wenn in ihren Reihen wirklich ernsthafte Ermittlungen existierten – etwa im Hinblick auf die zahlreichen Korruptionsfälle, die die Zeitungen in den letzten Jahren beschäftigen – dann hat die Bevölkerung nicht davon erfahren." (Carrió 1996: 168).

Der Generalstaatsanwalt (*Procurador General de la Nación*) wurde zum Rücktritt gedrängt und sein Nachfolger per Dekret eingesetzt. Zu seinen Funktionen zählten u.a. die Beratung des OGH in weitreichenden Fällen sowie die Führung der nachgeordneten Staatsanwälte, auf die er über Instruktionen großen Einfluss nehmen konnte – auch in Fällen, in die Amtsträger involviert waren. Wenngleich nicht in der Verfassung verankert, wurde der Generalstaatsanwalt traditionellerweise als Teil der Judikative verstanden und unterlag deshalb denselben Bestimmungen der Ernennung (im Senat) und Absetzung (politisches Verfahren). Die neue Regierung hingegen betrachtete ihn als Vertreter der Exekutive in der Judikative und nahm das Ernennungsrecht für sich in Anspruch. Entsprechend wurde der Nachfolger ohne Zustimmung des Senates bestimmt und nicht vor dem OGH, sondern vor der Exekutive vereidigt.

Vier der fünf Mitglieder des Obersten Rechnungshofes – zuständig u.a. für die Kontrolle der öffentlichen Ausgaben – wurden bis Ende 1990 ohne das vorgesehene politische Verfahren abberufen. Der Rechnungshof hatte in einem der ersten schweren Korruptionsfälle der Amtszeit Menem ein Strafverfahren eingeleitet. Ersetzt wurden sie durch regierungstreue Vertreter, wobei eines der neuen Mitglieder zu den vom Rechnungshof Beschuldigten zählte (Gargarella 1998: 440). Bereits im August 1989 war das auf die Untersuchung von Finanzbetrügereien spezialisierte *Centro de Estudios Penales* der Zentralbank aufgelöst worden.

Auch der Generalinspekteur der Justiz wurde 1990 im Zuge von Unregelmäßigkeiten beim ungeordneten Privatisierungsprozess zum Rücktritt gedrängt.

Abgerundet wurde diese Personalpolitik durch die kontinuierliche Praxis, Richter und Staatsanwälte über „Beförderungen" oder Versetzungen aus ihren jeweiligen Ämtern zu entfernen, wenn sie der Regierung zu unbequem wurden – eingeschlossen Fälle, in denen gegen Familienangehörige oder Freunde Menems ermittelt wurde. Dabei wurde zumeist auch der Senat umgangen, ein Vorgehen, das der OGH als verfassungsgemäß deklarierte. Dadurch lag es faktisch in der Hand der Exekutive, die Justizstruktur nach eigenem Gutdünken zu gestalten. Jenseits der Tatsache, dass alle genannten Positionen durchweg mit linientreuen Persönlichkeiten besetzt wurden, brachten diese Schachzüge auch eine grundlegende Veränderung der Spielregeln im Hinblick auf die Unabhängigkeit der Justiz mit sich: Die Amtsgarantie wurde unterminiert bzw. aufgehoben und zentrale Instanzen gerieten in eine direkte Abhängigkeit von der Exekutive, die sie eigentlich kontrollieren sollten. Diese Unsicherheit beeinflusste nicht zuletzt auch die Rechtsprechung des OGH (Helmke 1998).

Das in der Tendenz ohnehin eher regierungsfreundliche Agieren des Obersten Gerichtshofes hat sich nach 1990 zu einer regierungskonformen Linie entwickelt, wie die Fälle zeigen, in denen der argentinische Staat involviert war. Zwar bedeutet dies nicht, dass der OGH in jedem Falle zugunsten der Regierung entschieden hat (Molinelli et al. 1999: 716). Es trifft jedoch für die zentralen Streitfälle zu, die Form, Stil und grundlegende Maßnahmen der Politik Menems betrafen. So legitimierte der OGH die fragwürdigen personellen Eingriffe auf allen Ebenen der Justiz mittels der nicht weniger fragwürdigen Doktrin, dass die Judikative sich nicht in die Kompetenzen der anderen Gewalten – also Exekutive und Legislative – einzumischen habe. Diese Selbstdegradierung zu einer eher dienenden Funktion der Justiz blieb bis heute einer der Grundzüge der Rechtsprechung des OGH.

In ähnlicher Manier wurde 1990 die konstitutionell bis dahin fragwürdige Dekretmacht höchstrichterlich abgesegnet. Streitfall war das Dekret, mit dem die Regierung im Zuge ihrer Wirtschaftsreformpolitik kurzfristige Bankeinlagen faktisch konfiszierte und in langfristige Staatsanleihen in Dollar umwandelte. Das Urteil zu diesem *Plan Bonex* gilt als ausschweifend und teilweise konfus (Carrió 1996: 176-178), bestätigt aber letztlich deutlich die Rechtmäßigkeit des Dekretgebrauchs in nationalen Notsituationen. Im Zuge der Rechtfertigung wurde hervorgehoben, das Prinzip der Gewaltenteilung sei „flexibel" zu interpretieren und jedenfalls nicht dahingehend, dass es einem Auseinanderfallen des Staates gleichkäme. Überdies hätte der Kongress seine stillschweigende Zustimmung erklärt, indem er keine zurückweisenden Entscheidungen dazu gefällt habe.

Anlässlich der in den ersten Jahren mehrheitlich durch delegierte Dekretmacht vollzogenen Privatisierungspolitik umging der OGH gar die Prozessregularien, indem er das entsprechende Verfahren vor einer unteren Instanz auf Betreiben der Exekutive an sich zog und in deren Sinne beschied. Dies wurde explizit damit begründet, dass es nicht demokratischen Grundsätzen entspreche, wenn ein (klagender) Abgeordneter den Willen von Regierung und Parlamentsmehrheit und damit den Volkswillen aufhalten könne (Gargarella 1996: 245-246). Auch die fortgesetzte Dekretpraxis nach der Verfassungsreform fand schließlich ihre Bestätigung durch den OGH. Einwendungen, wonach ohne Existenz der Zweikammerkommission zur Prüfung der Dekrete diese keine Grundlage hätten und somit verfassungswidrig wären, wurden abgewiesen. Demnach dürfe der Präsident nicht deshalb seiner verfassungsgemäßen Kompetenz (zum Erlass von Dekreten) beraubt werden, weil der Gesetzgeber seinen legislativen Pflichten nicht nachkomme und das notwendige Gesetz nicht verabschiede.

Einige dieser zentralen Urteile wurden einstimmig gefällt, was darauf hin deutet, dass nicht nur die personellen Eingriffe in den OGH für diese Tendenzen verantwortlich waren. Zum einen bildete sich im OGH durchaus eine eigene Doktrin heraus, freilich ohne Auswirkungen für die Regierung (Gargarella 1998). Zum andern gibt es Anzeichen dafür, dass sich die Richter am OGH auf die jeweiligen politischen Verhältnisse einstellen, sprich: eher affirmativ im Sinne einer amtierenden Regierung urteilen, eher abweichend, wenn sich ein Wandel abzeichnet. Zusammen mit der geschilderten Ein- und Versetzungspraxis spricht dies für eine eher schwache Unabhängigkeit der argentinischen Justiz. Dennoch wäre es gewiss überzeichnet, das strukturell sehr differenzierte argentinische Rechtssystem in toto der Hörigkeit gegenüber den beiden anderen Staatsgewalten zu bezichtigen. Vielmehr existierten auch in der Ära Menem dezidiert liberale Tendenzen fort. Gestärkt werden die positiven Tendenzen durch die reformierten Verfahren der Ernennung bzw. Versetzung von Richtern. Diese Funktion wurde mit der neuen Verfassung einer eigenen Körperschaft übertragen, dem *Consejo de la Magistratura*. Auch hier ist bezeichnend, dass der *Consejo* faktisch erst 1998 eingesetzt wurde und so erst im letzen Regierungsjahr Menems seine Arbeit wirklich aufnehmen konnte. Eine gewisse Agilität zeigte er dadurch, dass er sich scharf gegen die von Menem unbeirrt fortgeführten Versetzungen per Dekret wandte und die Kompetenz hierfür alleine für sich in Anspruch nahm (Clarín 5.3.1999). Allerdings droht auch der *Consejo* in die Mühlen argentinischer Parteipolitik zu geraten, und mehr als ein Jahr nach seiner Einrichtung wuchs das Unbehagen über sein schleppendes Funktionieren, da inzwischen ca. 10% der Richterstellen unbesetzt waren (La Nación 4.6.2000).

Straflosigkeit und Korruption

„El poder es tener impunidad" („Macht bedeutet Straflosigkeit.") – Kein Satz bündelt wohl prägnanter die Konsequenzen einer mangelnden Rechtsstaatlichkeit für die Funktionsweise einer Demokratie. Zugeschrieben wird er dem Unternehmer und vermutlichen Mafiachef Alfredo Yabrán (Salinas 1997: 6), dessen umfangreiche Machenschaften bis in die Spitzen der Menem-Administration reichten und der sich 1998 das Leben nahm. In der Tat muss man kein Rechtsphilosoph sein, um den Zusammenhang zwischen einer wirksamen Rechtsstaatlichkeit und der Kontrolle von Machtmissbrauch zu erkennen (Garzón Valdés 1999: 119): So hatten Ende der 90er Jahre 57% der argentinischen Bevölkerung ein negatives Bild vom Obersten Gerichtshof und nur 6% ein positives; 53% gaben an, dass der OGH seit seiner Erweiterung lediglich der Stützung des Präsidenten und der Regierung diente (Adrogue/Gargarella 1999). Der Justiz insgesamt misstrauten vier Fünftel der Argentinier (MORI 1998).

Das wenig beispielhafte Agieren des OGH als Kontrollorgan setzte sich auch in nachgeordneten Ebenen der Rechtsprechung fort. Wie schon zu den jüngeren Entwicklungen im Bereich der Pressefreiheit angedeutet, existiert in der argentinischen Justiz gerade in den „harten" Testfällen für ihre Eigenständigkeit die Neigung, sich – bereitwillig bzw. offenkundig auf Instruktionen hin – der „Staatsraison" unterzuordnen. Diese Funktionsmängel wurden von Repräsentanten der argentinischen Zivilgesellschaft wiederholt und seit Mitte der 90er Jahre zunehmend unter dem Etikett der Straflosigkeit (*impunidad*) staatlicher Funktionsträger angeprangert (CELS 1998). Während in anderen Ländern Lateinamerikas damit ausschließlich die Relikte der autoritären Vergangenheit angegangen werden, bezieht sich dies in Argentinien zu einem hohem Maß auch auf die Funktionsträger des demokratischen Regimes – in erster Linie auf die Exekutiven in Nation und Provinzen, jedoch auch auf Angehörige von Legislative, Militär, Polizei und nicht zuletzt der Justiz selbst. Exemplarisch hierfür ist vor allem die Fülle illegaler Machenschaften im Umfeld der Menem-Administration (Verbitsky 1996). Trotz einer mittlerweile umfangreichen Bibliothek gut recherchierter und dokumentierter Analysen – teils von prominenten Ex-Mitgliedern der Regierung selbst verfasst (Cavallo 1997; Béliz 1997) – wurde bis zum Ende der Amtszeit Menems kein einziger Funktionär von nennenswertem Rang juristisch belangt.

Das geringe Vertrauen der Bevölkerung in die Justiz ist aber auch ein Indiz dafür, dass sich diese Problematik nicht auf die politischen Machtkreisläufe im engeren Sinne beschränkt, sondern sich zu einem gesellschaftsweiten Phänomen ausgeweitet hat. Dies gilt nicht zuletzt auch für das Problem der Korruption. War sie schon zuvor ein gängiges informelles Regelwerk innerhalb der argentinischen Politik, so hat sich seit 1989 ein Phänomen herausgebildet, das als Hyperkorruption bezeichnet wird, d.h. deren geradezu inflationäre Steigerung an Quantität und Qualität. Nach der Einstufung von *Transparency International*, die auf Umfragedaten über die Perzeption von Korruption basiert, gehört Argentinien zu dem Drittel der Länder mit der höchsten Korruption (Transparency International 2000). Am Ende der Ära Menem wurde sogar die gemeinhin etwas träge Weltbank auf diese Problematik aufmerksam. Nach Gallup-Umfragen rangiert dieses Thema in den Augen der argentinischen Bevölkerung seit 1991 immer unter den drei wichtigsten politischen Problemen. Die Fülle der Verdachtsmomente in puncto Korruption im engsten Umkreis Menems (Regierung und Familie) stellt somit nur die Spitze des Eisberges dar, die aufgrund des agilen Journalismus auch gut sichtbar ist.

Die in den letzten Jahren zunehmenden Proteste gegen die Straflosigkeit wurden und werden von zivilgesellschaftlichen Organisationen konsequenterweise als Kampf für eine funktionierende Rechtsstaatlichkeit verstanden (CELS 1998: 17). Nicht zuletzt die wachsende Sensibilisierung der argentinischen Bevölkerung führte dazu, dass dieses Thema immer prominenter in der politischen Agenda und schließlich auch zu einem beherrschenden (Wahlkampf-)Thema des Oppositionsbündnisses *Alianza* (UCR und FREPASO) wurde. Dies trug auch zum Wahlsieg de la Rúas bei, dessen „Charisma" im Gegensatz zu Menem gerade in der Seriosität und Nüchternheit des verantwortungsbewussten Juristen bestand. Erwartet wurde, dass die *Alianza* zumindest in diesem Bereich eine energische Politik vorantreiben würde, ohne dabei Mitglieder der alten Regierung zu schonen. Als Fazit bedeutet dies, dass in Argentinien – im Gegensatz etwa zu Peru – mit der Zunahme von Defekten gleichermaßen auch die wirkungsvollen Gegenkräfte wachsen, wie dies etwa im Bereich der Pressefreiheit zu konstatieren ist.

Gleichwohl dürfte es nur mittel- oder gar langfristig möglich sein, diese Parallelstrukturen auszuschalten, zumal heftige politische Widerstände zu erwarten sind. So geriet etwa die Anti-Korruptionspolitik de la Rúas ins Stocken, weil das von ihm eingerichtete Antikorruptionsbüro (*Oficina Anticorrupción*) durch politische und juristische Auseinandersetzungen gelähmt wurde. Symbolischerweise am Tag seines Amtsantritts per Gesetz verfügt, um Korruptionsfälle der Menem-Administration agiler zu untersuchen, wurden die Kompetenzen des Büros von Oppositionspolitikern wie von Juristen angezweifelt (Clarín 22.5.2000).

Individuelle Schutz- und Freiheitsrechte

Die bürgerlichen Freiheitsrechte sind von der Verfassung her im Sinne einer liberalen Demokratie umfangreich gewährt. Wurden sie in den ersten Jahren unter Alfonsín – gerade nach den Erfahrungen der Militärdiktatur – dezidiert aufgewertet, so hat ihre Praxis in den letzten Jahren eine schleichende Aushöhlung erfahren. Dies ist auf die bereits ausgeführten institutionellen Schwächen der Rechtsstaatlichkeit zurückzuführen, es handelt sich nicht um systematische, politisch motivierte Menschenrechtsverletzungen seitens der gewählten politischen Herrschaftsträger. Vielmehr sind es deren im großen und ganzen passive Haltung und die Duldung der Fehlentwicklungen, die mit zum Abbau individuellen Rechtsschutzes beiträgt. Von einigen Beobachtern wird dies allerdings dahingehend gewertet, dass seitens der nationalen wie regionalen Autoritäten durchaus ein Interesse daran besteht, angesichts wachsender sozialer Konflikte repressiv-sicherheitsstaatliche Maßnahmen (Polizei, Justiz) einem gesellschaftlichen Dialog vorzuziehen. Doch auch unabhängig von dieser Bewertung bestehen generelle Defizite im Bereich der Sicherheitskräfte, der geringen Leistungsfähigkeit der Justiz sowie hinsichtlich der sozial bedingten, in den letzten Jahren zunehmenden Barrieren des Zugangs zur Justiz. Hinzu kommen gravierende Einzelfälle, in denen politische Autoritäten bzw. staatliche Funktionäre dezidiert in Ermittlungs- und Gerichtsverfahren eingreifen.

Im Zentrum der Einschränkung individueller Rechte steht zunehmend die Rolle der Sicherheitskräfte. Paradigmatisch hierfür sind die mittlerweile als habitualisiert geltenden Praktiken der Polizei von Gran Buenos Aires: Sie erstrecken sich zum einen auf übereilte bis willkürliche Verhaftungen, mehr als leichtfertigen Schusswaffengebrauch auch gegenüber Unschuldigen bis hin zur überlangen Festsetzung und Folter von Verhafteten. Zum anderen existieren mafiöse Strukturen innerhalb der Polizei, die nicht nur zur Deckung solcher Willkürmaßnahmen beitragen, sondern selbst mit kriminellen Machenschaften in Verbindung gebracht werden (so mit dem Mord an einem Journalisten und dem Attentat auf das Gebäude der jüdischen Gemeinde). Gleichzeitig ist die Effektivität der Polizei angesichts wachsender Kriminalität drastisch zurückgegangen, d.h. der Staat ist zunehmend weniger willens bzw. in der Lage, die Schutzrechte der Bürger gegen private, aber auch gegen staatliche Akteure (wie gerade die Polizei selbst) zu gewährleisten (CELS/Human Rights Watch 1998).

Die zweite negative Tendenz ist wiederum mit der bereits oben skizzierten Rolle der Justiz verknüpft, deren mangelnde Unabhängigkeit und Funktionsfähigkeit sich auch auf die Sicherung der individuellen Bürgerrechte auswirkt. Hierbei fließen die Beeinflussung durch staatliche und private Akteure (sofern involviert), mangelnde Ausstattung, Professionalität und Courage, die wachsenden sozialen Disparitäten (verminderter Rechtszugang) sowie die Hyperkorruption zusammen. Insgesamt hat sich dadurch in Argentinien ein Klima der Rechtsunsicherheit ausgebreitet, dessen Verfestigung sich im stetig schwindenden Ansehen der Justiz widerspiegelt. Diese Unsicherheit wird von der Korruption mit verursacht, die jene dann wiederum nährt. Subjektive „Rechtssicherheit" entsteht in einem solchen Kontext durch die (vorsorgliche) Bereitschaft, sich sein „Recht" zu erkaufen. Hiervon sind naturgemäß die sozial schwachen Schichten ausgeschlossen, für die insbesondere in den ärmeren Vierteln von Buenos Aires oft nicht einmal ein Pflichtverteidiger bestellt werden kann (CELS 1998: 386-389). Auch im Terrain der bürgerlichen Freiheitsrechte operieren allerdings Gegenkräfte, die diese Problematik sukzessive aus der Zivilgesellschaft wieder in die politische Agenda transportiert haben.

Demokratische Stabilität und politische Kultur

Argentiniens Demokratie ist zwar nicht „erwachsen", doch immerhin erlebt das Land die längste demokratische Phase seiner Geschichte. Ein Rückfall in ein autoritäres Regime scheint so gut wie ausgeschlossen. Dies alleine spricht schon für eine gewisse Stabilität der Demokratie, da es sich auch nicht um eine „Demokratie aus Mangel an Alternativen" handelt, wie sich nachfolgend an einigen Indikatoren verdeutlichen lässt. Zuvor ist allerdings nochmals an die eingangs vertretene Ansicht zu erinnern, dass Argentiniens Demokratie vielleicht stabil, aber nicht konsolidiert ist. Ist dies mehr als nur eine Spitzfindigkeit oder ein Wortspiel?

Wesentliche Bedingung und gewissermaßen Ausgangspunkt für die Konsolidierung einer Demokratie ist deren Institutionalisierung, d.h. das komplette Minimalset an demokratischen Spielregeln muss etabliert sein. Die dargestellten Tendenzen der Demokratiequalität zeigten, dass in Argentinien jene Kernelemente stark ausgeprägt sind, die Dahl als Polyarchie zusammengefasst hat. Deutlich anders sieht es hingegen mit den rechtsstaatlichen Elementen aus. Da insbesondere die Gewaltenkontrolle kaum funktioniert hat – mit all den genannten Konsequenzen legislativer Anmaßung, von Korruption und Straflosigkeit – kann hier kaum von einer gelungenen Institutionalisierung gesprochen werden. Überspitzt formuliert gewähren solche „Demokratien" ihren Bürgern lediglich eine „halbierte Volkssouveränität", da die Politiker die Macht, die sie sich von den Bürgern per Wahl leihen, quasi als persönlichen Besitz betrachten, mit dem sie nach Gutdünken verfahren können – und in Argentinien eben auch verfahren sind. Akzeptiert man dies, so muss die argentinische Demokratie als eine unvollständig institutionalisierte Demokratie bezeichnet werden, was bedeutet, dass sie gewissermaßen per definitionem nicht konsolidiert ist. Darüber hinaus ist aber auch an den politischen Auseinandersetzungen und vor allem an den Grabenkämpfen erkennbar, dass in Argentinien teilweise noch um die endgültige Gestalt der demokratischen Spielregeln gerungen wird. Selbst wenn man also als externer Beobachter keinem rechtsstaatlich angereicherten Demokratiebegriff folgen mag – ein Großteil der Argentinier jedenfalls hat aus leidvoller Erfahrung dagegen wenig einzuwenden, wie der Wunsch nach einer funktionsfähigen Justiz zeigt.

Daneben muss sich auch erst noch zeigen, inwiefern die konstitutionelle Konsolidierung gegriffen hat. Dies setzt natürlich voraus, dass eine Verfassung als solche überhaupt anerkannt wird, was nicht wenige Autoren (mit guten Gründen) bezweifeln (Garzón Valdés 1999). Hier ließe sich positiv vermerken, dass der Prozess der Verfassungsgebung nicht nur von intensiven öffentlichen Debatten begleitet war, sondern auch in eine von allen relevanten politischen Kräften getragene Formel mündete. Dennoch war lange Zeit Skepsis angebracht, denn in zentralen Punkten (beispielsweise hinsichtlich der Möglichkeit einer Wiederwahl des Präsidenten oder bezüglich der Dekretmacht) war sie auf Menem und seine Ambitionen zugeschnitten. Damit muss die Verfassung ihre Zweckmäßigkeit für die neuen Spieler erst noch unter Beweis stellen (bzw. umgekehrt). Auch sind bis heute nicht alle zentralen Vorgaben der Verfassung erfüllt, wie eben die Kongresskommission zur Kontrolle der Dekrete.

Diese grundlegenden institutionellen Mängel sprechen gleichwohl nicht gegen eine weitere Tendenz zur Stabilisierung der übrigen demokratischen Sphären. Einige der wichtigsten Fortschritte wurden bereits erwähnt. So existieren nach der – zwar mit ethisch fragwürdigen Mitteln erreichten, politisch jedoch erfolgreichen – Unterordnung der Militärs unter die zivile Gewalt keine Vetoakteure mehr, die die demokratischen Spielregeln grundlegend in Frage stellen könnten. Ähnlich positiv gestaltete sich auch die Entfaltung der repräsentativen Ebene, d.h. die Herausbildung eines stabilen und funktionsfähigen Parteiensystems sowie eines Systems der Interessenverbände. Die Roller stabiler Parteiensysteme ist in der Konsolidierungsforschung wenig umstritten und zeigt sich etwa im Vergleich Argentiniens oder Chiles zu den instabilen Entwicklungen in anderen Ländern Lateinamerikas (Peru, Venezuela). Das argentinische Parteiensystem, das nach der Diktatur in überraschender Stärke wieder auferstand, hat seine Kapazität zur Strukturierung des politischen Prozesses und zur Kanalisierung gesellschaftlicher Interessen wieder erlangt und bewahrt. Dies ist um so bedeutsamer, als sowohl die Radikalen als auch die Peronisten je eigene Identitäts- und Partizipationskrisen zu bewältigen hatten.

Ausschlaggebend für die Langlebigkeit einer Demokratie und damit für ihre Konsolidierungschancen ist letztlich die zivilkulturelle Ebene, d.h. die Einstellungen der Bürgerinnen und Bürger zum politischen System und zur Demokratie einerseits sowie ihr Verhalten und Handeln in der Demokratie andererseits. In Argentinien existiert eine lebhafte und differenzierte Zivilgesellschaft, die sowohl „alte" Akteure wie die Gewerkschaften, vor allem aber eine Vielzahl neuer Akteure umfasst, die alle Themen des gesellschaftlichen und politischen Lebens abdecken (Umwelt, Menschenrechte, Armut, Gerechtigkeit etc.). Schließlich belegen auch Umfragen, dass die Demokratie in Argentinien verwurzelter ist als in den meisten anderen lateinamerikanischen Ländern. So liegt die Zustimmung zur Demokratie als Regierungsform konstant hoch bei ca. drei Vierteln der Bevölkerung, also ein Wert, der sonst lediglich noch in Uruguay und Costa Rica erreicht wird.

Tabelle 2: Einstellungen zur Demokratie in Lateinamerika

	Unterstützung[a]			Zufriedenheit[b]		
	1996	1997	1998	1996	1997	1998
Argentinien	71	75	73	34	42	49
Bolivien	64	66	55	25	34	34
Brasilien	50	50	48	20	23	27
Chile	54	61	53	27	37	32
Costa Rica	80	83	69	51	68	54
Ecuador	52	41	57	34	31	33
El Salvador	56	66	79	26	48	48
Guatemala	16	40	54	41	34	57
Honduras	42	63	57	20	50	37
Kolumbien	60	69	55	16	40	24
Mexiko	53	52	51	11	45	21
Nicaragua	59	68	72	23	50	27
Panama	75	71	71	28	39	34
Paraguay	59	51	51	44	48	24
Peru	63	60	63	28	21	17
Uruguay	80	86	80	52	64	68
Venezuela	62	64	60	30	35	45

Quelle: Latinobarómetro 1996-1998
[a] Zustimmung zu „Demokratie ist anderen Regierungsformen vorzuziehen"
[b] „Sehr" bzw. „eher zufrieden mit der Demokratie in (...)"

Die Zufriedenheit mit der gelebten Demokratie ist naturgemäß geringer, doch bleibt Argentinien hier deutlich hinter Uruguay und Costa Rica zurück. Gestützt wird diese eher niedrige Bewertung der tatsächlichen Performanz von Umfragedaten des *Latinobarómetro* über das Vertrauen in die drei politischen Gewalten: Von 1996 bis 1998 lagen die Zustimmungswerte hier bei ca. 20%-25% und gehörten damit zu den niedrigsten in Lateinamerika. Diese Kluft zwischen Norm und Wirklichkeit kann einerseits in Apathie oder Ablehnung umschlagen und so die relative Stabilität der Demokratie gefährden. Andererseits können diese Daten aber auch als eine realistische Einschätzung der gezeigten defizitären Funktionsweisen interpretiert werden, die hinter das normative Gegenbild einer funktionierenden Demokratie zurückfallen. Dies spräche mehr für das Vorhandensein eines kritischen Potentials, das gegebenenfalls auf die Korrektur dieser Defizite hinwirken kann. Ein Beispiel hierfür wäre das Phänomen der Hyperkorruption, das zum einen die Bewertung der demokratischen Performanz unter Menem beeinflusst hat, zum anderen aber auch die Forderung nach seiner Bekämpfung immer lauter werden ließ.

Ausblick

Nach dem Ende der Ära Menem ergaben sich für Argentiniens Demokratie eher positive Entwicklungsbedingungen. Zwar dürfte es nur mittelfristig gelingen, der Justiz eine unabhängige Rolle zu ermöglichen und die Korruption zu eliminieren. Die Grundstimmung in der Gesellschaft sowie die politischen Ambitionen der neuen Regierung schienen hier jedoch auf zumindest schrittweise Veränderungen hinzuweisen. Allerdings stand Präsident De la Rúa aufgrund der politischen Machtverhältnisse vor schwierigen Regierungsbedingungen. Mit einer nur relativen Mehrheit der *Alianza* im Abgeordnetenhaus, einer peronistischen Mehrheit gegen sich im Senat, einer Koalitionsregierung mit einem seit den Wahlen eher geschwächten, aber dennoch profilierungsgeneigten kleineren Partner, mit den wichtigsten Provinzen in der Hand der Peronisten, und den – schon im Wahlkampf – klaren Forderungen von IWF und Weltbank nach einer neuerlichen Strukturanpassung war der Handlungsspielraum deutlich eingeengt. Damit waren auch unter De la Rúa Anreize gegeben, zumindest partiell auf ein Regieren per Dekret zurückzugreifen.

Noch unklar schien, wie sich das Erbe der Menem-Administration auf die weitere Entwicklung der Demokratie selbst auswirken würde. Denn Probleme der Regierbarkeit drohten auch dem neuen Präsidenten, allerdings in einem anderen Kontext als damals Menem. So machte sich nach der Schonfrist des ersten halben Jahres zunehmend die soziale Depression spürbar, die vor allem die Provinzen im Landesinneren erfasst hatte. Diese Depression war nicht zuletzt auf die eigentümliche Kombination aus Erfolgen und Versäumnissen der Ära Menem zurückzuführen. Denn die Koppelung des Peso an den Dollar führte letztlich dazu, dass die währungspolitischen Instrumente der Wettbewerbspolitik – auch und gerade gegenüber den „Partnern" im Mercosur – nicht angewendet werden konnten. Da der Peso nach Ansicht von Wirtschaftsexperten zudem deutlich überbewertet war, verschlechterte sich die Wettbewerbsposition der argentinischen Wirtschaft zusätzlich. Auch die Haushaltsdisziplin ließ insbesondere in der zweiten Amtszeit Menems sehr zu wünschen übrig. Zwar wurde das Defizit der Bundesregierung relativ konstant gehalten (ca. 4% des BIP), doch lavierten einige Provinzen an der Grenze der Zahlungsunfähigkeit, waren hoch verschuldet und konnten die Löhne für die öffentlichen Bediensteten nicht zahlen.

Argentinien hatte somit nach dem Ende der Regierung Menem einen steinigen Weg vor sich, da die sozioökonomische Basis einer stabilen politischen Entwicklung unter Menem eher erodierte denn sich festigte. Anhänger Menems werteten dies zwar als Übergangsphänomen, doch mehrten sich zu Beginn des neuen Jahrhunderts die Anzeichen, dass hierfür strukturelle Defizite verantwortlich waren, die sich nicht zuletzt aufgrund des delegativen Politikstils akkumuliert hatten. Anders als Chile stand Argentinien deshalb vor erneuten tiefgreifenden Strukturreformen, für die allerdings der übergreifende „negative" Konsens wie zu Zeiten der Hyperinflation fehlte. Die argentinische Demokratie stand damit vor einer neuerlichen harten Bewährungsprobe.

Literaturverzeichnis:

Adrogue, Gerardo/Gargarella, Roberto (1999): „Sin sociedad, la Corte no hace justicia", in: *Clarín* (Buenos Aires) 10.7.1999.

Béliz, Gustavo (Hrsg.) (1997): *No Robarás*, Buenos Aires: Editorial de Belgrano.

Birle, Peter (1995): *Argentinien. Unternehmer, Staat und Demokratie*, Frankfurt a.M.: Vervuert.

Böhler, Werner (1999): „Argentiniens Demokratie wird erwachsen", in: *KAS-Auslandsinformationen* 11, 16-48.

Carrió, Alejandro (1996): *La Corte Suprema y su independencia*, Buenos Aires: Abeledo-Perrot.

Cavallo, Domingo (1997): *El peso de la verdad*, Buenos Aires: Planeta.

CELS (1998): *Informe sobre la situación de los derechos Humanos en Argentina 1997*, Buenos Aires: Eudeba.

CELS/Human Rights Watch (1998): *La inseguridad policial. Violencia de las fuerzas de seguridad en la Argentina*, Buenos Aires: Eudeba.

Cheresky, Isidoro (1999): „La experiencia de la reforma constitucional", in: Torre, Juan Carlos/Novaro, Marcos/Palermo, Vicente/Cheresky, Isidoro (1999): *Entre el abismo y la ilusión. Peronismo, democracia y mercado*, Buenos Aires: Grupo Editorial Norma, 271-311.

Collier, David/Levitsky, Steven 1997: „Democracy with Adjectives: Conceptual Innovation in Comparative Research", in: *World Politics* (49) 2: 430-451.

Dahl, Robert A. (1971): *Polyarchy. Partizipation and Opposition*, New Haven/London: Yale University Press.

Dahl, Robert A. (1989): *Democracy and its Critics*, New Haven/London: Yale University Press.

De Riz, Liliana (1996): „Argentina: Democracy in Turmoil", in: Domínguez, Jorge I./Lowenthal, Abraham F. (eds.): *Constructing Democratic Governance: South America in the 1990s*, Baltimore: Johns Hopkins University Press.

Ferreira Rubio, Delia/Goretti, Matteo (1998a): "When the President Governs Alone. The *Decretazo* in Argentina, 1989-93", in: Carey, John M./Shugart, Matthew S. (Hrsg.): *Executive Decree Authority*, Cambridge: Cambridge University Press, 33-62.

Ferreira Rubio, Delia/Goretti, Matteo (1998b): *Menem's Decretazo (1989-1998)*, Buenos Aires (mimeo).

Freedom House (2000a): *Freedom in the World* (www.freedomhouse.org/survey/ 2000).

Freedom House (2000b): *Censor Dot Gov. The Internet and Press Freedom 2000*, (www.freedomhouse.org/pfs2000/).

Gargarella, Roberto (1996): *La Justicia frente al Gobierno*, Barcelona: Ariel.

Gargarella, Roberto (1998): "Después del diluvio: el perfeccionismo conservador en la nueva jurisprudencia de la Corte Suprema (1990-1997)", in: *Desarrollo Económico* vol. 38, N. 149, 439-456.

Garzón Valdés, Ernesto (1999): "Rechtsphilosophische Überlegungen über Verfassungsreformen in Lateinamerika", in: Ahrens, Helen/Nolte, Detlef (Hrsg.): *Rechtsreformen und Demokratieentwicklung in Lateinamerika*, Frankfurt: Vervuert, 110-132.

Helmke, Gretchen (1998): *Toward a Formal Theory of An Informal Institution: Insecure Tenure and Judicial Independence in Argentina, 1976-1995*, Chicago (mimeo).

Jackisch, Carlota/Ferreira Rubio, Delia (1997): "El sistema electoral en la Argentina", in: Jackisch, Carlota (Hrsg.): *Sistemas electorales y sus consecuencias políticas*, Buenos Aires: CIEDLA, 135-164.

Jones, Mark (1998): *Explaining the High Level of Party Discipline in the Argentine Congress*, Buenos Aires: CEDI (Documento 14).

Jones, Mark P. (1997): "Evaluating Argentina's Presidential Democracy: 1983-1995", in: Mainwaring, Scott/Shugart, Matthew Soberg (Hrsg.): *Presidentialism and Democracy in Latin America*, Cambridge: Cambridge University Press, 259-299.

Levitsky, Steven (2000) "The 'Normalization' of Argentine Politics", in: *Journal of Democracy* 11/2, 56-69.

Linz, Juan J./Stepan, Alfred 1996: *Problems of Democratic Transition and Consolidation. Southern Europe, South America and Post-Communist Europe*, Baltimore: Johns Hopkins University Press.

Lowenthal, Abraham F. (2000): "Latin America at the Century's Turn", in: *Journal of Democracy* 11/2, 41-55.

Merkel, Wolfgang (1999a): "Defekte Demokratien", in: Merkel, Wolfgang/Busch, Andreas (Hrsg.): *Demokratie in Ost und West*, Frankfurt: Suhrkamp, 361-381.

Merkel, Wolfgang (1999b): *Systemtransformation*, Opladen: Leske und Budrich.

Molinelli, Guillermo (1996): "Las Relaciones Presidente-Congreso en Argentina '83-'95", in: *PostData* 2 (Nov.), 59-90.

Molinelli, Guillermo/Palanza, Valeria/Sin, Gisela (1999): *Congreso, Presidencia y Justicia en Argentina*, Buenos Aires: Grupo Editorial Temas.

MORI 1998: *Latinobarómetro. Datos comparados 1995-1997 (sólo Argentina)*, Buenos Aires.

Mustapic, Ana María (1998): *Oficialistas y diputados: las relaciones Ejecutivo-Legislativo en la Argentina*, Buenos Aires (mimeo).

Nino, Carlos S. (1992): *Un país al margen de la ley*, Buenos Aires: Emecé.

Nochteff, Hugo/Abeles, Martín (2000): *Economic Shocks without Vision. Neoliberalism in the Transition of Socio-Economic Systems. Lessons from the Argentine Case*, Frankfurt am Main: Vervuert.

Nolte, Detlef (1995): „Ein Volk von Menemisten? Argentinien nach den Parlaments- und Präsidentschaftswahlen vom Mai 1995", in: *Lateinamerika. Analysen-Daten-Dokumentation* 12 (28), 9-24.

O'Donnell, Guillermo (1973a): „An Impossible 'Game': Party Competition in Argentina, 1955-66", in: O'Donnell, Guillermo: *Modernization and Bureaucratic Authoritarianism: Studies in South American Politics*, Berkeley: UC Regents, 166-200.

O'Donnell, Guillermo (1994): „Delegative Democracy?", in: *Journal of Democracy* 5 (1), 55-69.

O'Donnell, Guillermo (1998): „Horizontal Accountability in New Democracies", in: *Journal of Democracy* 9 (3), 112-126.

Palermo, Vicente/Novaro, Marcos (1996): *Política y poder en el gobierno de Menem*, Buenos Aires: Grupo Editorial Norma.

Priess, Frank (1999): „Zwischen Modernisierung und Tradition. Der argentinische Wahlkampf im lateinamerikanischen Vergleich", in: *KAS-Auslandsinformationen* 11, 49-73.

Rodríguez, Jesús (1998): *Fuera de la Ley. La relación entre IBM y los funcionarios públicos en los contratos informáticos del Estado*, Buenos Aires: Planeta.

Sabsay, Daniel A./Onaindia, José M. (⁴1998): *La Constitución de los Argentinos*, Buenos Aires: Errepar.

Salinas, Juan (1997): *AMIA. El atentado*, Buenos Aires: Planeta.

Schmitter, Philippe C./Karl, Terry (1991): „What Democracy is ... and what is not", in: *Journal of Democracy* (2) 3: 75-88.

Strada Saenz, Gerardo (1996): „El menemismo. Consolidación democrática y desafío institucional", in: Pinto, Julio (Hrsg.): *Las nuevas democracias del Cono Sur: cambios y continuidades*, Buenos Aires: Universidad de Buenos Aires, 129-166.

Thiery, Peter (2000): „*Embedded Democracy* und 'defekte Demokratien'. Zur Revision des Demokratiebegriffs in der Transformationsforschung", in: Bendel, Petra/Croissant, Aurel/Rüb, Friedbert (Hrsg.): *Hybride Regime. Zur Konzeption und Empirie demokratischer Grauzonen*, Opladen: Leske und Budrich (i.E.).

Torre, Juan Carlos/Novaro, Marcos/Palermo, Vicente/Cheresky, Isidoro (1999): *Entre el abismo y la ilusión. Peronismo, democracia y mercado*, Buenos Aires: Grupo Editorial Norma.

Transparency International (2000): *The 2000 Corruption Perceptions Index* (www.transparency.de/documents/cpi/2000/cpi2000.html).

Verbitsky, Horacio (1993)· *Hacer la Corte*, Buenos Aires: Planeta.

Verbitsky, Horacio (1996): *Robo para la Corona. Los frutos prohibidos del árbol de la corrupción*, Buenos Aires: Planeta.

Verbitsky, Horacio (1998): *Un mundo sin periodistas. Las tortuosas relaciones de Menem con la prensa, la ley y la verdad*, Buenos Aires: Planeta.

Zakaria, Fareed (1997): „The Rise of Illiberal Democracy", in: *Foreign Affairs* 76 (6), 22-43.

Abkürzungsverzeichnis

ABA	*Asociación de Bancos de la Argentina*
ABRA	*Asociación de Bancos de la República Argentina*
ADEBA	*Asociación de Bancos Argentinos*
ADEPA	*Asociación de Entidades Periodísticas de la Argentina*
AFJP	*Administradoras de Fondos de Jubilaciones y Pensiones*
ALCA	*Area de Libre Comercio de las Américas*
Alianza	*Alianza para el Trabajo, la Justicia y la Educación*
ANSSAL	*Administración Nacional del Seguro de Salud*
AR	*Acción por la República*
ARCO	*Asociación de Radios Comunitarias*
ATE	*Asociación de Trabajadores del Estado*
BOCON	*Bonos de Consolidación*
CAC	*Cámara Argentina de Comercio*
CCC	*Corriente Clasista Combativa*
COMFER	*Comité Federal de Radiodifusión*
CGE	*Confederación General Económica*
CGT	*Conferderación General del Trabajo*
CODENA	*Consejo de Defensa Nacional*
CONADEP	*Comisión Nacional sobre la Desaparición de Personas*
CRA	*Confederaciones Rurales Argentinas*
CTA	*Central de los Trabajadores Argentinos*
CTERA	*Confederación de Trabajadores de la Educación de la República Argentina*
EFF	*Extended Fund Facility*
END	*Escuela Nacional de Defensa*
ENTEL	*Empresa Nacional de Telecomunicación*
FAA	*Federación Agraria Argentina*

FG	*Frente Grande*
FLACSO	*Facultad Latinoamericana de Ciencias Sociales*
FOPAR	*Fondo Participativo de Inversión Social*
FREDEJUSO	*Frente para la Democracia y la Justicia Social*
FREPASO	*Frente País Solidario*
GOU	*Grupo de Oficiales Unidos*
INDEC	*Instituto Nacional de Estadística y Censos*
IVC	*Instituto Verificador de Circulaciones*
LCT	*Ley del Contrato de Trabajo*
MODIN	*Movimiento por la Dignidad y la Independencia Nacional*
MTA	*Movimiento de Trabajadores Argentinos*
Mercosur	*Mercado Común del Sur*
MODEJUSO	*Movimiento por la Democracia y la Justicia Social*
NAFTA	*North American Free Trade Agreement*
PAIS	*Política Abierta para la Integridad Social*
PAIS	*Programa Alimentario Integral y Solidario*
PAN	*Programa Alimentario Nacional*
PJ	*Partido Justicialista*
PJS	*Plan de Justicia Social*
PRODESO	*Programa Participativo de Desarrollo Social*
SIJP	*Sistema Integrado de Jubilaciones y Pensiones*
SMATA	*Sindicato de Mecánicos y Afines al Transporte Automotor*
SNPS	*Sistema Nacional de Previsión Social*
SRA	*Sociedad Rural Argentina*
UCeDé	*Unión del Centro Democrático*
UCR	*Unión Cívica Radica*
UIA	*Unión Industrial Argentina*
UOM	*Unión Obrera Metalúrgica*
UTPBA	*Unión de Trabajadores de Prensa de Buenos Aires*
WTO	*World Trade Organization*

AUTORINNEN UND AUTOREN

Peter Birle, Dr. phil., Politik- und Kommunikationswissenschaftler, Leiter der Abteilung Nachlässe, Forschung und Projekte am Ibero-Amerikanischen Institut, Berlin.

Klaus Bodemer, Prof. Dr., Politikwissenschaftler, Direktor des Instituts für Iberoamerika-Kunde, Hamburg.

Cecilia Braslavsky, Dr. phil., Erziehungswissenschaftlerin, Direktorin des International Bureau of Education der UNESCO, Genf.

Sandra Carreras, Dr. phil., Historikerin und Politologin, Wissenschaftliche Angestellte am Ibero-Amerikanischen Institut, Berlin.

Rut Diamint, M.A., Soziologin, Universidad Torcuato di Tella, Buenos Aires.

Katja Hujo, Diplom-Volkswirtin, Mitarbeiterin am Lateinamerika-Institut der Freien Universität Berlin.

Mariana Llanos, Phd., Politikwissenschaftlerin, Projektmitarbeiterin am Institut für Iberoamerika-Kunde, Hamburg.

Héctor Palomino, Lic., Soziologe, Departamento de Sociología, Universidad de Buenos Aires.

Frank Priess, Dr. phil., Politik- und Kommunikationswissenschaftler, Landesbeauftragter der Konrad-Adenauer-Stiftung für Argentinien, Buenos Aires.

Susana Sottoli, Dr. phil., Politikwissenschaftlerin, Asunción.

Peter Thiery, Dr. phil., Politikwissenschaftler, Mitarbeiter im Rahmen des Forschungsprojektes „Demokratische Konsolidierung und defekte Demokratien", Universität Heidelberg.